U0721499

XUNHUAN JINGJI YU
ZIYUAN CHENGSHI
CHENGZHANG LUJING

# 循环经济与
# 资源城市成长路径

郝家龙／著

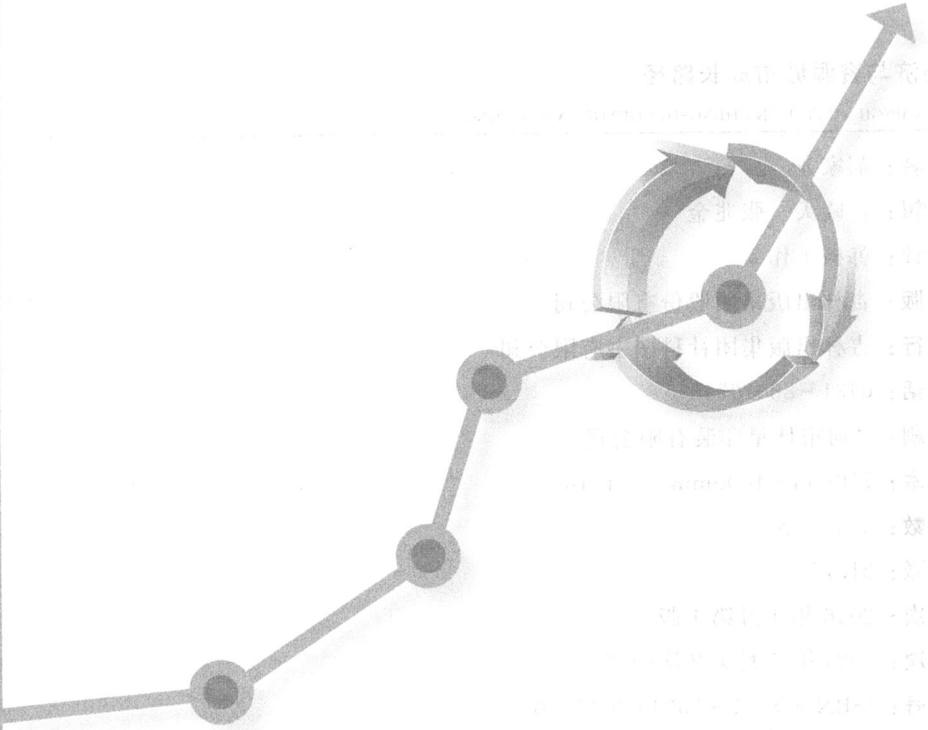

吉林出版集团股份有限公司

**图书在版编目（CIP）数据**

循环经济与资源城市成长路径 / 郝家龙著. -- 长春：吉林出版集团股份有限公司，2015.12（2024.1重印）

ISBN 978-7-5534-9827-0

Ⅰ. ①循… Ⅱ. ①郝… Ⅲ. ①城市经济—自然资源—资源利用—研究—中国 Ⅳ. ①F299.2

中国版本图书馆 CIP 数据核字(2016)第 006739 号

**循环经济与资源城市成长路径**

XUNHUAN JINGJI YU ZIYUAN CHENGSHI CHENGZHANG LUJING

---

**著　　者：** 郝家龙
**责任编辑：** 杨晓天　张兆金
**封面设计：** 韩枫工作室
**出　　版：** 吉林出版集团股份有限公司
**发　　行：** 吉林出版集团社科图书有限公司
**电　　话：** 0431-86012746
**印　　刷：** 三河市佳星印装有限公司
**开　　本：** 710mm×1000mm　1/16
**字　　数：** 376 千字
**印　　张：** 21.75
**版　　次：** 2016 年 4 月第 1 版
**印　　次：** 2024 年 1 月第 2 次印刷
**书　　号：** ISBN 978-7-5534-9827-0
**定　　价：** 91.00 元

---

**如发现印装质量问题，影响阅读，请与印刷厂联系调换。**

# 目 录

# 第一章 循环经济理论概述

## 第一节 “发展悖论”与发展观辨析

资源城市的问题，说到底是源于对“发展”的认识问题，资源城市的成长路径，实质上就是在“发展观”指导下的人类经营资源城市行为的映射。所以，研究资源城市的成长问题，就必须梳理“发展观”的演变，唯其如此，才能真正对资源城市成长中的“资源城市老化”问题及资源城市良性成长的战略有一个确切的把握。

### 一、发展的界定

#### （一）普通意义上的发展

人类有史以来就存在发展问题。人类社会的历史本身就是不断克服人与自然的矛盾及社会间各阶层的矛盾而不断发展的过程。因此，长期以来，发展就是“进步”的同义词。但这是个含糊的论述，并没有正面阐明什么是发展，而用进步来解释或替代发展，也引起了一些学者的质疑。那么，什么又是进步呢？由于认识主体所处的条件、立场不同，所谓“进步”和“退化”显然有着过多的主观色彩。

通常对发展的定义有许多种，比如，一般认为发展包括两层含义：①事物由小到大，由简到繁，由低级到高级，由旧质到新质的运动变化过程②扩大组织规模。用一个数学模式来界定：

$$发展速度=\frac{报告期水平}{基期水平}$$

如果发展速度大于1，则表示某种社会现象或经济指标发展了，反之，是退步了。显然，这里的发展是增加，这一概念存在着缺陷，比如，对于大家熟知的煤炭行业的重要指标之一——百万吨死亡率，这种意义的缺陷是不言而喻的。关于发展的界定，许多专家都有论述，如钱伟长指出：所谓发展就是按照资本主义工业化或社会主义工业化的模式，逐步走过经济增长的各个阶段。这里与其将发展定义为增长，倒不如讲是一个过程。而钱先生隐含的前提大概是指经济领域而言。但经济增长和经济发展本身又是不同的，经济增长是一个量的概念，经济发展则是一个质的概念。经济增长了，经济则未必发展。

外国的学者对发展的定义也大相径庭。20世纪50年代西方学者对发展的普通定义是发展就是不发达国家加速经济增长，追赶发达国家的问题。法国学者佩鲁讲："发展是通过产品或劳务交换以及信息和符号交流中产生人与人之间的活动的展开。"也就是说，发展意味着"给人温饱，给人关怀，给人教育"。充分发挥人的才能和调动人力资源，或者从更积极的意义上讲，是人们为了取得更好的衣食住行，更多的关怀和更多的知识而作的努力；法国经济学家帕特里克也指出："发展就是人的基本需求得到满足的演变过程，因此，能否满足人的基本需要是评价发展与不发展的准则。"这些定义，反映了两个共同点：第一，发展是一个过程：第二，发展是为了满足人的需求。是以人为主体的，以人的思想和认识及价值准则作为评价原则。而帕特里克对发展的归纳更为精辟，他指出：就全球而言，发展主要包括两个方面，一方面，人类通过所拥有财富的增加，从生活需要不满足的状态下解放出来：另一方面，人类通过生产关系和社会领域里的变革，从人压迫人的不合理统治下解放出来。事实上，他讲的是生理需求的满足和人格的自由。

普通意义上的发展大致可以包括以下三个方面的内容：

第一，提高劳动生产率，增加社会财富。提高生活水平，创造社会平等和经济平等的条件。

第二，完善社会体制和使人臻于完满。

第三，巩固民主结构，加强社会纪律。

### （二）对普通意义上的发展的诘难

辞海上讲：发展，指事物由小到大，由简到繁，由低级到高级，由旧质到新质的运动变化过程。对于这样一个概念，许多学者提出了诘难，最具代表性的是中国著名决策学家、中国科学院中国发展战略学研究会学术委员会主任、副理事长张顺江教授。他指出“这在哲学上是一连串糊涂的概念”，有“由小到大”，就有“由大到小”，有“由简到繁”，就有“由繁到简”，什么叫“低级”，什么叫“高级”，什么算“旧质”，什么又算“新质”。小到大，简到繁，低级到高级，旧与新等，对物质世界及其永恒的运动而言，均没有什么意义。他指出，生物进化算发展吗？其实不然。N. 维纳说：“达尔文在进化论方面的伟大创新在于，他并不把进化看成是从高级走向更高级，从优良走向更优良的拉马克式的自发上升华的，而是将进化看成这样一种现象，即生物有向多方面发展的自发倾向，以及继承祖先模式的倾向。通过自然选择的过程，结果留下大体上能较好地适应环境的生命形式的剩余模式。”

可见，对于统一的物质世界，什么是发展并没有什么绝对的意义，只有确定了价值判断主体、确定了价值判断主体的原则及研究对象的一定层次、一定观察角度和一定目的后，“发展”才有相对的意义。也就是说，物质世界在它的运化过程中，只有出现了主观精神世界，即出现了人和人的意志之后，人以自己的意志来判断客观世界的运化，才产生了“发展”和“倒退”的概念，也就是说，离开了人的主观意志，无所谓“发展”与“倒退”的。不管我们认为是发展也好，认为是倒退也好，只不过是事物运化过程反映到我们意识中的印象——剩余模式。正因为发展和人的目的意志是不可分割的，所以研究普通意义上的发展就不能不对人的“目的”和“意志”进行深入的研究。恩格斯指出“动物仅仅利用外面的自然界，单纯地以自己的存在来使自然界改变，而人们以他所引起的改变来迫使自然界服务于他自己的目的，来支配自然界。”这就是人和动物的质的区别，而一旦人们的行为的结果和其目的一致，人们就会认为是“发展”了。即：目的是人与现实环境构成矛盾的对立统一体不断斗争的过程中，由人所产生的指导未来实践的并以行为结果的形式表现出来的主观意志。行为的结果只要达到了人的意志和目的，或接近了其意志目的，就是所谓的普通意义上的发展，而正因为反映着的是不同阶段、不同层次、不同集团的人们不同历史阶段的意志和目的，所以就有不同的发展观。

所以，辩证唯物主义认为，“发展”只不过是对物质运动引起变化的一种不确切的表述，是物质存在与周围环境相互作用过程中，留下来的“剩余模式”。从物质世界整体来看，作为一个“元”，其运化性引起物质世界的变化，一方的“发展”是以另一方的“毁灭”或“倒退”为前提的，如恩格斯所言“重要的是，有机物发展的每一进化，同时又是退化，因为它巩固了一个方面的发展而排除其他许多方面发展的可能性。”从哲学意义上讲，我们认为苏联著名哲学家 H. B. 布劳别尔格对发展下的定义更精确：发展就是哲学上用以揭示世界上各种变化性质的概念，现实的事物和现象并不是处于一成不变的，永远如此的状态中，而是经历着实际的变化过程，从产生到消亡要经过一系列的状态。发展的概念表示这一切变化的不可逆性。他认为存在两种不同的发展趋势：第一种是上升的趋势，即由简单到复杂，由低级到高级的过度（进步的路线）；第二种是下降的趋势，即复杂到简单，由高级向低级的过度（倒退的路线），而这个见解和张顺江教授对发展的定义不谋而合。

也就是讲，哲学意义上的发展是不带主观色彩的，是不含人的目的和意志的是纯粹客观的现象，即事物运化的剩余模式。

## 二、“发展”与“发展异化”

### （一）发展异化

发展，从来就是一个受到人们普遍关注的问题。无论对个体的人，对一个城市、国家、民族，乃至全球，发展都具有非凡的意义。因此，对于什么是真正意义上的发展，发展的目标是什么，发展的动力源自何方……这些貌似简单而又实质上异常凝重的问题，人类仍在探索，仍存在着争论。比如，美国社会学家沃勒斯坦在《发展是指路明灯还是幻象》一文中就提出了关于发展的基本问题的疑问：①发展是发展什么？②是谁或什么实际上得到发展？③谋求发展的背后是什么需求？④这样的发展如何才能实现？沃勒斯坦所提的问题是尖锐而严肃的，它是针对人类发展进程中所出现的“发展异化”的现象而提出的。

那么什么是“发展异化”？

“异化”原是德国古典哲学术语，指在一定条件下，把自己的素质或力量转化为跟自己对立、支配自己的素质或力量，是用以表达本质的存在、主体向客体转化关系的概念。黑格尔认为“异化”是一切精神的或物质的发展到一定时期的必然转化，是纯粹概念向外转化到同自己相异的反对方面去。费尔巴哈则将异化看成是人的本质的二重化和颠倒，他认为宗教就是人的本质的自我异化，是人的本质的虚幻反映。马克思、恩格斯则在黑格尔、费尔巴哈的异化思想基础上，发展了主体与客体、理论与实践的统一原理，并赋予异化以全新的含义。而所谓的“发展异化”，就是将发展的主体与客体对立起来，将发展的目的与手段颠倒过来，割裂发展的本意，扭曲发展的本质，最后将发展变成“无发展的增长”或“恶性发展”。比如：线性技术下的一维发展观，即单纯追求 GDP 增长的“虚假发展”，将经济增长等同于发展，等同于改善人们的福利、提高人们的生活质量，然而其结局并没有使社会的福利真正增加，却带来了生态环境的破坏、资源的耗竭等负面效应。就是典型的“发展异化”。

（二）对线性技术支撑的机械发展观的反思

20 世纪以来科学与技术的辉煌成果，引发了科学技术本身的深刻而广泛的革命，同时对于社会经济各个部门、工业、农业、交通运输和通信，医疗卫生、文化艺术及教育方面的产生重大的影响，促使这些部门发生了根本变化。事实上，科技导致了生产效率的极大提高。我们以钢、煤、石油、汽车的产量为例加以说明，见表 1-1。

**表 1-1　1900—1980 年钢铁、煤炭、石油和汽车的产量比较表**

| 产　品 | 1900 | 1938 | 1950 | 1980 | 1980 年与 1900 年相比的增长倍数 |
|---|---|---|---|---|---|
| 钢（亿吨） | 0.28 | 1.1 | 1.89 | 7.4 | 26.4 |
| 煤（亿吨） | 6.3 | 14.3 | 18.2 | 42.8 | 6.8 |
| 石油（亿吨） | 0.2 | 2.8 | 5.2 | 29.6 | 148 |
| 汽车（万辆） | 0.9 | 401 | 1045 | 3815 | 4240 |

显然，短短的几十年间，人类的生产力得到了飞速提高，这也使人类的生活水平发生了天翻地覆的变化，在消费的品种、生活的便捷、居住的条件和人类探索自然的能力方面，人类达到了前所未有的高度，正如马克思和恩格斯在《共产党宣言》中所言：“资产阶级在它的不到一百年的阶级统治中所创造的生产力，比过去一切时代创造的全部生产力还要多，还要大”。但是，社会产品极大丰富的同时，也伴随着大量的有害物质的产生，这些有害物质或有害因子进入环境并在环境中发生扩散、迁移、转化，并跟生态系统的诸要素发生作用，使生态系统的结构与功能发生变化，对人类以及其他生物的生存和发展产生越来越不利的影响。例如，因石化燃料的燃烧，使大气中的颗粒物和 $SO_2$、$CO_2$ 浓度增高；工业废水和生活污水的排放，使水质恶化，危及水生生物的生存，使水体失去原有的生态功能和使用价值。这些不仅直接危及人类和其他生物的健康，同时还会腐蚀材料，给人类社会造成损失，而温室效应、酸雨和臭氧层破坏就是由大气污染衍生出来的环境效应。再比如，城市的交通便利，使人们生活舒适，而工业化大生产导致的空气污染造成空气污浊，使人们的发病率上升，水污染使水环境质量恶化，饮用水源的质量普遍下降，则引起胎儿早

产或畸形等。而另一方面，大生产对原材料、能源的消耗也引起了人们对人类可持续发展的思索，引发了人们对代际公平的深思，大工业生产所导致的严重危及人类生存的大气污染、水体污染、土壤污染及人类生产必然的资源的稀缺性和人类欲望的无限性之间的矛盾，使人们对传统“发展观”产生了怀疑。对人类和自然的关系的认识也产生了新的变化。也就说，20 世纪是人类物质文明最发达的时代，但也是地球生态环境和自然资源遭到破坏最为严重的时期。不可持续发展的生产模式和消费模式（这里主要指线性生产技术和消费模式）使人类生存与发展面临严峻挑战。欧洲工业革命以来全球发生的三大影响深远的变化：即社会生产力的极大提高和经济规模的空前扩大，经济增长了近百倍，创造了前所未有的物质财富，从而迅速推进了人类文明进程；人口大爆炸增长；自然资源的过度开发与消耗，污染物质的大量排放，导致全球性资源短缺、环境污染和生态破坏使人类不得不反思以牺牲资源与环境为代价的传统发展观与发展模式。也是在这种情况下，出现了《寂静的春天》《增长的极限》等标志人类对“传统发展观”的反思研究成果。而“发展悖论”则正是对传统发展观的质疑，即提高人类对自然界的索取能力，为人类提供丰富而多样化的消费产品并不是真正意义上的发展，因为这种发展本身降低了人们生活的质量，甚至危及了人类长期的利益与生存。传统的发展使人类陷入了一个怪圈，即人类生活需要各种产品满足需要，而生产的产品越多，人类的生存环境越恶劣，人类持续发展所需的资源越少，这样，人类进一步生产的压力就越大，人类的社会福利就会降低，这样看来，这种发展与其说是发展，倒不如说是倒退。正是在这样的背景下，全球的学者才提出了“可持续发展观”，才提出了以“循环原理”为基础的循环经济的理论和生产模式。

## 第二节　发展的发展观

循环经济是基于可持续发展的理论的，研究循环经济的实践模式，并将之应用于资源城市的成长研究，就必然要对人类的“发展观”的进化有清楚的了解，所以，本节中，我们以“发展的发展观”为论题，对人类“发展观”的进化作一梳理。

人类生产力经历了采集经济、畜耕经济、机械化经济、电气经济和电子经济、知识经济等阶段，20 世纪工业技术突飞猛进，工业化的生产方式在几百年的历程中给人类带来了高度的物质文明，工业社会的物质技术基础对世界各国人民的社会经济进步产生了无可否认的积极影响。但以线性技术为基础的大工业生产方式近年来显现出愈益增大的某些始料未及的缺陷和消极后果，比如生态危机、能源危机、消费危机、社会异化、大众贫困等，主要由于自然资源和能源的不合理利用，消费的不合理导致的状态。法国经济学家皮埃尔·普拉德旺用圣经中的该隐来做比喻，称为“该隐综合征”。而许多经济学家用“恶性发展”来评价之，发展观的改变和发展正是近 20 年来当代世界的客观需要，法国著名经济学家 F. 佩鲁教授在《新发展哲学》一书中谈到这个问题时指出，新的发展观代表着科学运动，经济科学和社会科学运动。发展观可分为以下两个阶段。

## 一、机械的发展观——功利层的人类中心论

所谓机械发展观，就是以割裂人和自然、社会发展与自然生态联系为特征的功利层人类中心观。这种发展观在理论上处于人与自然之间的需要——价值结构的低级层面，它以人类的短期的个别利益为元价值，同自然环境建立一种直接的、片面的物质关系，这里的匹配关系在于，只要人类追求一种短期的局部利益，就只能同自然建立一种表面的、片面的物质关系，把自然局限于浅近的功利价值层面里，这种发展观促使人们为了某种浅近的功利目的，无限度地攫取自然，破坏了自然界本身的平衡关系。导致了人与自然之间的一系列危机。

工业革命是在古典力学的理性主义理论推动下产生的。这种理论的支柱之一是相信人拥有认识和控制自然的必要手段。人是“自然的主宰”。今天，国际学术界的许多研究者认为，正是这种把人凌驾于自然之上的机械发展观在近 3 个世纪以来的技术和经济进步的整个方向上打上烙印，最终导致了原料和能源危机、环境污染，生态平衡及自然异化等一系列危机，造成了现在的没有能力应付危机的压力。人们经济行为的思维模式和原则是什么？这是传统经济学研究的一个问题。A. 托夫勒指出，工业社会是建立在彼此不可分割的联系在一起的六条原则基础上的，即标准化、同步化、集中化、巨型化和集权化，这些原则构成指导千百万人行动的模式，如果说，在建立工业社会的物质基础初期，这些原则促成了生产力发展的空前飞跃，那么，随着上述模式在全球的推广，特别是随着这些原则的实施走向极端，情况就发生了改变。一些没有预料

到的消极后果开始出现，经济发展同自然环境产生了尖锐的矛盾。

事实上，“大工业”就是机械发展观在产业中的具体应用和体现，大工业在推进社会生产力发展的同时，也带来了对自然的污染和破坏以及人的异化。它对自然的关系是通过污染和破坏来表明其特征的，尽管资本主义的工厂制度是在不断进步的，有可能节约资源和能源，但是“社会生产资料的节约只是在工厂制度的温和适宜的气候下才成熟起来的，这种节约在资本家手中却同时变成了对工人在劳动时的生活条件系统的掠夺，也就是对人身安全和健康设备系统的掠夺”（恩格斯语）。这并不能算是一种发展。同样，资本主义的农业也是以污染和破坏土地肥力持久源泉的进步。这就是说，机械发展观尽管满足了人类一定阶段生存上的需求，并且在很大程度上改善了人们的生活，提高了劳动效率，同时也在资本主义的各个产业部门，通过产业的方式展示出其生态破坏力。这种破坏力的影响极为深远，贻害无穷。

机械发展观的破坏性理论原因在于机械发展观把自然界的多样性的价值机械化了，认为自然界只是人们认识和改造的对象。其目的是使自然界服从人的需要。这样，人对自然的行为必然是具有破坏性。同样，机械发展观将自然作为一个一个孤立的现象，忽视了自然界的系统性存在，忽视了人类行为的长远影响和后果，因此，眼前暂时的成就是以长远的永久的生态破坏为代价的。因此，为一些有远见的学者所质疑，并最终为国际社会所遗弃，也是历史的选择。

## 二、辩证的发展观——生态伦理层的人类中心论

### （一）人和自然在劳动中的相互制约和相互影响

人在自然面前绝不是消极被动的，人不仅使社会发展从一般的自然进化过程中分离了出来，而且具有了不同于一般自然进化的特征，“他不仅使自然物发生形式变化，同时他还在自然物中实现自己的目的，这个目的是他所知道的，是作为规律决定着他的活动的方式和方法的，他必须使他的意志服从这个目的。”但是，主体性的弘扬是存在一定的前提条件的，认识和尊重自然规律是改造和征服自然的先决条件。“人在自然中只能像自然本身那样发挥作用”。不仅如此，它在改变自然的过程中还要领先自然力的帮助，假如人在与自然生态系统的物质变换中忽视自然规律的存在，那么，只能导致对自然的污染和破坏，最终人类只有自食苦果，从而会限制社会发展，这正是机械发展观所没有注意的方面。

## （二）劳动过程和物质变换在社会发展进程中统一

在社会发展过程中，劳动过程和物质变换是两个不同的过程，只是随着社会的进一步发展，二者才成为一个统一的过程。劳动过程是物质变换的实现，离开了劳动，物质变换是根本不可能实现的劳动。“劳动过程是为了人类的需要而占有自然物，是人和自然之间物质变换的一般条件，是人类生活的永恒的自然条件”。因而，对于社会发展进程具有决定性影响的只是劳动，“劳动过程的每一个一定的历史形式，都会进一步发展这个过程的物质基础和社会形式。这个一定的历史形式达到一定的成熟阶段就会被抛弃，并让位给较高级的形式。”，这也同时推进了社会发展的进程。这就是说，劳动过程、物质变换和社会发展在实际的发展过程中其实是一个统一的过程，三者之间存在着系统发生、协同进化的关系。

## （三）社会发展和自然生态系统的协调进化

正是由于社会发展同自然生态系统之间存在着深刻而全面的物质变换关系，因而在社会发展的整个过程中，必须注意协调二者的关系。当然，随着人类劳动的发展，这种协调状态是逐步形成的，即协调只能是一个历史的过程，而不可能是一种固定的状态。对于社会发展和自然环境的协调状况这个“变数”来说，技术和工艺具有重要的作用，尽管技术和工艺可能是造成生态破坏性的根源，但是，没有必要的技术和工艺地支撑，社会发展同自然生态系统之间的协调就是不可能的。同时，循环利用技术、节能技术和清洁生产技术的提高和开发，则使社会发展与自然生态系统的协调更富于可能性。

生态伦理学层面的人类中心论的内涵在于：这种人类中心论处于人与自然“需要—价值”结构的较高级层面，它以人类的普遍利益和长远利益为价值，融合人类的各种短期利益，同自然建立一种长期的物质平衡关系，这种观念是在对较低层次的人类中心论过程中建立起来的。它要求我们在自然本身及人类与自然的关系中建立起一种合理性，以自然界本身的合理性（生态平衡）来规范人与自然的合理关系，处理好对自然的适应和改造、利用和保护、索取和补偿的关系，并把它们直接归纳为人的眼前利益、短期利益和长远利益之间的关系。所以，它要求我们学会估计我们的生产活动产生的比较远的自然影响，学会预见这些行为产生的比较远的影响。其实这就是使人口、环境、资源、经济和社会发展相协调。也就是人们讲的“社会发展生态度”。要求人们将人和自然的协调，社会发展同自然生态系统的协调放在社会发展的宏观背景下来考虑。

## 三、坚持辩证发展观要注意的问题

第一，通过技术进步合理利用自然资源，使生产和产业清洁化。技术和工艺是社会发展与自然生态系统关系中重要一环，是协调人和自然关系，社会发展与自然生态系统关系的一种重要方式。因此，随着科技进步，人们会进一步合理地调整自己的行为，将建立起完整的物质循环体系和废物资源化体系。“机器的改良，使那些在原有形式上本来不能利用的物质，获得了一种在新的生产中可利用的形式，科学的进步，特别是化学的进步，发现了那些废物的有用性质”。这就是要最大限度地利用一切进入生产体系中的原料和辅助材料，一方面是要不断地发现物质的多种多样的用途，不仅使自然资源能够在生产中得到复合的多重的利用，而且要进一步发现那些按惯常的看法不能利用的物质的可利用方面，使资源利用达到最大化；另一方面是使废物资源化，不仅在生产的过程中就要将废物问题解决，而且要发现废物的其他用途，使废物和垃圾的排放达到最小化。所谓建立完整的物质循环体系的问题、废物资源化问题，其实就是通过科学技术的生态化来促进产业生态化的问题，这也就是现在所讲的运用可持续的科学技术支撑可持续发展的问题。“生态化”和“可持续性”也就是要在科学技术的发展中和国民经济的发展中要考虑生态学规律，应该将经济效益和生态效益，社会效益统一起来。

第二，转变思想认识，运用辩证思维思考和处理问题。尽管人和自然的关系，社会发展同自然生态系统的关系首先是一种建立在劳动基础上的实践关系，但思想认识是处理和协调人与自然的关系，社会发展同自然生态系统的关系的一条重要的途径。马克思和恩格斯看到，不以伟大的自然规律为指导的人类行为必然会带来对自然的污染和破坏。因此，人们应该明白，“我们统治自然界，决不像征服者统治异族人那样，绝不是像站在自然界之外的人似的，相反地，我们连同我们的肉血和头脑都是属于自然界和存在于自然之中的，我们对自然界的全部统治力量，就在于我们比其他一切生物强，能够认识和正确运用自然规律。事实上，我们一天天地学会更正确地理解自然规律，学会认识我们对自然界的学习过程所做的干预，所引起的较近或较远的后果”。这就要求人们应该认识到，人和自然，社会发展和自然生态系统，其实是处在系统关联之中的，绝不能割裂它们之间这种整体性和关联性。因此，辩证思维其实就是要学会按照辩证思维思考和处理问题，要考虑自己行为的长远的生态后果和可能对自然界造成的危害，这种思维，就是可持续发展的思想。

第三，变革社会制度，在社会发展的总体的历史过程中解决生态问题。机械发展观的生态危害性是在一定的社会制度下才展示出来的，因此，要真正协调人和自然的关系，社会发展同自然生态系统的关系，“仅仅有认识还是不够的，为此需要对我们的直到目前为止的生产方式，以及同这种生产方式一起对我们的现今的整个社会制度实行完全的变革”。只有将人和自然的关系统一起来，合理地调节他们和自然之间的物质变换，合理地调节人和自然的关系，才能使社会发展同自然生态系统协调进行。因此，生态伦理发展观所持的发展问题，不是单纯的自然问题，而是一个深刻而全面的社会发展问题。在遵循历史发展的大趋势的情况下，人们可以通过科学技术的，产业的和思维方式的途径来促进这种协调状态的实现，也就是说，应该将这个问题作为一个系统工程问题来处理，而这些正是现代社会发展生态化与可持续发展的努力方向。

在学术研究领域，也有学者将发展观分为一维发展观、二维发展观、三维发展观，一维即人类以一己之利为中心的经济发展观，一般指的是国民生产总值至上的发展。一些学者将一维发展观又进一步分为包括国民生产总值至上的发展在内的资源保护至上的发展和社会变革至上的发展，而实际在人类的实践中和学术研究中，我们指的是国民生产总值至上发展观，因为后两者基本在人类历史上没有达到实践，不具有指导和研究意义；二维发展观一般指人类在发展自身时考虑了经济和自然生态的关系，即经济—自然生态发展观，如果细分，可以按其表现形式分为：经济与环境调控理论、经济与社会调控理论、社会与环境调控理论；三维发展观由刘培哲等提出（见可持续发展理论与中国21世纪议程），即在考虑经济系统和生态系统时，还考虑了社会系统，所以，称为经济—生态环境—社会发展观。简称为ESN系统。机械发展观属于一维发展观，而辩证发展观则可以分为二个层面，即包括二维发展观和三维发展观，它们是人类认识的不同阶段，代表着人类对自身发展的更高层次的思考。当然，世界不是静止的，发展观也不可能是静止的，发展过程是多因素的复杂结合，随着人类生存空间的拓展，研究系统边界的扩大，人类的发展观极有可能再发展，成为四维甚至更高维的发展观，无论如何，发展观都是人类在自身可持续发展前提下对各种影响因素和矛盾解决的基本观念，它都是人类对认识能力的提高的凸现。

## 四、发展观指导下的不同经济增长范式

我们首先要介绍一下“范式”（Paradigm）这一概念。许多学者用范式来描述经济增长方式或生产方式。所以，这一概念的界定与说明便具有帮助大家理解的作用。范式首先出自美国学者托马斯.S.库恩（Thomas Samual Kuhn）的代表作《科学革命的结构》一书，其意思是指科学理论研究的内在规律及其演进方式，库恩描述了一种常规时期和革命时期相互交替的科学发展模式。他提出，科学首先是在“范式”支配下，为解决“范式”所提出的“疑点”的高度定向的研究活动，这是科学的常规活动；只有当已有的“范式”不足以应付新的问题的挑战时，这个常规的发展才会暂时中断，科学便因此陷入危机，最后导致新“范式”取代旧“范式”的科学革命。不同的范式拥有不同的前提假设、概念体系、理论方法和社会实践。可见，范式和模式具有相同的意思，因为生产模式也是由于一定程度上的技术创新、需求变化引发的产业革命而产生的，和库恩所讲的范式具有相同的演变规律，所以，我们可以认为模式即范式，范式即模式，两者在内涵和外延上均是一致的。

人类的不同发展观指导着其生产实践和生活方式，尤其是在生产实践中表现为更明显，受不同发展观的影响，人类的生产范式表现为三种：一是传统经济模式。它对人类与环境关系的处理模式是，人类从自然中获取资源，又不加任何处理地向环境排放废弃物，是一种“资源—产品—污染排放”的单向线性开放式经济过程。对此，有的学者指出，人类犹如环境的寄生虫，索取想要的一切，而很少考虑寄主（即它的生命维持系统）的健康。在早期阶段，由于人类对自然的开发能力有限，以及环境本身的自净能力还较强，所以人类活动对环境的影响不很明显。这种范式随着工业的发展、生产规模的扩大和人口的增长，环境的自净能力削弱乃至丧失，导致了严重环境危机、资源短缺危机和经济增长危机；二是“生产过程末端治理”模式。这种模式注意到了环境问题，但思路是“先污染，后治理”，强调在生产过程的末端采取措施治理污染。导致治理成本极高，生态恶化难以遏制，经济效益、社会效益和生态效益都很难达到预期目的；其三是循环经济模式。它要求遵循生态学规律，合理利用自然资源和环境容量，在物质不断循环利用的基础上发展经济，使经济系统和谐地纳入到自然生态系统的物质循环过程中，实现经济活动的生态化。其本质上是一种生态经济，倡导的是一种与环境和谐的经济发展模式，遵循“减量化、再使用、再循环”原则，以达到减少进入生产流程的物质量、以不同方式多次反

复使用某种物品和废弃物的资源化的目的，强调清洁生产，是一个资源—产品—再生资源的闭环反馈式循环过程，最终实现最佳生产，最适消费，最少废弃。所以，循环经济的增长范式是当前最为先进、最能得到资源—环境—经济增长协调的一种经济增长范式。

## 第三节 循环经济概述

### 一、循环经济的定义

循环经济（circular economy）是可持续发展的内容之一，循环经济理论的目的是解决经济、社会和自然的矛盾问题，是可持续发展理论的实践模式。美国经济学家 K. 波尔丁（K. E. Boulding）在 20 世纪 60 年代中期出版了《宇宙飞船经济观》，创建性地提出了“循环式经济”以解决经济、社会与自然的失调。他提出的在资源投入、企业生产、产品消费及其废弃的全过程中，把传统的依赖资源消耗的线性增长的经济，转变为依靠生态型资源循环来发展的。这即是循环经济的最初起源。循环经济是社会持续发展最为先进的模式。它通过建设生态农业、生态工业和生态消费子系统而形成，最终达到资源循环利用，能源优化利用，特别是可再生能源利用和污染源头防治的目的，已成为国际社会广泛推广的生产与消费模式。

广义地讲，循环经济就是把清洁生产与废弃物的综合利用融为一体的经济，本质上是一种生态经济，它要求运用生态学规律来指导人类社会的经济活动。具体说来，循环经济是对物质闭环流动型经济的简称，因为从物质流动的方向看，传统工业社会的经济是一种单向流动的线性经济，即“资源—产品—废物”线性经济的增长，依靠的是高强度地开发和消耗资源，同时高强度地损坏生态环境。而循环经济是一种促进人与自然的协调与和谐的经济发展模式，是在“二元发展观”指导（或可持续发展观）下的一种经济运行方式，它要求以“减量化、再利用、再循环”（3R）为社会经济活动的行为准则，运用生态学规律把经济活动组织成一个“资源—产品—再生资源”的反馈式流程，实现“低开采、高利用、低排放”的生产模式，以最大限度利用进入系统的物质和能量，提高资源利用率，最大限度地减少污染物排放，提升经济运行质量和效益。

我国对于循环经济的定义基本上与上述是一致的，根据国家发改委环境和资源综合利用司提出的，循环经济应当是包括资源的循环利用和节约，实现以最小的资源消耗，最小的污染获取最大的发展效益。其核心是资源的循环利用和节约．最大限度地提高资源的使用效益；其结果是节约资源、提高效益、减少环境污染。

## 二、循环经济的内容与原则

循环经济是一种新的经济发展模式，它体现了人类在发展观上的进步，根据学术界普遍认同的观点，其内容可概括为三个原则即：减量化原则（reduce）、再使用原则（reuse）、再循环原则（recycle），即所谓的3R原则。

（1）减量化原则（reduce）：要求用较少的原料和能源，特别是控制使用有害于环境的资源投入来达到既定目的或消费目的，从而在经济活动的源头就注意节约资源和减少污染。

（2）再使用原则（reuse）：要求制造产品和包装容器能够以初始的形式被多次使用和反复使用，而不是用过一次就废弃。

（3）再循环原则（recycle）：要求生产出来的物品在完成其使用功能后能重新变成可再利用的资源，而不是不可恢复的垃圾。再循环有两种情况，一种是原级再循环，即废品被循环用来产生同种类型的新产品，例如，废旧钢铁用来生产钢材，废旧纸张用来重新造纸，废旧塑料用来生产再生塑料等；另一种是次级再循环，即将废物资源化成为其他类型的产品原料，如建筑垃圾用来作为筑路的材料，煤矿的矸石用来生产建材等。当然，原级再循环在减少原料消耗上面达到的效率比次级再循环高，是循环经济追求的理想境界。

## 三、循环经济的分类

依据不同的标准，循环经济可分为不同的类别。

### （一）依照其物质循环层次深度的不同分类

（1）初级资源循环利用型（the model of closing materials cycle）。即可再生资源的回收和再利用。如废塑料的回收利用，废钢铁的回收利用，废纸张、废玻璃等的再生利用，这些行为在19世纪就已为人们所实践。从经济模型上讲，属于“生产—消费—废弃—回收加工—再利用”的经济循环利用模型。这些仅仅从经营成本的角度出发的在较小范围内出现的经济模式已经包含了朴素的循环经济的思想。20 世纪末，这种经济模式达到了一定的规模，如将废家电分解，即把热塑性塑料部件重新造粒复用，热固性塑料粉碎作填料，将其中的铜、银、汞等金属分别浸出回收，把复杂产品的物质分别折分成原料再利用。

(2) 生态产业链型（the model of zoology industry cycle）。所谓生态产业链，即以前一产业的产品或废弃物作为下一产业的原料或原材料，以达到循环利用，减少资源耗费，减轻环境污染，提高经济效益，促进经济与生态谐调发展的目的。如我国已成功开发的“硫酸厂—磷肥厂—水泥厂”大型生态产业，即硫酸厂的硫酸用于磷肥厂生产磷肥，所生产的副产品——石膏，经过加热分解成二氧化硫与生石灰，生石灰用于水泥厂生产水泥，而二氧化硫送硫酸厂生产硫酸，这一循环生产模式，一方面解决了大量石膏堆弃污染问题，又使硫元素得到循环利用。再例如，一些工业生产过程中二氧化碳排放量巨大，可以设法通过生物转基因技术培育速生树种和含油藻类，其大量繁殖会把空气中的二氧化碳固定成生物，生物可以再加工成生物油作为能源。这种能源的利用不会净增加工业二氧化碳排放，对于全球气温的调整显然具有重大的意义。

显然，以上是一种较深层次地实现了物质循环利用的模式，是由“生态工业系统”与“自然生态系统”相结合的资源循环利用型，是处于开发中的一种最新模式。(资料来源：北京领导决策信息中心资料库)

（二）从技术载体或产业的角度分类

循环经济以避免废物产生为经济活动的优先目标，因此，循环经济更注重治理污染技术与减少污染技术的开发与产业化，从技术载体的角度或产业的角度，循环经济分为：

(1) 污染治理技术。即传统意义上的环境工程技术，其特点是不改变生产系统或工艺程序，只是在生产过程的末端通过净化废弃物实现污染控制。

(2) 废物利用技术。即废弃物再利用的技术，这是循环经济的重要技术载体。

(3) 清洁生产技术。这是环境无害化技术体系中的核心。清洁生产技术包括清洁的生产和清洁的产品两方面的内容，即不仅要实现生产过程的无污染或少污染，在产品在使用和最终报废处理过程中也不会对环境造成损害。

## 四、循环经济的特征

循环经济和传统的经济不同，它具有以下特征：

第一，循环经济体现了一种新的经济发展理念，是一种新的经济发展模式。循环经济将传统的以“资源—产品—废弃物”型的经济发展模式转变为“资源—产品—废弃物—资源”循环型的经济发展模式，从理念上改变了人们的思维方式、生产方式和生活方式，使人们在经济增长的同时，注重保护和珍惜资源，加强了保护环境的意识。在其3R原则中，即资源的减量化、产品的反复使用和废弃物资源化中得到了充分体现。遵循循环经济的发展模式，意味着在产业结构调整、科学技术发展、城市建设等重大决策中，要综合考虑经济效益、社会效益、环境效益，要注意节约利用资源，减少资源与环境财产的损耗，促进经济、社会与自然的良性循环。

第二，循环经济体现了人们对传统发展观的反思，体现了人类对资源价值和环境价值的再认识。有利于促进整个社会减缓资源与环境财产的损耗，确立了新型的资源观，也有利于实现人类发展中的代际公平。

第三，循环经济体现了经济利益和环境利益的统一。循环经济注意环境保护，注意经济发展对环境的负面影响，所以，力求在经济发展和环境保护之间达到某种尽可能的平衡，所以，遵循循环经济的发展模式，有利于实现经济利益和环境利益的统一，有利于人类社会的可持续发展。

最后，循环经济体现了新的环保理念。传统的环境保护主要采取末端控制，也即事后控制措施，就是对环境问题往往是发生之后再治理，采取的是先污染，先发展，后治理的模式，但是这种方式不能从根本上解决环境问题。而循环经济是边发展边治理，在发展中治理，甚至是在发展前就注意环境问题，所以，是一种事前和事中控制，将环境问题和发展问题很好地结合起来，力图实现二者的“双赢”，所以，体现了经济发展过程中的新的环保理念。

## 五、循环经济的现实意义

循环经济作为一种经济形态，已为西方发达国家所广泛的采用，并成为一种新的经济增长方式。相对于传统经济，循环经济的经济效益表现在四个方面：资源减量化，对环境的污染降低，使资源的可持续利用期限增长，促进了技术进步和可持续的经济增长；资源再生直接创造经济效益。由于再生资源在形成过程中生产周期短，中间环节少，因而与原生资源相比具有明显的增值优势；废物排放减少降低了环境成本。通过对废物的再利用、再循环，使企业的污染排放大为减少，直至趋向于零排放，因而企业应缴的排污费和用于污染治理的费用也会相应减少；企业环境成本的降低，增强其应对绿色壁垒的能力，提高其国际竞争力带来外贸收益。所以，循环经济模式首先具有重要实践价值。

循环经济要求在人类的生产活动过程中，控制废弃物的产生，建立起反复利用自然资源的循环机制，把人类的生产活动纳入到自然循环中去，维护自然生态平衡，它体现了人与自然和谐发展的理念。我国作为世界上经济增长最快的国家，不仅环境正受到严重的损害，而且也面临着很大的来自自然资源供应方面的约束，今后的经济发展和环境治理压力更大，因此，实施可持续发展战略，落实循环经济的经济增长模式，建设资源节约型和环境友好型社会，是实现全面建成小康社会目标的必然选择。实施循环经济的模式，树立和落实以人为本、全面协调可持续的科学发展观，紧紧围绕实现经济增长方式的根本性转变，以提高资源利用效率为核心，以调整经济结构为主线，以制度创新和技术创新为动力，强化节约意识，加强法制建设，完善政策措施，建立长效机制，以资源的高效利用促进经济社会可持续发展，着力构建节约型的经济增长方式、节约型的产业结构、节约型的城镇化模式、节约型的农业生产体系、节约型的消费方式，树立节约型的思想观念对我国的能源安全、经济发展及人民的福利提高及长远利益都具有重要意义。

## 第四节 循环经济发展沿革

### 一、萌芽阶段

其实，包括循环经济思想在内的可持续发展理念，在我国古代就早已存在。我国古代提出的天人合一思想，就是最早的和谐理念的萌芽，就已表现了人与自然和谐发展的思想。近代的循环经济的思想源于美国经济学家波尔丁提出的“宇宙飞船理论”。在环境运动兴起的初期，即20世纪的60年代左右，美国经济学家波尔丁提出的“宇宙飞船理论”，他敏锐地认识到必须进入经济过程思考环境问题产生的根源。所谓“宇宙飞船理论”就是认为地球就像在太空中飞行的宇宙飞船（当时正在实施阿波罗登月计划），这艘飞船靠不断消耗自身有限的资源而生存。如果人们的经济像过去那样不合理地开发资源和破坏环境，超过了地球的超载能力，就会像宇宙飞船那样走向毁灭。因此，宇宙飞船经济要求以新的“循环式经济”代替旧的“单程式经济”。波尔丁的宇宙飞船经济理论可以说是早期循环经济思想的代表，它意味着人类社会的经济活动应该从效法以线性为特征的机械论规律转向服从以反馈为特征的生态学规律。

## 二、摸索或停滞阶段

20 世纪 70 年代，国际社会对环境的污染有深切的认识，世界各国开始对环境问题加以关注，此时，国际社会开始出现有组织的环境整治运动，但循环经济的思想在此时更多地还是先行者的一种超前性理念，并没有引起人们更多的深层次的探索，世界各国尽管对生产的污染物产生之后的治理以及减少其危害极为重视，但只是从生产流程结束之后来考虑，即所谓环境保护的末端治理方式；20 世纪 80 年代，人类提出了采用资源化的方式处理废弃物，思想上和政策上都有所升华，接近了循环经济的思想，但对于污染物的产生是否合理这个根本性问题，是否应该从生产和消费源头上防止污染产生，大多数国家仍然缺少思想上的洞见和政策上的举措。从这个意义上讲，20 世纪 70 年代到 80 年代之间，国际社会和学术界更为关注的是生产所造成的污染的治理问题，及其生态后果，并没有从生产的全过程或经济运行机制本身研究污染的产生问题、治理问题和资源的利用问题，这一阶段，循环经济的思想并没有得到真正的发展，可以称之为循环经济的摸索阶段或停滞阶段。

## 三、发展阶段

20 世纪 90 年代，环境问题促使人类对传统线性技术进行了反思，诚然，线性技术对人类的贡献是有目共睹的，人类利用自然能力的迅速提高，都和线性技术的高度发展有着密不可分的关系，然而，从物质流动和表现形态看，线性技术占主导地位的传统工业社会的经济是一种由“资源—产品—污染排放”单向流动的线性经济。在这种线性经济中，人们高强度地把地球上的物质和能源提取出来，然后又把污染和废物大量地扔弃到空气、水系、土壤、植被中去，线性经济正是通过线性技术给人类的生存和生活带来许多从来没有预料到的问题，如前面所述的环境问题、资源问题、经济增长问题（如罗马俱乐部的《增长的极限》所指出的）。基于此，20 世纪 90 年代，出现了可持续发展的思潮，在实施可持续发展战略的旗帜下，人们越来越认识到，当代资源环境问题日益严重的根本原因在于工业化运动以来以高开采、低利用、高排放（所谓两高一低）为特征的线性经济模式，并以系统角度认识到与线性经济相伴随的末端治理包括传统末端治理是问题发生后的被动做法，因此不可能从根本上避免污染发生；末端治理随着污染物减少而成本越来越高，在相当程度上它抵消了经济增长带来的收益；由末端治理而形成的环保市场产生虚假的和恶性的经济效益；末端治理趋向于加强而不是减弱已有的技术体系，从而牺牲了真正的技术革新等，为此提出人类社会的未来应该建立一种以物质闭环流动（materail closing cycle）为特征的经济，即循环经济，从而实现环境与经济的和谐发展，以期在资源环境不退化甚至得到改善的情况下促进经济增长的战略目标。此时，人类才真正步入了循环经济思想的殿堂。

## 四、实践与应用研究阶段

进入20世纪90年代以后，循环经济进入了实践与应用研究阶段，主要体现在世界各国已从立法的角度来实践与倡导循环经济。德国在循环经济方面的立法是走在世界各国前面的，早在1972年就制定了《废弃物处理法》，1986年又修正将其改称为《废弃物限制及废弃物处理法》，在此基础上，德国于1991年通过了《包装条例》，要求将各类包装物的回收规定为义务，设定了包装物再生循环利用的目标，于1992通过了《限制废车条例》，规定汽车制造商有义务回收废旧车，1996年德国提出了新的《循环经济与废弃物管理法》，把废弃物处理提高到发展循环经济的思想高度，并建立了系统配套的法律体系。日本的循环经济立法晚于德国，1991年日本制定《关于促进利用再生资源的法律》，1996年制定《家电回收利用法》（到2001年开始实施），1997年日本又制定颁布《容器包装再利用法》，20世纪90年代以后，日本也逐渐建立起了相互呼应的循环经济法规。此外，包括英国、美国、法国等国在内的一些国家也进行了循环经济立法并实施了促进循环经济的经济政策与产业政策，以促进资源节约型产业、清洁生产产业和生态园、生态城市等循环经济型的产业的发展和区域的发展。

我国政府极为注意循环经济模式的推广和倡导，胡锦涛总书记在2003年中央人口资源环境工作座谈会上强调："要加快转变经济增长方式，将循环经济的发展理念贯穿到区域经济发展、城乡建设和产品生产中，使资源得以最有效的利用。最大限度地减少废弃物排放，逐步使生态步入良性循环，努力建设环境保护模范城市、生态示范区、生态省。"党的十六届四中全会通过的《中共中央关于加强党的执政能力建设的决定》，正式将“节约资源和保护环境，大力发展循环经济，建设节约型社会”作为坚持科学发展观，提高党驾驭社会主义市场经济能力的重要内容之一。2005 年，温家宝总理在十届全国人大三次会议上所做的政府工作报告中又强调：“大力发展循环经济。从资源开采、生产消耗、废弃物利用和社会消费等环节，加快推进资源综合利用和循环利用。积极开发新能源和可再生能源。”目前，我国已初步形成了包括企业、工业集中区和区域层次的三大层次的循环经济实践模式，即在企业，大力推行清洁生产和 ISO14000 环境管理体系认证，全国化工、轻工、电力、煤炭、机械、建材等行业已有 4000 家企业通过了清洁生产审核，促进了企业的技术进步和管理水平的提高，产生了明显的经济和环境效益；在工业集中地区，把上游的废料作为下游的原料，并不断延长生产链条，建设生态工业园，全国试点已达 14 个；而区域层次，把工业和农业、城市和农村、生产和消费、理念和实践有机结合起来，从不同范围、不同区域构建循环经济体系，积极实施可持续发展战略。全国已有 10 个省按照循环经济理念制定了生态省建设规划并已经实施。有 47 个城市（城区）获得国家环境保护模范城市（城区）称号，166 个地区成为国家生态示范区，79 个乡镇成为环境优美乡镇。同时，与发达国家的循环经济相比，我国的循环经济涵盖范围有所增加。发达国家的循环经济主要集中在静脉产业，而我国的循环经济不仅包括静脉产业，而且包括动脉产业。这是因为我国正处于工业化的中期阶段，投资率高，原材料工业增长速度快，特别是粗放型经济增长方式没有根本改变，资源浪费大，单位产值的污染物排放量高。必须从资源开采、生产消耗出发，提高资源利用效率，在减少资源消耗的同时，相应地削减废物的产生量。因此，我国的循环经济是产业生态化与污染治理产业化、动脉产业与静脉产业协调发展的有机统一。当前，循环经济在我国得到了大力的发展，并将日益在我国的经济增长中起到重要的作用。

## 第五节 循环经济与经济增长

经济增长与发展无疑是任何一个国家都非常关注的经济和政治目标，经济增长的国家一般政局稳定、人民生活水平较高，社会保障和福利较好，其经济发展模式或经济调控手段成为其他一些经济落后国家效仿的模式，而一些经济滑坡的国家则常会出现社会动荡，政治危机。在促进经济增长与发展的过程中，循环经济模式无疑是一种最重要的经济增长方式，对于我国的现实情况而言，其意义尤为深远。

## 一、经济增长及其影响因素

经济增长（economic growth）代表一国潜在GDP或国民产出的增加，也可以说，当一国生产可能性边界（PPF）向外移动时，就是实现了经济增长。对于一个区域或一个资源城市来讲，经济增长也就是其产出的增加，或其生产可能性边界（PPF）向外移动。

传统的经济增长理论认为，经济增长的四个轮子是人力资源、自然资源、资本和技术。人力资源是指劳动力投入的数量及技术水平，是一个区域经济增长的最重要的因素；自然资源主要指一个区域的土地、石油、煤炭、天然气及其他矿产资源，经济学的研究及实证分析表明，自然资源尽管对区域经济发展起到了制约的作用，但并非区域经济发展的必要条件，许多自然资源禀赋条件好的国家经济比较发达，社会富裕，但相当一部分自然资源贫乏的国家或区域却经济相当发达，如日本、我国香港。资本形成对于一个区域的经济增长有着极为重要的意义，资本积累牺牲了当前的消费，但形成了的新资本为经济的增长奠定了坚实的基础，所以，大多数经济增长快的国家，把10%～20%的产出均用于投资；然而，只有技术进步才是真正对经济增长起促动作用的关键因素。投资只可能在一定的时期保持产值的增加，从而使一个区域GDP得到增长，而如果没有技术进步与创新，那只是低层次的、粗放型的增长，一方面由于资源的约束，终将不可为继，另一方面由于消费需求的变化会失去市场。事实上，随着知识经济的发展，技术创新在区域经济增长与竞争中的作用越来越重要，美国、日本、德国能成为经济强国，与其技术进步有着极为密切的关系。当然，这四个轮子并不是孤立的，它们之间存在着联系，是相互影响，相互促进的。美国经济学家丹尼森在《为什么增长率不同》（1967）、《日本经济怎样增长得这样快》（1976）对美国、日本及西欧等国的经济增长因素在实际经济增长中的贡献进行了比较分析，认为，从资本方面看，美国投资增加对经济增长的贡献大于西欧各国，而日本的经济增长主要来源于生产率的提高，生产率的提高显然就是生产工具、技术水平、管理水平的质跃，就是技术进步与创新的表现。而新古典经济增长模型（neoclassical model of economic growth）

则不仅否定了马尔萨斯的经济增长理论与20世纪70年代“罗马俱乐部”对经济增长潜力的担忧，而且进一步肯定了技术进步在经济增长中的支配作用。技术进步不是指单项科学研究成果或某项技术水平的提高，也不是从纯技术角度理解的科学技术的发展，而是从科学技术对人类社会发展，特别是从经济发展的角度来认识科技水平的发展。因此，技术进步是指科学技术通过对客观世界的认识的扩大与深化来改造自然，使之更好地满足人们以及社会的物质和文化需要，对于经济发展具有直接的促进作用。

## 二、循环经济模式的技术支撑体系

循环经济模式是一种关于人类经济发展模式的理念，不是孤立存在的，也不可能脱离社会支持系统而得以实现。只有整个社会在思想认识上得到根本转变，建立起有利于推动循环经济实现的社会价值、文化、道德、伦理和制度框架等社会环境，并具有资源投入、技术、信息和组织结构等方面的物质技术保障，它才能真正地得到落实。尤其是技术进步，对于发展循环经济，促进经济增长具有重要的支撑作用。如果没有相关的技术支撑，循环经济只能是一个科学的理论，先进的模式。所以，只有大力进行技术创新、技术引进、技术改造，大力推进节能技术、节水技术、链接技术、新材料技术、生态技术的研究与开发，同时要建立有利于促进技术进步和科技成果的转化制度体制，以可再生资源替代自然资源，用高新技术和先进实用技术改造传统产业，加强资源的循环利用，提高资源节约的整体技术水平，才能实现循环经济意义下的集约型经济增长。循环经济的技术支撑体系包括三个方面：

### （一）技术载体

循环经济的技术载体包括两个方面的内容：

1. 环境无害化技术或环境友好技术

环境无害化技术主要包括预防污染的减废或无废的工艺技术和产品技术，但同时也包括治理污染的末端技术。环境无害化技术的特征是污染排放量少，合理利用资源和能源，更多地回收废物和产品，并以环境可接受的方式处置残余的废弃物。其在技术选择中要遵循四个标准。一是环境与产品安全标准，尽量选择那些有利于生态良性循环和无污染或低污染的清洁技术、生态良性化技术。二是效率和效益的标准。效率和效益是循环经济的生命线，只“循环”而不“经济”就不是循环经济。要选择那些提高生态系统的生产效率、生产者的收益、市场系统的运营效率和消费系统的产品利用效率的技术。三是伦理标准。循环经济的伦理观应是环境伦理与经济伦理的结合，是公益性伦理与市场伦理的结合，要选择那些既适合经济伦理又适合社会伦理与环境伦理的先进科学技术。四是地理空间特征适应性标准。要选择符合与区域资源与环境状况、社会经济和技术转移能力等空间背景为特征的技术。在技术保障层次上，要构建包括资源开发、原材料生产、中间产品制造、加工生产、流通消费、循环利用全过程的循环型技术体系。环境无害化技术主要包括以下三个方面的内容：

（1）污染治理技术。即传统意义上的环境工程技术，其特点是不改变生产系统或工艺程序，只是在生产过程的末端通过净化废弃物实现污染控制。

（2）废物利用技术，即废弃物再利用的技术。

（3）清洁生产技术。这是环境无害化技术体系中的核心。清洁生产技术包括清洁的生产和清洁的产品两方面的内容，即不仅要实现生产过程的无污染或少污染（如用干净能源代替肮脏能源），而且生产出来的产品在使用和最终报废处理过程中也不会对环境造成损害（如对损害臭氧层的氟利昂物质的替代）。有人做过这样的估算，若以我国现在的工业生产规模，物耗降低 1%，则可增加净产值 30 亿元左右。如果实行洁净生产，使我国工业生产的物耗达到或接近发达国家的水平，就可增加净产值近 1000 亿元。清洁生产的思想，不但含有技术上的可行性，还包括经济上的可营利性，是一种将经济效益和环境效益有机结合的最优生产方式，充分体现了发展循环经济在环境与发展问题上的双重意义及对经济增长的促进。

2. 高新技术（主要是信息技术和生物技术）

一般人们将信息技术和生物技术作为知识经济的载体，其实，信息技术和生物技术也是循环经济的主要载体。因为知识经济的发展也是符合“减量化”的要求，因此，循环经济的技术政策中应该包括大力发展高新技术，包括信息技术、生物技术等。

### （二）生命周期评价

循环经济要求对一个经济系统（企业、家庭、城市、国家）能量的输出、输入和环境影响分析评估，必须立足于整个过程和整个系统，尽可能大幅度地减少资源输入流，同时大幅度地减少废物输出流，从而使线性经济两个端点的消耗和排放大幅度降低。而生命周期评价（Life Cycle Assessment）简称LCA，正是循环经济的基本思路。国际标准化组织对LCA的定义是：汇总和评估一个产品（或服务）体系在其整个生命周期间的所有投入及产出对环境造成的和潜在的影响的方法。而国际环境毒物学和化学学会对LCA的定义是：通过对能源、原材料消耗及废物排放的鉴定及量化来评估一个产品、过程或活动对环境带来的负担的客观方法。其特点在于：它是一种全过程评价，涉及产品或行为的原材料采集、加工、产品制造、使用消费、回收利用以及废物处理全部生命周期；是一种系统评价，以系统的思维来研究产品或行为在其整个生命周期中对环境的影响；是一种环境影响评价，强调分析产品或行为在其生命周期各个阶段中对环境产生的影响，包括能源利用、土地占用以及环境排污等，最后以总量形式来反映产品或行为的环境影响。LCA的实施步骤分为目的与范围的确定、清单分析、影响评价和改善评价四个阶段，而最终目标是通过确定产品的环境负荷，比较产品的环境性能优劣，可对产品进行重新设计，不断地完善和改进，以期得到产品对环境影响最低程度的方案。

### （三）技术战略

一般来说，技术战略某一经济主体为了获取竞争优势，进行与技术相关的重大决策，是一个较长时期内，一个经济主体的技术规划。以经济主体的不同，可以分为国家技术战略、省市的区域技术战略和企业的技术战略；从其内容上可以分为技术创新战略、技术引进战略、技术改造战略；从和竞争对象的博弈的角度看，可以分为领先型技术战略、模仿型技术战略、配角型技术战略和紧跟型技术战略。技术战略是循环经济技术支撑体系的重要组成部分。因为只有正确的技术战略才能使循环经济的清洁生产技术、废物利用技术和污染技术等得到发展，从而才能使循环经济具有坚实的技术基础，而制定以优先发展循环经济的技术也是实现集约生产、提高经济增长的质量的要求。

## 三、循环经济对经济增长的意义

目前，资源紧缺已成为我国经济增长与发展的瓶颈。电力、石油、土地和水资源等最重要的资源普遍紧缺。据国家电监会的监测，2004年“电荒”席卷21个省、市，在用电高峰时段电力供需缺口达2000万～3000万千瓦，预计2005年全国电力供应缺口仍然很大；而水资源则更为匮乏。我国660多座城市中，有2/3缺水，110座城市严重缺水。由于缺水，每年工业总产值的损失大约在2000亿元；而近几年农业每年缺水（近33亿亩土地收成受影响）造成的损失每年在1500亿元。随着中国人口的增长，人均淡水资源量将会越来越少，估计到2030年中国将被列入严重缺水国家；能源供给危机已制约着我国的经济发展，我国的石油储量不足，石油缺口越来越大。据能源专家估计，我国已探明的石油可采储量约为23亿吨，仅可供开采14年左右，石油的对外依存度已超过1/3，今后新增的石油需求量几乎要全部依赖进口。2004年中国累计进口原油1.2亿吨。由于中国没有完全建立起石油战略储备，缺乏对国际油价的适度缓冲，每年要多支付数十亿美元，其对经济的制约已不言自明，而煤炭储量好像可观，其实不然，据预测，我国煤炭探明可利用储量近2000亿吨，如果按照年产25亿吨原煤的速度推算还可以供应80年。加之煤炭生产、消费环节浪费严重，煤炭供应已出现紧张的局面。另外，我国建设用地与保护耕地矛盾突出，土地资源浪费、农村违法征地现象严重，人均资源相对不足和开发利用比较粗放问题并存。近10年来，我国净减少耕地上亿亩，去年人均耕地面积仅为1.41亩，不足世界人均水平的40%。所有这些，对于我国经济的增长与发展都带来极为不利的影响，制约着我国经济的可持续发展。而推行循环经济模式，是解决我国资源环境突出问题、实现经济集约式增长的有效途径。

对于资源城市来说，实践循环经济模式，利用生态工业的思想，可以大大增加资源的利用效率，促进GDP的增长。资源城市在资源开采和加工利用的过程中往往产生大量“废弃物”，对生态环境造成很大影响。应按照生态工业思想，对这些资源的加工利用过程进行技术集成、物质集成和能量集成，构建对资源进行充分利用的生态工业系统。如生产1吨黄磷副产14吨左右的“废物”，包括磷渣10吨，CO尾气3.8吨，磷泥0.2～0.5吨，磷铁0.1吨。如果利用磷渣生产建材、尾气生产化工产品，磷泥回收利用，磷铁生产纳米级新材料，构建“磷化工—碳化工—建材—新材料”多产业耦合的生态工业系统，则可在磷矿消耗不增加的前提下，仅靠充分利用副产物就获得3.5倍于原产值的回报。再如，水泥生产新工艺、新技术和新设备对于改变当前水泥生产的结构极不合理，资源和环境代价巨大，劳动生产率很低的局面，具有积极的意义，它可以在保证水泥产品质量的前提下，使水泥生产向节能、利废、环保方向发展也具有重要的现实意义。此外还有废旧机电装备再制造技术、“电子垃圾”资源化的单元技术，它们对于延长设备使用寿命，在节能、节材、降耗、减少污染和提高经济效益上的作用都是巨大的。

可见，循环经济增长模式以尽可能小的资源消耗和环境成本，获得尽可能大的经济效益和社会效益，从而使经济系统与自然系统的物质循环过程相互和谐，促进资源永续利用。它摈弃了传统粗放型生产模式的大量生产、大量消费、大量废弃，它以资源的高效利用和循环利用为核心，以“减量化、再利用、资源化”为原则，以低消耗、低排放、高效率为基本特征，符合可持续发展理念的经济增长模式，是对传统增长模式的根本变革。它是落实科学发展观的本质要求，防止了对自然资源的无限索取和对自然环境的无节制破坏，是遵循自然规律和生产力发展规律，贯彻落实以人为本、全面协调可持续的科学发展观的本质要求，是走可持续发展之路的必然选择。对于搞好资源节约和综合利用，加强生态建设和环境保护，走出一条科技含量高、经济效益好、资源消耗低、环境污染少、人力资源优势得到充分发挥的新型工业化道路，以最少的资源消耗、最小的环境代价实现经济社会的可持续发展具有现实意义。运用循环经济原理指导生产经营活动能够降低消耗、防治污染，从而带动企业经济效益和竞争力的提高，也能够使作为社会经济细胞的企业在经济全球化发展过程中，主动采用符合国际贸易中资源和环境保护要求的技术和标准，突破“绿色壁垒”的限制，提高市场竞争力，为区域经济增长做出更大贡献，所以它是提高经济效益，促进经济增长的一条重要途径，是目前形势下资源城市经济增长与发展的必然选择。

正是基于此，胡锦涛总书记 2004 年 7 月在山西考察时，将推进经济结构调整和经济增长方式转变作为考察的重点内容之一。吴邦国委员长 2004 年 9 月在上海考察时，11 月在陕西考察时，12 月在广东考察时都指出，坚持以科学发展观统领经济社会发展全局，推动经济社会又快又好发展，要做的工作很多。当前和今后一个时期，应当把转变经济增长方式作为战略重点。同时，他还从调整经济结构、大力开展节能降耗、发展循环经济等方面对转变经济增长方式提出了具体要求。《中共中央关于制定国民经济和社会发展第“十一个”五年规划的建议》(2005 年10 月 11 日中国共产党第十六届中央委员会第五次全体会议通过）中则进一步明确指出：“必须加快转变经济增长方式。我国土地、淡水、能源、矿产资源和环境状况对经济发展已构成严重制约。要把节约资源作为基本国策，发展循环经济，保护生态环境，加快建设资源节约型、环境友好型社会，促进经济发展与人口、资源、环境相协调。推进国民经济和社会信息化，切实走新型工业化道路，坚持节约发展、清洁发展、安全发展，实现可持续发展。”

## 第六节　循环经济与可持续发展

1987年联合国环境与发展委员会出版的《我们共同的未来》最早提出了可持续发展（Sustainable Development）的定义，即既满足当代人的需求又不危及后代人满足其需求的发展（sustainable development，that meets the needs of the present without compromising the ability of future generation to meet their own needs），实质是在发展过程中精心维护人类生存与发展的可持续性，它体现了人类与客观物质世界的相互关系。这一最初由美国学者提出的新概念，在20世纪80年代后期逐步形成系统观念，被国际社会所接受和认同。按国际流行的解释，可持续发展是指人口、经济、社会、资源和环境的协调发展，既达到发展经济的目的，又能保护人类赖以生存的大气、淡水、海洋、土地和森林等自然资源和环境，使我们的子孙后代能够永续发展和安居乐业。

### 一、可持续发展的主要内容

根据《我们共同的未来》一书中提出的可持续发展（Sustainable Development）的定义，可持续发展包括以下三个方面的内涵：

(1) 人类对自然的认识和人类发展观的进步。

(2) 人与人之间的关系、人与自然之间的关系、人类自身的道德观、价值观和行为方式的变革。

(3) 经济、社会发展的战略。可持续发展的目的是不断改善人们的生活质量，更充分地满足当代和后代人的需求，促进社会文明的进步。

1992年2月，联合国环境与发展大会在巴西里约热内卢召开，会议通过了《里约热内卢环境与发展宣言》《21世纪议程》等文件，标志着世界各国已普遍地认识到人类的发展必须系统地研究和解决人口、经济、社会、资源、环境等综合协调与发展的问题，国际关注的热点已由单纯重视环境保护问题转移到环境与发展的主题；1994年3月25日，经国务院批准发表的《中国21世纪议程——中国21世纪人口、环境与发展白皮书》，从我国的基本国情出发，对促进我国人口、经济、社会，资源和环境协调发展，实现可持续发展的总体战略和行动方案以及对策措施作了全面系统的阐述，指出走可持续发展之路，是中国在未来和下一世纪发展的自身需要和必然选择，并从国家战略的高度指出，可持续发展战略是坚持以经济建设为中心，从人口、经济、社会、资源和环境相互协调中带动人口、资源和环境问题的解决，逐步将高投入、高消耗、低产出和低效益的发展模式转变为资源节约型的发展模式，同时，通过生产模式和生活方式的改变，重新确立人与自然和谐共处的关系，推动和建立新的社会文明；2003 年 7 月由国家发展和改革委员会会同科技部、外交部、教育部、民政部等有关部门制订的《中国 21 世纪初可持续发展行动纲要》不仅总结了 10 年来我国实施可持续发展的成就与问题，提出了可持续发展的指导思想，而且提出了我国 21 世纪初可持续发展的总体目标：可持续发展能力不断增强，经济结构调整取得显著成效，人口总量得到有效控制，生态环境明显改善，资源利用率显著提高，促进人与自然的和谐，推动整个社会走上生产发展、生活富裕、生态良好的文明发展道路，并将在我国六大领域推进可持续发展：即在经济发展方面，要按照“在发展中调整，在调整中发展”的动态调整原则，通过调整产业结构、区域结构和城乡结构，积极参与全球经济一体化，全方位地逐步推进国民经济的战略性调整，初步形成资源消耗低、环境污染少的可持续发展国民经济体系；在社会发展方面，要建立完善的人口综合管理与优生优育体系，稳定低生育水平，控制人口总量，提高人口素质。建立与经济发展水平相适应的医疗卫生体系、劳动就业体系和社会保障体系。大幅度提高公共服务水平。建立健全灾害监测预报、应急救助体系，全面提高防灾减灾能力；在资源保护方面，要合理使用、节约和保护水、土地、能源、森林、草地、矿产、海洋、气候、矿产等资源，提高资源利用率和综合利用水平。建立重要资源安全供应体系和战略资源储备制度，最大限度地保证国民经济建设对资源的需要；在生态保护方面，要建立科学、完善的生态环境监测、管理体系，形成类型齐全、分布合理、面积适宜的自然保护区，建立沙漠化防治体系，强化重点水土流失区的治理，改善农业生态环境，加强城市绿地建设，逐步改善生态环境质量；在环境保护方面，要实施污染物排放总量控制，开展流域水质污染防治，强化重点城市大气污染防治工作，加强重点海域的环境综合整治。加强环境保护法规建设和监督执法，修改完善环境保护技术标准，大力推进清洁生产和环保产业发展。积极参与区域和全球环境合作，在改善我国环境质量的同时，为保护全球环境做出贡献；在能力建设方面，要建立完善人口、资源和环境的法律制度，加强执法力度，充分利用各种宣传教育媒体，全面提高全民可持续发展意识，建立可持续发展指标体系与监测评价系统，建立面向政府咨询、社会大众、科学研究的信息共享体系。

## 二、可持续发展与循环经济的共同理论基础

### （一）生态学理论

生态系统是指在一定空间内，生物成分（生物群落）和非生物成分（物理环境）通过物质循环、能量流动和信息传递形成的一个功能整体。生态系统是一个不断演化的动态系统。所谓生态平衡就是当生态系统的结构和功能处于相对稳定的时候，生物之间、生物和环境之间高度适应相互协调，种群结构与数量比例稳定，能量和物质输入输出大致相等。生态系统具有一定的自我调节功能，外来干扰在一定限度以内通过反馈机制和系统自我调节后可恢复到原初稳定状态。然而，当外来干扰超过系统自我调节能力时，系统不能恢复到原初状态，此时，生态系统表现为生态失调或生态平衡的破坏。循环经济中的生态学原理包括以下三个原理，即：循环再生原理、协调发展原理和生态平衡与生态阀限原理。具体介绍如下：

1. 循环再生原理

循环经济本质要求是重新耦合生态复合系统的结构与功能。物质循环、再生利用是一个基本生态学原理。人类的生产实践，使得结构和功能相对称、可以自我完成“生产—消费—分解—再生产”的物质循环功能、能量和信息流动畅通且能对其自身状态能够进行有效调控的自然生态系统受到破坏，产生了结构和功能上的破缺，导致生态系统稳态的破坏和功能的衰退，产生一系列资源、环境、安全等问题，直接威胁人类的可持续发展。作为可持续发展的经济发展模式，循环经济的本质是一种生态经济。因此，发展循环经济、构筑循环型社会的本质要求是对人类复合生态系统破缺的结构和功能进行重新耦合。

2. 共生共存、协调发展原理

共生共存、协调发展的原理是指经济体系与生态系统共生共存、协调发展的关系。共生关系是指生态系统中的各种生物之间通过全球生物、地球、化学循环有机地联系起来，在一个需要共同维持的、稳定的、有利的环境中共同生活。自然生态系统是一个稳定、高效的共生系统，通过复杂的食物链和食物网，系统中一切可以利用的物质和能源都能够得到充分的利用。从本质上讲，

自然、环境、资源、人口、经济与社会等要素之间存在着普遍的共生关系，形成一个“经济—自然—社会”的系统，即ENS复合生态系统。循环经济就是在复合生态系统的三个子系统之间强调其相互依存、共生的因素。而在以生态工业园为标志的工业体系中不同工业流程和不同行业之间的横向共生和资源共享为每一个生产企业的废弃物找到下游的“分解者”，建立工业生态系统的“食物链”和“食物网”，通过最大限度地打通内部物质的循环路径，建立企业或行业共生体内部物质循环的链条，实现资源节约、经济效益和环境保护的三赢。

3. 生态平衡与生态阀限原理

生态平衡是指生态系统的动态平衡，在这种状态下，生态系统的结构与功能相互依存、相互作用，从而使之在一定时间、一定空间范围内，各组分别通过制约、转化、补偿、反馈等作用处于最优化的协调状态，表现为能量和物质输入和输出动态平衡，信息传递畅通和控制自如。在外来干扰条件下，平衡的生态系统通过自我调节可以恢复到原来的稳定状态。然而，生态系统虽然具有自我调节能力，但只能在一定范围内、一定条件下起作用，如果干扰过大，超出了生态系统本身的调节能力，生态平衡就会被破坏，这个临界限度称为生态阀限。生态阀限原理即人类的生产与消费行为对环境的影响不能超过其阀限，否则，环境就会失去自恢复的功能，从而对人类的生产、生活带来极大的负面效应。因此，尊重生态系统的自我调节机制，在自然规律允许的范围内进行生产活动，保护生态系统的自我调节机制，对于实现区域人口、资源、环境的可持续发展、保证区域经济的增长具有重要的意义。

生态学理论要求在ENS——自然的复合生态系统中，要正确认识人与资源、环境矛盾的产生与实质，掌握了生态系统的特性并运用科学方法实行管理，防止系统的逆向演化，维持其平衡，因此，是循环经济模式和可持续发展理论的重要理论基础。

## （二）三种生产理论

三种生产理论是由北京大学叶文虎先生提出的，他认为在人和环境组成的世界系统的基本层次上，可以概括为三种生产，即：物质生产、人的生产和环境生产。物质生产指人类从环境中索取生产资源并接受人的生产环节产生的消费再生物，并将它们转化为生活资料的总过程。该过程生产出生活资料去满足人类的物质需求，同时产生废弃物返回环境。这个环节以社会生产力和资源利用率为基本参量，其中资源利用率取决于资源与生活资料的具体属性，资源利用率越高，则意味着在同等生活资料需求下，物质生产过程从环境中索取的资源少，加载到环境中的加工废弃物也少。人的生产指人类生存和繁衍的总过程。该过程消费物质生产提供的生活资料和环境生产提供的生活资源，产生人力资源以支持物质生产和环境生产，同时产生消费废弃物返回环境，产生消费再生物返回物质生产环节。这个环节以人口数量、人口素质和消费方式为基本参量，是三个生产环状运行的基本动力。其中，人口增长不能超出环境的人口承载力；环境生产则指在自然力和人力共同作用下环境对其自然结构和状态的维持与改善，包括消除污染（加工废弃物、消费废弃物）和产生资源（生活资源、生产资源）。该环节的基本参量是污染消纳力和资源生产力，当环境所接受的废弃物的数量和种类超过其污染消纳力后，就会使环境品质急剧降低。叶先生认为三种生产的关系呈环状结构。人和环境这个系统的畅通程度取决于三种生产之间的和谐程度。要实现人类的可持续发展就要正确处理三者之间的关系。

### （三）环境价值论

传统的经济和价值观念认为环境资源没有价值，不注意环境的保护，然而，随着社会发展，人们越来越认识到，环境是具有价值的，环境价值不仅体现为对当前人类生活质量和经济发展的影响，对后人的生活和经济发展也产生巨大的影响，目前，学者们已研究了环境价值量化的计量分析方法，在国民经济核算中采用了绿色 GDP 的核算方法，以准确地反映一国的真实经济增长水平。强调环境的价值观念、促进资源的有效利用、抑制环境污染的发生，实现资源的再利用、减量化是循环经济的主要原则。

### （四）SD 复合系统论

人类生活与生产处于一个大的复合系统中，即 ESN 系统，我们所讲的可持续发展包括三个方面的可持续性，即生态可持续性、经济可持续性和社会可持续性。这三者是相互联系、相互制约的，并共同组成了一个复合系统。在可持续发展复合系统中，生态可持续性是基础，它强调发展要与资源环境的承载力相协调：经济可持续性是条件，它强调发展不仅要重视增长数量，更要追求改善质量、提高效益、节约能源、减少废物，改变传统的生产和消费模式，实施清洁生产和文明消费。从系统的角度考虑人类的可持续发展，是循环经济的理论基础，也是其前提，因为只有在生产与生活中，从整个系统的高度来看待发展问题，才能提出循环经济的发展模式。

## 三、循环经济的循环原理的数学模型解析

共生原理、约束原理、自然法则、循环原理及替代转换原理都是可持续发展的调控原理。共生原理是指经济、社会与自然作为一个大系统的各个组成部分，是相生共存的，任何一部分的损坏都会对其他方面产生负面的影响；约束原理即自我调节原理，在可持续发展的约束原理中有两种机制，一是边界约束，二是均衡约束；而循环原理，是指能量在ESN系统的子系统及子系统之间循环运动，直到变成熵为止。

根据刘培哲等人的研究，循环原理的模型解析如下：

可持续发展的概念模型为：

$$\begin{aligned} V &= f(Y,Z,W) \\ &= f[Y(R,S,T,H),Z(R,S,T,H),W(R,S,T,H)] \end{aligned} \tag{2.1}$$

式中：V——经济、社会、自然系统发展状态

Y——经济子系统发展变量

W——社会子系统发展变量

Z——自然子系统发展变量

R——资源利用指标

S——资源存量指标

T——社会中响应指标

H——社会人文指标

显然，各子系统也是上述指标的复合函数，可以表示为以下三式：

$$Y = Y(R,S,T,H) \tag{2.2}$$

$$Z = Z(R,S,T,H) \tag{2.3}$$

$$W = W(R,S,T,H) \tag{2.4}$$

假设每级组指标均通过对以上三式对经济—社会—自然系统起作用，且三个子系统是相互独立的，则有：

$$V = f[Y(R,S,T,H),Z,W] \tag{2.5}$$

$$V = f[Y,Z(R,S,T,H),W] \tag{2.6}$$

$$V = f[Y,Z,W(R,S,T,H)] \tag{2.7}$$

分别对R、S、T、H求偏导数，并令其为零，则有：

$$\frac{\partial Y}{\partial R_i} \Big/ \frac{\partial Z}{\partial R_i} = \frac{\partial V}{\partial Z} \Big/ \frac{\partial V}{\partial Y} \tag{2.8}$$

$$\frac{\partial Y}{\partial R_i} \Big/ \frac{\partial W}{\partial R_i} = \frac{\partial V}{\partial W} \Big/ \frac{\partial V}{\partial Y} \tag{2.9}$$

$$\frac{\partial Y}{\partial S_i} \Big/ \frac{\partial Z}{\partial S_i} = \frac{\partial V}{\partial Z} \Big/ \frac{\partial V}{\partial Y} \tag{2.10}$$

$$\frac{\partial Y}{\partial S_i} \Big/ \frac{\partial W}{\partial S_i} = \frac{\partial V}{\partial W} \Big/ \frac{\partial V}{\partial Y} \tag{2.11}$$

$$\frac{\partial Y}{\partial T_i} \Big/ \frac{\partial Z}{\partial T_i} = \frac{\partial V}{\partial Z} \Big/ \frac{\partial V}{\partial Y} \tag{2.12}$$

$$\frac{\partial Y}{\partial T_i} \Big/ \frac{\partial W}{\partial T_i} = \frac{\partial V}{\partial W} \Big/ \frac{\partial V}{\partial Y} \tag{2.13}$$

$$\frac{\partial Y}{\partial H_i} \Big/ \frac{\partial Z}{\partial H_i} = \frac{\partial V}{\partial Z} \Big/ \frac{\partial V}{\partial Y} \tag{2.14}$$

$$\frac{\partial Y}{\partial H_i} \Big/ \frac{\partial W}{\partial H_i} = \frac{\partial V}{\partial W} \Big/ \frac{\partial V}{\partial Y} \tag{2.15}$$

以上证明了资源利用产生的经济增量与环境改善或社会福利增加之比，等于环境改善或社会福利增量对可持续发展系统的贡献率与经济增量对可持续发展系统的贡献率之比，证明了各个子系统之间的共生关系。而根据（2.5）、（2.6）、（2.7）求全导，则有：

$$\frac{dV}{dR_i} = \frac{dV}{dY} \cdot \frac{dY}{dR_i} + \frac{dV}{dZ} \cdot \frac{dZ}{dR_i} \cdot \frac{dZ}{dR_i} + \frac{dV}{dW} \cdot \frac{dW}{dR_i} \tag{2.16}$$

$$\frac{dV}{dS_i} = \frac{dV}{dY} \cdot \frac{dY}{dS_i} + \frac{dV}{dZ} \cdot \frac{dZ}{dS_i} \cdot \frac{dZ}{dS_i} + \frac{dV}{dW} \cdot \frac{dW}{dS_i} \tag{2.17}$$

以上是对循环原理的数学证明，上述公式（2.16）、（2.17）表明，在经济生活中，资源存量不变，资源循环等于增加了资源利用量，这对于生产函数的增长贡献和对全社会福利的贡献都是积极的，而且减少了进入环境中的废弃物的数量，也有利于环境质量的提高。依据循环原理，人类提出了循环经济的概念，即通过实施循环经济的发展模式，不仅可以保持经济增长速度提高，也可以减少对环境的损坏，有利于“经济—社会—自然”这一大系统的可持续发展，也符合人类社会的根本利益，是一种先进的生产与经营模式，故为世界各国所推崇。

## 四、可持续发展与循环经济的关系

### （一）循环经济是可持续发展的一种实践模式

循环经济的提出源于人类对粗放型增长，也即高投入、高消耗、高排放的线性经济的反思。这种传统经济单方向的从生产到产品再到排放的开放式经济以大量资源的投放生产人类生存所需的产品，同时伴以大量废物的排放，造成了20世纪以来一系列生态环境问题。因此，从人类本身的根本利益出发，有识之士提出二元发展观与可持续发展观，即在人类自身发展时，要同时兼顾生态环境的发展，做到二者和谐发展。人们将可持续发展称为经济可持续、社会可持续与生态可持续的“三位一体”，其中，经济可持续是社会可持续的基础，生态可持续是经济可持续的保障和支撑条件，是其物质载体，而社会可持续发展本身又引导着经济可持续和生态可持续发展。循环经济就是这种发展观的实践形式，是可持续发展的一种模式。

（二）循环经济是可持续发展的必要条件

可持续发展是以人为本，以发展为核心，综合研究并实施人口、经济、社会、资源、环境生态等的协同发展，以实现经济的发展、社会的公平、代际的兼顾以及人类和自然的和谐，是一种新的发展观。循环经济要求把经济活动由线性技术下的“自然资源—产品和用品—废弃物”的开放流程，组织成为“自然资源—产品和用品—再生资源”的封闭式环路流程，要求所有的原料和能源要能在不断进行的经济循环中得到合理利用，从而把经济活动对自然环境的影响控制在尽可能小的程度，这种经济模式，必然有利于产业的可持续发展，有利于提高资源的利用效率，有利于环境的改善与保护，循环经济的发展模式或经济增长模式是可持续发展的必要条件和实现途径之一。

## 第七节　资源城市实践循环经济的意义

资源型城市以资源开采作为主导产业，在城市的成长过程中，资源产业对城市的发展起到了极大的推动作用，然而，资源生产与消费又对城市环境造成了极大的破坏，同时，稀缺性的资源是不可再生的，实施循环经济的发展模式，不仅有利于保护资源城市的环境，提高资源的利用效率，也有利于实现资源城市产业的优化，保障国家的能源安全，具体讲来，资源城市实践循环经济具有以下积极的意义：

首先，循环经济是一种先进的经济增长方式，是“点绿成金”的经济，能给资源城市带来全新的环境效益和巨大的经济效益。目前世界环保技术和产品的市场规模约为400亿美元（其中德国占了18%左右份额，领先于美国而为世界第一）。通过环境无害化技术开发并促进其产业化，给德国、美国和日本带来了巨大的经济效益，所以，世界各国都在加速构建循环经济的产业体系，以期以这种环境无害化、资源可持续利用的新的经济增长模式来取代传统的线性增长模式，从而实现环境与经济的协调发展。

其次，资源城市实践循环经济是现实的必然要求。从宏观角度看，推行循环经济是我国的国情需要，是我国实现可持续发展的重要举措。发展循环经济，对于转变经济增长方式、推进产业结构合理调整，具有十分重要的意义。从资源城市的角度看，资源城市目前大都面临着环境危机、资源危机、经济危机和就业危机，而所有这些危机，基本上是由于我们在资源生产和消费上的观念的落后所致，比如，在生产上，我国的许多煤炭生产企业，尤其是小企业的生产效率低下，回采率不及30%，造成了资源的大量浪费，这种生产观，导致了资源储备量的锐减，缩短了资源产业的寿命，加速了资源城市的老化，引发了资源城市的经济增长危机和就业危机；从消费效率上讲，我国万元生产总值的能耗是美国的3倍、日本的6倍、韩国的4.5倍，远远低于一些发达国家，这种低效率的能源使用，加大了GDP对能源的依存度，一定程度上加剧了能源风险，更重要的是造成了严重的环境问题，引发了资源城市的环境危机。所以，实践循环经济的生产与消费模式，是资源城市成长的必然要求。

其三，实践循环经济是资源城市转变经济增长方式的要求。循环经济要求以环境友好的方式利用自然资源和环境容量，实现经济活动的生态化转向。资源城市历史上的经济增长，是依靠大量开采和输出资源来实现的，也主要是依靠生产要素（资源和劳动力）的投入来维持的粗放型增长。这种经济增长方式主要表现为投入多、能耗高、产出率低，技术进步对经济增长的贡献率低，即呈现所谓的“两高一低”特征，不仅资源大量浪费，而且对环境的破坏也极为严重。循环经济模式以实现资源利用最大化、废物排放最小化和经济活动生态化为根本目标，强调在物质循环利用的基础上发展经济，不仅可以最大限度地提高能源和资源的利用效率，促进自然资源的循环使用和循环替代，而且能够通过废弃物的少排放甚至零排放，有效地减少或避免环境污染和生态破坏，从而能够推动经济的低代价增长，实现经济与资源、环境的协调发展。

其四，实践循环经济是资源城市产业结构优化的客观要求。资源城市的产业结构中，以第二产业的比重最大，第一产业和第三产业的比重在资源城市的

GDP中占有很小的比重，这种产业结构在产业结构理论中属于产业结构的低级阶段，更为重要的是，以资源开采业为主导产业的资源城市的产业结构，随资源开采年限的增长，资源枯竭的凸现，必然难以为继，因此，加快培育其他产业，以循环经济的3R原则来改造资源产业，才能建立资源城市的产业梯次，完善资源城市的产业集群，优化资源城市的产业结构，从而为资源城市的良性成长奠定良好的产业基础。

其五、实践循环经济有利于资源城市走向国际市场、参与国际竞争。随着全球经济的一体化，关税贸易壁垒逐步被非关税贸易壁垒所取代。绿色贸易壁垒就是其代表之一，这一壁垒是一国以保护环境为由制定的一系列环境贸易措施，从而达到限制外国商品进口的目的，而资源城市如果不实践循环经济，则必然环境质量差，由此，资源城市的产业即存在环保质量方面的缺陷，在国际竞争中，必然要受到影响，因此，即便资源城市发展了其他产业，产业结构达到了优化，出现了一些科技含量较高的产业，但由于不符合国外的环保要求，在出口时也会受到制约，不利于扩大资源城市的出口贸易额，不利于实现出口替代战略，对于资源城市的成长也会造成负面的影响。

最后，实践循环经济，不仅有利于提高资源城市的环境质量，改善人居环境，也有利于资源城市在城市成长中引入更多的优秀人才，有利于提高资源城市的科技进步与高科技产业的成长，提高其科技竞争力。

# 第二章　资源城市成长路径

## 第一节　资源城市的发展状况

### 一、资源城市的定义

资源城市即资源型城市，二者在内涵上没有本质的区别。一般而言，我们讲的资源型城市从形成的角度分为两种，一是所谓的先有城后有矿，即在原城市的基础上形成的以资源开采业为主导产业的资源型城市，如山西省的大同市；二是所谓的先有矿后有城市，即指依托所处区域的一种或多种自然资源，以挖掘、开采或加工、运输业为主要产业而发展起来的城市，如黑龙江省的大庆市，其选址受资源开发的制约，只能是处于或靠近某一资源产地，是对自然资源开发的一种特殊区域类型。对于资源城市的概念，不同学者的定义略有差异，如有的学者这样界定资源城市这一范畴，即资源城市是依托于耗竭性的自然资源（如煤炭、石油、天然气等不可再生性资源，当然，也有以非耗竭性的资源为依托发展的城市），依靠矿产和能源的开发与经营而建立并逐步发展起来的城市，其主导产业部门是资源采掘业与加工业，特点是资源型产业在产业结构中占据主导或支撑地位，向社会提供矿产品、能源及其延伸加工产品，是社会经济的重要组成部分。这一概念不仅概括了资源城市形成的原因，产业特征，而且阐述了其在国民经济中的功能，是对资源城市这一概念比较全面的一个界定。有的学者认为，资源型城市是指因矿产资源开发而形成和发展起来，且矿业及相关产业在当地经济结构中占有重要地位，矿业职工在整个城市人口中占据较大比例，社会文化也明显地烙有矿业活动的印记，通过矿业开发向社会提供矿产品和矿产加工制品的城市。资源型城市是城市的重要组成部分，与矿产资源开发关系密切，其共性是城市，个性是矿业资源及矿产业。这一概念则从人口、产业、社会文化、产品的方面来界定。还有的学者直接这样定义：资源型城市是其特定的自然资源禀赋和我国传统的重工业优先发展战略以及地区特定地理区位条件共同作用的结果。显然，这一定义，突出的是我国的资源城市形成的因素。近年来，由于资源城市的老化问题的凸现，学术界和政府对资源城市的研究比较关注，对资源型城市或资源城市这一概念的界定逐渐趋于一致，认为，资源型城市是因自然资源的开采而兴起并发展壮大，而且资源型产业在工业中占有较大比重的城市。所以，区分一个城市究竟是否为资源型城市，就看其产业结构是否是以资源型产业为主，即是否以资源开采、加工、运输业为主，如果符合这一特征，我们就可以称之为资源型城市或资源城市。此处的资源主要指的是自然资源中的矿产资源，当然，以非矿产资源为特征的城市，也可称之为资源型城市，如我国目前就对东北的林业资源型城市的可持续发展提供了政策支持，如伊春市就是森工型的资源型城市。本书研究的重点是以煤炭资源为特征的资源型城市，即煤炭资源型城市。

## 二、资源城市的分类

### （一）城市的分类

由于划分标准不同，城市也可以分为不同的类别。应用最广泛且为人们所接受的城市分类法有以下几种：

1. 以城市的产业和功能为基本依据划分

依照这种方法，可以将现有的城市分为制造加工型城市、商业贸易型城市、资源型城市、文化教育型城市、旅游型城市和混合型城市。制造加工型城市就是以制造业和加工业为主要产业的城市。美国的汽车城底特律和我国的沈阳就是典型的例子。商业贸易型城市是以商业贸易为特征的城市，如中国香港。资源型城市是以一种或多种自然资源的开采、加工和运输为主要产业的城市，我国东北、山西的大部分城市都属于资源型城市，如阜新、鸡西、大同、晋城、阳泉等。文化教育型城市是以文化与教育产业为主要特征的城市，这类城市一般属中小规模，但人的素质极高，人均收入也较高。我国没有典型的文化教育型城市，国外像英国的牛津，美国的普林斯顿，伯克利（柏克莱）等属于这种类型。旅游型城市就是指那些以旅游业为中心产业而发展起来的城市。

混合型城市指城市中存在多种产业并存的局面，没有哪一种产业在城市的产业结构中居于主导地位，这样的城市在我国比较多，如北京，作为我国政治文化中心，既有众多的大学和较为发达的文化产业，又有为数不少的制造工业，同时商业贸易也很繁荣，所以，可以界定为混合型城市。

以上是一种简单的定性城市分类法，目前在此方面的研究已有一些定量的较为严谨的成果，如有的学者用人工神经网络对城市加以分类，有的学者则建立了城市分类的指标体系，以主成分法加以分类，也有选取不同的指标以聚类分析法加以分类，总之，不管什么样的分类方法，其依据基本不变，即以城市的产业特征为依据，只是对城市分类的研究方法的不同和体系的严谨程度不同而已。

2. 以城市的性质对城市进行划分

按照城市的性质，我国的城市可以分为六大类：

第一类即难以确定其主要职能的，在全国或省以上较大地区范围内具有重要地位与作用的综合性城市，如北京、天津、上海、重庆 4 个中央直辖市及各省省会和自治区首府（28 个）。

第二类是以工业生产为主，工业职工和工业用地占有一定比重的工业城市，如河北的邯郸、河南的新乡、东北的伊春、四川的攀枝花、贵州的六盘水等。当然，由于工业城市具有多样性的特点，因此我国的工业城市，按工业构成情况又可分为多种工业城市、重工业城市、轻工业城市、单一工业城市。

第三类是由于交通运输条件优越而发展的交通城市，是我国交通运输网的重要组成部分，具体可以分为铁路枢纽城市（如宝鸡、鹰潭、怀化等）、海港城市（如秦皇岛、连云港、湛江等）和内河港埠城市（如淮阴、裕溪口等）。

第四类是地区行政中心城市，即地区（自治州、盟）领导机关所在地，除政治上的职能外，往往有一定规模的工业，并为该地区（自治州、盟）的商业、交通、文教中心。

第五类即县城（镇），在我国具有较多的数量，其特点是分布广而较均匀，是连接各级城市和广大农村的纽带，亦为一县或县内某一片的政治、经济、文化中心。

最后一类是特殊职能的城镇，这类城镇和上述 5 类城镇不同，具有特殊作用，分为革命纪念地（如延安、遵义、井冈山茨坪镇、瑞金等）、风景游览城市（如承德、北戴河、从化等）和边防军事城镇（如伊宁、二连浩特、满洲里等)。

3. 按城市的人口规模划分

我国的城市按人口规模划分，可以分为四级：人口（这里指非农业人口）在100万以上称为特大城市；人口50万～100万的称为大城市；人口20万～50万的称之为中等城市；人口20万以下称为小城市。目前，我国400万人口以上的城市有11个，200万～400万的城市有22个，100万～200万人口的城市有141个，50万～100万人口的城市有247个，20万～50万人口的城市有172个，20万人口以下的城市有40个，依照这个标准，我国有特大城市共33个，居世界第一位，有大城市共247个，中等城市172个，小城市40个。

（二）资源城市的分类

由于我国具有较丰富的矿产资源，如煤炭、石油、铁矿、铜矿等（具体情况见表2-1）所以形成了相当数量的各种各样的资源型城市。

**表2-1 我国主要矿产的储量统计表**

| 项目 | | 2003 |
|---|---|---|
| 石油 | （万吨） | 243193.6 |
| 天然气 | （亿立方米） | 22288.7 |
| 煤炭 | （亿吨） | 3342.0 |
| 铁矿 | （矿石，亿吨） | 212.4 |
| 锰矿 | （矿石，万吨） | 20709.0 |
| 铬矿 | （矿石，万吨） | 549.8 |
| 铜矿 | （铜，万吨） | 3003.0 |
| 铅矿 | （铅，万吨） | 1248.0 |
| 锌矿 | （锌，万吨） | 3762.5 |
| 铝土矿 | （矿石，万吨） | 69453.7 |
| 镍矿 | （镍，万吨） | 293.7 |
| 钨矿 | （$WO_3$，万吨） | 286.6 |
| 锡矿 | （锡，万吨） | 178.6 |
| 钼矿 | （钼，万吨） | 345.5 |

续　表

| 项　目 | | 2003 |
|---|---|---|
| 锑矿 | （锑，万吨） | 87.5 |
| 金矿 | （金，吨） | 1981.0 |
| 银矿 | （银，吨） | 38214.0 |
| 稀土矿 | （氧化物，万吨） | 2099.3 |
| 菱镁矿 | （矿石，万吨） | 150149.8 |
| 普通萤石 | （萤石，万吨） | 3052.9 |
| 硫铁矿 | （矿石，万吨） | 196018.2 |
| 磷矿 | （矿石，万吨） | 390177.0 |
| 钾盐 | （KCl，万吨） | 27323.2 |
| 盐矿 | （NaCl，亿吨） | 1866.4 |
| 芒硝 | （$Na_2SO_4$，亿吨） | 98.9 |
| 重晶石 | （矿石，万吨） | 9852.1 |
| 玻璃硅质原料 | （矿石，万吨） | 117003.3 |
| 石墨 | （矿物，万吨） | 5235.4 |
| 滑石 | （矿石，万吨） | 9447.6 |
| 高岭土 | （矿石，万吨） | 54644.7 |

资料来源：中国统计年鉴 2005

我国的资源型城市都是依托大型资源型企业形成的，比如一些煤炭资源城市基本都有一到两个大型煤炭企业，或原来的矿务局，比如大同是依托大同矿务局发展起来的，晋城是依托晋城矿务局发展的，而阳泉则主要是依托阳泉矿务局发展的，这些城市的成长基本上是随着资源开采业的发展而兴起并成为相应规模的城市。以其所属的资源种类来划分，目前我们大致可以将其划分为以下几类：石油工业城市、煤矿城市、锡矿城市、森林工业城市、铁矿城市、铜矿城市、钨矿城市等。所谓石油工业城市就是以开采和加工石油为主要产业的城市，如我国的大庆、玉门、茂名、克拉玛依，加拿大的卡尔加里等；煤矿城市即我们前面所指的煤炭资源型城市，就是以煤炭开采和加工为主要产业的城市，如鸡西、大同、淮南等煤矿工业城市，在我国具有一定的数量；锡矿城市，就是以开采锡矿为主要产业的城市，最典型的就是我国的个旧，由于个旧具有丰富的锡矿资源，因此，逐步发展成为一个以锡矿的开采、加工为主要产业的资源型城市；森林工业城市，如我国的伊春、牙克石；铁矿或钢铁城市，如鞍山、包头、攀枝花、马鞍山等。根据周德群、汤建影在《中国矿业城市经济发展状况分析》一文中的陈述，我国的地级以下的资源城市分类统计见表 2-2。

**表 2-2　我国地级以下的资源城市分类表**

| 序号 | 城市 | 城市类型 | 地区 | 规模 | 序号 | 城市 | 城市类型 | 地区 | 规模 |
|---|---|---|---|---|---|---|---|---|---|
| 1 | 唐山 | 综合 | 1 | D | 27 | 铜陵 | 有色金属加工 | 2 | Z |
| 2 | 邯郸 | 综合 | 1 | D | 28 | 安庆 | 石油加工 | 2 | Z |
| 3 | 大同 | 煤炭 | 2 | D | 29 | 萍乡 | 综合 | 2 | Z |
| 4 | 阳泉 | 煤炭 | 2 | Z | 30 | 新余 | 黑色金属加工 | 2 | X |
| 5 | 长治 | 综合 | 2 | Z | 31 | 淄博 | 石油加工 | 1 | D |
| 6 | 晋城 | 煤炭 | 2 | X | 32 | 枣庄 | 煤炭 | 1 | D |
| 7 | 朔州 | 煤炭 | 2 | X | 33 | 东营 | 石油开采 | 1 | Z |
| 8 | 包头 | 黑色金属加工 | 2 | D | 34 | 莱芜 | 黑色金属加工 | 1 | Z |
| 9 | 乌海 | 煤炭 | 2 | Z | 35 | 平顶山 | 煤炭 | 2 | Z |
| 10 | 赤峰 | 煤炭 | 2 | Z | 36 | 鹤壁 | 煤炭 | 2 | Z |
| 11 | 鞍山 | 黑色金属加工 | 1 | D | 37 | 濮阳 | 石油开采 | 2 | X |
| 12 | 抚顺 | 综合 | 1 | D | 38 | 黄石 | 金属加工 | 2 | Z |
| 13 | 本溪 | 黑色金属加工 | 1 | D | 39 | 鄂州 | 黑色金属加工 | 2 | X |
| 14 | 阜新 | 煤炭 | 1 | D | 40 | 荆门 | 石油加工 | 2 | Z |
| 15 | 盘锦 | 石油开采 | 1 | Z | 41 | 韶关 | 金属加工开采 | 1 | Z |
| 16 | 辽源 | 煤炭 | 2 | Z | 42 | 茂名 | 石油加工 | 1 | X |
| 17 | 鸡西 | 煤炭 | 2 | D | 43 | 攀枝花 | 黑色金属加工 | 3 | Z |
| 18 | 鹤岗 | 煤炭 | 2 | D | 44 | 六盘水 | 综合 | 3 | Z |
| 19 | 双鸭山 | 煤炭 | 2 | Z | 45 | 东川 | 有色金属加工 | 3 | X |
| 20 | 大庆 | 石油开采 | 2 | D | 46 | 铜川 | 综合 | 3 | Z |
| 21 | 七台河 | 煤炭 | 2 | Z | 47 | 嘉峪关 | 黑色金属加工 | 3 | X |
| 22 | 黑河 | 有色金属加工 | 2 | X | 48 | 金昌 | 有色金属加工 | 3 | X |
| 23 | 徐州 | 煤炭 | 1 | D | 49 | 白银 | 有色金属加工 | 3 | Z |
| 24 | 淮南 | 煤炭 | 2 | D | 50 | 石嘴山 | 综合 | 3 | Z |
| 25 | 马鞍山 | 黑色金属加工 | 2 | Z | 51 | 克拉玛依 | 石油开采加工 | 3 | X |
| 26 | 淮北 | 煤炭 | 2 | Z | | | | | |

注：地区栏中 1 代表东部地区，2 代表中部地区，3 代表西部地区；规模栏中 D 代表大城市，Z 代表中等城市，X 代表小城市。

资料来源：根据《中国城市统计年鉴》(1991) 的相关数据计算整理。

这些城市在城市发展和建设方面虽然遵循着普通城市发展和建设的一般轨迹（即存在一切城市发展的共性特征），但由于其城市兴起的条件和背景的不同，我国在特定阶段的经济发展战略重点不同，所以，资源型城市又存在其与一般城市不同的鲜明特点，我们在下文详细介绍。

### （三）资源城市的特点

资源城市的发展，具有一般城市发展的共性，也具有其独特的个性。比如资源是耗竭性的，资源城市的就业率、人口规模、基本建设投资规模、经济增长及产业的发展轨迹必然和普通城市有所区别，当然，作为资源城市本身，它们之间则更有趋同性，即都是随着资源的开采而发展，随着资源的枯竭而出现失业率上升、经济增长缓慢、环境问题加剧等特征。但在不同的国家之间，由于不同的经济基础、不同的经济政策，资源城市发展呈现出差异性。我国的资源型城市（本文的研究对象主要是煤炭资源型城市）呈现出以下特点：

1. 资源城市的选址局限于资源企业的利益最大化，与城市长远发展相悖

资源开采企业在建设时考虑到运输成本与开采便利性，建厂选址距资源储藏地越近越好，而资源城市是依托资源开采企业发展起来的，所以，在其开发阶段，选址受资源开发的制约，只注意到资源的供应能力，忽略了发展和规划，发展规划的设计相对滞后，基本是在城市已具有一定规模后才考虑到这一问题的，所以，常常使许多资源型城市成为纯粹的资源供应基地，加之交通不畅、远离工商业发达地区及国内外市场，又没有区位优势，很难满足城市正常发展的基本要求。这种区位劣势已成为制约当地经济发展的重要因素，也是造成目前解决资源城市问题成本较高的一个重要因素。

2. 资源城市的规划严重滞后，缺乏对城市的整体经营

资源城市是依托资源企业而发展的，最初只是为了满足生产的需要，满足企业发展的需要，对城市的规划基本上没有加以关注。而在具有一定规模并建立城市时，在城市的建设管理上，却是传统的条块分割的管理，即资源型企业由国家专门部门直接管理，如煤炭企业由煤炭部，煤炭局和各个矿务局管，和当地政府属于两条线，形成“两张皮”现象。资源型城市的财政收入主要依靠资源产业，其创造的税利大多通过“条条”直接上缴到上级主管部门，致使地方政府的财政收入有限，没有足够的资金用于城市基础建设，而国有资源企业往往根据自身开发的需要，另搞一套城市建设，致使整个城市建设缺乏全面的

规划及安排，重复建设、各自为政、配套设施不完善也就不可避免。企业有自己的教育部门和医疗机构，造成了重复建设，缺乏整体的规划与统筹。与此同时，作为地方主要产业的资源产业，也作为国家直属企业，没有给地方提供其应承担的地方发展资金和城市建设资金，因此，使资源城市在城市建设方面缺乏资金支撑，所以，资源城市总体上表现为基础设施落后。

3. 资源城市的城市功能不健全

城市应具备多种功能，如集聚辐射功能、人居功能、文化教育功能、行政管理功能、经济贸易功能等，因此，在城市规划中，要求进行城市功能分区，即将城市的各种物质要素，如住宅、工厂、公共设施、道路、绿地等按不同功能进行分区布置组成一个相互联系的有机整体。目的是为了保证城市各项活动的正常进行，使各功能区既保持相互联系，又避免相互干扰。如英国 1970 年开始建造的米尔顿·凯恩斯新城，不设置过分集中的工业区，而形成包括工厂、行政、经济和文化管理机构等布置在居住地段附近的综合居住区，力求做到就业与居住就地平衡。然而，资源型城市不是以城市为主，而是以资源开采为中心，不是资源开采为城市服务，而是城市从属于资源开采，所以，在城市的规划方面本身存在先天不足，在后期建设中也存在规划不合理的现象，所以，城市功能不完备，在相当长一段时间里城市并没有发挥聚集辐射扩散的功能。因此，对资源的依赖性很强，资源枯竭，出现所谓的矿竭城衰的现象。

4. 产业结构单一，没有形成良好的产业链

资源城市以资源开采为主导产业，这在资源城市发展初期是无可非议的，但随着城市的发展，应该逐步建立后继产业，替代产业，形成多元化的产业格局。但由于种种原因，加之政府对资源城市发展认识的不足，忽视了这一影响资源城市发展的重要问题，使得多数资源城市在发展中过分依赖矿产资源开发，忽视了矿产资源的综合开发利用，以及其他产业的发展和资源的开发利用，忽视了资源的综合利用及高新技术产业的引入与发展，忽视了城市其他资源，如环境资源、旅游资源及社会资源的开发和利用，造成矿产资源衰竭后的许多城市隐患。所以，多数资源城市产业结构单一，这不仅在我国存在，国外的资源城市也普遍存在。我国一些资源城市的产业结构状况见表 2-3。

表 2-3 2002 年我国部分资源城市的产业结构状况

| 城市 | 从业人数（%） | | | GDP（%） | | |
|---|---|---|---|---|---|---|
| | 第一产业 | 第二产业 | 第三产业 | 第一产业 | 第二产业 | 第三产业 |
| 唐山 | 5.10 | 52.43 | 42.46 | 17.85 | 51.10 | 31.06 |
| 大同 | 0.98 | 48.95 | 50.08 | 4.07 | 53.48 | 42.45 |
| 阜新 | 2.69 | 50.07 | 47.24 | 14.52 | 39.02 | 46.46 |
| 鞍山 | 1.81 | 62.45 | 35.74 | 7.45 | 55.75 | 36.79 |
| 抚顺 | 2.54 | 61.65 | 35.81 | 8.01 | 60.05 | 31.93 |
| 大庆 | 3.14 | 54.59 | 42.27 | 2.07 | 88.69 | 9.24 |
| 铜陵 | 3.35 | 63.95 | 32.70 | 6.28 | 55.79 | 37.93 |
| 淮南 | 2.47 | 65.09 | 32.44 | 12.65 | 47.34 | 40.01 |
| 东营 | 1.53 | 70.42 | 28.05 | 6.38 | 80.75 | 12.87 |
| 枣庄 | 0.48 | 53.85 | 45.67 | 15.82 | 49.94 | 34.23 |
| 平顶山 | 0.66 | 54.41 | 44.92 | 15.03 | 52.31 | 32.66 |
| 攀枝花 | 0.82 | 75.15 | 24.03 | 6.75 | 67.72 | 25.53 |
| 铜川 | 0.85 | 66.19 | 32.97 | 10.38 | 44.28 | 45.33 |
| 白银 | 2.80 | 59.01 | 38.19 | 15.51 | 51.10 | 33.38 |
| 嘉峪关 | 0.43 | 81.47 | 17.89 | 3.92 | 75.96 | 20.12 |
| 克拉玛依 | 0.08 | 78.28 | 19.15 | 0.30 | 84.96 | 14.74 |

数据来源：中国城市统计年鉴，2003。

由上表可见，我国的资源城市的产业结构基本上都呈现出以采矿和矿产品加工业为主，其他产业和第三产业发展缓慢，产业秩序低，结构性转换惯性大的特点。在初期，以资源开采加工业作为主导产业是客观使然，也符合经济规律，但资源产业结构层次低，难以带动整个地区经济的发展，随着资源的枯竭，开采成本增加，经济效益下降。由于历史原因形成的产业结构单一，导致了后期较为严重的资源城市老化问题。

5. 资源城市可供开采的后备资源不足，采掘业难以为继

资源城市的发展问题当然不只是产业问题，还有环境问题，但经济发展问题是矛盾的焦点。资源城市以采掘业作为主要产业，如果具有充足的资源储

备，则资源城市不会出现经济增长的危机。资源型城市的生存和发展依赖于它所拥有的资源总量，由于历史原因，我国资源管理长期以来走的是高投入、高消耗、低产出的路子，是一种粗放型的经营模式，这一经营模式，不仅导致了极大的环境污染，更使资源枯竭的时间不断提前。就煤炭产业而言，我国曾经采取“有水快流”的政策，致使煤炭资源浪费严重，同时，在管理力度和政策上一度存在乱采、滥采、采富弃贫等短期行为，从而造成了大量的资源流失和浪费，也缩短了资源型城市的生命周期。煤炭资源的可供开采储备下降，煤炭资源城市的煤炭产业难以为继，是其经济增长速度下降，导致就业危机、经济增长危机的又一要因。

6. 资源城市污染严重，环境质量恶化

城市污染严重，环境质量恶化是资源城市的一个普遍现象，19—20 世纪发展起来的资源城市，这一问题尤其突出。其原因就是人们在经营城市时缺乏生态环境意识，在开发资源时，不注意环境保护。从资源城市本身来讲，环境质量和普通城市相比，必然具有一定的差异，这是由其产业特征决定的，开采资源必然伴随着环境的破坏，如地面塌陷，地下水位下降，水土流失、空气污染等，但由于对这一问题认识不足，资源城市在环境治理与保护方面欠下了债。随着人类对发展观认识的提高，资源城市在环境治理与保护方面的工作也在加强，但环境问题仍是资源城市发展中的一个重大问题，也制约着资源城市的发展。

7. 替代产业培育困难，城市转型缺乏资金支持

资源型城市是我国现代工业体系和城市群体中的重要组成部分，对我国经济与社会发展发挥着举足轻重的作用。其兴起与发展，为我国的重工业发展提供了能源原材料，加速了我国工业化的进程，推动了我国经济的迅速发展，但在计划经济的管理体制下，我们忽略了其替代产业的培育，也缺乏对城市建设的投入，因此，导致了资源城市经济结构畸形，产业结构层次较低，发展后劲不足，人才结构单一，技术落后，科技队伍专业门类不平衡，矿业产业人才相对较多而其他产业科技力量不足等一系列问题。因此，结构性矛盾是制约资源型城市发展的主要矛盾，也是城市转型要解决的主要问题。同时，资源城市在培育替代产业及城市转型中存在着严重的资金匮乏问题，原因是国家在计划经济时期没有充分考虑资源城市的产业接续问题，统收统支和资源开采企业直属中央的政策使资源城市存在两个问题，一是作为资源城市主导产业的资源企业

没有从产品收益中向城市的发展提取相应的资金，没有为资源城市的后继产业的发展提供资金支撑；二是资源企业污染了资源城市的环境破坏了其生态，这一外在成本的承担则在企业改制后由资源城市来承担，而资源枯竭后，资源城市显然不具有筹措治理污染、培育后继产业的资金的能力，导致了城市转型资金危机。尽管《中华人民共和国煤炭法》第三章第三十二条规定：因开采煤炭压占土地或者造成地表土地塌陷、挖损，由采矿者负责进行复垦，恢复到可供利用的状态；造成他人损失的，应当依法给予补偿。但这一保护资源城市环境的条款未得到真正的实施，环境治理资金仍是由资源城市来承担，给资源城市的发展带来了负面影响。实际上，一些国家已对资源城市的替代产业资金的筹集和企业退出建立了相应的措施，如美国的煤矿自建成投产开始就提取煤矿衰老报废资金，由煤矿公司集中掌握使用，积累资金用于煤矿衰老转产及煤矿关闭后职工安置、塌陷地补偿和恢复地貌等事宜，日本则对衰退产业部门有产业援助资金予以扶持，我国在这方面却依然是空白。

资源城市是依托于自然资源（本文指耗竭性资源）、依靠矿产和能源的开发与经营而建立并逐步发展起来的城市，其主导产业是资源采掘业与加工业，资源型产业在产业结构中占据主导或支撑地位，向社会提供矿产品、能源及其延伸加工产品，是社会经济的重要组成部分，其特点是其发展历史的沉积所致，具有一定的客观性，其特点又反映了人类在资源城市发展过程中规划、管理及发展观上的滞后。资源城市的经济可持续发展，是社会可持续发展、环境可持续发展的基础，研究并把握其特点，不仅有利于解决目前已经老化的资源城市问题，有利于了解现状、寻找对策，同时，也便于我们汲取教训、总结经验，开发新资源，促进新兴资源型城市良性发展，建设新的资源城市。

### （四）各级各类资源城市发展的一般态势

第一，我国资源城市的经济增长明显滞后于全国其他城市，根据周德群的分析，1990—2001 年，全国城市的人均 GDP 增长了 4.42 倍，人均社会商品零售总额增长了 3.15 倍，而矿业城市分别增长了 3.41 倍和 2.48 倍，其中煤炭类城市仅增长2.73 倍和 2.01 倍，但 1997 年、1998 年国家连续对煤炭产业进行了以“双控制”为特征的宏观调控，使多年扭曲的煤炭价格得到了恢复性的提高，所以，2000 年以来，煤炭型资源城市的经济增长得到了迅速的提高，资源城市的发展态势也有所改变。

第二，资源城市的经济增长与所依托的矿产资源的种类有关。据有关专家分析，资源城市的GDP与资源的开发状况和资源的市场行情有极大的关系，当资源城市的资源市场行情好时，资源城市的GDP就会迅速增加，而当市场行情不佳时，则GDP增长减速或呈现负增长。从目前情况看来，由于我国各级资源城市极为注意产业结构的调整，所以，资源产业对资源城市经济增长的影响及其波动正趋于减弱。

第三，资源城市产业结构单一，工业经济综合化发展程度低。以矿产资源采选及其初加工为主的工业占了工业总产值的相当比重。当然，随着我国各类资源城市政府和中央政府对资源城市问题的关注，及资源城市的转型研究及其战略的实施，资源城市的产业结构正向好的方面发展，工业化程度正在提高。

第四，资源城市传统产业比重明显偏高。采掘、矿业加工、化工、机械等传统产业的比重均高于50%，由于传统产业的产品附加值较低，所以关联的产业发展缓慢，产业链条较短，整个工业发展呈畸形，如阳泉的产业结构中，工业占整个GDP的90%以上，而其中占绝对比重的是煤炭产业。第一、二、三产业比重失调，第三产业发展速度慢，而农业历年只占总产值的3%。这给资源城市的经济增长带来了极大的风险，正因为如此，阳泉市近年来加强了产业结构调整，加强了城市的转型研究，提出了建设生态阳泉、富裕阳泉、文明阳泉的口号，使阳泉经济成功实现了转型，总结出了颇具特色的“阳泉模式”。

第五，资源城市的城市基础建设比较差，城市功能不完备，城市环境条件差，对于城市的产业结构调整及第三产业的发展起到了制约作用。基于此，各类各级资源城市对城市的生态环境建设极为重视，大力实践循环经济的发展范式，改良资源城市的生态环境，使其生态环境呈现日趋好转的势头。

### （五）煤炭资源型城市成长研究的现实意义

#### 1. 煤炭能源在我国国民经济中占有重要地位

能源类型繁多、性能各异。从研究分析及开发利用的角度，可进行如下分类：从来源分，可分为太阳能、地热能和潮汐能；按能否从自然界得到补充与再生，可分为可再生能源和不可再生能源。如：太阳能、水能、生物能、风能、潮汐能、海波能，海洋热能等属可再生能源，而煤炭、石油、天然气、铀、钍、锂等属不可再生能源；按能源利用形态，可分为一次能源和二次能源。一次能源是指直接取于自然界而不改变其形态的能源，如煤炭、石油、天然气、地热、风力、太阳辐射能等，二次能源则是指把一次能源经人为加工转换成另一种形态的能源。如电能、热能、煤气、焦炭及各种石油制品（汽油、煤油、柴油、重油等）。从使用效率及对环境的保护来讲，煤炭并不是最好的能源，但对于我国来讲，由于新中国成立初期的贫油少气，所以，为了实现重工业优先发展的战略，迅速为国民经济的增长建立雄厚的工业基础，大力发展煤炭产业就成为当务之急，在这种情况下，我国的煤炭产业得到快速发展，涌现了一批依托煤炭资源而成长起来的资源城市。随着我国不断发现新的油田，石油和天然气的供给有所提高，然而，从储藏量的角度看，我国的能源结构依然是以煤炭为主，现已探明，我国的煤炭储量为 1.5 万亿吨，居世界第三位；石油储量为 70 亿吨，居世界第六位；天然气储量为 38.3 亿立方米，居世界第十六位；水电储量为 6.8 亿千瓦，居世界第一位。但是，由于我国人口众多，占世界人口的 20%，人均能源消费量很低，仅为 0.90 吨标准煤，不到世界人均水平 2.3 吨标准煤的二分之一，石油仅占世界人均水平的十分之一，而我国能源消费总量中煤炭所占的比例一直在 70%左右，油气消费比例过低。正是基于此，张慧明提出能源消费以煤为主是当今中国能源消费的一大特点，并在最近 50 年内不会发生明显地变化的结论。我国能源消费结构、生产结构及与 GDP 的相关数据见表 2-4。

**表 2-4 能源消费、生产结构及 GDP 数据表**

| 年份 | GDP（亿元） | 能源生产总量（万吨标准煤） | 占能源生产总量的比重（%） | | | | 能源消费总量（万吨标准煤） | 占能源消费总量的比重（%） | | | |
|---|---|---|---|---|---|---|---|---|---|---|---|
| | | | 原煤 | 原油 | 天然气 | 水电 | | 原煤 | 原油 | 天然气 | 水电 |
| 1978 | 3624.1 | 62770 | 70.3 | 23.7 | 2.9 | 3.1 | 57144 | 70.7 | 22.7 | 3.2 | 3.4 |
| 1980 | 4517.8 | 63735 | 69.4 | 23.8 | 3.0 | 3.8 | 60275 | 72.2 | 20.7 | 3.1 | 4.0 |
| 1985 | 8964.4 | 85546 | 72.8 | 20.9 | 2.0 | 4.3 | 76682 | 75.8 | 17.1 | 2.2 | 4.9 |
| 1989 | 16909.2 | 101639 | 74.1 | 19.3 | 2.0 | 4.6 | 96934 | 76.1 | 17.1 | 2.1 | 4.7 |
| 1990 | 18547.9 | 103922 | 74.2 | 19.0 | 2.0 | 4.8 | 98703 | 76.2 | 16.6 | 2.1 | 5.1 |
| 1991 | 21617.8 | 104844 | 74.1 | 19.2 | 2.0 | 4.7 | 103783 | 76.1 | 17.1 | 2.0 | 4.8 |
| 1992 | 26638.1 | 107256 | 74.3 | 18.9 | 2.0 | 4.8 | 109170 | 75.7 | 17.5 | 1.9 | 4.9 |

续 表

| 年份 | GDP（亿元） | 能源生产总量（万吨标准煤） | 占能源生产总量的比重（%） | | | | 能源消费总量（万吨标准煤） | 占能源消费总量的比重（%） | | | |
|---|---|---|---|---|---|---|---|---|---|---|---|
| | | | 原煤 | 原油 | 天然气 | 水电 | | 原煤 | 原油 | 天然气 | 水电 |
| 1993 | 34634.4 | 111059 | 74.0 | 18.7 | 2.0 | 5.3 | 115993 | 74.7 | 18.2 | 1.9 | 5.2 |
| 1994 | 46759.4 | 118729 | 74.6 | 17.6 | 1.9 | 5.9 | 122737 | 75.0 | 17.4 | 1.9 | 5.7 |
| 1995 | 58478.1 | 129034 | 75.3 | 16.6 | 1.9 | 6.2 | 131176 | 74.6 | 17.5 | 1.8 | 6.1 |
| 1996 | 67884.6 | 132616 | 75.2 | 17.0 | 2.0 | 5.8 | 138948 | 74.7 | 18.0 | 1.8 | 5.5 |
| 1997 | 74462.6 | 132410 | 74.1 | 17.3 | 2.1 | 6.5 | 137798 | 71.7 | 20.4 | 1.7 | 6.2 |
| 1998 | 78345.2 | 124250 | 71.9 | 18.5 | 2.5 | 7.1 | 132214 | 69.6 | 21.5 | 2.2 | 6.7 |
| 1999 | 82067.5 | 109126 | 68.3 | 21.0 | 3.1 | 7.6 | 130119 | 68.0 | 23.2 | 2.2 | 6.6 |
| 2000 | 89468.1 | 106988 | 66.6 | 21.8 | 3.4 | 8.2 | 130297 | 66.1 | 24.6 | 2.5 | 6.8 |
| 2001 | 97314.8 | 120900 | 68.6 | 19.4 | 3.3 | 8.7 | 134914 | 65.3 | 24.3 | 2.7 | 7.7 |
| 2002 | 105172.3 | 138369 | 71.2 | 17.3 | 3.1 | 8.4 | 148222 | 65.6 | 24.0 | 2.6 | 7.8 |
| 2003 | 117390.2 | 159912 | 74.5 | 15.1 | 2.9 | 7.5 | 170943 | 67.6 | 22.7 | 2.7 | 7.0 |
| 2004 | 136875.9 | 184600 | 75.6 | 13.5 | 3.0 | 7.9 | 197000 | 67.7 | 22.7 | 2.6 | 7.0 |

资料来源：根据中国统计年鉴 2004 相关资料加工整理。GDP 按当年价格计算。

从上表可以看到，在我国的能源生产结构中，煤炭的生产比例最高达 75.3%（1995），最低达 66.6%（2000），1999 年到2001 年有所回落，原因是国家实行了总量控制的决策，但仍达 68.6%（2001）左右，占绝对地位；从消费结构看，煤炭的消费比例最高达 76.2%（1990），近年有所下降，但最低也达65.3%（2001），可见，以煤为主的能源生产结构与消费结构是我国的资源禀赋条件所决定的，而 GDP 对煤炭的依存度也表明，煤炭对于保证我国的经济增长具有极重要的作用。

可见，在新中国成立以来的能源政策中，加强对煤炭的开采和加工，提高对国民经济发展的能源保障力度，实施“有水快流”的政策就不足为奇，而正是这样的政策促进了资源城市的快速成长和煤炭产量大幅增加。

从目前来看，全世界面临着石油供给安全风险，我国“二高一低”的生产模式，及由于人口增长和城市化的影响、产业结构升级、经济增长及资源禀赋与能源使用安全的矛盾的影响，我国将成为世界上第一大能源消费国，我国的能源供给问题将越来越显得突出和重要，从能源安全的基本目标即供给安全看，我国的原油储量仅占世界储量的2.4%，天然气仅占1.2%，人均石油资源仅为世界平均值的17.1%，由于石油价格变动具有较大的不确定性，自1999年以来，世界石油价格频繁波动对我国的经济造成了巨大的冲击，影响了我国的经济增长。可见，石油对外依赖程度和供应安全风险加大，依靠国外的进口来满足国内经济增长对能源的需求具有较大的不确定性，因此，石油不能成为保证我国能源安全的主要能源。据有关专家预测，由于耗能结构的转化需要一段较长的技术准备和过渡时期，同时新能源技术成本高、价格昂贵，所以，以新能源来取代传统的能源也不现实，故而，在21世纪50年内，煤炭仍将在我国一次能源构成中占主体地位；吴庆荣也指出：我国在一次商品能源消费结构中，煤炭占71.6%，比世界平均值高出近45个百分点，而按目前的科学技术发展程度，再生能源和某种新能源要实现产业化，30年内很难形成，核聚变和海底天然气水合物可能在30年内为人类所把握，但未来不可能有较多的应用，因此在今后相当长的时期内，煤炭的主导地位不会改变，在基础能源中的地位短期内仍不可动摇。

所以，无论过去、现在还是将来，煤炭产业都对我国的国民经济具有举足轻重的意义，是国民经济的先导产业，煤炭是国民经济和社会发展的重要战略物资，当然也是具有自然垄断性质的国民经济的基础产业，对于实现小康社会，保证国家的经济安全具有重要的意义。

2. 煤炭资源型城市在我国城市成长研究中的地位

如前所述，煤炭作为重要的战略资源，对于国民经济影响深远，而煤炭资源型城市是伴随着资源开发和矿区经济的发展而壮大起来的，是随煤炭资源的开发而兴起并以煤炭资源开采为主导产业的城市。煤炭资源型城市在国民经济发展的不同阶段，对我国国民经济和社会发展做出了巨大的贡献，在计划经济体制下，曾为国家进行工业化建设提供了能源保障，为我国国民经济的发展提供了巨额利润和税金；在市场经济条件下，一方面，由于过去（计划经济下）资源型城市社会经济发展所走的是一条既“不持续”也“难发展”的粗放式的发展之路，城市发展急待转型。另一方面，国际上出现的能源短缺，使作为能源消耗大国的我国经济面临着重大的能源风险，给我国国民经济的稳定增长带来了巨大的风险，所以，煤炭资源型城市的发展不仅直接关系到煤炭资源型城市本身乃至区域和整个国家的经济社会的稳定和持续发展大局，也关系到国家的能源安全及能源安全战略的实现，因此，研讨资源型城市可持续发展问题不仅具有重要的现实意义，而且具有深远的历史意义。

## 第二节 资源城市的成长路径分析

在城市化进程中，路径选择一直是理论界和政策制定部门激烈争论的焦点。研究资源型城市的成长路径，对于了解资源城市的成长历程，从而研究解决其老化问题具有现实意义，同时，对于我国的城镇化进程中的路径选择也具有指导价值。

### 一、资源城市的周期理论

周期是经济学中常用的一个概念，比如在消费函数理论中，美国经济学家莫迪利亚尼提出生命周期假说，认为人的消费行为和其生命周期具有相关性，而美国经济学家弗农则提出了产品生命周期假设，把产品的生命周期分为新产品导入期、产品成熟期和产品高级标准化阶段。周期一词泛指富有阶段性的事物，比如，人的生命周期，分为成长期、成熟期、衰老期。由于经济社会中的一些事物具有类似的特性，因此在经济研究中，一般沿用这一范畴来描述具有类似规律性的事物。

资源型城市的成长与资源采掘业的发展和资源的耗竭状况密切相关，具有周期性的特点，美国地质学家胡贝特将矿业的生命周期分成四个阶段：预备期、成长期、成熟期、转型期。而资源城市的成长也相应经历了资源勘探开发期—矿井或采矿区建设期—城市形成初期—城市成长期—城市兴盛期—城市衰退期—消亡期（或城市转型期）。根据胡贝特的理论，经过转型期后，资源城市就会演变为综合性工商业中心城市。若没有新的产业兴起，城市开始衰退、消失。资源城市是依托资源而发展的，其成长的特定阶段若没有及时的转型，并发展替代产业，则和资源的寿命周期完全吻合，即资源开发完毕，矿业步入衰退期，资源城市也就进入了衰退、消亡期。所以，资源城市的成长路径可以表现为以下两条略有差别的路径，如图 2-1 和图 2-2 所示。

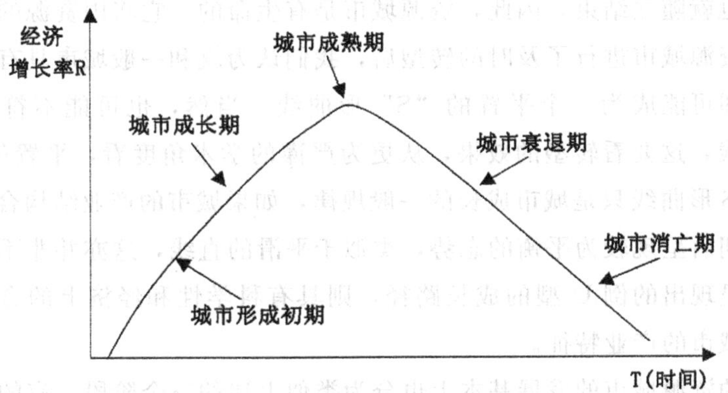


图 2-1　资源城市成长路径一

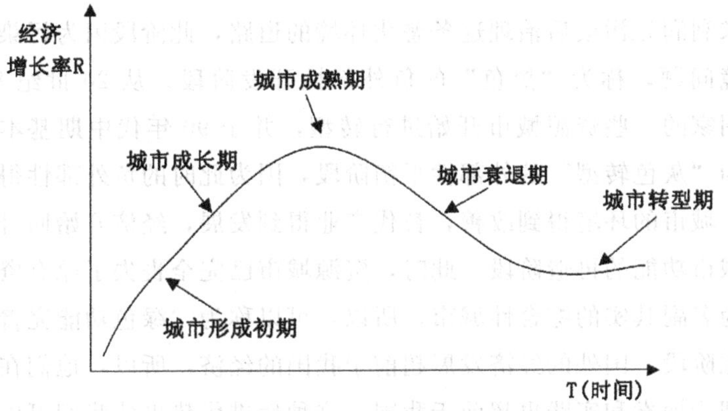


图 2-2　资源城市成长路径二

图 2-1 的路径称之为倒 U 型，图 2-2 称为倒 S 形。当然，上述二图只是直观地描述资源城市成长的路径，由于不同时期的产业政策不同，国家对不同资源城市的支持力度不同，以及不同资源城市的资源禀赋条件差异，不同的资源城市的发展是有差异的，比如，成长期的长短不同，周期的长短不同，但总的路径是一致的，都要经历上述的各个阶段，而转型后资源城市的发展态势，也因国家的扶持政策、资源城市的人才储备情况、经济发展战略、区位因素等内外因素而不同。比如美国学者诺瑟姆认为，城市化过程大体可分为城镇化程度缓慢形成的初期阶段、人口向城镇迅速集聚的兴盛阶段和城镇人口增长趋缓甚至停滞的后期阶段。他将这一过程在时间轴上描述为平置的“S”形曲线。这一曲线反映的是一般城市的成长轨迹或路径，和资源城市是有差异的，因为资源城市是依托资源而成长的，资源的储备是有限的，资源储备耗竭殆尽后，资

源开采业也就随之结束，因此，资源城市是有生命的，它将因资源的枯竭而消亡，但当资源城市进行了及时的转型后，我们认为就和一般城市具有一样的成长路径，即可能成为一个平置的“S”形曲线，当然，也可能不符合平置的“S”形曲线，这要看转型的效果，从更为严谨的学术角度看，平置的“S”形曲线或倒S形曲线只是城市成长的一般规律，如果城市的产业结构合理，则可能在成熟期后呈现较为平衡的态势，类似于平滑的直线，这亦并非不可能。而资源城市呈现出的倒U型的成长路径，则具有科学性和经济上的合理性，符合资源型城市的产业特征。

国外的资源城市的发展基本上也分为类似上述的三个阶段，有的学者称之为“黑色创业”的负外部性开发阶段、“灰色转型”的外部性平衡阶段和“绿色功能完善”的后发展再城市化阶段。具体讲就是从工业革命到20世纪60年代的先追求利润先污染后治理这条恶化环境的道路，此阶段因为污染严重，没有考虑环境问题，称为“黑色”的负外部性开发阶段；从20世纪80年代开始，西方国家的一些资源城市开始进行转型，并于90年代中期基本完成，这一阶段称为“灰色转型”的外部性平衡阶段，因为此时的负外部性得到一定程度的治理，城市的环境得到改善，替代产业得到发展，经济开始回升；第三个阶段就是城市功能的再造阶段，此时，资源城市已完全丧失了原有资源城市的特点，成为名副其实的综合性城市，所以，可以称为“绿色功能完善”的后发展再城市化阶段。国外的经济发展超前于我国的经济，所以，他们在资源城市发展中的理论探索和实践也超前于我国，这种后进优势也使我们可以在资源城市的发展战略中少走弯路，减少损失。

## 二、我国资源城市的成长路径

资源城市是以矿产资源为对象的采掘工业及其相关的社会生产发展到一定规模后，由于人口聚集而形成的特定地域。在我国，资源城市不仅是我国城镇体系中的重要组成部分，而且在国民经济中承担着重要的任务，因此，矿业城市的发展直接影响到我国整体经济社会发展的格局。由于发展的特殊历史背景，多数资源城市具有资源依赖性的特点，而资源具有自然的耗竭性，因此，资源城市的成长过程往往呈现出明显的周期性。

我国的资源型城市，基本都是在计划经济体制下建立的，因而计划经济的色彩极为浓厚。在1949年新中国成立以后，为了促进国家经济的迅速发展，增强国力，我国学习苏联的重工业化优先发展的战略，并模仿其集中的计划经济，而资源作为工业发展的命脉，则处于工业发展的重中之重，因此，国家集中大量的人力、物力进行资源勘探，大力发展资源开采业，在财政上加大力度促进资源的开采工业的发展，因此，我国资源型城市的建设时间短，资源型城市建立时没有充分地考虑到产业的结构优化性、城市规划的合理性和城市功能的完备性等问题。当然，局限于当时的认识水平，对污染问题也没有足够的考虑，这一阶段矿业城市成为国家的主要经济支柱。由于矿业城市的自身建设被忽视，矿业产业的负担加重，企业办社会现象产生。城市产业单一，经济结构不合理。而且由于盲目的开采致使资源大量浪费，可采率降低，利用率降低，这样的采掘方式不仅影响矿业产业的正常寿命，而且使矿业城市发展没有可持续性。这一阶段可以称之为资源城市的成长阶段。通过国家财政的大力支持，资源城市在短期内劳动力迅速增加，资源供应能力增加，经济增长速度提高，相应的城市设施也在短期内达到了配套发展，但这种发展是以损坏环境和粗放型经营为代价的，城市的快速发展并没有考虑其长远规划，没有从系统的角度考虑城市的整体功能。

我国资源型城市发展的第二个阶段就是成熟时期，此时产值产量持续攀升，经济增长达到极点，人口规模扩张到中等城市，就业率持续提高，城市空前繁荣，生机勃勃，但是，此时资源城市的环境问题则成为其发展中最为引人关注的问题，人居环境恶化，污染问题日趋严重，资源开采与加工业的产值在其总产值中占有绝对地位。

第三个阶段，即资源城市的衰退阶段。这一阶段，对于我国的一些资源城市来讲，正处于经济体制改革阶段，国家的经济体制正由计划经济向市场经济转变，国家对资源城市的原有的支持不复存在，不再对其矿业退出进行人员安置和项目方面的扶持，此时，资源城市经济增长下降，失业率增加、环境问题突出，出现了三个危机，即经济增长危机、就业危机和环境危机，表现出城市的老化现象，学术界称之为资源城市的老化问题，由于经济发展缓慢，甚至停滞不前，资源城市没有能力积累充沛的资金以进行产业培育和城市转型，所以，陷入了前所未有的困境，矛盾重重，举步维艰。

第四个阶段，即转型期。资源城市在中央政府的扶持下，制定了适合自身内外环境的经济发展战略，采取各种政策，吸引人才，发展科技，培育接替产业，进行产业结构的优化，经过一个特定时期的努力之后，形成具有相应规模和实力的产业群体。此时，其经济增长速度开始回升，就业率上升，环境问题得到逐步改善，人民生活安定，人居环境提高。

## 第三节 资源城市成长路径的动力学机理分析

不管是资源城市成长的四阶段路径即成长期、成熟期、衰退期、消亡期（转型期），还是资源城市成长的五阶段路径即发展初期、成长期、成熟期、衰退期、消亡期（转型期），都是资源城市成长的必然选择，具有其内在的动力机制和客观规律。

### 一、资源城市成长的产业演化动因

产业的发展可以用产业发展生命周期理论来描述，因为产业和其他事物一样，都有发生、发展和消亡的过程，而单个产业就其本身而言，不过是具有相同生产技术或产品特性的企业的集合。其存在的基础就是这些产业，然而一般产品是具有生命周期的，由于技术进步和消费者（市场）的影响，它必然要经历研究、试制、投入、成长、成熟、衰退这样几个阶段。当然，可能由于技术和突变，一个产品可能在成长期突然进入衰退期，也可能在投入期由于市场状态不佳直接淘汰。但那只是可行性分析不够严谨或特殊的技术突变所致，一般而言，产品总是具有上述的六个阶段生命周期的，所以，一般产业也具有类似的生命周期（当然也有例外，有的产业是可以持续发展的）。资源产品与一般产品不同，它不需要研究，不需要试制，但要经过勘探和基础设施的建设这些阶段，而且随着资源可开采量或可开采储备量的减少，相应地，一个区域的资源产业必然也会经历类似一般产业的生命周期。但是资源城市的资源储备量是有限的，必然要发展非资源性产业，所以，从长期来看，它的成长和别的城市的产业没有什么两样，资源产业只是其特定历史阶段和特定的资源禀赋条件下的最经济的选择，即资源开发阶段的产业特征与产业结构是国家经济利益和资源城市区域经济利益的体现，具有必然性。从产业的演变来看，资源城市的产业发展也必然要受到三大因素的影响，即三大动因的促动，这就是政策因素、各产业产品需求收入弹性的差异和各产业技术进步及技术结构特征的影响。这是资源城市成长的三大动因。

## （一）政策因素

政策因素是资源城市成长最为重要的因素之一。政策包括国家对资源城市的成长的财政、税收等政策倾斜、对资源城市成长的指导政策及资源城市本身对落实正确的经济战略而制定并实施的政策。比如，美国、加拿大对其资源城市（主要是煤铁矿区和石油产区）采取了一系列政策，其短期政策如利用财政支持和社会福利保障，是一种“创可贴”式紧急援助，目的是使经济危机比较平稳地过渡，其长期政策是针对矿产开采业不稳定社会结构的循环本质而定的，如：建立预警体系、建立社区赔偿基金和专项保险机制、经济基础多样化和地方购买、实施区域规划，建立结构联系等，但由于这些资源城市规模较小，只有几千人到几万人的规模，转型难度较小，所以，对于它们来讲转型的难度不像我国这样难度大。日本在一定程度上和我国的情况相似，因为日本的资源型产业主要是煤炭产业，由于受石油危机的冲击，煤炭产量大幅度下降，煤矿数量急剧减少，由于能源消费结构的变化使日本的煤矿不断关闭，产煤地域承受着巨大压力。为振兴煤炭型资源城市，日本政府采取了许多有效的措施，如：根据实际情况多次调整和制定煤炭政策，以优化煤炭产业结构，提高煤炭产业对煤炭资源城市的贡献率，提高煤炭的生产与消费效率；制定产煤地域振兴临时措施法，在对煤炭资源城市的现状与存在问题进行全面认识的基础上，指出振兴对策的具体方向和振兴目标；对煤炭资源城市进行地方财政支援对策，包括产煤地域振兴临时支付金，产煤地域活性化事业补助金，地方支付税；培育引进替代产业；实行长期低息的设备资金融资和长期运转资金融资；加强产煤地域基础设施的建设等；而德国鲁尔区是较为典型的资源城市转型的成功实例，它是德国北莱茵-威斯特法伦州的一个经济区。它以采煤工业为基础，逐步发展为拥有煤炭、钢铁、机械、电力等各种工业的德国最大的工业区，由于能源消费结构的变化和技术进步，鲁尔的传统工业煤炭、钢铁萧条，鲁尔面临结构性危机，进入了资源城市的老化期，德国政府为了促进其转型与城市的可持续成长，为推动鲁尔区的经济结构变革和保持社会稳定，联邦和州对煤矿地区实施了一项为期三年的特殊政策，一是通过德国联邦协调银行提供儿亿马克的低息贷款；二是每创造一个就业岗位就给企业一定数量的补贴；三是工人的转岗培训费用由政府资助；四是改造传统行业，吸引外来企业。五是重视环境建设，对于工业区最严重的环境污染问题，州政府加强对环境治理的投资，成立环境保护机构，统一规划治理；六是发展和完善交通运输网。通过如上政策措施，鲁尔区的城市设施、环境状态及产业结构达到了迅速的发展，城市步入了良性成长的时期。除此之外，苏联和委内瑞拉资源型城市也出现过停滞和衰败问题，即我们所指的资源城市老化问题，但经过政策引导与支持，也得到不同程度的缓减。可见，政策影响和引导，是资源城市成长的重要动因。

（二）各产业产品需求收入弹性的差异

不同产业的发展都是基于人类生活与生产的需要的，人类的需要增长了，各种生产要素就会向这个产业集聚，同时，需求也促进了技术的进步和技术创新，所以，这一产业就会达到迅速扩张与发展。在数学上，我们用弹性来衡量。具体用需求收入弹性，它表现人们在收入中用于某产业或某产品的支出的状况，计算公式为：

$$E_{Di}=\frac{\triangle Q_{Di}/Q_{Di0}}{\triangle G/G_0}\times 100\% \tag{2.1}$$

式中：

$E_{Di}$——第 $i$ 产业或产品的收入弹性

$\triangle Q_{Di}$——第 $i$ 产业或产品的报告期与基期需求量的绝对差额

$Q_{Di0}$——基期第 $i$ 产业或产品的需求量

$\triangle G$——人均 GDP 的增加量

$G_0$——基期的 GDP 水平

如果 $E_{Di}$ 小于 1，则意味着在增加的收入中，用于消费此产业的产品的收入比例减小了，反之，表示用于此产业产品的收入比重增加了，比重增加，则该产业的发展具有较大的市场潜力，具有较好的发展前景；比重减小，则表明此产业的市场空间缩小，发展前景不佳。显然，各产业的发展是受人们的消费行为影响的，需求弹性系数不过是人们消费行为的数学表现。当然，消费行为是受技术进步、政治因素、文化因素、制度因素等多方面影响的，同时，我们也应该看到，三次产业的消费不过是对人均 GDP 的一种分配，所以，其间必然是此消彼长的关系。对于资源城市来讲，城市成长的一定阶段，必然是第二产业中资源开采与加工业的降低，而第一产业、第三产业及第二产业中的制造业的比重的增加。但它们最终都是由反映人们的消费意愿的产业的收入弹性系数决定的。

### （三）各产业技术进步及技术结构特征

技术进步对产业发展具有基本性的促进作用。从人类历史上看，正是技术进步促进了社会分工与产业的分化，技术进步的作用主要表现在对各产业的成本影响、经营方式的影响、劳动效率的影响方面。在三次产业中，我们一般称工业化阶段是任何一个国家经济发展的必由之路（当然，近年有人提出质疑），是因为工业是技术进步和成本节约的产业，也是城市经济发展的物质基础，比如，重工业优先发展战略是因为只有重工业才能为各个三次产业提供发展必备的基础设施、设备，才能为提高劳动效率提供物质与技术的保证，人们经过计量分析，已验证了工业，尤其是制造业和经济增长的正相关关系。三次产业在经济发展中的比例，是由其技术进步与技术结构的特征决定的，由其在技术进步过程中创造财富的能力决定的。所以，各产业的技术进步与技术结构特征，是资源城市成长的另一动因，在资源城市的成长或老化城市的转型中，这是不得不关注的一个问题。

以上是从产业的发展动因上对资源城市的成长动因进行的论述，是中观层面的分析，下面，我们从系统，从全局的角度，对资源城市成长的动因、动力机制作一简要分析，和大家讨论。

## 二、宏观层面的资源城市成长的动力机制

资源城市依托资源产业发展、演变而来，必然也具有和资源产业同样的发展周期，从其动力学机理分析，则是各种因素相互作用、相互控制的必然结果，我们以系统动力学（System Dynamics）作为工具对其做一分析。

### （一）系统动力学的理论基础

系统动力学是一门分析研究信息反馈系统的学科，也是一门认识系统问题和解决系统问题的交叉的、综合性的学科。它是系统科学的分支，也是沟通自然科学和社会科学的一门横向学科。系统动力学认为，相互区别、相互作用的各部分有机地联系在一起，为同一目的而完成某种功能的集合体，称为系统。一个系统包括物质、信息和运动三个部分，系统的基本结构是反馈回路，而反馈回路是耦合系统的状态、速率与信息的回路，它们对应于系统的三个组成部分：单元、运动与信息。状态变量的变化取决于决策或行动的结果，而决策的产生又分为两种：一种是依据信息反馈的自我调节，这普遍存在于生物界、社

会经济与机器系统中，二是在一定条件下不依靠信息反馈，而按照系统本身的某种特殊规律，这种现象存在于非生物界，这时，并非信息不存在，而是信息处于“潜在”状态未被利用。用系统动力学的流图来表示则相当于信息到决策的连线切断了。系统动力学认为一个复杂系统按一定的系统结构由若干相互作用的反馈回路组成，反馈回路的交叉、相互作用形成了系统的总的功能。系统动力学强调，系统行为模式主要根植于系统内部的信息反馈机制，对于资源城市这样一个大的复杂社会系统而言，其功能及其演变与成长状态，也是由若干相互作用的反馈回路决定的，具有一定的规律。

系统动力学吸取了控制论、信息论的精髓，能够借助计算机建立系统动力学模型，并加以仿真，从而定量地研究系统问题，其突出的优点在于能处理高阶次、非线性、多重反馈复杂时变系统的问题，因此，对于研究资源城市的成长问题，研究其成长的动力机制，找到影响其成长的关键决策变量，从而制定有效的资源城市成长战略决策，具有现实指导意义。

### （二）系统动力学解决问题的步骤

系统动力学解决问题的步骤共分为五步：

第一，系统分析，其任务在于分析问题，剖析要因。工作的具体内容包括：调查收集有关系统的情况与统计数据；了解用户提出的要求、目的与明确所要解决的问题；分析系统的基本问题与主要问题，基本矛盾与主要矛盾，变量与主要变量；初步划定系统的界限，并确定内生变量、外生变量、输入量，确定系统的参考模式。

第二，系统的结构分析。其任务是处理系统信息，分析系统的反馈机制。工作内容包括：分析系统总体的与局部的反馈机制；划分系统的层次与子块；分析系统的变量、变量间的关系，定义变量和常数，确定变量的种类及主要变量，确定回路及回路间的反馈耦合关系，初步确定系统的主回路及它们的性，分析它们随时间转移的可能性。

第三，建立数学模型。工作内容就是建立 L、R、A、C 方程，确定有关参数。

第四，模型模拟与政策分析。即以系统动力学的理论对模型进行分析研究与模拟，剖析系统，寻找解决问题的决定，并尽可能实施，取得实践结果。

最后，就是对模型进行检验与评估。

### （三）资源城市成长动力机制模型的构思

第一，建模的目的。资源城市是一个中局层次的复杂社会系统，我们建模的目的是显而易见的，就是企图运用系统动力学模型来寻找资源城市成长的动力机制，寻找其关键的变量，以找到建立资源城市良性成长、避免资源城市老化问题的基于循环经济的成长战略。分析资源城市各种经济行为产生的原因。这一点与 1972 年福瑞斯特教授进行的美国 SDNM（美国全国模型）类似，福瑞斯特教授这一工作受到洛克菲勒兄弟基金委员会的支持，历时 12 年，耗资 600 美元。其目的在于为当时美国与日俱增的资源匮乏、环境恶化、政府不稳定、城市衰败和食物的涨价等问题寻找答案，作为政策分析工具，它企图为当时美国提供三个方面的用途：一是探索国家建立长期战略的目标；二是分析研究社会经济行为产生的原因；三是研究并寻求处理解决诸相互关联的全国性问题的政策。资源城市的动力学模型的目的也在于此，即寻找解决资源城市成长问题的政策。

第二，问题的边界。资源城市的系统动力学模型的研究边界为资源城市区域内的所有经济行为，凡是在资源城市区域内的、由资源城市政府可以控制与管理的经济、文化、社会活动方面的行为，都是系统的内生变量，而将区域外的、资源城市不可控的因素，我们作为外生变量。

（四）资源城市系统动力学模型的系统框图

由于篇幅所限，我们不对资源城市成长的参考模式加以表述，在参考模型确定以后，下一个任务就是研究系统与其组成部分之间的关系以及这引起重要变量与有关量之间的关系。为了研究系统的反馈结构，首先要分析系统整体与局部之间的关系，进而寻找因果与相互关系链和回路，然后把它们重新联结一起形成回路，回路的概念最简单的表示方法就是图形，系统动力学中常用四种图形表示法，即系统结构框图、因果与相互关系图、流图、速率—状态变量关系图，我们用系统框图来表示资源城市的动力学模型。我们认为资源城市的系统框图应包括：第一产业、第二产业、第三产业，这三个产业包括财政、就业、环境、政府、总人口、经济状态共 9 个子块。其中三次产业子块的功能是决定就业率的高低、产值的增加与否、财政收入的增减、资源的利用状况；财政子块的功能是决定财政支出、财政收入的大小；政府子块的作用是制定与实施相应的产业财政；总人口子块主要是提供劳动力；经济状态是反映经济发展的水平、反映城市基础设施建设的状况等。具体系统框图如下图 2-3 所示：

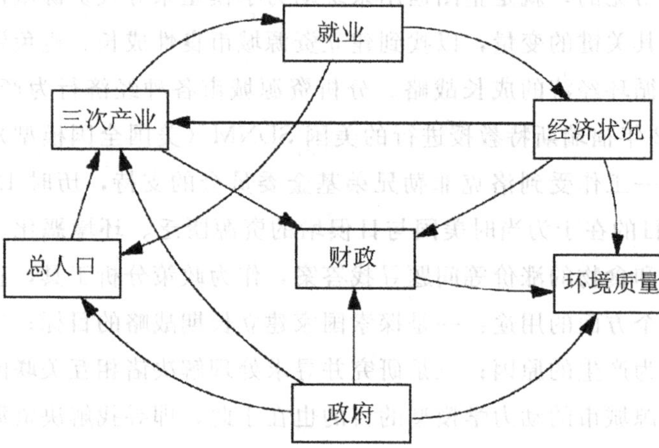


**图 2-3　资源城市动力机制模型系统框图**

### （五）资源城市成长动力机制的主回路及其极性分析

因果与相互关系图是比较简单的系统结构表示方法，常用于构思模型的初始阶段，或用于直观地、非技术性地描述模型的结构。当然，它不是构建系统动力学模型的必由之路，在这里，我们用它来描述资源城市成长的主回路，并研究其极性，目的在于用最直观、最简单的方法将资源城市成长的多回路、复杂的非线性控制模型的关键性问题——主回路表示出来，以使我们能够迅速地把握资源城市成长的动力机制，把握资源城市成长的关键问题，从而在制定决策时能准确地把握关键问题，一针见血地解决问题。资源城市的主回路如图 2-4 所示。

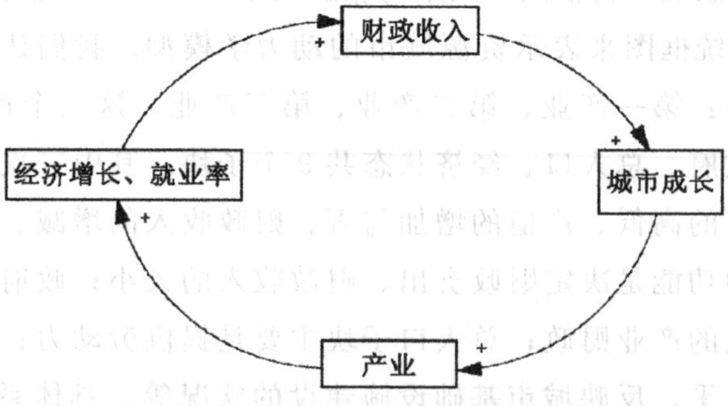


**图 2-4　资源城市成长动力机制的主回路**

显然，其极性为正，这表明，一般情况下，资源城市的发展会向两极发展，即：产业发展好，则经济增长加快，就业率提高，这样，促进了资源城市财政收入的增加，财政收入的增加，又促进了资源城市的良性成长，城市发展加快，反过来又促进了资源城市产业的快速发展；但如果资源城市的产业发展受到影响，则其经济增长、就业率下降，导致财政收入减少，此时，政府治理环境、加强城市基础设施建设及各个项目的投资、对产业的支持下降，城市成长受阻，人才外流，技术进步缓慢，甚至停滞，反过来，则使产业的发展受到影响，经济陷入危机，城市成长处于一个恶性循环。从这个主回路，我们也可以看出，这是一个典型的“马太效应”式的模型。然而，资源城市的主导产业——煤炭产业的发展只能是由小至大，至极则衰，衰则不复兴，这是由其资源的储备状况和资源的不可再生性决定的必然现实，所以，按资源城市的以上动力学机理分析，其成长只能由兴至衰，不可能由衰再至兴，模型的推演结果和我们现实的实际情况也极为相似。可见，如果没有政府正确的决策和政策的引导，资源城市成长中步入三个危机是在所难免的。

### （六）政府参与下的资源城市成长的动力机理的混合图表示

所谓混合图就是在因果关系图中把状态和速率变量按照流图中的符号表示出来，混合图用实线表示，我们以下面的混合图来表示在政府政策参与下的资源城市成长的动力机制。如图 2-5 所示。

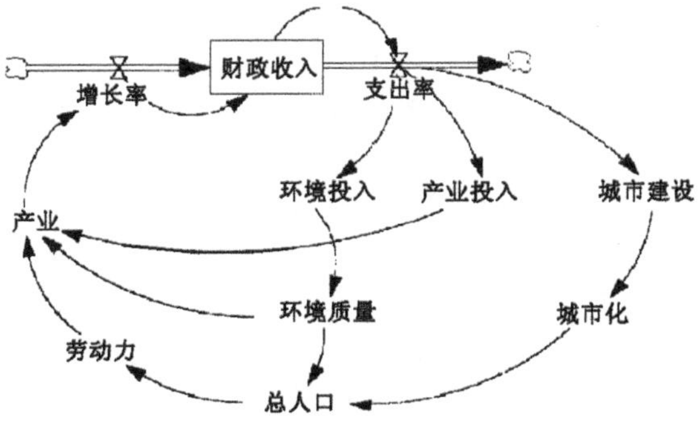


**图 2-5 政府参与下的资源城市成长的动力机理的混合图**

从上图我们可以看到，资源城市产业发展的好坏，直接决定了其财政收入，也影响到了政府在环境治理、产业优化投入、城市建设方面的资金的支出，而这些支出，通过城市化水平对人口的集聚效应，环境质量人才的吸引程度及对产业的促进作用，劳动力素质的提高，产业优化投入对产业的改造和调整的作用，又对产业的发展给予了反馈，这一反馈，可能是使产业发展加快，更加合理化、高度化，也可能是使产业的发展步入困境，其决定因素有两个，一是当前产业对财政收入的贡献率，二是政府对财政收入的支出方向，及资源城市政府的产业政策与经营城市的理念与战略规划，这对于资源城市的成长具有更为重要的意义。

因此，我们可以说，资源城市的成长和其内外环境固然有很大的影响，而政策变量，即政策在资源城市产业优化及资源城市成长中的作用，则是更为关键的变量，它对于资源城市的成长具有更为积极的意义。具有前瞻性的战略是资源城市能够保持稳定成长的前提和关键。所以，在制定国家的宏观政策和资源城市经济发展战略时要特别关注这一点。

一方面由于篇幅关系，另一个方面是直观的分析就可以清楚地简介资源城市成长的动力机理，所以，在本章中我们没有建立资源城市成长的状态方程、速率方程、N 方程式和辅助方程等，没有进一步进行计量分析与仿真。有兴趣的同志可以做一些深入的研究。

# 第三章　资源城市的城市竞争力

## 第一节　城市竞争力理论回顾

### 一、城市竞争力概述

资源城市的成长，主要取决于资源城市的产业状况，而其成长状况的外在体现，就是资源城市的竞争力。资源城市的竞争力是一个综合指标，它反映了资源城市的发展态势及其在我国城市中的地位。研究资源城市的竞争力，根本目的在于找到资源城市竞争力演变的规律，找到资源城市和其他城市在竞争力方面的差距和不足，从而为制定资源城市的发展战略和把握资源城市的转型特点提供理论依据和决策参考。

资源城市发展得益于其具有较为丰富的资源储备，同时也因其导致了产业的单一性，所以，形成了相对不合理的产业结构，在城市发展初期即进行产业的多元化是不符合客观情况的，但在城市发展的特定阶段进行产业的多元化则是必需的，唯其如此，才能避免资源产业衰退后的经济增长问题，避免出现经济增长后劲乏力的现象，但究竟何时实施产业多元化的战略，则是决策者不得不深思的问题，而研究资源城市的竞争力的演变轨迹，则是其必然途径。

城市竞争力是城市发展战略和城市管理的重要课题，目前，城市竞争力的理论研究已出现了许多成果，并在国内外形成了一些大流派。这些理论从不同的角度对城市竞争力进行了研究，并建立了相应的量化的指标体系，对国际上或国内的一些城市进行了评价，如在《城市综合竞争力——2001年上海经济发展蓝皮书》一书中，评价上海在资金流量上位居全国第一，信息流量名列全国第二，人口流量排序全国第三，实物流量全国排序第五。2002年中国城市竞争力研究会对我国城市竞争力评价的排序是中国香港以综合分 92.9 位居榜首，深圳第二位。排名第三至第十五位的城市依次是：上海、广州、北京、南京、重庆、杭州、天津、武汉、西安、沈阳、青岛、厦门和大连。而 2004 年由中国社会科学院财贸经济研究所倪鹏飞博士牵头撰写的《中国城市竞争力报告》，对我国的 50 个城市指标体系加以调研，按照 200 个城市的比较数据计算，我国城市综合竞争力排名中，居于前 10 位的依次是上海、北京、深圳、广州、苏州、杭州、天津……从其理论研究来看，国内外的城市竞争力评价方法和手段已有世界性标准，也出现了大量的包括主成分法、人工神经网络和计量经济学在内的理论和方法，尽管各种方法各有优劣点，但对于丰富城市竞争力评价理论和促进其发展却起到了极大的推动作用。

## 二、城市竞争力理论综述

### （一）迈克尔·波特的竞争力理论

迈克尔·波特是哈佛大学的教授，被誉为现代“竞争力之父”，他已经出版了 16 本著作，包括《竞争战略》（*Competitive Strategy: Techniques for Analyzing Industries and Competitors*）（1980 年）、《竞争优势》（*Competitive Advantage: Creating and Sustaining Superior Performance*）（1985 年）、《国家竞争优势》（1990 年）、《关于竞争》（1998 年）以及最近的《日本能赢吗》等，其中在 1980 年写的专栏文章“竞争战略：行业和竞争对手的分析技术”被翻译成 19 种语言，并被视为“企业竞争和战略”的鼻祖先锋。在波特的《竞争战略》一书中提出了竞争对手分析的模型，从企业的现行战略、未来目标、竞争实力和自我假设四个方面分析竞争对手的行为和反应模式。波特的对国家或城市的研究是从影响国际竞争力的深层次原因入手的，即层次因素分析。他认为不同层次的国际竞争力是多种不同因素综合作用的结果，并共同构成了一个国家或城市的竞争优势。以企业为例，国际竞争力是指企业在国际市场上以全球战略的姿态进行竞争的能力。波特认为影响企业国际竞争力的因素有五个：企业现有竞争对手因素、供应企业因素、客户企业因素、企业潜在竞争对手因素、替代品因素。一国在某一产业的国际竞争力是一个国家能否创造一个良好的商业环境，使该国企业获得产业竞争优势的能力。一方面，可以从分析某一产业的结构入手，确定本企业在该产业中的相对竞争优势，并采取相应的竞争战略；另一方面，国家也可以以某一产业为中心，分析该国各方面的环境因素如何影响企业在该产业中的竞争优势。而一国的特定产业是否具有国际竞争优势又取决于国内的四个关键因素，即生产要素、需求条件、相关产业和支持性产业、企业的战略、结构和竞争的优劣程度。此外，政府作用和机会因素也具有相当的影响力。这六大要素的相互作用构成了著名的“钻石理论”模型。迈克尔·波特将竞争力的评价指标分为生产要素如自然资源、人力资源、知识资源、金融资本和基础设施、需求条件、相关产业和支持性产业、企业的战略、结构和竞争的优劣势程度、政府作用和机会因素等几个方面，其理论着眼于企业或产业的竞争，属于微观层面的研究，一般称为波特产业竞争力理论，但其基本理论可以推广到宏观的经济系统国家的层面上，也可运用到中局的层面——城市竞争力研究中。所以，也是城市竞争力研究的一个理论体系。迈克尔的“钻石理论”模型如图 3-1 所示。

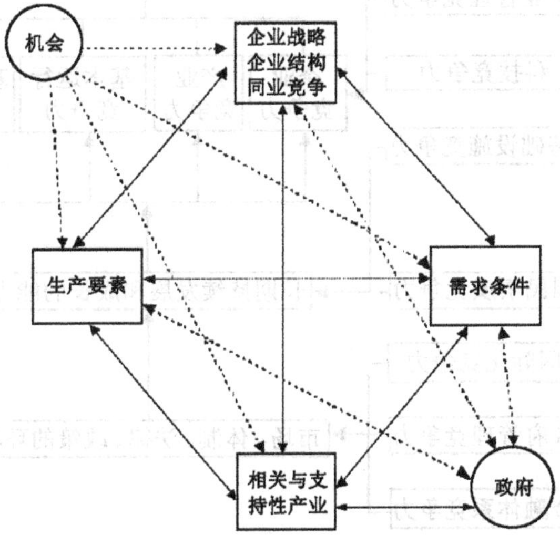


**图 3-1 迈克尔的“钻石理论”模型**

## （二）WEF-IMD 的国际竞争力理论

1989 年起，世界经济论坛（World Economic Forum）可简称为 WEF，与瑞士洛桑国际管理发展学院（International Institute for Management Development，简称 IMD）携手合作进行国际竞争力的研究，研究使得国际竞争力从概念到方法都获得了丰富和发展。WEF 和 IMD 直接探讨世界各国的竞争力排名。WEF-IMD 的国际竞争力评价体系包括国内经济实力、企业管理、国际化、政府管理、金融、基础设施、科学技术、国民素质 8 大要素，每个要素又包括若干方面，具体指标共200多个，分别反映国际竞争力的各项功能。其对城市竞争力的研究包括三个大的指标：环境竞争力、基础竞争力和核心竞争力，其中环境竞争力包括国际化竞争力、政府管理竞争力和金融体系竞争力，实际上涵盖了一个国家的经济环境、行政环境和融资环境三个方面；基础竞争力包括基础设施竞争力和国民素质竞争力，反映了一个国家的经济发展后劲和潜力；核心竞争力包括国家的经济实力、管理竞争力和科技竞争力三个子指标，这三个层次的指标综合反映了一个国家的综合竞争力水平。这一理论建立的指标体系比较全面、科学，在实践中为许多学者所采纳。其指标体系如图 3-2所示。

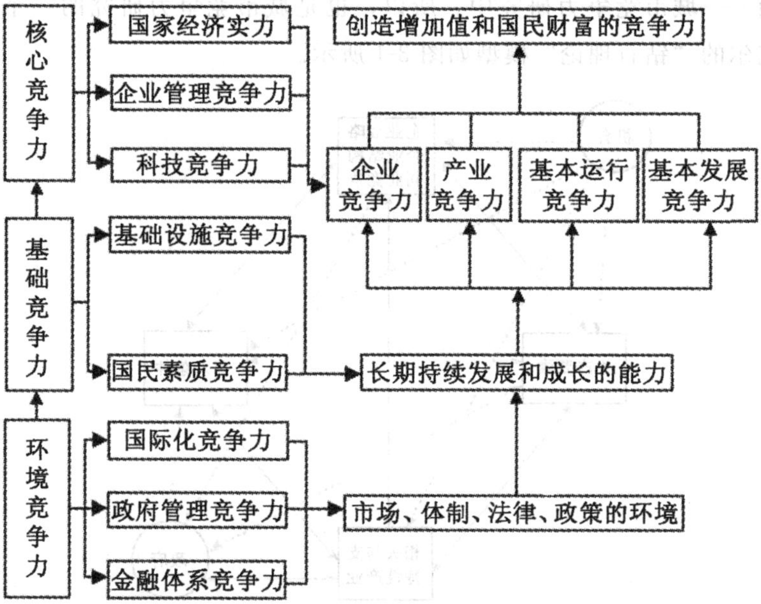


**图 3-2 WEF-IMD 的国际竞争力理论指标体系**

世界经济论坛（World Economic Forum）与瑞士洛桑国际管理发展学院的“国际竞争力理论”指标体系和波特的理论不同，它把国际竞争力的指标归纳为八大类，即国内经济实力、国际化程度、政府作用、金融环境、基础设施、企业管理、科研开发和国民素质。对于国内经济实力，它以国民生产总值、国内生产总值、国内总投资、国内总储蓄、通货膨胀率、经济增长率等作为计量指标来衡量一国的经济发展状态；国际化程度的指标有进出口总值、投资流量、贸易保护、利用外资额、对外开放程度，用以反映了一国或地区参与国际贸易和国际投资的状况；政府的作用对于一国的国际竞争力极为重要，效率高且清廉的行政机制对于吸引外资，提高经济运行效率都具有极为重要的作用，而腐败低效率的行政作风与行政机制则对经济的发展起到负面作用，这方面的主要指标有政府债务，政府预算盈余赤字，官方储备，政府最终支出，以及企业家对政府透明度、治理腐败、保护环境的评价等；金融环境是用来反映一国资本市场的发育状况和金融业的服务质量，其子指标有实际短期贷款利率、国际市场投资、资金成本及金融机构自主权；基础设施不仅对当前的经济增长起到促进作用，而且反映了一国的经济发展潜力，这方面的指标有信息、通信和交通系统，公共设施、如公路、桥梁、通信设备设施等；企业管理能力，反映了企业管理再创新、盈利和责任方面的有效程度，其主要指标包括：劳动生产率，工资收入，安全生产，以及企业家对企业信息技术开发、新产品开发、全面质量管理的评价等；科学技术发展水平的主要指标有：企业研究与开发费用，工业部门科学家人数，专利、知识权保护，国家科技投资等；国民素质则以人口总数、人口增长、人口结构、教育水平、就业率、人均可支配收入、人均医疗设施数量等反映一国国民的总体素质和生活质量。总之，世界经济论坛（World Economic Forum）与瑞士洛桑国际管理发展学院的研究成果是比较完备的，对于后来的城市竞争力评价理论的发展起到了指导作用和推动作用，后来的一些城市竞争评价理论基本上也吸收了其理论成果的有益之处，并在其基础上达到了进一步发展，所以，可以说是城市竞争评价理论的基石。

### （三）亚拉威的国家竞争力理论

世界银行哈密德·亚拉威（Hamid Alavi）从宏观和微观的结合上，把影响国家竞争力的因素分成促进国家国际竞争力的环境因素和不同层次的因素两大类，两大类因素有机结合构成一个国家的国际竞争力。

第一类因素主要是考虑总体促进国家竞争力的环境因素，具体可以分为5项：①总体系统活力。包括一个国家的经济实力及具体表现，短期及中期成长的趋势、投资程度以及贸易实力；②金融系统活力。包括一个国家的财政实力、公债、外汇储备、利率、长期和短期借债机会；③市场系统活力。包括企业的经营重点、经营总额、利润率及纳税率、政府在经济中的参与程度、技术实力、经济外向程度；④基础设施。包括桥梁、铁路、通信、能源网路等实物性的基础设施（Physical Infrastructure）、自然资源、社会及政治系统的稳定程度，以及经济组织方面的基础设施（Institutional Infrastructure），如从事技术创新与扩散的机构、承担风险的机构、开发人力资源的机构、鼓励出口的机构等；⑤人力资源。包括国民健康水准、教育程度、智力素质以及应变能力。

第二类因素主要是公司层次的因素，包括：①生产效率及灵活性。包括管理水准、生产组织方式及员工生产力（Labor Productivity）；②公司内部为生产服务的各种因素。包括对员工的雇佣及培训、内部金融及财政管理、资讯处理、产品质量控制、产品设计及研发能力、市场开发能力。

（四）北京国际城市发展研究院（简称IUD）的城市价值链理论

北京国际城市发展研究院（IUD）以国际竞争力理论为基础，建立了我国城市竞争力的“城市价值链”模型，北京国际城市发展研究院（IUD）认为，我国城市竞争力评价系统由5个一级指标系统、23个二级指标系统和140个要素指标构成，是基于关联性、可度量性、可比性、导向性和层次性的基本原则建立的，包括统计指标和调查指标两大类。城市竞争力评价系统包括的五个层面（即一级指标系统）为城市实力系统、城市能力系统、城市活力系统、城市潜力系统和城市魅力系统。这就是城市竞争力的“五要素论”。城市实力系统主要是对城市经济、社会和可持续发展等方面实力的全面评价，反映城市规模、结构、基础功能和社会进步与可持续发展的状况等，揭示出城市的经济地位和竞争基础。城市能力系统反映了城市集聚、辐射、流通、增长等方面的核心能力，揭示出城市发展的速度与程度、竞争产生对抗效果的水平、作用强度和获得竞胜的概率。北京国际城市发展研究院认为，从市场角度看，城市竞争力就是城市生产力，竞争力的本质体现为市场化占有、配置和利用生产要素的权利的大小。城市活力系统反映了城市有效利用资源的能力，包括企业活跃度、资本市场成熟度、市场开放度、创新环境、城市治理结构等方面，揭示了城市各要素和资源的活跃性、开放性以及相关约束的合理性，并综合体现为城市运行和发展的效率。城市潜力系统反映了城市在未来或潜在竞争中能够夺取、控制制高点所需的要素支持的完备程度，揭示了城市实现生存平台的跨越和生存模式的革新，获得城市再生和更高层次新生的后发优势。城市魅力系统是推动城市快速发展的加速器，是现代城市的灵魂。北京国际城市发展研究院认为，城市魅力的功能在于对外界施加强烈的影响力，产生巨大的吸引力，充满迷人的亲和力，激发丰富的想象力，对城市发展具有乘数效应。

“城市价值链”模型以指标体系为核心，其实质是建立高度区域一体化的全球资源配置机制和运行模式。城市价值链理论认为比较优势是指各城市不同要素之间的关系，而竞争优势侧重各城市同类要素或可替代要素之间的关系，指出不同城市之间同类要素的冲突和替代的因果关系。模型认为一个城市的价值链包括价值活动和价值流。价值活动是城市价值创造过程中实现其价值增值的每一个环节，包括城市实力系统、城市能力系统、城市活力系统、城市潜力系统和城市魅力系统。价值流是城市价值取向的主要决定因素，是指一个城市以相应的平台和条件吸引区外物资、人力、资本、技术、信息、服务等资源要素向区内聚集，并将形成和扩大竞争优势向周边、外界扩张与辐射。城市价值链模型将城市资源的配置过程描述为一个链条，并按层次结构逐级提升，该理论揭示出城市形态演化的五种基本模式，即开放型城市、成长型城市、停滞型城市、衰退型城市和濒危型城市，而城市竞争力则是推动城市形态演化的内在力量和源泉。

IUD认为，城市竞争力指标体系的建立必须遵循以下五大基本原则：

第一，关联性。本指标体系所选择的每个指标至少能够在一定程度上、一定时期内，近似地反映城市竞争力的某一方面的某些基本特征，或者说，每个指标只能从某一特定角度反映城市竞争力的程度。

第二，可度量性。所选择的指标必须是可度量的，而且能够实际取得数据。有些指标虽然在理论上可行，但缺乏数据来源，或虽能取得数据，但可信程度较低，这样的指标宁可暂缺，以尽量避免主观判断代替客观度量。数据主要来自各类不同的统计指标，在缺乏统计数据的情况下使用调查数据，个别情况辅之以专家评估。

第三，可比性。从城市发展的实际情况出发，自行选择指标尽可能突出城市转型时期的特点，使指标设置既符合城市间的可代表性和通用性，又要体现城市竞争力是一个世界性和历史性的动态发展过程，使指标具有相对可比性，从而提高指标体系的使用范围。

第四，导向性。所选择指标既要从城市的现实出发，考虑数据资料的可获得性，又要从城市的发展趋势出发，考虑指标的先进性，力求使每个设置指标都能够反映城市竞争力的本质特征、时代特点和未来取向。

第五，层次性。由于指标体系是一个多层次多要素的复合体，因此，指标的设置必须按照其层次的高低和作用的大小不断细分。

北京国际城市发展研究院对城市竞争力的指标设计如下：城市实力系统的主要指标有：GDP、地方财政收入、第三产业占GDP的比重、城市化指数、信息化指数、生活质量指数、知识发展指数、人口自然增长率、资源和能源的耗速率、生态环境退化速率等；城市能力系统的主要指标有城市吸收、控制、转化资源和持续高效创造价值的核心能力，包括对人、企业、资金等资源的集聚能力、对外争夺、占领、控制资源与市场的能力、物资、人力、资本、技术、信息等资源要素的流通能力和城市价值增长的速度；城市活力系统的指标有企业活力度、资本市场成熟度、行政力量影响市场资源配置的程度、科技创新环境、城市治理结构；城市潜力系统的指标指城市在未来或潜在竞争中争夺、控制制高点所需要素支持的完备程度以及获得城市再生和更高层次新生的后发优势的一些相关指标；而城市魅力系统的指标则包括城市知名度、美誉度、忠诚度和联想度，城市理念识别、行为识别、视觉识别，文化传播指数、本土文化独特性、外来文化兼容度等。

（五）中国社会科学院城市竞争力的研究

以倪鹏飞为组长的中国社会科学院城市竞争力课题组，通过讨论城市价值收益，界定城市竞争力概念，提出一组条件假定，介绍了两个理论前提：城市混沌系统和城市价值体系，接着提出城市竞争力的基本概念框架，并展开理论分析和逻辑推导，之后建立数字表达的理论模型，得出假说的基本结论。指出“城市竞争力”是指一个城市在竞争和发展过程中与其他城市相比较所具有的吸引、争夺、拥有、控制和转化资源、争夺、占领和控制市场，以创造价值，为其居民提供服务的能力。城市价值体系是其所有企业价值体的集合。城市竞争力包括硬分力和软分力。硬分力：劳动力、资本力、科技力、结构力、设施力、区位力、环境力、聚集力；软分力：秩序力、文化力、制度力、管理力、开放力。当然，这些分力又是兼容和交叉的。研究认为：

城市竞争力（UC）＝F（硬竞争力，软竞争力）　(3.1)

硬竞争力（HC）＝人才竞争力＋资本竞争力＋科技竞争力＋环境竞争力＋区位竞争力＋基础设施竞争力＋结构竞争力　(3.2)

软竞争力（SC）＝文化竞争力＋制度竞争力＋政府管理竞争力＋企业管理竞争力＋开放竞争力　(3.3)

（六）上海社会科学院的城市综合竞争力理论

上海社会科学院对城市的竞争力进行了研究，提出一个城市的综合竞争力是指该城市在一定区域范围内集散资源、提供产品和服务的能力，是城市经济、社会、科技、环境等综合发展能力的集中体现。综合竞争力包含六大要素：

(1) 综合经济实力。该要素反映的是一个国际中心城市参与竞争的经济实力，是城市综合竞争力的重要基础。主要体现在经济总量、发展速度、人均水平、经济结构等方面。

(2) 综合服务功能。综合服务功能的强弱是决定城市集聚辐射能力的重要因素，反映了城市经济的特点。衡量指标包括资金流、货物流、信息流等的密集程度等。

(3) 综合发展环境。良好的发展环境是城市吸引力的可靠保证。因此，它首先包含了城市的硬件环境，如基础设施的完备程度，绿化覆盖率，空气质量，居住条件等。同时，它也包含了软环境——如社会治安状况，市场信用制度，社会保障体系等。

(4) 综合创新能力。一个具有创新能力的城市才是有竞争力的城市，这一点已经成为人们的共识。其重要衡量指标是R&D投入占GDP的比重，此外还有专利授权量，从事研究与发展的人数、科技成果转换率等。

(5) 综合管理水平。廉洁高效、运转协调、行为规范的行政管理体系体现了一座城市的效率，也是城市综合竞争力的重要组成部分。包括政府政策的透明度、政策贯彻的有效程度、失业率等。

(6) 市民综合素质。该要素是城市可持续发展的重要保证。包括市民的受教育水平、健康水平，精神风貌，思想道德水平，等等。

### (七) 广东社会科学院的地区综合竞争力评估理论

广东社会科学院的研究认为地区竞争力是指在经济全球化条件下一个地区在一定发展水平基础上经济持续增长与发展的能力，由于它是一个地区政治、经济、文化与社会等各种力量共同作用的结果，因此，也称之为综合竞争力。研究地区综合竞争力其实就是研究如何增强一个地区经济增长与发展的后劲。一个竞争力较强的地区应当满足以下必要条件：一是有较高的经济发展水平，人均GDP是度量地区经济发展水平的最理想指标。二是有较强的经济增长后劲，增长速度用于描述地区经济增长，却无法很好反映一个地区的经济持续增长，一个地区的经济增长后劲，为此，提出了经济增长加速度的概念，它是指经济增长的增长速度。有了经济增长加速度，度量一个地区的经济增长后劲就有了可能，客观评估一个地区的综合竞争力同样有了可能，并认为地区综合竞争力指数＝地区经济发展水平×地区经济增长加速度。

### （八）中国市长协会城市竞争能力指数理论

中国市长协会近几年每年都发布《中国城市发展报告》，对中国主要城市发展状况进行评估，其中有城市竞争能力指数研究。该报告认为，城市竞争能力是城市综合发展能力的先导组成部分，同时也是城市发展的基本驱动力。如果说城市基础实力是城市综合发展的基础和起点，那么城市竞争能力则是城市发展的希望和动力。一个基础实力雄厚的城市，如果缺乏竞争力，它注定要落在竞争能力强劲的城市的后面。中国市长协会研究认为城市竞争能力指数研究，包括5个方面的研究：城市创新能力，城市学习能力，城市集约能力，城市信息化能力，城市全球化能力。

### （九）同济大学城市综合竞争力方法与评价

同济大学石忆邵等认为，城市综合竞争力是指一个城市在地区范围内集散资源、提供产品和服务的能力，是城市经济、社会、科技、环境等综合发展能力的集中体现。它反映了城市的生产能力、生活质量、社会全面进步及其对外影响能力。城市综合竞争力主要由经济实力、市场竞争力、市民素质和人才竞争力、科技和文化竞争力、政府管理竞争力、基础设施竞争力、制度竞争力构成（7个方面、29个指标）。

国外城市竞争力的研究理论除上述的波特理论外，还有美国竞争力委员会(1997)的研究成果，他们认为：国家竞争力是在自由及公平的市场环境下，国家能够在国际市场上提供好的产品、好的服务，同时又能提高本国人民生活水平的能力。这个定义强调贸易竞争力的重要性，即一国生产的产品和服务必须经受国际市场的检验，才能证明是否有竞争力。美国巴克内尔大学教授彼得的研究成果为：

$$城市竞争力（(UC)=f(经济因素、战略因素) \qquad (3.4)$$

$$经济因素=生产要素+基础设施+区位+经济结构+城市环境 \qquad (3.5)$$

$$战略因素=政府效率+城市战略+公私部门合作+制度灵活性 \qquad (3.6)$$

彼得在分析城市竞争力时，选取了三个指标即零售额、制造增加值和商业值组成指标体系表现城市竞争力；同时又选取了一些构成指标，采用多指标综合评价的判别式分析法，得出各城市竞争力得分，比较后得出各城市的竞争力排名。并且根据评价结果一方面对城市竞争力进行了历史、结构、区域性的分析，同时根据城市竞争力解释框架建立了城市竞争力与解变量的回归方程，对其高低及变化的原因进行了分析和比较。

## 第二节　基于主成分法的资源城市竞争力评价理论与方法

### 一、研究思路

各种城市竞争评价理论（如前所述）尽管对城市竞争力评价的总体指标的设计有差异，但它们采用的基本指标是一样的，都以 GDP、城市基础设施、文化教育水平、融资条件、环境质量等来评价城市的竞争力。所有这些指标中最重要的是城市的经济实力或核心竞争力，然而城市的核心竞争力则是其主导产业，因为城市的产业发展水平才是其经济增长的源泉，才是其核心竞争力的基础，如果一个城市的主导产业发展不佳，或其产业结构不合理，没有真正解决就业问题、经济增长问题，则城市的繁荣如同无源之水、无本之木，是不可想象的。所以，在进行资源城市的评价中，在选取指标方面，我们主要考虑其经济实力指标的变化和与一般城市的比较，另一方面，对于资源城市的环境也进行评价，以期把握环境质量或环境竞争力变化的规律，从而为新兴资源城市制定可持续发展战略提供可资借鉴的研究成果。

### 二、指标体系的设计

在上述理论的指导下，为了更为简洁地反映资源城市的竞争力水平，我们设计三种指数：经济实力指数、环境质量指数和潜力指数。其中，经济实力指数是主要指数，它是资源城市竞争力的最主要内容。三种指数分别取不同的基本数据，而这些数据反映了城市的不同侧面的经济或环境等状况，它们之间又具有不同的相关关系，比如，GDP 和环境污染指标及基础设施数量必然存在关系，而且基本上是正相关的，GDP 增加，对于资源城市来讲，必然会带来一定程度的环境污染。同时，由于增加了财政收入，所以政府可以用之来加强城市的基础设施建设，基础设施的规模、数量必然会增加，因此，简单的通过统计指标，即加以调查、统计、汇总、计算，尽可能精确地表现出那些客观存在的数量特征并不能准确反映城市的竞争力，因为存在重复计算等一系列问题。在城市竞争力评价系统中，竞争力指数与一般的统计指标相比是有差异的，它要通过一些特定的方法来加以确定。根据北京城市研究院的研究，城市竞争力指数应具有以下一些特征：

第一，它是由一组不同的数量指标通过某种方法联系起来（加权计算）所构成的一个统一的数量化指标。

第二，在使用指数反映城市竞争力的某种态势时，如果我们无法直接获取某些数量指标，有时可以借助人们对这一事物评价的抽样调查结果进行统计归纳进行量化，来间接地反映事物某一方面的状态。

第三，指数具有近似性和动态性的特征。由于影响城市竞争力因素具有多面性，在现实中也不可能获得所有的有关信息，只能利用可获得的数据，通过有限的信息加以分析和度量，有时甚至采用问卷调查和专家评估的方法加以主观性评判，因此指数具有一定的近似值。

我们对资源城市评价的指数设计如下：

(1) 经济实力指数。其子指标包括：人均国内生产总值、城市总人口、财政收入、人均可支配收入、居民消费水平、工业总产值、人均储蓄额等。

(2) 潜力指数。子指标有：全社会固定资产投资、项目建设投产率、固定资产投资额占国内生产总值比重、教育水平、科研经费、人均道路水平、人均公共交通工具等。

(3) 环境质量指数。具体包括：人均废水治理设施数、人均工业废水处置量、人均无害化处理能力、人均绿地面积、人均污染直接经济损失、人均污染治理项目投资额、人均湿地面积、人均森林覆盖率等。

## 三、研究方法与计量工具

如何将各个互有联系的指标通过科学的计量形成能够准确反映资源城市的竞争力的三个方面的综合指数？在研究中最重要的是权数的确定，确定权数的方法很多，有专家权重法（包括德尔菲法、专家会议法等），这种定性的方法吸收了专家们的研究成果和意见，在一定程度上具有科学性，然而，作为一种主观的判断法，必然有主观臆断的成分，有时并不能令人信服。也有学者用人工神经网络作为研究方法，以确定权数，以小波分析确定权数，然而凡此种种，都有一些不能合理解释的成分。所以，在研究中，我们采用主成分法来确定权数，并以 SPSS 作为计量工具。当然统计分析的计量工具已比较成熟，也可以 SARS 或 Eviews 作为计量工具。

1. 主成分法

在定量分析时，不同指标之间是有一定的相关性的，由于指标较多，加之指标之间具有一定的相关性，势必就增加了分析问题的复杂性。主成分方法可以将原来的指标合成一组新的互相无关的几个综合指标来代替原来的指标，这就是数学上的降维的方法。所以，我们以主成分法的计算过程如下：

首先，我们将原始数据加以标准化（当然标准化的方法不只以下一种），其公式为数据的标准化公式：

$$y_{ij}=\frac{x_{ij}-\overline{x}_j}{s_j} \tag{3.7}$$

其中 $\overline{x}_j$ 为数据的平均值：

$$\overline{x}_j=\frac{1}{n}\sum_{i=1}^{n}x_{ij} \tag{3.8}$$

$s_j$ 为标准差：

$$s_j=\sqrt[2]{\frac{1}{n-1}\sum_{i=1}^{n}(x_{ij}-\overline{x}_j)^2} \tag{3.9}$$

标准化后的新的数据矩阵：

$$Y=(y_{ij})_{n\times p} \tag{3.10}$$

计算相关系数阵：

$$R=(r_{ij})_{p\times p} \tag{3.11}$$

求特征根及特征向量：

$$\lambda_1\geqslant\lambda_2\geqslant\Delta\lambda_p>0 \tag{3.12}$$

$$\alpha_1=\begin{bmatrix}\alpha_{11}\\ \alpha_{21}\\ \mathrm{M}\\ \alpha_{p1}\end{bmatrix}\quad \alpha_2=\begin{bmatrix}\alpha_{12}\\ \alpha_{22}\\ \mathrm{M}\\ \alpha_{p2}\end{bmatrix}\quad \cdots \tag{3.13}$$

计算累计贡献率，选择前 n 个主成分贡献率达到 85%，并计算其单位特征向量，从而得到主成分。即为所求代表性的指标。

2. SPSS（Statistical Product and Service Solutions）

Statistical Product and Service Solutions，译为中文即统计产品和服务解决方案，是由美国 SPSS 公司自 20 世纪 80 年代初开发的大型统计学软件包，其最初是基于 DOS 环境的，20 世纪90 年代SPSS 推出了基于 Windows 的操作系统，目前已发展到 13.0 版本，是世界上最为流行的、最受欢迎的统计软件包之一。具有完善的数据输入、计算、编辑、统计分析和报表、图形制作功能。本书以 SPSS 作为统计分析工具。希望熟悉 SPSS 的读者可以参阅由卫海英、刘潇主编、中国统计出版社出版的《SPSS10.0 for Windows 在经济管理中的应用》，或由李志辉、罗平主编、电子工业出版社出版的《SPSS for Windows 统计分析教程》等关于 SPSS 的学习教材。

## 第三节　评价实例研究

我国的资源城市较多，为了获取较为准确的数据，我们选取 1999—2004 年阳泉市的各项指标加以分析。阳泉是一个典型的煤炭资源型城市，成立于 1947 年 5 月，是位于山西省东部的一座中等城市，处于太原、石家庄两个省会城市的中间位置，辖区面积 4452 平方公里。处山西省东部，太行山中段西侧，位于东经 112°54′～114°04′，北纬 37°40′～38°31′。南与昔阳县相邻，西与寿阳县、阳曲县相连，北与定襄县、五台县相接，东与河北省平山县、井径县交界。东西最狭处仅 32 公里，南北最长处有 106 公里，总面积为 4452 平方公里，占全省总面积的 3%。阳泉是我国最为重要的煤炭能源基地之一，其出产的煤炭称为“太行明珠”，多年来为我国国民经济的发展做出了重大贡献，同时，也给阳泉的资源、环境及经济的持续发展造成了较大的负面影响。尽管近年来阳泉市政府加大了产业结构调整的力度，加快了环境的治理，但阳泉的环境仍不容乐观，产业结构仍没有得到很好的优化，存在一定程度的不合理，但和其他资源城市相比，阳泉又是城市转型及成长比较成功的典范。所以，将阳泉作为研究对象，一方面，有利于我国在资源城市的成长战略上汲取经验；另一方面，有利于和其他类型城市进行比较，找到资源城市与其他城市在城市竞争力及成长中的差异，为国家在宏观政策的制定上提供依据，制定出适合资源城市成长的且相对公平的宏观政策。我们选取阳泉市 1999—2004 年的数据资料，采用上述的研究方法和指标体系对其经济实力、潜力指数进行评价，由于环境质量指标的统计工作开展较晚，没有比较完备的数据，所以，在本章中我们不进行评价，而事实上，资源城市的环境质量是比较差的，环境质量对资源城市的竞争力的影响也是极为重要的，这就需要我们的统计工作者及政府的统计部门要加强这方面的统计工作，为将来的城市竞争力的评价建设良好的数据基础。

## 一、经济实力指数评价

### （一）原始数据（见表 3-1）

**表 3-1 阳泉市 1999—2004 年经济实力评价原始数据表**

| 年度 | GNP（亿元） | 进出口总额（万美元） | 财政收入（亿元） | 金融机构的存款余额（亿元） | 总人口（万人） | 人均可支配收入（元） | 物价变化幅度 | 汇率 |
|---|---|---|---|---|---|---|---|---|
| 1999 | 99.1 | 2826 | 7.88 | 104.1 | 123.47 | 3912 | | 8.2783 |
| 2000 | 94.71 | 3458 | 8.06 | 114.32 | 123.47 | 4295 | 4.4% | 8.2772 |
| 2001 | 100.40 | 3605 | 8.91 | 126.33 | 127.87 | 4872 | −0.5% | 8.2770 |
| 2002 | 109.17 | 4914 | 16.7 | 145.35 | 128.42 | 5924 | −1.8% | 8.2772 |
| 2003 | 125.92 | 6570 | 20.4 | 176.53 | 128.95 | 6637 | 1.7% | 8.2772 |
| 2004 | 150.24 | 7303 | 27.5 | 229.8 | 129.59 | 7998.03 | 3.8% | 8.2765 |

资料来源：阳泉市 1999—2004 年国民经济和社会发展统计公报。

### （二）数据的加工与整理

由于各年的物价指数不同及汇率的不同，不同年度的数据具有不可比性，直接加以计算，其结果的可信度不高，为了准确地反映实际情况，我们对上述数据加以处理。对于以美元计价的，我们以每年年末的汇率来调整，计算公式为：

人民币项目调整后的值＝人民币项目的当年值÷当年的物价变化幅度÷…÷基年的物价变化幅度 (3.14)

进出口总额的调整值＝进出口总额当年值×当年的汇率

÷当年的物价变化幅度÷…÷基年的物价变化幅度 (3.15)

消除通货膨胀的因素和外汇变动因素后，反映经济实力的子指标的状况见表 3-2。

**表 3-2　阳泉市 1999—2004 年经济实力评价数据调整表**

| 年度 | GNP（亿元） | 进出口总额（万美元） | 财政收入（亿元） | 金融机构的存款余额（亿元） | 人均可支配收入（元） |
|---|---|---|---|---|---|
| 1999 | 99.1 | 23394.48 | 7.88 | 104.1 | 3912 |
| 2000 | 90.72 | 27416.24 | 7.72 | 109.50 | 4113.98 |
| 2001 | 96.65 | 28724.64 | 8.57 | 121.61 | 4690.11 |
| 2002 | 107.02 | 39873.42 | 16.37 | 142.48 | 5807.38 |
| 2003 | 121.38 | 52419.49 | 19.67 | 170.16 | 6397.58 |
| 2004 | 139.52 | 56129.95 | 25.53 | 213.40 | 7427.28 |

上表还不能直接用于经济实力的分析，还存在人口规模的影响，总量指标的大小不足以反映客观实际，因为人口规模不同，总量指标大的可能人均指标反而小，而人均指标才能更为准确地反映不同城市的真正经济实力。所以，对于上表的数据，依然要进行调整，调整的公式如下：

人均 GNP＝调整后的 GNP÷当年的人口基数　　(3.16)

人均进出口总额＝调整后的进出口总额÷当年的人口基数　　(3.17)

人均金融机构存款＝调整后的金融机构存款总额÷当年的人口基数　　(3.18)

人均财政收入＝调整后的财政收入÷当年的人口基数　　(3.19)

根据上述标准对数据处理后的结果见表 3-3：

**表 3-3　阳泉市 1999—2004 年经济实力评价指标数据表**

| 年度 | 人均 GNP（元） | 人均进出口总额（元） | 人均财政收入（元） | 人均金融机构的存款余额（元） | 人均可支配收入（元） |
|---|---|---|---|---|---|
| 1999 | 8026 | 189 | 638 | 8431 | 3912.00 |
| 2000 | 7348 | 2222 | 625 | 8869 | 4113.98 |
| 2001 | 7558 | 225 | 670 | 9510 | 4690.11 |
| 2002 | 8334 | 310 | 1275 | 11095 | 5807.38 |
| 2003 | 9413 | 407 | 1525 | 13196 | 6397.58 |
| 2004 | 10766 | 433 | 1970 | 16467 | 7427.28 |

## （三）计量分析过程

(1) 数据的标准化。公式为：

b＝mean (a)　　(3.20)

s＝STD (a)　　(3.21)

$$e = [(a(:,1)-b(1))./s(1),(a(:,2)-b(2))./s(2),$$
$$(a(:,3)-b(3))./s(3),(a(:,4)-b(4))./s(1),$$
$$(a(:,5)-b(5))./s(5)] \tag{3.22}$$

式中：a——表示经济实力的数据矩阵

e——表示标准化后的数据阵

s——表示矩阵中相应的列

b——表示列的平均值

标准化后的矩阵为：

| | | | | |
|---|---|---|---|---|
| e=−0.4229 | −0.5628 | −0.8496 | −2.1834 | −1.0653 |
| −0.9459 | 2.0258 | −0.8727 | −1.8455 | −0.9199 |
| −0.7839 | −0.5170 | −0.7929 | −1.3510 | −0.5050 |
| −0.1853 | −0.4087 | 0.2799 | −0.1283 | 0.2996 |
| 0.6471 | −0.2852 | 0.7231 | 1.4924 | 0.7246 |
| 1.6908 | −0.2521 | 1.5122 | 4.0158 | 1.4660 |

（2）计算 e 的相关系数矩阵 R；公式为：R=corrcoef（e），结果为：

| | | | | |
|---|---|---|---|---|
| R= 1.0000 | −0.3616 | 0.9558 | 0.9662 | 0.9217 |
| −0.3616 | 1.0000 | −0.3163 | −0.2684 | −0.3403 |
| 0.9558 | −0.3163 | 1.0000 | 0.9784 | 0.9866 |
| 0.9662 | −0.2684 | 0.9784 | 1.0000 | 0.9770 |
| 0.9217 | −0.3403 | 0.9866 | 0.9770 | 1.0000 |

（3）计算 R 的特征值 $\lambda_g$ 及对应的特征向量 $\theta_j$，公式为：

$$[v, d] = eig(R) \tag{3.23}$$

其中，V 为特征向量矩阵，d 为特征值矩阵，结果为：

| | | | | |
|---|---|---|---|---|
| v= 0.3855 | 0.1218 | −0.7738 | 0.0502 | 0.4851 |
| 0.0682 | 0.0404 | −0.0267 | 0.9746 | −0.2077 |
| −0.4505 | 0.7078 | 0.2029 | 0.1126 | 0.4922 |
| −0.5148 | −0.6818 | −0.0458 | 0.1673 | 0.4898 |
| 0.6155 | −0.1331 | 0.5978 | 0.0831 | 0.4892 |

| | | | | |
|---|---|---|---|---|
| d=0.0002 | 0 | 0 | 0 | 0 |
| 0 | 0.0184 | 0 | 0 | 0 |
| 0 | 0 | 0.0821 | 0 | 0 |
| 0 | 0 | 0 | 0.8697 | 0 |

0　　0　　0　　0　　4.0296

(4) 将 n 个特征值按大小排序 $\lambda_1 \geqslant \lambda_2 \geqslant \lambda_g \Lambda \geqslant \lambda_7$，计算各个分量的贡献率。原则上前 $k$ 个分量为主分量，$k$ 的确定原则为：

$$\alpha(k) = \left[\sum_{g=1}^{k} \lambda_g\right]\left[\sum_{g=1}^{7} \lambda_g\right]^{-1} \tag{3.24}$$

其中：n 个特征值之和为 n。

式中 $\alpha(k)$ 表示累计贡献率，当 $\alpha(k) \geqslant 85\%$ 时，可以保证样本排序的稳定性，从而确定常数 $k$。

根据上面的结果，第四特征值和第五特征值的贡献率分别为 80.592%、17.394%，累计贡献率为 97.986%，远远大于 85%，所以，我们取 $k = 2$。即取二个主成分，

第一主成分为：

$$F1 = 0.4851X1 - 0.2077X2 + 0.4922X3 + 0.4898X4 + 0.4892X5 \tag{3.25}$$

第二主成分为：

$$F2 = 0.0502X1 + 0.9746X2 + 0.1126X3 + 0.1673X4 + 0.0831X5 \tag{3.26}$$

第一主成分包括的第一、三、四、五的指标值较多，比较全面反映了经济实力，而第二主成分，主要反映了第二指标的情况，实际是进出口贸易能力指标，但进出口贸易能力也是资源城市经济实力的表现，所以，我们以第一、二主成分为贡献率为权数，构建如下经济实力综合指数：

$$F = 80.592\%F1 + 17.394\%F2 \tag{3.27}$$

我们计算阳泉市 1999 年到 2004 年的经济实力指数如下：

$$f = 1.0e+004^{*}\ [0.8647\ 0.8643\ 0.9248\ 1.0939\ 1.2606\ 1.5140]$$

（四）结论

从以上结果可见，1999 年阳泉市的经济实力大于 2000 年，然而，2001 年以后则呈递增趋势，其原因是多方面的，主要原因是 2001 年开始，国家对煤炭的“双控制决策”起到了作用，煤炭价格大幅上升，由此带动煤炭资源型城市的经济增长加快，财政收入、人均收入增加，这是政策性因素的作用，也是

阳泉经济好转的主要根源。当然，阳泉作为一个煤炭资源型城市，其在接续产业的培育方面、城市的转型方面着手较早，所以产业结构比较合理，也是其经济增长受资源价格影响较小的原因。

## 二、潜力指数评价

### （一）数据

**表 3-4 阳泉市 1999—2004 城市潜力分项指标表**

| 年度 | 固定资产投资（亿元） | 城市基础设施建设投资（亿元） | 实际利用外资（万美元） | 各类专业技术人员（万） | 各类科技计划项目（项） | 科技投入（万元） |
|---|---|---|---|---|---|---|
| 1999 | 20.95 | 2.49 | 2296.27 | 4.3 | 105 | 245 |
| 2000 | 21.14 | 1.67 | 155.3 | 4.37 | 95 | 293 |
| 2001 | 21.88 | 1.95 | 3234 | 4.43 | 62 | 323 |
| 2002 | 23.51 | 1.912 | 1895.19 | 4.36 | 56 | 320 |
| 2003 | 37.8 | 4.68 | 5325 | 4.35 | 91 | 453 |
| 2004 | 49.17 | 4.52 | 598.4 | 4.36 | 104 | 674 |

资料来源：阳泉市科技局产业科技科

对于表 3-4，我们依据如下公式加以调整：

报告期项目调整值＝项目的报告值÷当年的物价变化幅度

÷…÷基年的物价变化幅度　　　　(3.28)

**表 3-5 阳泉市 1999—2004 城市潜力分项指标数据调整表**

| 年度 | 固定资产投资（亿元） | 城市基础设施建设投资（亿元） | 实际利用外资（万美元） | 各类专业技术人员（万） | 各类科技计划项目（项） | 科技投入（万元） |
|---|---|---|---|---|---|---|
| 1999 | 20.95 | 2.49 | 2296.27 | 4.3 | 105 | 245 |
| 2000 | 20.2490 | 1.5996 | 148.7548 | 4.37 | 95 | 280.65 |
| 2001 | 21.0632 | 1.8772 | 3113.2675 | 4.43 | 62 | 310.94 |
| 2002 | 23.0472 | 1.8744 | 2095.19 | 4.36 | 56 | 313.70 |
| 2003 | 36.4364 | 4.5112 | 5132.9093 | 4.35 | 91 | 436.66 |
| 2004 | 45.6611 | 4.1974 | 555.6972 | 4.36 | 104 | 625.90 |

### （二）计量分析

计量分析的过程同前，由于缺乏 2002 年的实际利用外资数据，我们以前三年的平均值来代替之，计算结果为：(229627＋155.3＋3234) /3＝1895.19，此时，我们就可以进行数据的标准化处理，结果为：

b=mean（a）=1.0e+003 * [0.0291 0.0029 2.2507 0.0044 0.0855 0.3847] （3.29）

s=STD（a）=1.0e+003 * [0.0118 0.0014 1.8798 0.0000 0.0213 0.1577] （3.30）

e={[a（:，1）-b（1）]./s（1），[a（:，2）-b（2）]./s（2），[a（:，3）-b（3）]./s（3），[a（:，4）-b（4）]./s（1），[a（:，5）-b（5）]./s（5），[a（:，6）-b（6）]./s（6）} （3.31）

| | | | | | | |
|---|---|---|---|---|---|---|
| e= | -0.6908 | -0.2782 | 0.0242 | -0.0052 | 0.9161 | -0.8859 |
| | -0.6747 | -0.8779 | -1.1147 | 0.0007 | 0.4463 | -0.5814 |
| | -0.6117 | -0.6731 | 0.5231 | 0.0058 | -1.1040 | -0.3911 |
| | -0.4732 | -0.7009 | -0.1891 | -0.0001 | -1.3859 | -0.4102 |
| | 0.7418 | 1.3236 | 1.6355 | -0.0010 | 0.2584 | 0.4334 |
| | 1.7086 | 1.2065 | -0.8790 | -0.0001 | 0.8691 | 1.8352 |

对标准化的矩阵求其相关矩阵、特征值及特征向量，有：

| | | | | | | |
|---|---|---|---|---|---|---|
| R= | 1.0000 | 0.9142 | 0.0432 | -0.0746 | 0.4148 | 0.9789 |
| | 0.9142 | 1.0000 | 0.3713 | -0.2517 | 0.4917 | 0.8191 |
| | 0.0432 | 0.3713 | 1.0000 | 0.0368 | -0.2264 | -0.0809 |
| | -0.0746 | -0.2517 | 0.0368 | 1.0000 | -0.6257 | 0.0750 |
| | 0.4148 | 0.4917 | -0.2264 | -0.6257 | 1.0000 | 0.3272 |
| | 0.9789 | 0.8191 | -0.0809 | 0.0750 | 0.3272 | 1.0000 |

| | | | | | | |
|---|---|---|---|---|---|---|
| v= | 0.7548 | 0.2313 | -0.1703 | 0.1377 | 0.1839 | 0.5431 |
| | -0.5504 | 0.5756 | 0.0106 | -0.2393 | 0.1288 | 0.5402 |
| | 0.1675 | -0.3165 | 0.1821 | -0.8361 | 0.3709 | 0.0455 |
| | -0.0109 | 0.1398 | 0.6141 | 0.3643 | 0.6648 | -0.1692 |
| | 0.0876 | -0.1375 | 0.7329 | 0.0014 | -0.5571 | 0.3548 |
| | -0.3024 | -0.6904 | -0.1533 | 0.3034 | 0.2445 | 0.5065 |

| | | | | | | |
|---|---|---|---|---|---|---|
| d= | 0.0000 | 0 | 0 | 0 | 0 | 0 |
| | 0 | 0.0021 | 0 | 0 | 0 | 0 |
| | 0 | 0 | 0.2618 | 0 | 0 | 0 |
| | 0 | 0 | 0 | 1.1129 | 0 | 0 |
| | 0 | 0 | 0 | 0 | 1.5031 | 0 |

0　0　0　0　0　3.1202

因为第三特征值、第四特征值和第五特征值的累计贡献率为95.54%，超过85%，所以，选取三个主成分，其计算公式分别为：

$$F1 = 0.5431X1 + 0.5402X2 + 0.0455X3 - 0.1692X4 + 0.3548X5 + 0.5065X6 \quad (3.32)$$

$$F2 = 0.1839X1 + 0.1288X2 + 0.3709X3 + 0.6648X4 - 0.5571X5 + 0.2445X6 \quad (3.33)$$

$$F3 = 0.1377X1 - 0.2393X2 - 0.8361X3 + 0.3643X4 + 0.0014X5 + 0.3034X6 \quad (3.34)$$

我们依然以贡献率为权数，构建潜力综合指数，如下：

$$F = 0.52F1 + 0.25F2 + 0.1854F3 \quad (3.35)$$

对阳泉市1999—2004年城市潜力指数的评价值如下：

F= [18.0874 20.4552 23.8190 44.6677 51.7638 57.5109]

从上面计量分析结果可见，阳泉市的城市发展潜力指数处于不断增长的势头，这主要由于阳泉市加大了产业的培育力度，加强了科技投入，加快了城市基础设施的建设，注意了固定资产投资和更新改造项目的投入，为阳泉市经济的进一步发展奠定了坚实的物质基础，当然，也只有这样才能保证城市的可持续成长，避免陷入城市的成长危机中，也是阳泉市的经济转型之所以在全国属于比较成功的典范的主要原因。

城市竞争力是城市成长的外现，特定时期的城市竞争力反映了这一特定时期城市的成长状况，资源城市在成长中期，即资源开采型产业成熟阶段其经济竞争力是最强的，然而，只有持续的较强的城市竞争力，才能保证资源城市的经济—社会—环境的协调发展。从2003年、2004年、2005年的研究看，2003年综合竞争力前十名为：上海、深圳、北京、广州、东莞、苏州、天津、宁波、杭州、南京；2004年综合竞争力前十名为：上海、北京、深圳、广州、苏州、杭州、天津、宁波、南京、温州；2005年位列前10名的城市依次是：上海、深圳、广州、北京、杭州、宁波、苏州、无锡、厦门、天津（《2005年城市竞争力蓝皮书：中国城市竞争力报告NO.3》）。可以看到，上海、北京、广州、大津、宁波、深圳等城市的竞争力比较平稳的处于前列，而没有一个资源城市的竞争力处于前列。而这些城市之所以在竞争力上处于前列，主要是拥有较好的产业集群，因为产业集群对提升城市竞争力、促进城市和区域经济的快速健康发展、对改革就业、推进新型工业化道路都有很大的作用，所以，城市竞争力相对较强的城市，城市产业集群发展相对较好，而城市竞争力弱的城市，则城市的产业集群发展则不佳。一些学者将城市竞争力研究的指标扩展到人才竞争力、资本竞争力、科技竞争力、结构竞争力、综合区位竞争力等，较为全面地对城市的竞争力加以评价，然而，这些指标归根到底只不过是城市的良性成长的体现，是城市经济实力和发展潜力的体现，是城市的产业集群发展的效应的外现，从这个意义上讲，研究资源城市的竞争力，其归宿必然要落实到研究资源城市的产业集群上去，资源城市的跨越式成长和竞争力的提升也只能来源于产业集群的成长，只能形成结构合理的产业集群，资源城市才能实现良性成长，才能实现竞争力的跨越式提升。

本章我们以阳泉市为例进行资源城市竞争力的计量研究，主要目标在于介绍一种科学的评价方法，事实上，对资源城市与非资源城市的竞争力进行评价，从而揭示资源城市的竞争力弱的根源，也是本章的研究目的之一，但由于目前已存在这样的研究成果，我们就不再赘述。

# 第四章 资源城市成长的动力机制——产业结构分析

产业是介于宏观经济与微观经济之间的组织，可以称之为中观经济，宏观经济是指国民经济的整体，研究指标是国民经济的总量指标，微观经济是市场的主体和细胞，即企业是以盈利为目的，以交易理论为基础发展起来的具有法人的经济组织。而产业是具有共同经济特征的企业的集合。产业结构则是产业间的质与量的关系。产业是资源城市的发展动力，是资源城市经济发展及城市成长的动力，没有生机勃勃的产业群，资源城市就会失去成长的动力，所以，研究产业结构可以发现资源城市经济发展的动力传递机制和政策导向，可以评价资源城市管理体制和经济制度的安排效率，当然，更有利于发展资源城市成长的路径，发现成长规律，它不仅是外界对资源城市投资需要考察的重要内容，也是资源城市经济发展战略的制定和产业优化的重要前提。

## 第一节 产业结构的理论发展

### 一、产业结构的划分

结构指的是整体的各个组成部分及其比例关系。产业结构指区域产业构成、各产业部门之间的比例关系、关联关系、相互作用及其综合。通常的产业结构分类理论如下：

#### （一）马克思的两大部类分类法

马克思在《资本论》中将人类的生产分为两大部类，即生产生产资料的部门和生活消费资料的部门。这种分类理论是从产品的用途的角度来考察产业的，存在以下局限性：

(1) 没能涵盖所有产业，只包括物质生产部门，不利于对产业经济的全面分析。

(2) 许多商品难于归类，给产业经济研究工作带来困难，因为大部分商品都具有多种用途，即可用于生产资料生产，又可用于消费资料的生产，这样，在经济研究中就存在归类的不确定性。

(3) 这种分类法不够细化，不能深入分析产业结构变化对经济增长的影响，因为，影响经济增长的结构因素非常繁杂，只研究两个部类的结构变化无法从深层次揭示经济发展的内在规律性。

(4) 这种分类在方法上与其他分类法相差甚远，分析口径不一，其分析结果很难进行比较。

### （二）新西兰经济学家费歇尔的三次产业分类法

这种分类法由新西兰经济学家费歇尔首先创立。他认为，人类经济活动的发展有三个阶段：即初级生产阶段，人类的主要生产活动是农业和畜牧业；第二阶段始于英国工业革命，以机器大工业的迅速发展为标志；第三阶段始于20世纪初，大量的资本和劳动力流入非物资部门。费歇尔将处于第一阶段的产业称为第一产业，处于第二阶段的产业称为第二产业，处于第三阶段的产业称为第三产业。

三次产业分类虽然得到了广泛的应用和普及，但各国在实际应用上具体划分标准还不完全一致，与费歇尔原先的分类依据也有较大差异。今天三次产业分类法更多地以经济活动与自然界的关系为标准将全部经济活动划分为三大类：即直接从自然界获取产品的物质生产部门为第一次产业；将加工获取自然界的产品的物质生产部门归为第二次产业；从第一次，二次产业物质生产活动中衍生出来的非物质部门划为第三次产业。根据这划分标准，三次产业的分类具体如下：

(1) 第一次产业指广义的农业，包括种植业、畜牧业、渔业、狩猎业和林业。

(2) 第二次产业指广义上的工业，包括制造业、采掘业和矿业、建筑业、煤气、电力、供水等。

(3) 第三次产业指广义上的服务业，包括运输业、通信业、科学、教育、文化、卫生等。

学术界认为，三次产业分类法存在一定的缺陷，如有些产业的归类尚存在争议：第二次产业的采掘业和矿业是直接从自然界获取产品，是直接依赖对自然资源的开发和利用来进行的生产活动，理应划入第一次产业；第三次产业内容过于繁杂，从最简单的修鞋到最复杂的航天、科研都包括了。从最简单的劳动密集型——理发业、餐饮业等到技术要求最为复杂的高知识密集型产业——信息产业，生物工程。但无论如何，这一理论仍是最具广泛影响力的产业分类理论之一。

### （三）国家标准分类法

一国政府为统一该国产业经济研究的统计和分析口径，以便科学地制定产业政策和对国民经济进行宏观管理，并根据该国实际而编制和颁布的划分产业的标准。如我国国家标准局编制和颁布的《国民经济行业分类与代码》，就把全国的国民经济划分为 16 个门类，92 个大类、300 多个中类和更多的小类。见下表 4-1：

**表 4-1　国民经济行业分类与代码（科技统计用）**

| 代码 | 类别名称 | 说　　明 |
| --- | --- | --- |
| 01 | **农、林、牧、渔业** | |
| 01010 | 农业 | 包括谷物种植业、油料和豆类作物种植业、棉、麻等植物性纺织原料种植业、糖料作物、烟草、药材，蔬菜、瓜类和薯类作物种植业，茶、桑、果树种植业及其他种植业（含野生植物的果实、纤维、树胶、树脂、油料以及野生药材、菌类、柴草等的采集）。 |
| 01020 | 林业 | 包括采种、育苗、植树造林、森林抚育、迹地更新、森林保护、林场的经营管理及对橡胶、漆树、油桐、咖啡、可可、花椒、胡椒、核桃等林木种植及其林产品的采集。 |
| 01030 | 畜牧业 | 牲畜饲养放牧业、家禽饲养业、狩猎业及其他畜牧业。 |
| 01040 | 渔业 | 海洋渔业、淡水渔业、水生动物养殖及捕捞。 |
| 01050 | 农、林、牧、渔服务业 | 包括农业技术推广、动植物检疫、冶沙及兽医等。 |
| 02 | **采掘业** | |
| 02060 | 煤炭采选业 | 煤炭开采业、煤炭洗选业。 |
| 02070 | 石油和天然气开采业 | 天然原油、天然气、油页岩开采业。 |

续 表

| 代码 | 类别名称 | 说　　明 |
|---|---|---|
| 02080 | 黑色金属矿采选业 | 采矿、选矿、铁矿、锰矿、铬矿采选业。 |
| 02090 | 有色金属矿采选业 | 重有色金属矿、轻有色金属矿、贵金属矿、稀有稀土金属矿采选业。 |
| 02100 | 非金属矿采选业 | 土砂石开采业、化学矿采选业及其他非金属矿采选业。 |
| 02103 | 采盐业 | 海盐业、湖盐业、井盐业、矿盐业及池盐的生产。 |
| 02110 | 其他矿采选业 | |
| 02120 | 木材及竹材采运业 | 木材采运业、竹材采运业。 |
| 03 | **制造业** | |
| 03130 | 食品加工业 | 粮食及饲料加工业、植物油加工业、制糖业、屠宰及肉类蛋类加工业、水产品加工业、盐加工业及其他食品加工业（蔬菜的加工等）。 |
| 03140 | 食品制造业 | 糕点、糖果制造业、乳制品制造业、罐头食品制造业、发酵制品业、调味品制造业及其他食品制造业（豆制品、代乳品、制冰业、淀粉糖业、冷冻饮品等）。 |
| 03150 | 饮料制造业 | 酒精及饮料酒制造业、软饮料制造业、制茶业及其他饮料制造业（中药保健饮料等）。 |
| 03160 | 烟草加工业 | 烟叶复烤业、卷烟制造业及其他烟草加工业。 |
| 03170 | 纺织业 | 纤维原料初步加工业、棉纺织业、毛纺织业、麻纺织业、丝绢纺织业、针织品业及其他纺织业。 |
| 03180 | 服装及其他纤维制品制造业 | 服装制造业、制帽业、制鞋业及其他纤维制品制造业。 |
| 03190 | 皮革、毛皮、羽绒及其制品业 | 制革业、皮革制品制造业、毛皮鞣制及制品业、羽毛（绒）及制品业。 |
| 03200 | 木材加工及竹、藤、棕、草制品业 | 锯材、木片加工业、人造板制造业、木制品业、竹、藤、棕、草制品业。 |
| 03210 | 家具制造业 | 木制家具制造业、竹、藤家具制造业、金属家具制造业、塑料家具制造业及其他家具制造业。 |
| 03220 | 造纸及纸制品业 | 纸浆制造业、造纸业、纸制品业。 |
| 03230 | 印刷业，记录媒介的复制 | 包括纸张印刷、制版、装订，塑料、金属印刷及磁带、声像带及电影、电视胶片及唱片和唱盘的复制。不包括电影、电视片的摄制，空白磁带、磁盘等的生产。 |

续　表

| 代码 | 类别名称 | 说　　明 |
| --- | --- | --- |
| 03240 | 文教体育用品制造业 | 文化用品制造业、体育用品制造业、乐器及其他文娱用品制造业、玩具制造业、游艺器材制造业。 |
| 03250 | 石油加工及炼焦业 | 人造原油生产业、原油加工业、石油制品业、炼焦业。 |
| 03260 | 化学原料及化学制品制造业 | 基本化学原料制造业、化学肥料制造业、化学农药制造业、有机化学产品制造业、合成材料制造业、专用化学产品制造业、日用化学产品制造业。 |
| 03270 | 医药制造业 | 化学药品原药制造业、化学药品制剂制造业、中药材及中成药加工业、动物药品制造业。 |
| 03275 | 生物制品业 | 包括疫苗、菌苗、类毒素苗、抗毒素、血液制品、诊断用品等的生产。 |
| 03280 | 化学纤维制造业 | 纤维素纤维制造业、合成纤维制造业、渔具及渔具材料制造业。 |
| 03290 | 橡胶制品业 | 轮胎制造业、力车胎制造业、橡胶板、管、带制造业、橡胶零件制品业、再生橡胶制造业、橡胶靴鞋制造业、日用橡胶制品业、橡胶制品翻修业及其他橡胶制品业。 |
| 03300 | 塑料制品业 | 塑料薄膜制造业、塑料板、管、棒材制造业、塑料丝、绳及编织品制造业、泡沫塑料及人造革、合成革制造业、塑料包装箱及容器制造业、塑料鞋制造业、日用塑料杂品制造业、塑料零件制造业及其他塑料制品业。 |
| 03310 | 非金属矿物制品业 | 水泥制造业、水泥制品和石棉水泥制品业、砖瓦、石灰和轻质建筑材料制造业、玻璃及玻璃制品业、陶瓷制品业、耐火材料制品业。石墨及碳素制品业、矿物纤维及其制品业。 |
| 03320 | 黑色金属冶炼及压延加工业 | 炼铁业、炼钢业、钢压延加工业、铁合金冶炼业。 |
| 03330 | 有色金属冶炼及压延加工业 | 重有色金属冶炼业、轻有色金属冶炼业、贵金属冶炼业、稀有稀土金属冶炼业、有色金属合金业、有色金属压延加工业。 |
| 03340 | 金属制品业 | 金属结构制造业、铸铁管制造业、工具制造业、集装箱和金属包装物品制造业、金属丝绳及其制品业、建筑用金属制造业、金属表面处理及热处理业。 |

续 表

| 代码 | 类别名称 | 说　明 |
|---|---|---|
| 03348 | 日用金属制品业 | 搪瓷制造业、铝制品业、不锈钢制品业、刀剪制造业、制锁业、炊事用具制造业、燃气用具制造业、理发用具制造业。 |
| 03350 | 普通机械制造业 | 包括轴承、阀门制造业、其他通用零部件制造业、铸锻件制造业、普通机械修理业。 |
| 03351 | 锅炉及原动机制造业 | 锅炉制造业、内燃机制造业、汽轮机制造业、水轮机制造业、内燃机零部件及配件制造业。 |
| 03352 | 金属加工机械制造业 | 金属切削机床制造业、锻压设备制造业、铸造机械制造业、机床附件制造业。 |
| 03353 | 通用设备制造业 | 起重运输设备制造业、工矿车辆制造业、泵制造业、风机制造业、气体压缩机及气体分离设备制造业、冷冻设备制造业、风动工具制造业、电动工具制造业。 |
| 03361 | 冶金、矿山、机电工业专用设备制造业 | 矿山设备制造业、冶金工业专用设备制造业、电工专用设备制造业、电子工业专用设备制造业及其他机电工业专用设备制造业。 |
| 03362 | 石化及其他工业专用设备制造业 | 石油工业专用设备制造业、化学工业专用设备制造业、化学纤维工业专用设备制造业、橡胶工业专用设备制造业、塑料工业专用设备制造业、森林工业专用设备制造业、印刷工业专用设备制造业、制药工业专用设备制造业、建筑材料及其他非金属矿物制品专用设备制造业。 |
| 03363 | 轻纺工业专用设备制造业 | 食品、饮料、烟草工业专用设备制造业、粮油工业专用设备制造业、饲料工业专用设备制造业、包装工业专用设备制造业、纺织、服装、皮革工业专用设备制造业、照明器具工业专用设备制造业、日用硅酸制品工业专用设备制造业、制浆、造纸工业专用设备制造业、日用化学工业专用设备制造业。 |
| 03364 | 农、林、牧、渔、水利业机械制造业 | 拖拉机制造业、机械化农机具制造业、营林机械制造业、畜牧机械制造业、渔业机械制造业、水利机械制造业、拖拉机配件制造业。 |
| 03365 | 医疗器械制造业 | 手术器械制造业、医疗仪器、设备制造业、诊断用品制造业、医用材料及医疗用品制造业、假肢、矫形器制造业。 |

续 表

| 代码 | 类别名称 | 说 明 |
|---|---|---|
| 03367 | 其他专用设备制造业 | 建筑机械制造业、地质专用设备制造业、畜牧兽医医疗器械制造业、缝纫机制造业、商业、饮食业、服务业专用机械制造业、邮政机械及器材制造业、环境保护机械制造业、社会公共安全设备及器材制造业。 |
| 03368 | 专用机械设备修理业 | 工业专用设备修理业、农、林、牧、渔、水利机械修理业、医疗器械修理业。 |
| 03371 | 铁路运输设备制造业 | 机车制造业、客车制造业、货车制造业、机车车辆配件制造业、铁路信号设备制造业、铁路专用设备制造业、铁路专用器材制造业。 |
| 03372 | 汽车制造业 | 载重汽车制造业、客车制造业、小轿车制造业、微型汽车制造业、特种车辆及改装汽车制造业、汽车车身制造业、汽车零部件及配件制造业。 |
| 03373 | 摩托车制造业 | 摩托车整车制造业、摩托车零部件及配件制造业。 |
| 03374 | 自行车制造业 | |
| 03375 | 电车制造业 | |
| 03376 | 船舶制造业 | 海洋运输船制造业、内河船制造业、渔轮制造业、船舶机械设备制造业、海洋石油平台制造业。 |
| 03377 | 航空航天器制造业 | |
| 03378 | 交通运输设备修理业 | 铁路运输设备修理业、汽车修理业、摩托车修理业、电车修理业、船舶修理业、飞机修理业。 |
| 03379 | 其他交通运输设备制造业 | 航标器材制造业、潜水装备制造业、公路标志制造业。 |
| 03390 | 武器弹药制造业 | |
| 03400 | 电气机械及器材制造业 | 电机制造业、输配电及控制设备制造业、电工器材制造业、日用电器制造业、照明器具制造业、电气机械修理业及其他电气机械制造业。 |
| 03410 | 电子及通信设备制造业 | 包括雷达制造业、广播电视设备制造业、电子器件制造业、电子元件制造业、电子设备及通信设备修理业。 |
| 03411 | 通信设备制造业 | 传输设备制造业、交换设备制造业、通信终端设备制造业及其他通信制备制造业。 |
| 03414 | 电子计算机制造业 | 电子计算机整机制造业、电子计算机外部设备制造业。 |

续 表

| 代码 | 类别名称 | 说　　明 |
|---|---|---|
| 03417 | 日用电子器具制造业 | 电视机、录像机、摄像机制造业、收音机、录音机制造业、电子计算器制造业。 |
| 03420 | 仪器仪表及文化、办公用机械制造业 | 通用仪器仪表制造业、专用仪器仪表制造业、电子测量仪器制造业、计量器具制造业、文化、办公用机械制造业、钟表制造业、仪器仪表及、办公用机械修理业。 |
| 03430 | 其他制造业 | 工艺美术品制造业、日用杂品制造业、其他生产、生活用品制造业。 |
| 04 | **电力、煤气及水的生产和供应业** | |
| 04440 | 电力、蒸汽、热水的生产和供应业 | 电力生产业、电力供应业、蒸汽、热水生产和供应业。 |
| 04450 | 煤气生产和供应业 | 煤气生产业、煤气供应业。 |
| 04460 | 自来水的生产和供应业 | 自来水生产业、自来水供应业。 |
| 05 | **建筑业** | |
| 05470 | 土木工程建筑业 | 房屋建筑业、矿山建筑业、铁路、公路、隧道、桥梁建筑业、堤坝、电站、码头建筑业及其他土木工程建筑业。 |
| 05480 | 线路、管道和设备安装业 | 包括专门从事电力、通信线路、石油、燃气、给水、排水、供热等管道系统和各类机械设备、装置的安装活动。 |
| 05490 | 装修装饰业 | 包括从事对建筑物的内、外装修和装饰的施工和安装活动，车、船、飞机等的装饰、装潢活动也包括在内。 |
| 06 | **地质勘查业、水利管理业** | |
| 06500 | 地质勘查业 | 区域地质勘查业、海洋地质勘查业、矿产地质勘查业、工程地质勘查业、环境地质勘查业、地球物理和地球化学勘查业、地质工程技术及其他技术服务业。 |
| 06510 | 水利管理业 | 包括从事灌溉、水库、堤坝、闸涵、江河治理、防洪除涝等水利设施和水利工程的勘查、管理活动以及水土保持活动等。 |

续 表

| 代码 | 类别名称 | 说 明 |
|---|---|---|
| 07 | **交通运输、仓储及邮电通信业** | |
| 07520 | 铁路运输业 | 包括铁路货运、客运活动。 |
| 07530 | 公路运输业 | 包括通过汽车、兽力车、人力车等运输工具进行的公路客货运输活动。 |
| 07540 | 管道运输业 | 包括通过管道进行的气体、液体、浆体等运输活动，也包括泵站的运行和管道的维护。 |
| 07550 | 水上运输业 | 远洋运输业、沿海运输业、内河、内湖运输业及其他水上运输业。 |
| 07560 | 航空运输业 | 航空客货运输业、通用航空业。 |
| 07570 | 交通运输辅助业 | 包括公路管理及养护业、港口业、水运辅助业、机场及航空运输辅助业、装卸搬运业。 |
| 07580 | 其他交通运输业 | 包括索道等运输活动。 |
| 07590 | 仓储业 | 包括专门从事为货物储存和中转运输业务等提供服务的活动。 |
| 07600 | 邮电通信业 | 邮政业、电信业、邮电业。 |
| 08 | **批发和零售贸易、餐饮业** | |
| 08610 | 食品、饮料、烟草和家庭日用品批发业 | 食品、饮料、烟草批发业、棉麻、土畜产品批发业、纺织品、服装和鞋帽批发业、日用百货批发业、日用杂品批发业、五金、交电、化工批发业、药品及医疗器械批发业。 |
| 08620 | 能源、材料和机械电子设备批发业 | 能源批发业、化工材料批发业、木材批发业、建筑材料批发业、矿产品批发业、金属材料批发业、机械、电子设备批发业、汽车、摩托车及零配件批发业、再生物资回收批发业。 |
| 08630 | 其他批发业 | 包括工艺美术品批发业、图书报刊批发业、农业生产资料批发业。 |
| 08640 | 零售业 | 食品、饮料和烟草零售业、日用百货零售业、纺织品、服装和鞋帽零售业、日用杂品零售业、五金、交电、化工零售业、药品及医疗器械零售业、图书报刊零售业及其他零售业。 |

续　表

| 代码 | 类别名称 | 说　　明 |
|---|---|---|
| 08650 | 商业经纪与代理业 | 包括代办商、商品经纪商、拍卖商以及所有为别人服务的批发商。 |
| 08670 | 餐饮业 | 包括专门从事饭馆、菜馆、饭铺、冷饮馆、酒馆、馆等的行业，也包括其他部门所属的对外营业的食堂。 |
| 09 | **金融、保险业** | |
| 09680 | 金融业 | 中央银行、商业银行、其他银行、信用合作社、信托投资业、证券经纪与交易业及其他非银行金融业。 |
| 09700 | 保险业 | 包括各类保险公司的保险活动，不包括社会福利保险活动。 |
| 10 | **房地产业** | |
| 10720 | 房地产开发与经营业 | 包括各类房地产经营、房地产交易、房地产租赁等活动。 |
| 10730 | 房地产管理业 | 包括对住宅发展管理，土地批租经营管理和其他房屋的管理活动等。也包括兼营房屋零星维修的各类房管所（站）、物业管理单位的活动。不包括房管部门所属独立核算的维修公司（队）的活动。 |
| 10740 | 房地产经纪与代理业 | 包括房地产经纪与代理中介活动，如房地产交易所、房地产估价所等。 |
| 11 | **社会服务业** | |
| 11750 | 公共设施服务业 | 市内公共交通业、园林绿化业、自然保护区管理业、环境卫生业、市政工程管理业、风景名胜区管理业及其他公共服务业。 |
| 11760 | 居民服务业 | 包括理发及美容化妆业、沐浴业、洗染业、摄影及扩印业、托儿所、日用品修理业、家务服务业、殡葬业及其他居民服务业。 |
| 11780 | 旅馆业 | 包括宾馆、旅馆及招待所、大车店等。 |
| 11790 | 租赁服务业 | 包括提供机械电子设备、交通工具、办公用品、家庭生活用品、文化体育用品等租赁活动。 |
| 11800 | 旅游业 | 包括经营旅游业务的各类旅行社和旅游公司等的活动。不包括接待旅游活动的饭店、公园等的活动。 |
| 11810 | 娱乐服务业 | 包括卡拉 OK 歌舞厅、电子游戏厅（室）、游乐园（场）、夜总会等活动。 |

续　表

| 代码 | 类别名称 | 说　　明 |
| --- | --- | --- |
| 11820 | 信息、咨询服务业 | 包括广告业、咨询服务业。 |
| 11830 | 计算机应用服务业 | 软件开发咨询业、数据处理业、数据库服务业、计算机设备维护咨询业。 |
| 11840 | 其他社会服务业 | 包括市场管理服务活动、保安活动等。 |
| 12 | **卫生、体育和社会福利业** | |
| 12850 | 卫生 | 包括医院、疗养院、专科防治所（站）、卫生防疫站、妇幼保健所（站）、药品检验所（室）及其他卫生事业。 |
| 12860 | 体育 | 包括组织和举办的各种室内外体育活动以及对进行这些活动的场所和设施的管理。 |
| 12870 | 社会福利保障业 | 包括社会福利业、社会保险救济业及其他的社会福利保障业。 |
| 13 | **教育、文化艺术及广播电影电视业** | |
| 13890 | 教育 | 包括高等教育、中等教育、初等教育、学前教育、特殊教育及其他教育。 |
| 13900 | 文化艺术业 | 包括艺术、出版、文物保护、图书馆、档案馆、群众文化、新闻、文化艺术经纪与代理业及其他文化艺术事业。 |
| 13910 | 广播电影电视业 | |
| 14 | **科学研究和综合技术服务业** | |
| 14920 | 科学研究业 | 包括自然科学、社会科学及其他科学的研究活动。 |
| 14931 | 气象 | 包括气象观测、预报和服务活动。 |
| 14932 | 地震 | 包括地震观测预报活动。 |
| 14933 | 测绘 | 包括从事各类测绘业务活动（如大地测量、地形测量、摄影测量与遥感、工程测量、海洋测量地籍测绘、地图制图与印刷等）。 |
| 14934 | 技术监督 | 包括技术监测、检定、质量监督、标准制定以及计量活动等。 |

续 表

| 代码 | 类别名称 | 说　明 |
|---|---|---|
| 14935 | 海洋环境 | 包括海洋调查、监测等活动。 |
| 14936 | 环境保护 | 包括环境保护、监测等活动。 |
| 14937 | 技术推广和科技交流服务业 | |
| 14938 | 工程设计业 | 包括各行业的工程设计活动。 |
| 14939 | 其他综合技术服务业 | 包括专利审批活动、产品设计等活动。 |
| 15 | **国家机关、政党机关和社会团体** | |
| 15940 | 国家机关 | 包括各级国家权力机关和各级行政机关，也包括人民解放军、武警部队。 |
| 15950 | 政党机关 | 包括中国共产党各级机关和所属办事机构、各民主党派各级机关办事机构和各级政治协商会议。 |
| 15960 | 社会团体 | 包括各级工会、共青团、妇联、文联、残联、工商联及各类协会，中国红十字会、中国福利会、中国保护儿童委员会，各类学术团体和宗教团体等。 |
| 15970 | 基层群众自治组织 | 包括居民委员会、村民委员会。 |
| 16 | **其他行业** | |
| 16990 | 其他行业 | 企业管理机构及其他类未包括的行业。 |

资料来源：http：//www. sts. org. cn

此外还有国际标准分类法、生产要素分类法、关联式分类法、四次产业分类法、霍夫曼产业分类法、钱纳里产业分类法等。

比如根据OECD的划分，产业可以分为农业，包括种植业、畜牧业、狩猎业、林业和渔业；工业，包括制造业、采矿业、建筑业、煤气、电力和自来水生产业和包括交通运输、通信、仓储、批发和零售商业、外贸、金融、房地产、科学、教育、新闻、公共行政、国防、社会事务、娱乐和个人服务的第三产业三大类；而我国一般将产业划分为包括农业、林业、牧业、渔业的第一产业、含采矿业，制造业，电力、燃气及水的生产和供应业，建筑业在内的第二产业，而将包括交通运输、仓储和邮政业，信息传输、计算机服务和软件业，批发和零售业，住宿和餐饮业，金融业，房地产业，租赁和商务服务业，科学研究、技术服务和地质勘查业，水利、环境和公共设施管理业，居民服务和其他服务业，教育，卫生、社会保障和社会福利业，文化、体育和娱乐业，公共管理部门和社会组织、国际组织在内的第一、二产业之外的所有产业称为第三产业。联合国的产业划分标准和我国有所不同，其标准见表 4-2。

**表 4-2　联合国产业划分标准**

| 序号 | 产　业 | 亚产业 |
|---|---|---|
| 1 | 农　业 | 捕鱼业、灌溉、畜牧业、集市贸易、农一工、多年生植物、研究与推广、食品、森林、其他农业 |
| 2 | 公共部门 | 行政事务改革（市政）、公共财务管理、慈善机构、私有化、公共企业改革、其他公共部门管理 |
| 3 | 基础设施和城市 | 电信和信息 |
| 4 | 运　输 | 公路、港口和航线、乡村道路、城市运输、航空、铁路、其他交通 |
| 5 | 城市开发 | 房地产、固体垃圾、其他城市开发 |
| 6 | 供水和卫生设施 | 乡村供水和卫生设施、排水设备、城市供水、其他供水和卫生设施 |
| 7 | 教　育 | 初等教育、中等教育、高等教育、技术/职业教育、其他教育 |
| 8 | 保健与营养 | 艾滋病、保健、营养、人口、重新安置、其他人口保健和营养 |
| 9 | 人力资源 | |
| 10 | 社会部门 | 社会救济、就业、社会保险、其他社会部门 |
| 11 | 工　业 | 化肥和其他化工、工程业、小型企业、纸浆和造纸、工业结构调整、钢铁、纺织、其他 |
| 12 | 金　融 | 资本市场开发、财政（金融系统）管理、其他金融业 |
| 13 | 石油和天然气 | 石油和天然气勘探与开发、石油和天然气运输、炼油储藏和分配、其他燃料 |
| 14 | 电能和其他能源 | 分配和输电、水电、核电、火电、其他能量转换 |
| 15 | 旅　游 | |
| 16 | 经济管理 | 微观经济分析、跨部门经济分析、贸易政策改革、预投资和综合开发、其他不可分的部门 |
| 17 | 矿山和其他采掘业 | |
| 18 | 环　境 | 环境机构、自然资源管理、污染控制和废物管理 |

2005 年，全球并购研究中心根据各行业的发展态势，并参考国际及国内的行业分类标准，出版了《中国产业地图(2004—2005)》一书，在其中将我国的产业归为十大领域，见表 4-3：

**表 4-3 《中国产业地图（2004—2005）》对我国产业的划分**

| 领　域 | 产业数 | 范　　围 |
|---|---|---|
| 金融业 | 4 | 银行业、证券业、基金业和保险业 |
| 贸易、零售与食品业 | 4 | 对外贸易、零售、酿酒和软饮料业 |
| 信息技术业 | 4 | 电信服务、计算机制造、软件业和通信设备制造业 |
| 旅游服务业 | 2 | 旅行社业、酒店业 |
| 交通运输业 | 4 | 航空、铁路、公路及水路运输 |
| 能源与矿业 | 3 | 电力、煤炭和有色金属业 |
| 建筑业 | 2 | 建筑及房地产业 |
| 制造业 | 14 | 钢铁、汽车制造、造船、工程机械制造业等 |
| 传媒业 | 4 | 报刊、广播影视及互联网与网络游戏业 |
| 公用事业 | 1 | 环保业 |

资料来源：中国产业地图 2004—2005

以上产业结构的划分方法尽管由于标准的不同而存在差异，但总体上讲都是从不同角度对产业特征的一个归集，满足了不同研究的需要，对于丰富产业结构理论起到了促进的作用。

## 二、产业结构理论的理论体系

产业结构是指产业与产业之间的数量关系结构及技术经济联系方式，产业结构的变化主要由需求结构、生产结构、就业结构和贸易结构及其关联机制的变化体现出来。产业结构理论以一国或一个区域（比如城市、地区、县市等）的产业之间的技术经济及其联系方式为研究对象，这种关系主要指产业间的前向关联、后向关联、侧向关联等关系，其量度指标有各种关联系数、要素的消耗的比例关系和在总量指标中的贡献比例等，如对国民生产总值的贡献率、能源消耗比例、劳动力资源的占用比例、进出口结构指标等。其理论体系包括产业结构形成理论（研究产业结构的形成条件、机理和过程）、主导产业选择理论（研究一个区域经济可持续发展中的主导产业的选择原则、方法和评价理论）、产业结构演变理论（考察产业结构演变的规律、动因、机理和控制手段）、产业结构影响因素理论（研究影响产业结构的生产与资源要素、政策要素、国际贸易结构要素、国际投资总量和国际投资结构因素在产业结构变化中的作用）、产业结构效应理论（研究产业中的政策效应、关联效应、扩散效应、需求效应、供给效应、国际贸易效应、国际投资效应）、产业结构优化理论（研究产业结构优化的目标、产业结构合理化的衡量标准、优化的原则和方法，研究产业结构优化中的产业选择与转换的理论）、产业结构分析理论、产业政策理论（国家或地区政府为了实现一定的经济目的或社会目的，应用产业经济学的原理，以全产业为对象所实施的能够影响产业发展进程的一整套政策的总称）、产业关联理论（最终产品产业与生产这些最终产品所投入的中间产品产业之间以及这些中间产品产业之间的技术经济和数量结构联系，是产业结构最主要的表现特征之一）、产业结构的研究方法论等（计量经济法、统计分析法、投入产出法、实证分析法、动态分析法等）。

## 三、对产业结构理论的梳理

### （一）理论起源阶段

1672 年，政治算术学派的创始人和代表人物威廉·配第（Pelly，Sir Willianm，1623—1678）出版了其代表作《政治算术》，该书用大量数字资料对英、法、荷三国的经济实力进行了比较分析，他从经济发展角度揭示了经济发展和人口流动的原因，并论述了经济发展过程中不同产业间的收入的变化，认为制造业比农业，进而商业比制造业能够得到更多的收入。例如，当时英格兰的农民每周只能赚 4 先令，而海员的工资加上伙食费和其他形式的收入共计每周 12 先令，即一个海员的收入能顶上三个农民的收入，配第还指出，在荷兰这样一个制造业和商业从业人员比重较高的国家，其人均国民收入要比欧洲的其他国家高得多。这种产业之间相对收入上的差异，是劳动力在产业间流动的重要原因。他认为，就社会经济增长中各产业的变动比例而言，随着时间的推移和社会经济的发展，从事农业的人数较从事工业的人数将趋于相对下降，而从事工业的人数又较从事服务业的人数相对减少。而制造业的收益大于农业，商业的收益大于工业的这种比较利益差异的存在促使社会劳动者从农业部门流向工业部门和商业部门并导致各国的经济发展情况的差异。《政治算术》将一个经济体系的产业划分为制造业、农业和商业，这是最早的对产业的划分；十八世纪德国著名经济学家弗朗索瓦·魁奈（1694—1774）在其《孤立国》中的《经济表》中分析了资本在劳动过程中借以组成的物质要素，研究了资本在流通中所采取的形式；又在此前提下，把社会总产品的生产，通过货币的中介，在社会三个阶级间的流通过程，表现为社会总资本的再生产过程。同时，在再生产过程中，包括了对各社会阶级收入来源，资本和所得的交换，再生产消费和最终消费的关系，农业和工业两大部门之间的流通等的分析。弗朗索瓦·魁奈提出了社会经济分为农业和工业的思想也是产业结构理论的起源之一。

（二）理论形成阶段

20世纪的30年代到40年代是现代产业结构理论的形成时期，此时的主要理论有日本经济学家赤松的雁行形态理论（Wild-Geese-Flying Pattern）、库兹涅茨人均收入影响论、列昂惕夫的《1919—1929年美国经济结构》、克拉克的《经济发展条件》等。

（1）赤松的雁行形态理论揭示了后进国家参与国际分工实现产业结构高度化的途径分为三个阶段：①发达国家率先进行某项产品技术的开发生产，而后发工业国只能依赖进口，此时国内市场是由进口商品形成的导入期阶段；②后发工业国通过引进技术逐步具备了生产条件，实现进口替代；③通过对引进技术的消化、吸收和创新，后发工业国形成规模经济使该产品出口国外，并且有可能形成以该产品为主导的出口结构和生产结构。因此，产业发展政策要根据雁行形态的特点来制定。

（2）美国经济学家西蒙·库兹涅茨是1971年诺贝尔经济学奖得主，库兹涅茨人均收入影响论体现在其著作《国民收入及其构成》中，1941年，他发表了关于国民收入核算研究的代表作《1919—1938年的国民收入及其构成》。在这一著作中，他研究了1919—1938年两次世界大战之间的国民收入，建立了国民收入核算体系的基本结构。因之而被誉为“国民生产总值之父”。20世纪40年代末50年代初，库兹涅茨把研究的中心转向经济增长理论。通过对大量历史统计资料的整理和比较，考察了资本主义发达国家的国民生产总值、生产率、产业结构、分配结构、产品使用结构等经济变量在经济增长过程中的变化趋势、变化特点和相互间的联系。然后对考察的结果进行分行和解释，试图以此来揭示现代经济增长的全过程。他指出产业结构和劳动力的部门结构将随经济的增长而不断发生变化，劳动收入在国民经济中所占的比例趋于上升，财产收入的比重则趋于下降，政府消费在国民生产总值中的比值趋于上升，而个人消费比例则趋于下降。

(3) 列昂惕夫因其投入产出分析法而广为人知，并在1973年获诺贝尔经济学奖，被称为投入产出法的创始人，然而，他也是产业关联理论的创始人。他对产业结构的贡献同样引人注目的，1941年，他出版的美国《1919—1929年国民经济结构》一书，这本书是产业结构理论的经典之作，他利用美国的资料编制美国经济1919年至1929年的投入产出表，分析研究美国经济结构中的数量关系，在书中，他详细阐述了投入产出分析的基本原理及其发展，用数学方法将部门间相互依存关系列成线性方程组，以求其技术系数，又用这些系数建立的线性方程来计算最后需求的变动对各部门生产的影响或作其他分析，证明了产业之间的关联关系。

(4) 克拉克继承了费歇尔的研究成果，进一步利用三次产业分类法，总结了伴随着经济发展的产业结构变化的规律，从而开拓了产业结构理论这一应用经济理论领域，并使三次产业分类法得到前所未有的普及。1940年克拉克出版了《经济发展条件》一书，其理论研究是建立在三个重要前提基础上的：①全部经济活动分为第一、二、三次产业；②以劳动力在各产业的人数及所占比例的指标反映产业结构的变动状况；③劳动力指标的变动是以人均国民收入不断提高为依据的，在这一框架下克拉克搜集和整理了二十几个国家按年代的推移，劳动力在第一次、第二次、第三次产业之间移动的统计资料，经过分析提出了有关劳动力在三次产业分布的结构变化的理论。其分析显示了从事第一、第二和第三次产业部门的劳动力比重。当一个国家向前发展时，农业劳动力比重从最不发达国家的80%下降到最发达国家的7—8%，从事第二次产业的劳动力比重与人均国内生产总值增长同步增加，但在接近50%水平，通常情况下在接近40%时，就开始稳定下来。第三次产业有着最高的收入弹性，即使农业和工业劳动力占总量的比重停止增长，它的劳动力份额仍增长着，因而，克拉克研究的结论就是后来所谓的“配第—克拉克定理”，即：随着经济发展，即随着人均国民收入水平的提高，劳动力首先由第一次产业向第二次产业移动，当人均国民收入水平进一步提高时，劳动力便向第三次产业移动；劳动力在产业间的分布状况为第一次产业将减少，第二次、第三次产业将增加。克拉克认为，劳动力之所以会从第一次产业向第二次、第三次产业移动，是因为随着经济的发展，各产业之间出现了收入的相对差异，正是这种差异使人们趋向于高收入的产业，从时间序列上看，劳动力就在这三次产业间发生了移动。

（三）理论发展阶段

从20世纪的50年代到现在，是产业结构理论的发展阶段，世界各国的学者对产业结构理论进行了深入的研究，呈现了丰富的研究成果。除上述的列昂惕夫、西蒙·库兹涅茨的后续更加深入的研究外，还有罗斯托主导产业扩散效应理论和经济成长阶段论、钱纳里工业化阶段理论、霍夫曼工业化经验法则、刘易斯的二元经济结构理论、赫希曼的“关联效应”理论和“最有效次”理论、丁伯根的经济政策理论及日本学者筱原三平的成果。

## 第二节　产业结构的演变理论及其变动因素

产业结构是未来经济增长的基础，也是经济增长的结果，是推动区域经济可持续发展的重要因素，产业结构因经济发展也发生着演变，其表现就是产业结构由低级向高级演变的高度化和产业结构横向演变的合理化，产业结构的演变推动着经济的发展，同时，又是经济发展的客观要求。

### 一、产业结构的演变理论

（一）李斯特产业结构阶段论

1841年，李斯特提出了产业结构演变的五个阶段理论，即从经济方面来看，国家都必须经过如下五个发展阶段；原始未开化时期，畜牧业时期，农业时期，农工业时期，农工商时期。同时，还提出了更广泛的政治问题，如采取国家干预经济、实行关税保护、扶持本国幼小产业、积极发展基础设施、大力发展教育事业、引进技术等。

（二）马克思的产业按比例协调发展规律

在社会化大生产条件下，国民经济中存在许多产业部门，各产业部门只有配置必要的生产资料和劳动力，才能进行生产，而且生产资源只有按一定比例恰当配置，才能使得各产业部门的产品正好能满足本部门和其他产业部门生产或生活的需要。只有这样，产业与产业之间的关系才协调，才能在产业层次上优化资源配置，产业结构才合理，社会再生产才能顺利进行，国民经济才能协调高效发展。国民经济的各产业部门都要保持一定的比例关系，是马克思社会资本再生产理论揭示的社会化大生产的客观必然性，是产业结构变动的普遍规律之一。

### （三）列宁的生产资料生产更快增长规律

马克思在分析社会资本再生产的实现条件时，提出了社会使用更多的劳动生产生产资料的规律性。列宁则深入分析了物质生产两大部类之间的相互关系和变动趋势，明确指出：资本发展的规律就是不变资本比可变资本增长得快，也就是说，新形成的资本愈来愈多地转入制造生产资料的社会经济部门。因而，这一部门必然比制造消费品的那个部门增长得快。因而，个人消费品在资本主义生产总额中所占的地位日益缩小，增长最快的是制造生产资料的生产资料生产，其次是制造消费资料的生产资料生产，最慢的是消费资料的生产。生产资料生产更快增长的客观必然性在于，技术进步会引起资本有机构成的提高，资本有机构成的提高又会使得不变资本相对更快地增长，对生产资料的需求也就增加更快，必然要求生产资料生产更快地增长，以满足更快增长的更多的生产资料需求。

### （四）配第—克拉克的定律

英国古典经济学创始人威廉·配第（W. Petty）和克拉克通过研究先后发现，随着社会人均国民收入的水平的提高，就业人口首先由第一产业向第二产业转移，然后向第三产业转移。威廉·配第在1690年出版的《政治算术》一书中，运用算术方法，主要研究了英国、法国、荷兰的经济结构及其形成的原因和政策，提出“工业的收益比农业多得多，而商业的收益又比工业多得多”，不同产业之间收入差距会推动劳动力向更高的部门转移。劳动力向收入高的部门流动对经济发展更为有利，初步揭示了工业和商业的比重会扩大的趋势。但是，当时还没有三次产业的划分，还不可能明确提出三次产业比重变动的规律；1940年，英国经济学家克拉克出版了《经济发展条件》一书，对40多个国家和地区不同时期三次产业劳动投入和总产出资料进行了系统整理，分析和比较，揭示了在经济发展过程中就业会由以第一次产业为主向以第二次产业为主，继而向以第三次产业为主转变，人均收入变化引起劳动力流动，进而导致产业结构演进的规律。即随着经济发展，人均收入水平的进一步提高，劳动力首先由第一产业向第二产业转移，进而向第三产业转移，总趋势是劳动力在第一产业的分布减少，在第二产业的分布增加，这就是著名的“配第-克拉克定理”（Petty-Clark Theorem）。克拉克只是用单一的劳动力要素来反映产业结构的变化，没有从经济的综合成果来反映，这种第一产业向第二产业转移，随后向第三产业转移规律称为配第一克拉克定律。

### （五）西蒙·库兹涅茨的人均收入影响论

美国著名经济学家西蒙·库兹涅茨在克拉克研究成果的基础上，对产业结构的演进规律作了进一步探讨，阐明了劳动力和国民收入在产业间分布变化的一般规律，从而在深化产业结构演变的诱因方面取得了突出成就，他从劳动力和国民收入在产业间的分布两个方面，对产业结构进行分析，搜集和整理了几十个国家的庞大数据，1971 年出版了《各国的经济增长》一书，把三次产业分别称为 A（agriculture）、I（industry）、S（service），考察了国民生产总值在三次产业间的分布，考察分为横断面考察和时序趋势考察。提出随着经济的发展，人均国民生产总值的提高，A 部门的比重下降，I 部门的比重前一阶段是上升，后一阶段趋于稳定或缓慢下降，S 部门在前一阶段缓慢上升，后一阶段迅速上升；库兹涅茨又考察了劳动力在各产业之间的分布，提出人均国民生产总值不同的国家，劳动力在几个产业的分布是不同的，收入水平越高，A 部门劳动力比重越小，I、S 的劳动力比重越大；同时，随着经济的发展，国内生产总值的提高，A 部门劳动力比重下降，I 部门的劳动力比重在前一阶段上升，后一阶段出现下降或稳定；S 部门前一阶段上升但缓慢，后一阶段上升较快；他认为随着人均国民收入的增加，就业人口首先会由第一次产业向第二次产业转移，第二次产业在国民经济中的比重增大，产业结构也由以第一次产业为主的金字塔型结构向以第二次产业为主的鼓型结构转变；当人均国民收入进一步增加后，就业人口又会大量向第三次产业转移，第三次产业在国民经济中的比重也会增大，产业结构则会由以第二次产业为主的鼓型结构向以第三次产业为主的倒金字塔型结构转变，而造成这个结果的因素是科学技术进步和劳动生产率提高，人均收入水平提高和消费结构变化。而随着科学技术进步，机器大生产的逐步普遍推行，劳动生产率会普遍提高，而农业机械化的实现，劳动生产率的提高，使得同样的劳动能够提供更多的农产品或生产同样数量的农产品所需的劳动力大幅度下降，农业生产先进入边际收益递减阶段，农产品价格下降，农民的收入相对偏低，引起农业劳动力过剩，农业就业人数减少，农业在国民经济中所占的比重和地位不断下降。随着社会经济的发展，人均国民收入水平的提高，消费结构会相应发生变化，一般来讲，农产品的收入弹性较小，工业消费品和服务的收入弹性较大，随着收入水平的提高，人们的消费总支出中用于衣食部分的支出会逐步减少，用于住、用、行、乐的部分则会逐步增加。第一次产业主要满足人们衣食的需要，第二、三次产业主要满足人们住、用、行、乐的需要，收入水平和消费结构的变化趋势，必然导致第一次产业的比重下降，第二、三次产业的比重顺次逐步提高。克拉克认为，随着收入的增加，食物消费并不以同样的速度增加从而使农产品价格降低，因而必须转移农业劳动力才能保证农业利润。二、三产业相对利润高，因而劳动力向第二、三产业转移，在收入增加的同时，人们追求消费服务，从而使服务商品生产（第三产业）的需求越来越大，因而第三产业比重上升，且吸引劳动力向第三产业转移。库兹涅茨还认为，有国际比较利益的影响，发达国家可利用技术优势，输出高附加值产品，因而二产业比重上升，技术进步是工业本身增加了新的行业，从而扩大了就业，增加了产值，同时工业的发展又排斥劳动力，两者的对比决定了工业劳动力的升或降。

### （六）霍夫曼的工业化过程中的重工业化规律

霍夫曼是德国经济学家，他对工业化问题进行了许多研究，提出了“霍夫曼工业化经验法则”的工业化阶段理论。霍夫曼比例是指消费工业净产值与资本工业净产值的比值。根据霍夫曼比例变化的趋势，把工业化过程划分为四个发展阶段：第一阶段，消费品工业占统治地位，资本品工业不发达，霍夫曼比例为5左右；第二阶段，资本品工业的增长快于消费品工业的增长，但消费品工业的规模仍然比资本品工业的规模大，霍夫曼比例为2.5；第三阶段，资本品工业继续比消费品工业更快地增长，资本品工业的规模达到甚至超过消费品工业的规模，霍夫曼比例在1左右；第四阶段，资本品工业的净产值已经超过消费品工业的净产值，已经处于主体地位，霍夫曼比例在1以下，这是实现重工业化的重要标志。在实际应用中，由于消费品工业主要是轻工业，资本品工业主要是重工业，霍夫曼比例往往用轻工业品的净产值与重工业品的净产值的比例来表示，尽管对什么是重工业，资本品工业与消费品工业如何准确划分，资本品与重工业的关系，霍夫曼比例在现代经济条件下的变化等，都存在不同的看法，但在工业化过程中工业结构的确客观存在重工业化趋势，而虽然各国的统计口径可能有差异，但基本能反映出工业化过程中重工业化的趋势。总的来说，轻工业比重是下降的，这种趋势不仅仅是工业化初期的趋势，而是一个总的趋势，当然，轻工业不会趋于零，只会在某个时期以后缓慢下降或大致保持一定的比例不变。

霍夫曼的理论揭示了工业化过程中工业部门内部结构演变的一般趋势。因为，资本品工业与消费品工业相比，具有资本、技术密集的特点，同时资本品工业比例增大意味着工业加工程度深化，中间产品和最终产品比例扩大。所以，霍夫曼比例越低，说明资本品工业规模越发展，相应地消费品工业比重越小，工业结构乃至整个产业结构高度越高。因此，霍夫曼比例反映了工业化的进程。

### （七）钱纳里工业化阶段理论

美国经济学家钱纳里对产业结构进行了大量的研究，提示了制造业内部结构转换的原因，他认为产业结构之间存在着关联效应，并将工业化分为三个阶段，即经济发展初期、中期和后期，其中把工业化阶段分为工业化初期、工业化中期和工业化后期，即人均 GDP280—560 美元的阶段为工业化初期，560—1120 美元的阶段为工业化中期，1120—2100 美元的阶段为工业化后期阶段。他认为，初期产业是指经济发展初期对经济发展起主要作用的制造业部门；中期产业指经济发展中期对经济发展起主要作用的制造业部门；后期产业指在经济发展后期起主要作用的制造业部门。其理论的核心就是钱纳里标准，所谓的钱纳里标准就是钱纳里借助 101 国模型提出的增长模式中，将工业化进程划分为上述的三个阶段和六个时期，后来在又增加了“0”时期，人均收入水平 100—140 美元为“0”时期；人均收入水平 140—280 美元时为初级产品生产时期；人均收入水平 280—560 美元进入工业化初期；人均收入水平 560—1120 美元进入工业化中期；人均收入水平 1120—2100 美元进入工业化成熟期；人均收入水平 2100—3360 美元进入工业化发达期；人均收入水平 3360—5040 美元进入发达经济。其标准以 1970 年的美元为标准，当然，从一定意义上具有局限性。而他的发现——制造业发展受人均 GNP、需求规模和投资率的影响大，而受工业品和初级品输出率影响小的现象，却反映了产业结构转化中的客观规律。

除此之外，还有前面所述的赤松的雁行形态理论等，上述只是一些基本理论。

## 二、产业结构演变的一般规律

产业结构的演变理论是经济学家对产业结构演变的考察成果，尽管研究的背景不同，研究的角度不同，但却反映了产业演变过程中的一些客观的现象，这对于将来的产业结构的优化和促进区域经济发展都具有积极的意义，然而，产业结构的演变本身也是具有其规律的，具有一定的客观必然性，各国的产业结构演变因其资源条件、区位因素和贸易结构而不同，但仍然具有其共性的东西，这就是产业结构演变的一般趋势或一般规律。产业结构的演变表现为以下几种规律：

### （一）从工业化发展的阶段考察产业结构的演变规律

工业化一般是指制造业或第二产业所创造的国民收入在国民收入中所占比重逐步提高，制造业或第二产业中就业的劳动人口占总劳动人口的比例持续上升的过程。工业化是一个长期不断变化的过程，其间往往还伴随着经济结构的变化，一方面由传统的农业部门占主导地位向工业占主导地位转变，另一方面工业部门的内部结构也处于不断的演进之中。有的学者将工业化划分为早期工业、中期工业和新兴工业三个阶段，以表示工业化的发展进程。从产业结构的角度，将工业化细分为前工业化时期、工业化初期、工业化中期、工业化后期和后工业化时期五个阶段。在工业化前期或前工业化时期，第一产业占主导地位，第二产业有一定发展，第三产业则在经济中占有非常小的比重；工业化初期，第一产业的产值在整个国民经济中的比例降低，地位下降，第二产业上升，有了较大的发展，第三产业也有一定程度的发展，工业的重心由轻工业主导向基础工业主导转移；在工业化中期，第二产业在国民经济中的产值占主要地位，第三产业达到迅速发展，而第一产业的产值则大幅下降，工业重心由基础工业向高加工度工业转变；在工业化后期，第三产业产值比重上有主要地位，第二产业的产值和其在国民生产总值中的贡献下降，信息产业、高科技产业蓬勃发展；而在后工业化阶段，以信息产业为代表高新科技产业和服务业为其主导产业，经济和科技发展水平高度发展，产业知识化成为主要特征。产业演变的规律表现为由低向高的演变规律。

### （二）从主导产业转换过程考察工业化的演变规律

主导产业是从不同产业在某一时期，对一国或一个区域经济发展所起的作用上来划分的。通过将对某一时期经济发展贡献率最大的产业称为主导产业。有的学者从区域研究的角度指出，主导产业通常是指那些在区域产业体系中处于技术领先地位、代表着该地区工业产业结构演变的方向或趋势、能够带动和促进整个区域经济的发展的产业或产业部门。一般讲，主导产业在产业结构中居于支配地位，比重较大，综合效益较好并具有较大增长潜力对经济发展的驱动力大，能带动和促进区域经济的发展。

从产业结构演进看，产业结构有以农业为主导，以重工业为主导，以低度加工型的工业为主导，以高度加工型的工业为主导，以第三产业为主导，以信息产业为主导，主导产业的转换，反映了一定条件下产业结构演进的规律，同时，也是人类生产力发展的客观必然。

(1) 农业主导阶段。即农业在国民经济中占有优势地位，对经济的贡献最大，而第二产业（工业)、第三产业（服务业）则没有得到发展，或处于萌芽阶段或发展初期阶段，对国民经济的贡献很小。

(2) 轻工业主导阶段。轻工业的技术要求简单，同时，也是人类随生产力发展到一定阶段从生存需求的要求上考虑最可能分离出来的产业，所以，轻工业是最先从农业中分离出来的产业，轻工业（含纺织业、简单的加工业）主导阶段，轻工业占有的比重较大，而农业的比重大幅下降，此时第二产业中的重工业发展较慢，第三产业有所发展。

(3) 重工业主导阶段。即以原料和燃料动力等基础工业为重心的重化工业在国民经济中的比重占有绝对地位，轻纺工业发展速度缓减。重工业对于轻工业具有基础性的作用，是其发展的前提，所以，一定条件下，一些国家在制定经济发展战略时会考虑重工业优先发展的战略，以免轻工业发展受到制约。所以，重工业主导阶段在一国的经济发展中具有一定的必然性。此时第三产业有所发展，但在国民经济中所占份额并不大。

(4) 低度加工型重化工业主导阶段。即以机械、钢铁、造船等低加工度的重化工为国民经济的主导产业的阶段。

(5) 高度加工型工业为主导的阶段。即以高新技术为特征的精细化工、精密仪器、精密机械、电子计算机、汽车、机床等高附加值的组装型重化工业在国民经济中占有主导地位，成为经济发展的主要力量的阶段。

(6) 第三产业为主导的阶段。即以服务业、运输业、旅游业、商业、房地产业、金融保险业、信息业成为国民经济的主要推动力量，在国民经济中占有主要比重。

(7) 信息产业为主导的阶段。即信息产业成为国民经济的主要力量，在国民经济中的贡献比重占绝对地位，信息产业是环保型的产业，节约型产业，对于资源环境的保护和可持续发展具有积极的作用，所以，信息产业为主导产业的阶段，是产业发展的高级阶段，也称这段时期为后工业化社会。

### （三）产业结构演变的趋势

从发达国家和新兴工业化国家实践来看，从不同角度来看产业结构的演变具有如下趋势：

(1) 高服务化，即产业结构由最初的第一产业占优势向第二产业占优势再向第三产业占优势的方向发展。

(2) 重工业化，即产业结构由轻纺工业占优势向重化工业占优势的方向发展。

(3) 高加工度化，即无论是轻工业还是重工业，都会出现由原材料工业为重心向加工、组装为重心的方向发展。

(4) 知识技术集约化，即从资源利用的角度看，产业结构由劳动密集型产业为重心逐步向资本密集型产业为重心再向知识技术密集型产业为重心的方向发展。

## 三、产业结构演进的一般顺序和内在机理

产业结构的演进是由低级向高级演进，沿着第一产业—第二产业—第三产业为主导的方向演进的。而在不同的产业内部也是由低级向高级演进的，比如在农业内，即是由技术含量低的粗放型农业向集约型农业演进，然后再向绿色农业、生态农业进化；而在工业内则是由轻纺工业逐渐向基础型重化工业和加工型重化工业的路径发展；从第三产业的角度来看，则沿着传统服务业—多元化服务业—现代型服务业—信息产业—知识产业的路径演进。

从产业结构演进的顺序和规律看来，其顺序是具有一定的必然性的，因为只有前面的产业达到充分的发展，才可能为后续产业发展奠定基础。比如，只有第一产业得到发展，其劳动生产力得到大幅提高，才可能为第二产业提供劳动力，而第三产业的发展条件则必然是第二产业的生产效率得到极大提高。所以，产业结构的演进是以生产力、劳动效率的提高为前提的，并和其发展相适应。当然，在产业结构演进的过程中，一国可以根据自己的经济发展态势和经济发展战略做出调整，比如，可能在工业化中期采取优先发展第三产业的经济

发展战略，从而改变产业结构的演变顺序，然而，从目前来看，这样的发展战略存在着一些后遗症，比如，韩国的早产型的优先发展第三产业的政策就对其经济的发展带来了一些负面的影响。产业演进的顺序和规律是生产力发展的结果，具有客观必然性，但并不是说不可更改的，随着人类认识自然、社会的水平的提高，产业结构的演进顺序是可以改变的，比如，不发展的或发展中的国家就可以直接采用高新技术，越过粗放型、高消耗型的产业，直接发展清洁生产、节约型的产业，这就是所谓的“后进优势”。

## 四、产业结构演变的理论分析

### （一）产业结构和经济增长的关系

产业结构演变与经济增长具有内在的联系。产业结构的高变换率会导致经济总量的高增长率，而经济总量的高增长率也会导致产业结构的高变换率。经济学家和国家政府机构对经济增长极为关注，因此，进行了大量深入细致和系统的研究，促进了经济增长理论的发展，形成了许多理论成果。但在相当长时期内，产业结构演变与经济增长的内在联系都没有被发现。随着技术水平的进一步提高，这两者之间的内在联系日益明显，社会分工越来越细致，产业部门增多，部门与部门之间的资本流动、劳动力流动、商品流动等联系也越来越复杂。这些生产要素在部门之间的流动对经济增长的影响，逐渐引起了许多专家、学者的关注。他们开始重视研究生产要素在不同产业之间的这些变化及其经济增长之间的内在联系。经过研究，他们认识到，大量的资本积累和劳动投入虽然是经济增长的必要条件，但并不是充分条件，因为大量资本和劳动所产生的效益在很大程度上还取决于部门之间的技术转换水平和结构状态。不同产业部门对技术的消化、吸收能力往往有很大不同，这在很大程度上决定了部门之间投入结构、产出结构的不同。

1. 传统的经济增长理论

事实上，产业结构的高变换率会导致经济总量的高增长率，而经济总量的高增长率也会导致产业结构的高变换率。然而传统的经济增长理论并没有很好地论述这一问题，传统的经济增长理论分为三个阶段，即古典经济增长理论、现代经济增长理论和新古典经济增长理论。分述如下：

(1) 古典经济增长理论。经济增长理论是西方经济学的一个重要分支。西方经济学家普遍认为，决定一个时期国民收入水平的主要因素有四个，即人力资源、可资利用物质资源、管理效能和技术水平、社会经济制度。古典经济增长理论以亚当·斯密、大卫·李嘉图为代表，他们认为，经济总量的增长是在竞争均衡的假设条件下资本积累、劳动力增加和技术变化长期作用的结果。需求的变化和资源在产业部门之间的流动被看作是相对不重要的，因为所有部门的资本和劳动都能带来同样的边际收益。

古典增长理论就其增长模型本身来说是完全将结构因素排斥在外的。比如亚当·斯密认为，促进经济增长不外乎两种途径：一是增加生产性劳动的数量；二是提高劳动的效率。在这两个增长途径中，Smith 更强调劳动效率对增长的促进作用。而对于如何促进劳动效率的提高，Smith 认为主要取决于分工程度和资本积累的数量，因此分工协作和资本积累是促进经济增长的基本动因。基于分工可以使得劳动者的熟练程度提高，减少工作转换所造成的损失，利于机器的发明，所以，分工使得单位劳动的产出量增加，进而导致收益递增。至于分工的程度，他认为分工取决于交换，交换又取决于交换的能力，而交换能力的大小由市场容量加以刻画。这样一来，分工程度受制于市场容量的制约。所以，Smith 认为市场容量的扩大导致分工加深，而分工又促使劳动效率的提高，并最终导致经济增长。而 Richado（1817）对于经济增长的分析是围绕着收入分配展开的。在考察了工资、利润和地租的关系、变动规律以及影响这些分配比例变量的外部因素后，认为长期的经济增长趋势在收益递减规律的作用下而停止。他认为，土地的数量是有限的，而土地上生产的产品（谷物）也是有限的。随着人口的增加，人们对土地上生产的产品需求增加，这将导致生产向肥力较低的土地上扩展。这就意味着，随着土地投入的增加，土地上产出的增加越来越小，从而出现边际收益递减现象。收益递减趋势使得土地上产出的价值提高，从而又导致劳动的工资上涨，进而使得资本家的成本提高，利润降低。由于利润是投资的引导器，致使投资下降，最终导致资本积累减少。同时，由于土地产出的价值提高，这将引起有限土地的地租增加。但地主只进行非生产性消费而不进行投资，因此上述过程必将导致资本积累停止。

亚当·斯密、李嘉图等人的古典经济理论归纳起来无非就是：剩余的出现产生了资本积累，资本积累的增加又产生了对劳动力需求的增加，劳动就业的增加又带来了生产规模的扩大和产量的增加；这样，剩余再次出现，并刺激资本积累的进一步增加和对劳动力的进一步需求，以及生产规模的进一步扩大和产量的进一步增加，这样的循环过程在下一阶段又将重新出现。他们的增长理论没有部门之间的资源流动等诸多结构变化当作经济增长的重要因素，因而排斥结构因素在经济增长中的作用。

(2) 现代经济增长理论。现代经济增长理论的开端是哈罗德-多马模型，哈罗德-多马模型建立在五个重要假设基础之上，即：国民收入以不变比例用于储蓄；生产单位产出所需要的资本和劳动量是唯一的；劳动力按一个由外部因素决定的不变速度增长；经济中生产的产品只有一种；不存在技术进步。其数学模型为：

$$n=\frac{s}{v} \tag{4.1}$$

式中：$n$——自然增长率，即等于劳动力增长速度的国民收入的增长速度

$s$——储蓄率

$v$——资本-产出率

上式在假定资本和劳动处在固定的技术关系的前提下通过储蓄率和资本产出率（每单位产出所需要的资本投入）把产出和全部实际资本联系起来，从而证明了经济增长率与储蓄率、资本产出率三者之间的关系，即储蓄率（积累率）越高，经济增长率也越高；资本产出率越高（即投资效果越好），经济增长率就越高。哈罗德-多马模型强调了经济增长的原动力是投资，在考虑经济增长率时不仅要注意储蓄率（积累率）的高低，也要注意资本产出率的高低，即投资效果的好坏。投资在这一模型中起着双重作用，既创造需求又创造生产能力。哈罗德和多马在古典增长模型的基础上，吸收了凯恩斯的思想，发展了经济增长理论，为经济增长理论的发展做出了贡献。但是，这一经济增长模型也没有将技术进步因素和结构变化因素考虑进去，从而也排斥了结构因素在经济增长中所起的重要作用。

(3) 新古典增长模型。新古典经济增长理论的代表人物是索罗，索罗将哈罗德-多马模型进行了修正，提出了新古典经济增长模型，并于 1956 年发表了《对经济增长理论的贡献》。在该文中，他提出了一个假设资本产出率可变的经济增长模型，从而为新古典经济增长理论奠定了基础。后来，一个名叫斯旺（Swan，T.W.）的经济学家，也提出了类似的增长模型，人们合称之为索罗-斯旺模型。索罗-斯旺模型取消了哈罗德-多马模型中的资本和劳动量是唯一给定的假设，代之以把资本和劳动力联系起来的连续函数，其数学模型为：

$$Q=F\ (K,\ L) \tag{4.2}$$

式中：$Q$——总产出

$K$——资本存量

$L$——劳动力

这一模型考虑了技术进步因素，这里的技术进步被假定为希克斯中性，即源于既定的资本和劳动组合的技术进步可以提高产出，但并不影响资本和劳动的相对边际产出。新古典增长模型对于揭示经济增长的源泉比以往的增长模型前进了一大步，它非常清楚地显示了技术进步因素对经济增长的巨大作用。丹尼森和肯德里克等人也对经济增长源泉进行过深入研究，但他们同样没有把结构因素作为一个变量放进他们的模型。很明显，这些传统的经济增长理论始终把结构因素排斥在经济增长源泉之外。

2. 结构主义的经济增长理论

与传统经济增长理论的研究角度不同的是经济增长的结构主义观点，这是更为广泛的一种观点。

结构主义认为不同部门存在不同的生产效率，存在不同的边际效益，因此，需求的变化会导致生产要素在不同部门之间的流动，这是其与传统经济增长理论的根本性区别，也是它们各自理论分析的假设前提中的重大的差别。结构主义认为经济增长是生产结构转变的一个方面，生产结构的变化应适应需求结构变化；资本和劳动从生产率较低的部门向生产率较高的部门转移能够加速经济增长。传统增长理论的假设前提是均衡竞争，即经济制度有足够的灵活性以维持均衡价格，从而无论从生产者的观点还是从消费者的观点来看，资源都存在着长期的有效配置，即达到了帕累托最优（资源配置最优）状态。这就意味着各个部门的要素收益率都等于要素的边际生产率。这样，在任何既定的时点上，部门之间资本和劳动的转移都不可能增加总产出，资源的重新配置仅仅发生在经济扩张时期。结构主义观点没有资源配置最优的假设前提，而认为资本和劳动在不同部门的使用，其收益可能出现系统的差别。结构主义属于“次优论”的范畴。由于种种原因，帕累托最优状态是无法获得的，结构主义的观点是放弃追求最优化的企图，转而追求“次优”。许多经济学家如克拉克、罗斯托和钱纳里等人对经济增长中的结构因素都做过深入的研究，对丰富产业结构理论做出了重大贡献。他们的研究都表明，产业结构的转变和人均收入增长有着密切的联系。例如，克拉克还提出了著名的“克拉克法则”。他们的研究还表明，认识产业结构的变动和资源再分配的作用对于发展中国家比对于发达国家来说更重要，因为发展中国家要素市场的非均衡现象比发达国家表现得更为突出，供给结构、生产结构和需求结构的变化速度更快。

3. 库兹涅茨与罗斯托对现代经济增长本质问题的争论

产业结构演进与经济增长的内在联系已经被许多专家、学者所认同。但对于如何分析和研究这一内在联系，其方法却有很大不同。有些人从经济总量的角度出发，把产业结构置于总量框架之内，从总量的变化过程来研究产业结构的变化趋势；有些人则从部门的角度出发，强调部门结构变化对经济总量增长的作用，从部门的变化过程来分析经济总量增长的规律。针对这两种分析角度和研究方法的重大区别，许多经济学家曾经进行过热烈的争论，库兹涅茨与罗斯托就是其中突出的代表。

西蒙·库兹涅茨（Simon Kuznets）在经济周期研究中所提出的为期 20 年的经济周期，被西方经济学界称为“库兹涅周期”。他在国民收入核算研究中提出了国民收入及其组成部分的定义和计算方法，被经济学家们誉为“美国的 G. N. P. 之父”。他对经济增长的分析，被西方经济学界认为揭示了各发达国家一个多世纪的经济增长过程，并提出了许多深刻的见解。在 1971 年诺贝尔经济学奖的评选过程中，瑞典皇家科学院从100 多个提名所选出的 10 个候选人中，最后确定了西蒙·库兹涅茨。关于经济增长与收入分配的关系，库兹涅茨提出了所谓的倒 U 字假说。他在 1954 年美国经济学会年会上所做的演说中，首次论述了如下一种观点，即：随着经济发展而来的“创造”与“破坏”改变着社会、经济结构，并影响着收入分配。库兹涅茨利用各国的资料进行比较研究，他得出的下述结论流传较广：“在经济未充分发展的阶段，收入分配将随同经济发展而趋于不平等。其后，经历收入分配暂时无大变化的时期，到达经济充分发展的阶段，收入分配将趋于平等。”如果用横轴表示经济发展的某些指标（通常为人均产值），纵轴表示收入分配不平等程度的指标，则这一假说揭示的关系呈倒 U 字形，因而被命名为库兹涅茨的倒 U 字假说，又称库兹涅茨曲线。库兹涅茨在说明这一倒 U 字形时，设想了一个将收入分配部门划分为农业、非农业两个部门的模型。在此情况下，各部门收入分配不平等程度的变化可以如下三个因素的变化来说明。这三个因素是：按部门划分的个体数的比率；部门之间收入的差别；部门内部各方收入分配不平等的程度。库兹涅茨推断这三个要素将随同经济发展而起下述作用：（1）在经济发展的初期，由于不平等程度较高的非农业部门的比率加大，整个分配趋于不平等。（2）一且经济发展达到较高水平，由于非农业部门的比率居于支配地位，比率变化所起的作用将缩小。(3) 部门之间的收入差别将缩小。(4) 使不平等程度提高的重要因素财产收入所占的比率将降低，以及以收入再分配为主旨的各项政策将被采用等，各部门内部的分配将趋于平等，总的来说分配将趋于平等。库兹涅茨认为："经济增长是一个总量过程；部门变化和总量变化是互为关联的，它们只有在被纳入总量框架之中才能得到恰当的衡量；缺乏所需的总量变化，就会大大限制内含的战略部门变化的可能性。"在他看来，在结构变化与经济增长的关系中，首要的问题是经济总量的增长，只有总量的快速增长才能导致结构的快速演变。没有总量足够的变化，结构变化的可能性就会大大受到限制。库兹涅茨的主要依据是：消费者需求结构的变动直接拉动生产结构的转换，而消费者需求结构的变化是和经济总量的变化直接联系的。同时，人均产值的增长率越高，消费者需求结构的改变也就越大。根据他的论述，我们可以得出这样的结论：经济总量的高增长率引起消费者需求结构的高变化率，消费者需求结构的高变化率又拉动了生产结构的高转换率。

罗斯托是美国的一名经济史学家，以《经济成长的阶段》一书而闻名，罗斯托理论的核心就是所有国家的经济发展都要经历五个阶段。然而，在经济增长理论中，其见解和库兹涅茨的观点相反，他认为经济增长本质上是一个部门的过程，部门分析是解释现代经济增长原因的关键。而总量指标只是部门活动的总结。基于此，罗斯托认为，经济增长的完整序列就不再仅仅是总量的运动了，它成了在一连串的部门的高潮的继起并依次关联于主导部门的序列，而这也标志着现代经济史的过程。罗斯托的依据是：(1) 新技术的吸收本来就是一个部门的过程。技术创新的出现总与某一特定部门经济上、制度上和社会上的所有问题相联系的。(2) 引进新的重要技术或其他创新于某个部门之中，是一个与其他部门以及与整个的经济运转纵横交错的极其复杂的过程。在产业结构分析中，罗斯托还把经济部门分解为主导增长部门即主导部门、辅助增长部门和派生增长部门，并进一步分析了各种不同部门在经济增长中的作用。

4. 经济增长理论的新进展

自 20 世纪 70 年代初起，经济增长理论陷入了停滞期，十几年间几乎没有什么进展，1986 年，美国经济学家保罗·罗默尔发表了《收益递增和长期经济增长》一文，促进了新的经济增长理论的发展。这就是内生经济增长理论，即认为经济增长不是由外部因素而是由模型内生变量决定的，内生增长理论与旧理论的显著不同是，它十分注重经验研究。其经典模型称为AK模型，数学表达如下：

$$Y=AK \tag{4.3}$$

式中：$Y$——国民收入

$A$——反映技术水平的正的常数

$K$——包含人力资本在内的资本存量

显然，AK生产函数是规模收益不变的。一般而言，物质资本的积累将导致规模收益的下降，但人力资本的积累将导致规模收益的增加，若二者相抵，规模收益不变的生产函数是可以存在的。根据新古典主义的理论，发展中国家的经济增长速度应高于发达国家，然而事实则相反，二者之间的差距没有缩小反而扩大了，内生经济增长理论很好地解释了发展中国家同发达国家之间差距拉大的原因，内生经济增长理论认为研究与开发导致了某些专业化的投入品的出现，这些投入品对生产效率的改善和外部效应抵消了规模收益递减，所以，旧增长理论的趋同就没有根据，这就是二者差距扩大的原因。

### （二）产业结构变动的因素

产业结构的变动是有其原因的，正是这些原因使产业结构的演变富有规律性，它们互相作用、相互影响，从而形成了产业结构的现状，所以研究这些影响因素可以帮助我们认识产业结构的现状、变动的趋势和规律以及产业结构变动的内在原因，从而能使我们在制定资源城市的产业结构转换战略时，能够做到科学、合理，从而为资源城市的转型和经济的可持续发展做出正确的产业调整战略，培育真正符合资源城市特征的接续产业，能够通过制定相应的产业结构政策来改变产业结构变动的影响因素，从而使资源城市的产业结构向合理化、高度化演进，促进资源城市经济—社会—环境的可持续发展。

影响产业结构的因素大致有以下几个：

#### 1. 供给因素

现代主流经济学认为：供给是在其他条件不变时，某种商品的市场价格与生产者愿意提供的商品的数量之间的关系，影响供给的因素主要是技术、投入品的价格、相关物品的价格、政府政策及特殊因素等。从一个区域的角度讲，供给因素包括自然条件和资源禀赋、劳动力数量、投资、商品供应、进口、技术进步等，也包括国内和国际的政治、经济、法律等环境，还包括体制和人的思想、观念等因素。这些因素中的单个因素的变动或整体的变动效应都会对产业结构的变动产生作用。

资源城市的自然条件和资源禀赋对产业结构的影响。资源城市的自然条件和资源禀赋对其产业结构的形成与变化起着最为重要的影响，起着决定性的作用。资源城市一般某种自然资源比较丰裕，正是这比较丰裕的某一类自然资源形成了资源城市的以开采或挖掘该资源为特征的主导产业。比如，在煤炭资源丰裕的地方，就会形成以煤炭开采和加工为主导产业的煤炭资源型城市，而在石油储存丰富的区域，则形成了以石油加工和开采业为主导产业的石化资源城市。从国家的层次看，自然资源丰富的国家其产业结构也必然是具有资源开发型的特性。比如，中东一些石油资源储存丰富的国家，就是以石油开采作为其主导产业的，在其国民经济结构就形成了以石油加工和开采为主导产业的产业结构。

2. 需求因素

需求是指在一定条件下，在一定的价格水平上，对某种物品或服务的要求。当然，这里的需求是一个广义的需求，它包括对各种消费品和生产性资料的需求。一般意义上讲，需求取决于资源城市的平均收入水平、人口规模、相关物品的价格、人们的消费偏好及其他特殊因素。这里的需求指的是消费品的需求，而生产性资料则和资源城市产业发展的要求有关和产业政策有关，而其最终的体现和产业政策的制定前提还是取决于最终消费要求，所以，需求不仅是产业结构调整的要求，也是产业结构调整的出发点。

3. 劳动力因素

经济学将产业划分为劳动密集型、资金密集型、技术密集型。所谓劳动密集型产业就是随规模的扩张，劳动投入大幅度增加，而其他投入要素则不增加或增加幅度较小。资源城市的劳动力的供给影响着产业结构的发展，而劳动力的供给又取决于其人口规模。人口因素不仅影响着劳动力的供给程度，也影响着人均资源拥有量以及可供给能力的程度。人口过多，则人均资金、资源量下降，为了解决就业，则不得不发展劳动密集型的产业，不利于资源城市的产业的升级，人口较少，可以加大教育和培训，发展技术密集型的产业，有利于产业层次的提升，但人口太少，则不能为产业的发展提供适量的劳动力，也不利于产业的发展与调整。所以，依据资源城市的经济发展的条件和水平，保持适当的人口增长率，提高人口素质，对产业结构的高度化、合理化有着重要的影响。

4. 技术进步

技术进步主要包括资源配置的改善、规模经济和知识的进展。技术进步在经济增长中的作用体现在生产率的提高上，而在产业结构调整中，不同产业的技术水平的不同决定了比较劳动生产率的不同，比较劳动率的不同导致了产业间利润率的不同，最终导致了人才、资源和资金从效率或利润低的产业向效率或利润高的产业转移。因为，技术进步引起不同产业间比较劳动生产率的变化，而产业结构转换的动力来自不同产业间比较生产率的差异，而产业结构的转换和升级，主要取决于部门之间生产率增长速率的差异。不同的部门由于创新和技术进步速度的不同，其生产率增长速度也是不同的。那些研究与开发投入强度大、能够最先吸收新技术的部门，往往也是生产率提高最快和产出增长最快的部门，这是由部门内在技术经济特征所决定的。所以，技术进步对于资源城市的产业结构的调整和转型具有极为重要的意义，尤其由于资源城市原有的主导产业一般是劳动密集型的，劳动力的素质较低、技术含量低，在这种情况下，要进行转型就必然大力引进高技术人才、培养高技术人才，否则，实现转型必然会在技术上遇到困难，并因之而影响其顺利转型。

5. 资金供应的丰裕程度

资金显然对于产业的发展具有广泛的影响。资金供应对产业结构变动的影响，包括两个方面，一是对产业整体发展水平的影响，二是对不同产业发展的影响。前者指资金的充裕程度对产业结构的影响，主要受经济发展水平、社会发展水平、储蓄率、资本积累等诸多因素的影响，主要是资金总量方面对产业结构变动的影响；后者则指资金在不同产业部门的投向偏好对产业结构的影响。主要受投资倾斜政策、投资者的投资偏好、利率、资金回报率等方面的影响，主要是投资结构方面对产业结构变动的影响。投资结构决定了资源向不同产业部门的配量与再配量，因而对产业结构的形成和变化产生影响。同时，资金总量对于资源城市整体产业的转变起着制约的作用，事实上，目前资源城市转型中最大的问题并不是技术问题、人才问题，而是资金问题，资金不仅对于一般的城市的产业结构的发展有直接的关键的影响，对于资源城市也意义重大，这正是许多学者要求增加和保留煤炭能源基金，提高资源城市产业结构调整的资金保证的主要原因。

6. 商品供应状况

一般而言，商品供应状况，取决于两个因素，一是资源城市本身的区位因素和交通状况，二是资源城市的人民生活质量和经济发展水平。以上二者如果具有优势，商品的供给状况就会保持良好的局面，但如果区位和交通状况差，则运输成本会较高，如果资源城市的经济发展水平又比较差，则商品供给就会受到影响。对产业结构变动产生较大影响的商品包括原料品、中间投入品、零部件、进口品等商品。一般来说，后向关联系数越大的产品对产业结构的影响就越大。商品供应还可以包括电力、原料、燃料的供应，服务的提供，技术的供应等更广的范围。这些商品的供应在很大程度上受制于基础工业、上游工业、后向关联产业的技术水平和产业发展水平。这些产业的技术水平和发展水平影响着产业结构的变动。从发达国家的实践来看，产业结构的高度化也是在基础产业、上游产业或后向关联系数较大的产业得到了一定程度的发展以后，下游产业或前向关联系数较大的产业才能得到比较大的发展。所以，包括原料品、中间投入品、零部件、进口品、电力、原料、燃料的供应、服务的提供、技术的供应等越好，资源城市的转型氛围就越好，就越易实现经济转型。

7. 环境因素

从系统学的角度讲，环境分为内部环境和外部环境，内部环境是系统边界以内的所有影响因素的总称，而外部环境则是系统边界之外的所有因素的总和。资源城市的环境因素包括三个层次，一是城市本身的经济、社会和生态环境；二是国内环境因素，国家内的政治、经济、文化因素之和；三是国际环境因素，指国际上的政治、经济和文化环境。资源城市的政治、经济、文化环境指其政府对产业政策的指导，资源城市本身的经济发展水平、资金积累程度、文化氛围，而国家的政治、经济环境对该其产业结构变动也有重大的影响。在经济萧条和政局不稳定时期，资源城市的产业结构发展必然要受到制约，而在经济、政治形势较好的情况下，则可以稳妥地进行产业结构的调整和城市的转型研究；同时，由于信息技术的发展，时间和空间的浓缩，人类面临着一个地球村，各国间的影响变得更加密切，国际的经济、政治环境对一国的经济、政治环境也有影响，所以，不可避免地影响了资源城市本身的经济和政治环境，经济环境的变化对产业结构的演变的影响是极为显著的。

8. 国际贸易因素对产业结构变动的影响

最早提出国际贸易影响理论的是大卫·李嘉图的比较优势利益学说。大卫·李嘉图提出国际分工对一国是有利的，并将这一结果以比较优势原则(comparative advantage) 表现出来。所谓比较优势原则就是指：如果各国专门生产和出口其生产成本相对低的产品，就会从贸易中获利，或者反过来说，如果各国进口其生产成本相对高的产品，将从贸易中得利。社会分工源于生产效率或资源禀赋不同导致的生产成本的不同，导致了国与国在资源、产品、技术、劳务等方面的交换，即国际贸易。国际贸易是通过本国产品出口刺激本国需求增长和外国产品的进口以增加国内供给来影响本国产业结构的。进出口贸易有利于各国发挥自己的比较优势，获得比较利益，进而对国内相关产业的发展起推动作用，同时进口某些新产品、新技术还对开拓本国市场、为本国发展同类产业创造有利条件，有利于推动本国产业结构的高度化。当然，有些商品的出口，也可能会对本国某些产业的发展起抑制作用。

9. 国际投资因素对产业结构变动的影响

随着国际市场的扩大，发达国家的资金在国际的投资更为频繁，同时，不发达国家和发展中国家也加大了在国际间的战略投资，形成了一个规模庞大的国际投资。国际投资是影响产业结构变动的一个重要因素。国际投资包括本国资本的流出即本国企业在外国的投资以及外国资本的流入即外国企业在本国的投资。对外投资会导致本国产业的对外转移，外国投资则促使国外产业的对内转移。这两方面都会引起国内产业结构的变化。而外国直接投资对国内或资源城市的产业结构的影响更为直接和深远，一方面，外商投资企业生产的产品品种的变化和数量的变化会直接改变原来的资源城市的产业结构。另一方面，外资企业中间产品的供应结构和最终产品的销售结构的变化会直接影响到国内产业结构的变化。同时，外商投资企业的最终产品的销售也导致国内供应结构和需求结构的改变，从而促使国内产业结构的变化。不仅对资源城市的产业结构有直接影响，而且对国内的产业结构也有重要的影响，所以国际投资对于我国整体的产业结构或资源城市的产业结构都有极为重要的影响，资源城市在选择和引进外资时，要根据其产业发展战略有所区别，不能一哄而上，不能兼收并蓄，要从资源城市产业结构的合理化、高度化的角度去考虑这一问题。

10. 国家产业政策的影响

产业结构的变化受到政府产业政策的影响最直接。产业政策是指导产业发展和产业结构调整的最主要依据。为了实现政府制定的经济发展目标，政府通过制定产业发展战略和政策来鼓励或限制某些产业的发展，产业结构因此而相应变动。政府对产业结构的调整主要就是通过产业政策来实现的。政府可以对影响产业结构变动的诸因素进行调整，包括通过政府投资、管制等措施，通过制定财政、货币等政策，通过立法、协调等手段来调整供给结构、需求结构、国际贸易结构和国际投资结构，进而影响产业结构。比如，煤炭型资源城市的老化问题，从一定程度上是计划经济下不合理的产业政策所致，在计划经济下，国家对煤炭产业本着“有水快流”的产业政策，致使煤炭开采没有计划，没有考虑环境的承载力，没有考虑清洁生产技术的应用，没有考虑资源城市的后续产业的发展问题，这些失误有历史的原因，有人类认识局限性的共性问题，但不管如何，确实对于资源城市的发展造成了不利的影响，足以引以为戒。

## 五、资源城市产业结构演变的实证分析

产业结构的演变反映的是共性的问题，即各个区域经济中的产业结构演化的一般规律，资源城市的产业结构的演变是不是具有同样的特征，下面我们以阳泉的产业结构演变为例加以研究。阳泉市历年的三次产业的产值见表 4-4。

**表 4-4　阳泉市历年三次产业产值统计表**　　单位：万元

| 年份 | 第一产业产值 | 第二产业产值 | 第三产业产值 | 合计 |
|---|---|---|---|---|
| 1985 | 5658 | 171588 | 20553 | 197799 |
| 1986 | 9861 | 100436 | 28448 | 138745 |
| 1987 | 8967 | 109702 | 33874 | 152543 |
| 1989 | 24836 | 135696 | 60185 | 220717 |
| 1990 | 26063 | 159706 | 52753 | 238522 |
| 1991 | 19791 | 169725 | 61411 | 250927 |
| 1992 | 20865 | 223052 | 84607 | 328524 |
| 1993 | 23835 | 248187 | 111019 | 383041 |
| 1994 | 34518 | 305988 | 147906 | 488412 |

续 表

| 年份 | 第一产业产值 | 第二产业产值 | 第三产业产值 | 合计 |
|---|---|---|---|---|
| 1995 | 40047 | 412782 | 198504 | 651333 |
| 1996 | 45769 | 509711 | 231286 | 786766 |
| 1997 | 29341 | 576068 | 275358 | 880767 |
| 1998 | 31979 | 575761 | 331657 | 939397 |
| 1999 | 20839 | 533942 | 354706 | 909487 |
| 2000 | 26884 | 548486 | 371724 | 947094 |
| 2001 | 29160 | 585491 | 389361 | 1001012 |
| 2002 | 34772 | 639352 | 417613 | 1091737 |
| 2003 | 25579 | 759530 | 474071 | 1259180 |
| 2004 | 34260 | 939638 | 541111 | 1515009 |

资料来源：阳泉市统计局

为了方便比较，我们计算出各年的第一、第二、第三产业的比重，见表 4-5。

**表 4-5 阳泉市历年三次产业的比重一览表**

| 年份 | 第一产业比重 | 第二产业比重 | 第三产业比重 |
|---|---|---|---|
| 1985 | 2.86% | 86.74% | 10.4% |
| 1986 | 7.1% | 72.38% | 20.52% |
| 1987 | 5.83% | 71.91% | 22.26% |
| 1989 | 11.25% | 61.47% | 27.28% |
| 1990 | 10.9% | 66.95% | 22.15% |
| 1991 | 7.8% | 67.63% | 24.57% |
| 1992 | 6.35% | 67.89% | 25.76% |
| 1993 | 6.2% | 64.79% | 29.01% |
| 1994 | 7.06% | 62.64% | 30.3% |
| 1995 | 6.14% | 63.37% | 30.49% |
| 1996 | 5.81% | 64.78% | 29.41% |
| 1997 | 3.3% | 65.3% | 31.4% |
| 1998 | 3.4% | 61.3% | 35.3% |
| 1999 | 2.3% | 58.7% | 39% |
| 2000 | 2.8% | 57.9% | 39.3% |

**续　表**

| 年份 | 第一产业比重 | 第二产业比重 | 第三产业比重 |
|---|---|---|---|
| 2001 | 2.9% | 58.48% | 38.62% |
| 2002 | 3.18% | 58.56% | 38.26% |
| 2003 | 2.03% | 60.31% | 37.66% |
| 2004 | 2.26% | 62.02% | 35.72% |

为直观地表现阳泉市上面三次产业的演变趋势，我们以图 4-1、图 4-2、图 4-3 分别进行描述：

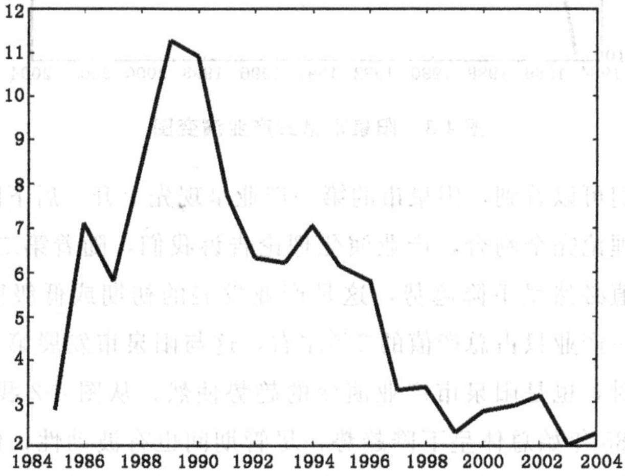


**图 4-1　阳泉市第一产业演变图**

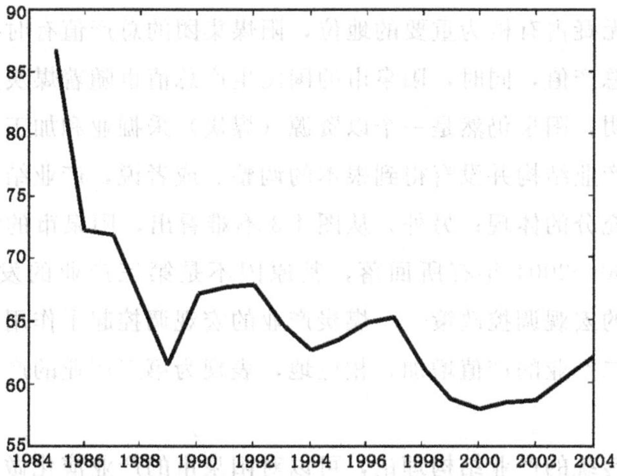


**图 4-2　阳泉市第二产业演变图**

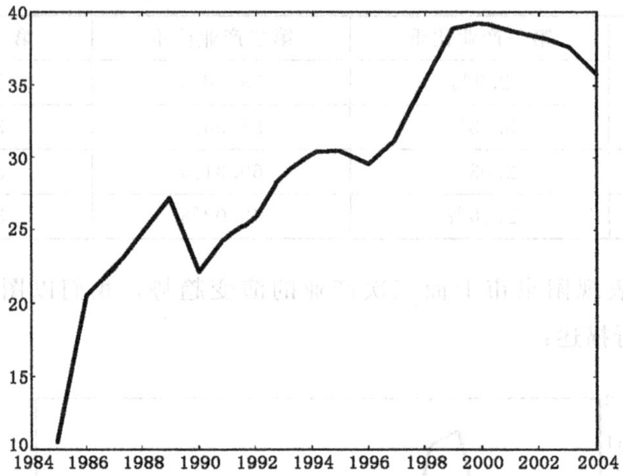


**图 4-3 阳泉市第三产业演变图**

从图中我们可以看到，阳泉市的第一产业呈现先上升，后下降的趋势，这与产业演化的理论完全吻合，产业演化理论告诉我们，随着第二产业的发展，第一产业的产值必然呈下降趋势，这是产业发展的初期或低级阶段的主要特征，阳泉的第一产业只占总产值的3%左右，这与阳泉市发展第一产业的自然条件相关，同时，也是阳泉市产业演变的趋势使然；从图4-2我们可以看到，第二产业从1985年始总体呈下降趋势，尽管期间也有波动性，但总的趋势是下降的，也符合产业演变的规律；但尽管如此，阳泉市的第二产业的产值仍占总产值的60%左右，说明阳泉市的主导产业仍然是第二产业，而第二产业中的煤炭产业，无疑占有极为重要的地位，阳煤集团的总产值有时甚至超过阳泉市三区二县的总产值，同时，阳泉市的国民生产总值也随着煤炭产业的发展状态而波动，说明，阳泉仍然是一个以资源（煤炭）采掘业和加工业为主导产业的资源城市，产业结构并没有得到根本的调整。或者说，产业结构调整的经济效果尚未得到充分的体现；另外，从图4-3不难看出，阳泉市的第三产业呈上升的趋势，2000—2004年有所回落，其原因不是第三产业的发展步子慢了，而是由于国家的宏观调控政策——煤炭产业的宏观调控起了作用，煤炭价格上扬，导致了第二产业的产值增加，相应地，表现为第三产业的产值占总产值的比例下降。

我们根据传统的产业结构理论，可以对阳泉市的产业演化做出定性。

国际上衡量工业化程度的主要指标有两个，一是工业化率，即工业增加值占全部生产总值的比重。工业化率达到20%～40%，为正在工业化初期，40%～60%为半工业化国家，60%以上为工业化国家；二是三次产业结构和就业结构，一般工业化初期，三次产业结构为 12.7∶37.8∶49.5；我们对阳泉市 2004 年工业化率加以计算，公式为：

$$r=\frac{m_1-m_0}{G_1-G_0}\times 100\% \tag{4.4}$$

式中：

$r$——工业化率

$m_1$，$m_0$——报告期与基期的工业产值

$G_1$，$G_0$——报告期与基期的国民生产总值

根据上式对阳泉市 2004 年的工业化率加以计算，即有：

$$r=\frac{m_1-m_0}{G_1-G_0}\times 100\%$$

$$=\frac{939638-759530}{1515009-1259180}\times 100\%=70.4\% \tag{4.5}$$

可见，阳泉市 2004 年的工业化率为 70.04%，似乎阳泉市就其本身而言已进入工业化阶段，其三次产业在 2004 年的比例为：2.26∶62.02∶35.72，从第二个指标来看，阳泉市的第一产业偏低，第二产业偏高，而第三产业显然发展又不足，显然，依照第二个指标，阳泉市只能勉强算作工业化初期。这一矛盾的产生是缘于对工业化率的定义的差别，实际上工业化率的计算为制造业的增加值占国民生产总值的增加值的比重，而非工业增加值占国民生产总值的比重。从这一意义上讲，阳泉市的制造业的发展显然在整个产业结构中占有极小的比重，尚不足 20%，可见，将阳泉市工业初期才是比较准确的界定。

然而，上述的研究表明，阳泉市产业结构的演变和我们前面所讲的产业结构演变规律是一致的，即也经历着第一产业、第二产业逐渐减小，第三产业逐渐扩张的规律。阳泉市之所以不能完全验证产业演变规律，是因为阳泉还是一个正处于兴盛期的资源城市，主导产业依然是煤炭开采与加工业，主导产业对其城市成长的贡献仍占有主要地位，还没有出现像别的资源枯竭的资源城市的城市老化现象，当然，也是进行接续产业培育，加快产业结构调整和城市转型的极佳时期，如果此时，不注意加强这方面的工作，阳泉市也必将会面临城市成长后劲不足，经济增长衰退和失业率增加的城市危机。

# 第三节 资源城市的产业结构效益

## 一、产业结构效益分析的意义

产业结构是区域资源禀赋与现实经济实力之间的联结机制和转换器，是在经济发展的长期动态过程中形成的，一旦形成，在短期内不会发生变化，而且对以后的经济发展会起巨大的作用。同时，产业结构的变化是整个经济发展动态过程的有机组成部分，它的变化要受到经济发展水平的制约，所以，二者的关系是相互影响、相互制约的，产业结构的形成对经济发展有重大的影响，合理的产业结构有利于促进经济的发展，而不合理的产业结构则会导致经济增长的不稳定，甚至带来经济增长危机；反过来讲，良好的经济发展基础，又有利于进行产业结构的调整，有利于产业结构的优化，从而为经济的可持续增长提供动力，而经济基础较差，则不利于进行产业结构的战略性优化，形成合理的产业结构，进而对经济的发展产生消极的影响。但这并不是说在经济基础差的区域就一定不能形成合理的产业结构，只要我们能够准确地判断出当前产业结构的状况，并对区域（资源城市）的内、外部经济发展环境加以分析，及时发现问题，并及时制定优化产业结构的发展战略，就会避免决策滞后所带来的被动，就能保证资源城市的良性成长。这一工作的前提，就是要求我们不断进行产业结构的效益分析，及时发现资源城市产业结构演变中的不利因素，及时进行优化。

## 二、产业结构效益分析的定义及方法

产业结构效益分析的方法与指标主要有偏离-份额分析法、经济增长的波动性法（即求一段时间经济增长的方差的大小）、弹性系数法、比较劳动生产率法、技术进步率指标法、产业贡献率法等。

（1）弹性系数法就是计算产业的国民经济弹性系数，产业国民经济弹性系数是指产业的相对变化量与国民经济相对变化量之比，它可以反映出产业的发展和萎缩过程。如果该产业的增长速度大于国民经济的增长速度（即弹性系数大于 1），说明该产业处于增长阶段；如果该产业的增长速度等于国民经济的增长速度（即弹性系数等于1），说明该产业与国民经济处于同步增长阶段；如果该产业的增长速度低于国民经济的增长速度（即弹性系数小于1），说明该产业呈萎缩趋势。如果给研究区域找一个参照区域，则可通过区域整个产业或各个产业部门的国民经济弹性系数的比较，分析区域产业结构的合理性与否。

（2）比较劳动生产率的计算为：

$$\text{比较劳动生产率}=\frac{\text{国民收入的相对比重}}{\text{劳动力的相对比重}} \tag{4.6}$$

其基本思想是比较不同城市的该指标，并结合经济发展水平来分析区域的产业结构效益，显然经济发展水平不变的情况下，或者经济发展水平可比的情况下，比较劳动生产率越高，说明产业的效益越好；

（3）产业的技术进步率结构的计算公式为：

$$\text{某产业的技术进步率指标}=\frac{\text{国民收入的相对比重}}{\text{投入的比重}} \tag{4.7}$$

技术进步加快了，显然投入产出比变小，说明产业的效益提高。

在本节中，我们主要用国际上最常用的偏离-份额分析法和经济增长的波动性法进行理论介绍和实证分析。

## 三、基于偏离-份额分析法的资源城市产业结构效益分析（以阳泉市为例）

### （一）偏离-份额分析法的理论介绍

#### 1. 偏离-份额分析法发展状况

偏离-份额分析法（Shift-Share Analysis，简称SS分析法）是一种在西方区域经济应用广泛、相当注重实效的方法。它是由美国经济学家丹尼尔·B. 克雷默于1942年首先提出，后经过E. S. 邓恩和埃德加·胡佛发展，20世纪80年代初Dunn集各家之所长，总结成现在普遍采用的形式。SS分析法在国外区域与城市经济结构的分析之中已得到广泛应用。与以往其他方法相比，这种方法具有较强的综合性和动态性，是揭示区域与城市部门结构变化原因，确定未来发展主导方向的有效方法。

偏离-份额分析法是把区域经济的变化看作为一个动态的过程，以其所在地或整个国家的经济发展为参照系，将区域自身经济总量在某一时期的变动分解为三个分量，即份额分量（the national growth effect），结构偏离分量（the industrial nix effect）和竞争力偏离分量（the shift share effect），以此说明区域经济发展和衰退的原因，评价区域经济结构优劣和自身竞争力的强弱，找出区域具有相对竞争优势的产业部门，进而可以确定区域未来经济发展的合理方向和产业结构调整的原则。

2. 理论原理

在产业结构对经济增长影响方面，由于一个地区经济增长率为地区内各产业部门增长率的加权平均数，而不同产业部门具有不同的技术特征、供求弹性和生产率增长速度，因此，各部门经济增长率在实际中存在很大的差异。若一个地区的产业结构以快速增长的部门为主，则会对该区域经济增长产生重大的推进作用，并使该地区的增长率快于全国的平均水平，则称该地区的产业结构为“有利于增长的结构”，反之，则属于“不利于增长的结构”，并使该地区在增长的速度上处于劣势。在区位因素方面，一个地区的地理区位状况直接影响到该地区的要素投入的生产率。一个拥有区位优势的区域，其要素生产率将高于那些处于区位劣势地区的要素生产率。

3. 数学模型

设某区域在经历了时间［0，t］之后，经济总量和结构均已发生变化，则其地区的经济增长（growth），以下以 G 表示，可以分为三个部分：地区增长份额（region increasing share），以下简称 RIS，产业结构偏离份额（industrials departure share），以下简称 IDS，区位竞争力份额（district share），简称为 DS。用关系式表示即：

区域经济增长（G）＝地区增长份额（RIS）＋产业结构偏离份额（IDS）＋区位份额（DS）。

计算公式为：

$$RIS=\Sigma Y_i^0 R \tag{4.8}$$

$$IDS=\Sigma Y_i^0 \ (R_i-R) \tag{4.9}$$

$$DS=\Sigma Y_i^0 \ (r_i-R_i) \tag{4.10}$$

$$R=\frac{\sum_{i=1}^{3} Y_i^1-\sum_{i=1}^{3} Y_i^0}{\sum_{i=1}^{3} Y_i^0}\times 100\% \tag{4.11}$$

$$R_i=\frac{\Sigma Y_i^1-\Sigma Y_i^0}{\Sigma Y_i^0}\times 100\% \quad (4.12)$$

$$r_i=\frac{Y_i^1-Y_i^0}{Y_i^0}\times 100\% \quad (4.13)$$

式中：

$Y_i^0$，$Y_i^1$——分别代表某区域第 i 产业的基期产值和报告期产值

R——整个区域 GDP 增长率

$r_i$——某区域某一产业的增长率

$R_i$——整个区域某一产业的增长率

当然，某区域的经济增长率（G）也可以分为地区增长份额（R）、产业结构份额（R$^*$－R）和区位（竞争力）份额（G－R$^*$）。用公式表述如下：

$$G=R+(R^*-R)+(G-R) \quad (4.14)$$

4. 实证分析

（1）数据选取。运用偏离-份额分析法，一般要求以 5 年作为研究期，因此，我们选取全国及阳泉市 1999 年及 2003 年的三次产业的状况来进行实证分析，以期找出阳泉市和全国的三次产业的差距，为阳泉市产业结构的调整提供决策参考。

**表 4-6　全国及阳泉市 1999 年及 2003 年三次产业产值统计表**

| 年份 | 区域 | 第一产业产值 | 第二产业产值 | 第三产业产值 | 合计 |
|---|---|---|---|---|---|
| 1999 | 阳泉 | 20839 万元 | 533942 万元 | 354706 万元 | 909487 万元 |
| 2003 | 阳泉 | 25579 万元 | 759530 万元 | 474071 万元 | 1259180 万元 |
| 1999 | 全国 | 14472.0 亿元 | 40557.8 亿元 | 27037.7 亿元 | 82067.5 亿元 |
| 2003 | 全国 | 17092.1 亿元 | 61274.1 亿元 | 38885.7 亿元 | 117251.9 亿元 |

资料来源：中国统计年鉴 2004 及阳泉市 1999 年、2003 年的统计公报。

（2）计算。首先计算全国三次产业的增长率、阳泉市三次产业的增长率及全国的经济增长率，具体如下：

$$R=\frac{\sum_{i=1}^{3}Y_i^1-\sum_{i=1}^{3}Y_i^0}{\sum_{i=1}^{3}Y_i^0}\times 100\%$$

$$=\frac{1172519000-820675000}{820675000}\times 100\%=42.87\% \quad (4.15)$$

$$R_1=\frac{\Sigma Y_1^1-\Sigma Y_1^0}{\Sigma Y_1^0}\times 100\%$$

$$=\frac{17092.1-14472}{14472}\times 100\%=18.1\% \tag{4.16}$$

$$R_2=\frac{\Sigma Y_2^1-\Sigma Y_2^0}{\Sigma Y_2^0}\times 100\%$$

$$=\frac{61274.1-40557.8}{61274.1}\times 100\%=33.8\% \tag{4.17}$$

$$R_3=\frac{\Sigma Y_3^1-\Sigma Y_3^0}{\Sigma Y_3^0}\times 100\%$$

$$=\frac{38885.7-27037.7}{27037.7}\times 100\%=43.82\% \tag{4.18}$$

$$r_1=\frac{Y_1^1-Y_1^0}{Y_1^0}\times 100\%$$

$$=\frac{25579-20839}{20839}\times 100\%=22.74\% \tag{4.19}$$

$$r_2=\frac{Y_2^1-Y_2^0}{Y_2^0}\times 100\%$$

$$=\frac{759530-533942}{533942}\times 100\%=42.24\% \tag{4.20}$$

$$r_3=\frac{Y_3^1-Y_3^0}{Y_3^0}\times 100\%$$

$$=\frac{474071-354706}{354706}\times 100\%=33.65\% \tag{4.21}$$

根据上述的经济增长指标，我们分别来计算阳泉市的地区增长份额（RIS）、产业结构偏离份额（IDS）、区位份额（DS）。过程如下：

阳泉市的三次产业的地区增长份额为：

$$RIS_1=\Sigma Y_1^0 R=20839\times 42.87\%=8933.67 \tag{4.22}$$

$$RIS_2=\Sigma Y_2^0 R=533942\times 42.87\%=98129.83 \tag{4.23}$$

$$RIS_3=\Sigma Y_3^0 R=354706\times 42.87\%=152062.46 \tag{4.24}$$

产业结构偏离份额（IDS）为：

$$IDS_1=\Sigma Y_1^0\ (R_1-R)$$

$$=20839\times\ (18.1\%-42.87\%)\ =5161.82 \tag{4.25}$$

$$IDS_2=\Sigma Y_2^0\ (R_2-R)$$

$$=533942\times\ (33.8\%-42.87\%)\ =-48428.53 \tag{4.26}$$

$$IDS_3 = \Sigma Y_3^0\ (R_3 - R)$$
$$= 253706 \times (43.82\% - 42.87\%) = 2410.20 \quad (4.27)$$

区位份额（DS）为：

$$DS_1 = \Sigma Y_1^0\ (r_1 - R_1)$$
$$= 20839 \times (22.74\% - 18.1\%) = 966.92 \quad (4.28)$$
$$DS_2 = \Sigma Y_2^0\ (r_2 - R_2)$$
$$= 533942 \times (42.24\% - 33.8\%) = 45064.7 \quad (4.29)$$
$$DS_3 = \Sigma Y_3^0\ (r_3 - R_3)$$
$$= 253706 \times (33.65\% - 43.82\%) = -25801.9 \quad (4.30)$$

(3) 分析说明。从以上计算可知，阳泉市第一产业和全国相比，结构偏离值为－5161.82 万元，说明第一产业的发展速度低于全国平均水平；第二产业的结构偏离值为－48428.52 万元，说明阳泉市的第二产业的发展也低于全国平均水平；而第三产业的偏离值为 2410.2 万元，说明阳泉市五年间，第三产业的发展较全国平均水平有所提高，增长速度高于全国平均增长水平。产业结构的总体偏离额为－51180.15 万元，说明阳泉市的产业结构总体存在缺陷，合理程度低于全国平均水平，因此，造成了产业结构增量的负增加值。

从区位竞争力看，阳泉市五年间区位优势带来的增加值为 20229.72 万元，说明区位因素对阳泉市的经济增长没有负面影响，相反还有促进的作用。第三产业的区位增加值为－25801.9，也说明，阳泉作为一个能源基地，地处太行山上，尽管近年来交通状况得到改善，但其便利程度仍明显低于全国绝大多数城市，而由于煤炭开采对环境的污染，及当地本身缺乏较多的自然景观与人文景观，所以，发展旅游业、服务业等第三产业，在区位因素上竞争力不足。

## 四、基于经济增长的波动性的资源城市产业结构分析（以阳泉为例）

资源城市的产业结构变动随着资源的储存情况、当地政府的产业政策及各种内外因素而变化。除了一些可控的内生变量外，产业结构的变动受到许多不可控的内生变量和外生变量的影响，而所谓的经济增长波动性分析，就是通过计算一段时期内，资源城市的各个产业的方差，来衡量其产业结构的稳定性，即以各产业产值或所占比例的方差来衡量其波动性。显然，方差越大，说明产业结构越不稳定，方差越小，说明其产业结构越稳定。

方差的计算公式为：

$$D\ (X)\ =E\ [X-E\ (X)]^2 \tag{4.31}$$

对于离散型的随机变量，其计算公式为：

$$D\ (X)\ =Var=\frac{1}{n-1}\sum_{i=1}^{n}\ (X_i-\overline{X})^2 \tag{4.32}$$

我们根据表 4-4 计算阳泉市三次产业比重的方差，以判断其产业结构的稳定性。

计算结果如下：

$$Var_1=\frac{1}{n-1}\sum_{i=1}^{n}\ (X_i-\overline{X})^2=7.8573 \tag{4.33}$$

$$Var_2=\frac{1}{n-1}\sum_{i=1}^{n}\ (X_i-\overline{X})^2=46.2914 \tag{4.34}$$

$$Var_3=\frac{1}{n-1}\sum_{i=1}^{n}\ (X_i-\overline{X})^2=60.1774 \tag{4.35}$$

以上结果说明：阳泉市第一产业的波动性最小，第二产业次之，而第三产业最大，即第一产业在阳泉市的产业结构中最为稳定，这与阳泉市的自然条件所决定的第一产业的发展条件和实际情况极为相符，第二产业的波动主要体现在煤炭产业上，因为随着国家在 1997 年开始实施的煤炭产业的宏观调控政策及后续的产业政策的落实，煤炭价格上扬，所以，造成了煤炭产业产值增加，效益较好，在阳泉市的产业结构中比例增加，产生了波动，而第三产业的波动性最大，这一方面说明阳泉市产业结构调整中注重加强了第三产业的发展，另一方面，结合实际产值，也说明阳泉市的第三产业存在较大的发展空间。

## 第四节　资源城市产业结构的转换与成长能力分析

### 一、产业结构转换能力分析的意义

产业结构的转换能力，是指产业结构适应市场变化和经济增长而优化升级的可能性和条件，反映了一个地区产业结构的综合素质和潜力。产业结构优化的标准，主要有两个：一是结构效益最佳。即产业结构要素变化所带来的经济效益。二是转换能力最强。即产业结构对技术进步、社会资源供给状况和市场需求状况变化的适应能力。产业结构的转换是经济发展的必然产物，同时产业结构的转换也为经济增长和发展注入强大的动力。因此，产业结构的优化问题就是要求产业结构既要符合一定时期的经济发展水平，又要能够促进经济的增长和发展的问题。产业结构转换能力也是产业竞争力的重要组成部分，是产业结构趋向合理化和高度化的能力的综合体现。如果资源城市的产业结构具有较强的转换能力，则其产业结构就能迅速达到合理化和高度化，就能实现城市资源配置的最优，创造社会财富增加值的能力就能增强，产业竞争力就能不断提高，资源城市的国民经济就能持续、快速、健康发展，当然，资源城市就能达到良性的成长。

产业结构转换的根本目的是适应和促进经济的增长和发展，这显然要求在产业结构的转换过程中，应当从经济发展的长远角度，筹划产业结构转换的战略。然而由于不同的资源城市的区位因素、资源禀赋条件、科技发展水平、城市基础设施存在差异，所以，产业结构的转换能力就有所差异。通常，经济发展水平较高、综合实力雄厚的地区，其内部推动产业结构优化升级的能力也比较强；反之则弱。而一个城市的产业结构转换能力表现在城市成长理论研究上，就是城市的成长能力与潜力。所以，通过对资源城市的产业结构转换能力的研究，探讨产业结构转换与资源城市经济增长、提高产业竞争力的互动规律，对于研究资源城市的成长问题不可或缺。

## 二、产业结构转换能力理论简介

产业结构转换能力在资源城市的竞争力和资源城市的成长中具有重要的地位和作用。绝大多数资源城市之所以出现城市老化问题，其原因就是产业结构不合理，存在缺陷，资源城市在产业结构战略的制定中没有认真考虑产业结构的变动及其对资源城市成长的影响。

产业结构转换能力分析指标主要有产业结构变动值、产业结构的偏离度和产业结构转换能力综合指数三个指标。

### （一）产业结构的变动值的计算

公式为：

$$svc=\sum_{i=1}^{n} \mid scl_{i1}-svl_{i0} \mid \tag{4.36}$$

式中：

$svc$——产业结构变动值

$scl_{i1}$——报告期第 $i$ 产业的产值

$scl_{i0}$——基期第 $i$ 产业的产值

显然，产业结构的变动值越大，产业结构的转换能力就越强。

## （二）产业结构偏离度的计算

产业结构偏离度是衡量就业结构与产业结构是否对称的指标，可以作为测度产业结构效益的一种有效方法。其含义为劳动力结构与产值结构（指 GDP 的百分比构成）之间的一种不对称状态。偏离度越小，表明各产业发展越均衡，产业结构效益就高。偏离度越大，说明劳动力结构与产业结构越不对称，产业结构的效益越低，偏离度是三次产业结构偏离数的绝对值之和。三次产业的偏离数为三次产业的不变价产值比重与从业人员比重的差值，考察的是产业的不变价份额与就业份额的关系。如果偏离数越大，说明该产业的劳动生产率越高。如果同产业的产出份额与就业份额越接近，计算所得的偏离数就越小，否则就越大。

产业结构偏离度的计算公式为：

$$p=\Sigma \mid L-C \mid \tag{4.37}$$

式中：

$L$——三次产业中劳动力的比重

$C$——三次产业的产值的比重

## （三）产业结构转换能力综合指数

韦伟等人在《中国地区比较优势分析》一书中指出，产业结构转换能力包括需求拉动力和供给推动力。根据他们的观点，产业结构转换能力综合指数的计算公式为：

产业结构转换能力综合指数＝供给推力×需求拉力　　(4.38)

其中，供给推力由积累能力＋创新能力＋供给弹性构成，共包括 6 项指标，即：投资率、工业销售利税率、人均 GDP、GDP 年增长率、县以上政府部门属研究与开发机构及科技信息与文献机构从业人员（含自然科学和社会科学）/总人口、以及第二产业增加值/GDP；需求拉力包括 2 项指标：城乡居民消费支出以及非食品支出占城乡居民消费支出的比重。具体可参见《中国地区比较优势分析》一书。

# 第五章 煤炭资源城市老化问题的经济学分析

## 第一节 煤炭资源城市的老化问题与产业决策

资源的含义尽管较为宽泛，比如水资源、土地资源、生物资源、石油资源、天然气资源、煤炭资源、铁矿资源等，但正如前面所言，我们研究的对象是以煤炭资源为主的、并依托煤炭产业发展起来的煤炭资源城市，所以，我们所指的资源城市就是煤炭资源城市。

### 一、资源城市老化的含义

资源城市老化是指随着煤炭开采，资源城市的发展进入一个困境，面临着比较严峻的经济形势，在全国的经济发展中处于下游水平，资源城市普遍出现三大危机，即环境危机、就业危机和经济发展缺乏后劲危机。资源城市的老化问题，实际上就是随着资源开发与利用，资源城市的不可再生的稀缺性的资源数量锐减，环境严重污染，植被破坏，地下水位降低，城市出现环境危机，同时，资源的枯竭，使得以资源开采和加工为主导的产业成为夕阳产业，加之资源城市的产业结构调整滞后，接替产业没有及时发展，从而导致了经济增长速度下降，总产值减小，同时，出现大面积的结构性失业，出现就业危机。三大危机正是资源城市老化问题的突出表现。有的学者将其概括为另外三个危机，具体见表 5-1。

**表 5-1　资源城市发展问题分析**

| 三危 | 总体表现 | 具体表现 | | |
| --- | --- | --- | --- | --- |
| | | 油城 | 煤城 | 森林城 |
| 资源危机 | 资源存量状况恶劣，石油资源剩余可采储量明显减少，森林蓄积量锐减，煤炭资源面临枯竭 | 后续资源严重不足，老油田进入高含水期，开采措施增油效果变差，稳产难度逐年增加 | 煤炭资源枯竭或濒临枯竭 | 可开采森林资源数量急剧下降，面临着严重的森林资源缺乏危机，森林质量也急剧下降，蓄积量树龄比极不合理 |
| 经济危机 | 原有单一的城市产业结构适应不了资源渐于枯竭的局面，经济增长和效益大滑坡，资源生产量难以维系甚至大幅度下调，销售收入锐减，留利减少，但固定成本逐年增加，后续产业与多元经济脆弱，就业岗位不足，待业青年和部分老职工退休，逐年增加社会负担 | 城市人口增加迅速，工业就业压力沉重，产业单一化，增长缓慢 | 就业压力过重，城市产业结构过重，经济发展滞后 | 产业总体发展仍然停留在计划产品经济阶段上，产业产品结构单一，企业产品结构单一，企业素质差，经济效益差 |
| 生态危机 | 空气污染严重，废弃物污染严重，植被破坏，噪音污染也较严重，某些疾病发病率死亡率偏高，地表层损坏严重，林地、草地退化、沙化、碱化 | 大气污染、水体污染、生物污染加重，草原退化、碱化、沙化加剧 | 煤炭开采后，水源受损，建筑物构筑遭到破坏，城市环境受煤矿石、粉煤灰污染，郊区农田大面积塌陷 | 森林过度采伐，年降水日数减少，平均气温升高，相对湿度降低，大风天数增加，火险等级上升，旱、水灾年份增多，水土流失、土地沙化，附近地区农业失去了绿色屏障 |

资料来源：http：//cnbie.net/commerce/forums/172791/ShowPost.aspx

事实上，资源危机和经济危机是一个问题的两个方面，或者是因果关系，资源枯竭，产生资源危机，而资源危机则直接引发了经济增长危机，经济危机其实质就是经济增长危机。

## 二、资源城市老化的原因

### （一）发展观演变的局限性

我们知道，在生活水平较低的情况下，人类对物质生活的追求总是占第一位的，因而物质中心观念的产生是自然的。基于这种物质中心论，对于发展，人们通常指经济的增长。比如，法国经济学家帕特里克指出：发展主要包括两个方面，一方面是人类通过所拥有财富的增加，从生活需求的不满足状态中解放出来；另一方面是人类通过生产关系和社会领域里的变革，从人压迫人的不合理的统治下解放出来。20 世纪 50 年代，外国学者对于发展概念的理解就是不发达国家加速经济增长，追赶发达国家的问题。从国内的经济发展来看，由物质中心论所引致的机械发展观（功利层的人类中心论）在相当长的时期里确实主宰着人类的行为。这种机械发展观以割裂人与自然、社会发展与自然生态联系为特征，在理论上处于人与自然之间——价值结构的低级层面，只追求一种短期的局部利益，只能同自然建立一种表面的、片面的物质关系，把自然局限于浅近的功利价值层面里。正是这种发展观促使人们无限度地攫取自然资源，破坏了自然界本身的生态平衡。这种“人定胜天”、人是“自然的主宰”、把人凌驾于自然之上的发展观，不只对于资源城市，而且对人类近几个世纪以来的技术和经济进步打上了烙印，最终导致了原料和能源危机、环境污染、土质下降、臭氧层破坏、动植物急剧灭绝、生态失衡及自然异化等一系列危机。法国经济学家皮埃尔称之为“该隐综合征”。当然，随着人类对自身与自然关系认识的提高，人们提出了可持续发展观（辩证发展观），这种生态伦理层面的以人为本论，无疑反映了人类认识水平的质的飞跃。

### （二）政府对资源城市发展存在决策失误

正确的经济发展战略，对于资源城市的经济发展及综合实力的上升，具有重要的现实意义。因此，在制定经济发展战略时，我们不仅要注意其现实可行性，还要研究其永续性，因为任何一个阶段的发展战略对以后的实践都有深远的影响，决定着下一个决策的条件；在经济发展战略的目标体系中既要有经济增长数量指标，又要有质量效益指标，既要有人民生活质量指标，又要有生态环境建设方面的指标。资源城市为我国的经济发展做出了巨大的贡献，支援了其他城市的发展，但是，在将资源产地作为能源或资源基地建设时，是否考虑了这些城市在资源枯竭时的对策？作为不可再生资源开发的采掘业，有朝一日必然要成为夕阳产业，如果没有已成规模的替代产业，失业和经济滑坡必然成为问题，这就是决策永续性研究的课题。由于在资源开发的过程中，政府对相关的负面影响没有进行充分的考虑，没有采取相应对策，比如煤炭开采必然导致的地面塌陷与地下水位下降对资源城市环境的破坏，对发展其他产业的制约等问题；在主导产业走向衰退之前，没有在政策上指导和资金上扶持资源城市并及时抓住有利时机，调整产业结构，发展后续产业和替代产业，保持区域经济的活力，结果导致资源城市产业结构不合理，低效率的传统产业居多、高新技术产业较少，企业整体经济效益低下、盈利能力下降、资金积累能力不足，而资金短缺又进一步限制了企业设备和技术的改造和创新，从而使资源城市陷入“产业结构不合理导致区域经济衰退，区域经济衰退又使得产业结构僵化”这样一个怪圈，最终使产业结构更不合理、经济滑坡，产生城市老化问题。在制定资源城市的发展战略时，并没有认真研究经济战略的永续性，没有采取预见性的相关措施，我们认为这是资源城市老化问题的第二主要根源。

### （三）煤炭价格设计中的外在成本缺失

外在成本（Externalities）也称外在效应或溢出效应，是指一个人或一个企业的活动对其他人或其他企业的外部影响，最早由著名的福利经济学家庇古提出，萨缪尔森和诺德豪斯的定义是当生产或消费对其他人产生附带的收益和成本时，外部经济就产生了。胡予红、孙欣等的研究表明，每烧1t高硫煤，一般要产生20～30kg二氧化硫，至少要花50元的治污费用，而排放1t二氧化硫造成的经济损失约为5000元。火力发电排放二氧化硫的损失1100亿元，污水440亿元，运输煤炭的环境损失为12亿元；而经万会、沈镭统计，我国因采矿而破坏的森林面积累计已达$106\times10^4hm^2$，破坏的草地面积累计达$157\times10^4hm^2$，而且还在以每年$4\times10^4hm^2$的速度递增，而矿区复垦率仅10%，我国矿山企业每年产生固体废弃物$1338\times10^8t$，产生尾矿$265\times10^8t$，治理率仅为6.95%。矿产开采破坏了水平衡，导致有的区域性地下水下降多达数十米甚至百米，致使水资源短缺并造成了大量的地质灾害。显然，环境污染、生态破坏、地质灾害是矿业城市持续发展的重要阻力。经来旺、刘晓君认为，煤炭工业对生态的影响，对环境的污染涉及面之广，影响程度之深在我国现有的诸工业中是处于前列的。其影响表现为三大方面：其一，矿山建设本身要占据大面积的耕地，森林或绿山，造成生态系统的严重失衡；其二，煤炭的开采会造成方圆数公里之内的地形、地貌的根本性改观；其三，煤炭及其采掘附属物对环境则具有较上述两种情况更为严重的危害。

无疑，煤炭生产和消费有着巨大的负外部性，即具有外在成本。正如濮津所言，煤炭的生产过程，既是煤炭产品的生产过程，又是环境破坏、资源枯竭的过程。这决定了煤炭企业在产品生产过程中，既要支付产品生产本身的成本，又要支付环境破坏、资源枯竭方面的费用，即煤炭生产的“附加性成本”。既要通过产品成本核算补偿产品生产过程消耗的价值，实现其自身的再生产，又要通过环境成本核算补偿产品生产过程消耗的环境资源的价值，实现环境资源的再生产。然而，现实情况是这些外在成本并没有完全内化于企业生产的成本中去。

外在成本的缺失对于煤炭产业及资源城市的可持续发展的影响凸现于煤炭产业的集中度及资源城市的老化问题上。纪成君认为，中国煤炭产业的市场结构属于典型的分散型，存在着严重的过度竞争，而根本原因就是乡镇和个体煤矿没有承担对自己生产过程中所造成的外部性的补偿。因此，煤炭价格的构成是不合理的，不利于煤炭产业的可持续发展；陈长春的研究思路则与之相反，他从竞争力的角度指出，我国电价与煤炭价格的不合理，煤电价格比例失调，价格体系混乱的原因则在于煤矿生产阶段形不成垄断，市场集中度不到10%。显然，集中度低就在于进入机制的不健全，其根本原因之一就在于外在成本的缺失。山西省地方税务局着眼于煤炭外在成本与城市发展，他们通过对全省产煤地区和煤矿的大量调查，指出由于国家宏观调控体系中缺乏对资源开采社会成本进行补偿的制度安排，已制约了山西经济可持续发展的实现，并指出根据科学发展观的要求，国家目前应重点考虑在社会成本的补偿方面对山西实行政策扶持；郝家龙、翟纯红运用博弈论研究指出缺乏外部成本补偿机制是煤炭产业集中度低及资源城市老化的问题的根本原因。总体来讲，煤炭生产的外部性没有涵盖在煤炭生产成本中，不仅造成了煤炭生产成本低下，进入门槛低，电煤比价不合理，资源浪费严重，更是资源城市无法直接获取环境补偿基金和产业替代发展基金的主要原因。正是没有将外部成本纳入煤炭价格中，长久以来没有给予资源城市必要的环境补偿与产业培育资金，所以，导致了资源城市不仅在主导产业—煤炭开采与加工业繁荣期间不能及时进行环境修复与产业培育，在煤炭产业衰退期更是陷入了城市成长的资金瓶颈，导致城市成长不可持续，没有后劲，陷入城市成长危机之中。所以，正确科学地计算煤炭环境成本，是合理补偿环境资源消耗的前提，是保证煤炭产业与煤炭资源城市可持续发展的重要手段，也是煤炭价格目标设计的重要内容，不可或缺。

### （四）煤炭产业的税负不合理

税费是煤炭价格的重要构成部分，它决定着企业的盈利水平，也决定着资源城市煤炭产业对城市成长的贡献率，决定着资源城市煤炭产业的市场秩序和发展态势。煤炭企业税费的不合理，主要表现在资源税和增值税上。张晓东、王蒲成等认为，煤炭资源税税额偏低，不利于国有资源的合理开发、节约使用和有效配置，不利于合理调节资源级差收入，不利于企业公平竞争和社会稳定。孙建华认为，在资源税的政策上，按煤炭销售量计征，基本不体现煤矿的级差收益和资源回收状况。李菲进一步指出，现行的煤炭资源税缺乏对价格的反应机制，无法按照市场经济条件调节煤炭价格级差收入，缺乏对煤质的差别机制即无法调节不同煤质的开采收益，缺乏对煤炭开采回采率的差别机制（无法促进煤炭资源的合理开发，不利于提高回采率）。张米尔、郧国永则从竞争与效率的角度认为，我国的煤炭产业存在有悖于传统产业组织理论的现象，原因在于制度缺陷，即采矿权的无偿取得和资源税费与资源消耗量的脱节，使得我国的煤炭资源成为事实上的公共资源，以致出现“公用地灾难”。

其实，国家已注意到资源税存在的缺陷，在2004年12月13日，财政部、国家税务总局决定自2004年7月1日起，将山西省境内煤炭资源税税额调整至3.2元/吨，青海省、内蒙古自治区境内煤炭资源税税额调整至2.3元/吨。然而，其力度及非系统性的行为，并不能保证煤炭产业的可持续发展，也并不能强化资源的利用效率，提高能源安全的保障程度。2005年6月29日下发的《国务院关于促进煤炭工业健康发展的若干意见》研究决定，将煤炭资源税费的收取，由现在的产量和销售收入作为基数，改为以资源储量为基数，并在条件成熟时实施。修改煤炭资源税的计征办法，意味着投资者占用了一定数量的煤炭储量后，必须在获得开采权之前就缴纳一笔“资源占用费”，而不是像现在这样等采出煤后再缴纳“资源补偿费”。投资者在支付了大笔的“资源占用费”后，为了收回成本和赚取利润，必然设法增加安全系数，延长开采周期。然而以储量为基数收取资源税也有一些“技术性”困难，由于矿藏深埋于地下，如果要为煤矿投资者提供尽量精确的储量信息，必须花费巨大的勘探投入，这就大大增加了征缴“资源占用费”的成本，所以，取得一个有效、经济的管制手段仍需深入研究。通过以资源税等为手段的煤炭价格形成的制度框架与制度规范仍需进行研究调查。

除了资源税，对增值税非议也较多。靳建平、刘秋玲认为，将以前的产品税3%改为增值税13%，很大程度上提高了煤炭行业的税率，致使企业负担明显加重，经营成本增加。欧晓钢认为，税改后虽然13%的税率较其他行业的17%税率低了许多，但煤炭产品生产所用的原材料不构成产品的主体，原材料成本占煤炭成本的比例相当低，且用于井下工程建筑的原材料，税务机关认定属于非应税项目，应作进项税转出，不能参加抵扣。煤炭行为对生产过程中的安全性要求比其他行业严格得多，为了安全生产需要投入的安全设备比普通生产企业多出几倍，煤炭企业固定资产的投入要占到总销售收入的20%左右。这些固定资产在购置时业已交纳了增值税，而现行税法规定，购置固定资产的进项税额不允许抵扣。这充分说明税制改革后，煤炭行业税负有相当大的提高，由此严重影响了企业的经济效益，造成整个煤炭行业后劲不足。廖玉林、安喜臻、张宏利、尹丽坤、马永延等也持同样的观点。其实，尽管国家税制改革原则是按照总体税负水平不变来设计的，但1994年国家税制改革取消产品税，全面推行增值税，对煤炭企业将原按煤炭产品销售收入全额征收3%的产品税改按产品销售收入13%的税率计算，低于其他企业的17%，但由于煤炭企业生产的特殊性和生产型增值税的特点，致使煤炭企业增值税居高不下，税负过重，从一定意义上影响了煤炭企业的经济运行质量。所以，一些学者提出建立征迁、青苗赔偿基金，转生产型增值税为消费型，扩大抵扣范围等措施以降低增值税的效应，实现负税公平，建议采纳当前国际上最先进、最流行、最能体现增值税制度优越性的消费型增值税，并认为煤炭企业的土地塌陷费、征地迁村费完全具备了增值税进项税的特点应进行抵扣。而李明则提出，将资源税和矿产资源补偿费合并交纳的建议，则属于税目改革的内容。因为二者都体现国家对矿产资源的有偿使用，同时缴纳，有重复之嫌。

资源税和增值税是煤炭企业的主要税负，是其成本的重要组成部分，也是价格的组成部分之一，税负是国家产业政策的体现，在设计时，不仅要考虑公平税赋，还要从产业本身发展、国家的产业结构、经济与环境等角度多方综合考虑。就增值税本身来讲，煤炭企业负担确实增加了，但资源税却不足以体现煤炭资源的价值，不足以实现资源的可持续利用和产业的可持续发展，当然，也不利于保证国家的能源安全。尹丽坤、马永延建议，将现行的矿产资源补偿费和资源税合并，实行国际通用的权利金制度。其原因是现行的资源税，按矿产品销售量普遍从量征收，已不再含有因矿床自然禀赋和区位差异而征收超额利润的含义，与矿产资源补偿费的实质含义类似。我们认为，目前应将现行的增值税税率下调，同时将煤炭企业所缴纳的所得税按一定比例留给省（自治区、直辖市）财政，设立煤炭企业转产基金专户，使资源城市可利用转产基金对资源枯竭矿山企业转产人员的安置和对矿业企业所在城市新项目的开发进行统筹安排使用，其投入可作为国家资本金参股或控股，解决矿竭城衰、老矿城经济转型问题。当然，税制的设计关乎企业的可持续发展、关乎产品的价格、关乎产品在国际贸易中的竞争力、也关乎物价水平等及资源城市的成长等诸多因素，需要进行定量的研究，并加以试点，取得经验后，方可推广，尤其对于作为具有战略能源支撑的煤炭产业和以煤炭开采与加工业为主导产业的资源城市，其意义更为重大，规则的出台更需谨慎。

### （五）能源比价的不合理

能源的比价是能源的价格之比，它反映了一种消费倾向，当然也是一国的资源储存条件与能源政策的外现，但同时反映了不同能源价格的合理程度。王中海通过计算指出，电力企业的利润率高于煤炭企业，煤炭行业的人均收入与电力企业相比差3～5倍，因此，要求通过价格手段缩小上下游的利润差距。赵建国根据与国际不同能源的价格比，指出我国的煤炭价格目前仍是偏低的，并建议：以平均利润解决煤电矛盾，用减税代替煤炭提价，建立煤电价格联动机制；董立民从煤炭产业可持续发展的角度分析煤炭价格，认为导致煤炭这种不可再生的化石能源大量浪费和严重的环境污染的原因是煤炭在横向上与石油、天然气、液化石油气等可替代能源比价严重偏低，纵向上与电力工业、冶金工业的产品价格也存在极不合理的悬殊差距，从而造成行业间利润和收益分配的不均衡。认为在国际市场上，同等煤质情况下我国的煤炭价格也是偏低的。低廉的煤炭价格，反映了人们对煤炭这种珍贵资源的不可再生性的低估和偏见。可见，学术界对煤炭能源的低价是普遍认同的，煤炭的低价导致了资源的开采与消费的浪费，显然是不符合循环经济的原则的，同时，也导致了资源城市的煤炭可开采储藏量的迅速降低，缩短了煤炭产业的周期，不利于资源城市积累城市成长所必需的产业与环境基金，也加大了城市发展的紧迫感，造成了时间压力，对于资源城市成长极为不利，从更深远的意义上讲，能源比价不合理，对我国的能源安全和国民经济的可持续发展也具有极大的负面影响。

### （六）价格形成机制不健全

煤炭价格已步入市场价格机制阶段，而价格形成机制仍存在许多问题。王正智认为，由于价出多门，铁路等一些行业乱收费及政府行为的介入使得当前煤炭价格体系混乱，不能灵敏地反映市场煤炭供求状况，指导生产和经营活动。段治平、田启生通过调查统计，得出煤炭企业经批准、合法的收费共计92项。铁路运输杂费等46项。如果加上乱收费、乱摊派、乱集资，则收费项目在100项以上。收费中出现过多过滥、重复收费、改变计费方式和收费对象、服务费由价外向用户收取变为价内向煤矿收取、铁路延伸服务收费不规范、强制收取煤炭保价运输费等现象，在很大程度上提高了煤炭的中间费用。

潘伟尔则认为，我国出口煤价格与国际接轨，而国内部分煤炭价格还用计划手段确定，国内国外的"双轨制"导致了煤炭价格背离煤炭价值，导致不公平竞争，电力垄断经营与煤炭分散经营的格局及两个产业管理体制改革长期逆向，铁路管理体制改革落后及行政行为的煤电价格联动不利于煤炭价格市场化。来自新元网的文章则认为，我国电煤价格并没有完全实现市场化，市场机制配置资源的作用也受到了一定的制约，我国目前国有重点煤矿与主要煤炭消费企业，如电力、冶金、铁道等行业的国有大中型企业制度改革滞后，经营机制转换迟缓，难以正常和充分地参与市场竞争，影响市场体系完善。部分煤炭生产省直接提出本省（区）煤炭企业供应外省特别是供电煤价格的涨价幅度。行政性权力的侵入，阻碍了煤炭市场的发育。李新民、王一娟从煤炭销售中间环节分析指出，由于环节比较多，中间环节费用上涨幅度大，煤矿实际获得的价格上涨收益很少。目前我国煤炭行业的成本核算框架，仍带有浓厚的计划经济色彩。煤炭成本和价格不反映资源成本，不反映煤矿退出成本和费用，使煤炭价格处于不合理的状态；靳耀指出煤炭价格由于煤炭企业的成本并不完全、补偿不充分，比价也不合理，煤炭市场供求平衡的价格机制尚未形成，市场交易体系存在缺陷，煤价扭曲问题仍然存在。并认为当前无论煤炭的绝对价格还是相对价格都是偏低的，是不合理的。而其更根本的原因在于目前的煤炭供求关系并非完全由市场机制决定。煤炭价格尚未完全市场化；李克荣、刘传庚、魏振宽从煤炭资源管理的角度提出，煤炭资源分配不合理，行政分割煤炭资源，审批随意性及煤炭资源产权虚置是造成其价格不合理的原因。

我们认为，我国的煤炭价格在一定程度上已接近国际水平，目前低价问题并不是突出的问题，价格形成机制的不健全才是将来影响煤炭产业可持续发展和保证国家能源安全的主要障碍。具体表现在：资源管理体制不完善；煤炭市场交易行为不规范（目前还没有统一的以质论价的标准）；市场发育程度还不完善，不仅煤炭行业本身的市场化程度不够，其下游相关行业及运输环节的市场化改革也滞后；地方政府及中央政府的干预使价格不能正确反映市场状况；

交易市场和交易衍生品发展落后，缺乏一个以煤炭期货交易为主体，以区域市场为补充，市场主体自由交易，期货、现货交易并存，多种交易手段并存的市场煤炭交易体系；同时，煤炭生产的成本构成不完全，没有涵盖生产的外在成本。因此，目前的煤炭价格市场形成机制尚未真正形成。正是基于此，武承厚提出出台《煤炭交易规则》，明确商品煤质量检验、商品煤数量计量及商品煤交货方式。规范运输过程中出现的诸如煤炭运输计划和实际相背离；运输过程中发生数量亏吨或被盗、混杂及擅自变更运输流向等问题。段治平、杨树莲要求逐步减少政府对市场的干预程度，确立煤炭市场运行的主体地位，注重规范市场竞争秩序和市场主体的价格行为，注重培育和塑造市场机制。中国煤炭经济研究会决定在全行业开展《煤炭成本核算框架研究》的调研活动，以如实的反映各类煤炭企业的煤炭成本构成情况和今后的发展趋势，研究出煤炭成本核算框架构成和发展趋势。菅峰、李朝林建议按市场经济运作的基本原则，科学制定相关法律法规，尽快启动和加快煤炭资源市场化的步伐，通过科学评估和把好资格审查关，确保资源市场化的有效实施。并采取面向社会进行公开拍卖等措施对资源进行处置，确保煤炭资源市场化良性发展。

价格形成机制不健全，中间环节占有过多的利润，而煤炭产业真正的利益没有得到，这种机制显然不利于资源的有效配置，从生产的源头不能反映到市场的正确信号，不能反映出资源的稀缺性，其结果必然是煤炭产业发展受到影响，资源浪费加剧，对于资源城市的成长也有较大的负面影响。

## 三、资源城市可持续发展的产业决策

区域经济研究表明，一个城市的经济发展状况主要取决于它的产业结构的优劣，而产业结构的优劣又取决于主导产业所处的周期阶段，主导产业处于成长或成熟阶段，会由于其高速发展带来的规模效应与集聚效应，带动整个城市经济的高速发展，反之，若主导产业处于衰退阶段，又没有后续产业和替代产业，城市经济就会停滞甚至滑坡，产生城市老化问题。可见，及时调整产业结构，建立具有特色、技术含量高、竞争力强的后续产业和替代产业是解决和预防城市老化问题的正确决策。《中共中央关于制定国民经济和社会发展第十个五年计划的建议》指出："资源开采为主的城市和大矿区，要因地制宜发展接续和替代产业。"这对资源城市调整产业结构具有重要的政策指导意义。我们认为，解决和防范城市老化问题，在产业决策时要注意以下几个方面。

第一，资源城市曾在国民经济的发展中做出过巨大贡献，而目前其经济处于较为落后的状态，投资力度明显不足，鉴于此，建议国家采取倾斜政策，加大对资源城市的投资力度，尤其是加大高新技术产业和重点项目的投资，加强基础设施建设，扶持资源城市的经济发展和产业调整，增强其经济活力。

第二，资源城市本身应立足于自己的现状，在对所处的内外条件进行充分分析、调研的基础上，放眼长远，并要考虑实际情况、实事求是地制定自己的产业发展战略。要通过开发新技术和新产品，发展高新技术产业，促进产业的技术升级，最终实现技术进步意义上的经济可持续发展。要以优化产业结构来解决失业问题，而不是以解决失业问题来调整产业结构。在接续产业和替代产业的关系上，要优先发展无公害的绿色替代产业。对于作为老产业进一步延伸和发展的接续产业，要以减少污染、保护生态环境、增加技术含量、保持可持续发展为出发点，发展深加工和精加工工业。

第三，要加强当地政府宏观调控力度，建立技术创新体系，国际经验证明，发展接替产业，政府的宏观调控举足轻重，技术创新是以企业为主导，科研机构来引导的，但政府的扶持意义重大。政府可以设立高新技术发展基金，以解决高技术产业发展的资本市场不健全带来的融资难的问题，可以建立风险投资，可以制定优惠的政策，扶持中小企业的发展，其作用不可忽视。在培育和发展替代产业的初期，政府对鼓励的产业和项目必须给予支持和保障，鼓励资源开采企业优化升级或者投资高新技术产业，甚至政府可通过直接投资，建立国有企业，发展替代产业，起到示范作用。对于淘汰的产业和对环境产生污染破坏的企业要采取强有力的措施，关停并转，通过强有力的措施促进产业的调整和升级。

第四，要加快培育大企业集团，尤其是培育以信息技术、电子技术和生化技术为主的企业集团。这类大企业集团只要搞得好，其前导产业和后续产业在解决城市和农村的就业和经济增长中具有突出的作用；另一方面社会的技术创新主要是由大企业来承担的。因此，建立一定数量的大企业集团，一则可以化解风险，二则可以增强技术创新能力，起到带动作用。

第五，加速第三产业的发展，尤其要注重该产业中高新技术行业如技术服务业、科学研究、信息咨询服务业等的发展，并大力促进民营科技企业的发展，通过第三产业的科技含量迅速缩小与第二产业的差距。

第六，加强传统产业如食品、药材加工业等技术改造。引导其向高附加值、高劳动生产率的方向过渡。加强传统产业的改造，一方面可以提高其市场竞争力、增加就业、提高经济效益，另一方面可以保证其在经济调整过程中不至于受损，发挥其对经济的相应拉动作用。要通过积极加强与科研机构的联合与协作，努力促进传统产业的升级。

## 第二节 资源城市煤炭产业市场结构优化的经济学分析

煤炭产业是资源城市的主导产业，煤炭产业的发展和资源城市成长密切相关，对于资源城市的成长意义重大。然而，我国的煤炭产业长期存在着市场结构不合理的现象，主要表现为集中度低，资源浪费严重，因此，从产业经济学的视角，依据产业组织理论，解决我国煤炭产业中的低集中度问题，不仅是煤炭产业可持续发展中的需要，也是资源城市成长的必然。

### 一、市场结构与煤炭产业市场结构

市场结构是指产业内企业市场关系的特征和形式，主要包括卖方之间、买方之间、买卖双方之间，市场内已有的买卖方与正在进入或可能进入的买卖方之间的关系。从根本上说，市场结构是反映市场竞争与垄断关系的概念。市场结构的四种基本类型：完全竞争的市场结构、完全垄断的市场结构、垄断寡头的市场结构、垄断竞争的市场结构。其决定市场结构的重要因素如下：

(1) 市场集中度，是指某一特定的产业或市场中，卖者或买者具有怎样的相对的规模结构的指标，反映市场垄断程度或竞争程度的高低。

(2) 产品差别化，是指企业提供给顾客产品时，使顾客能够把自己的产品同其他竞争企业提供的同类产品有效地区别开来，从而保护或增加自己的市场占有率，提高集中度水平。

(3) 进入与退出壁垒。根据贝恩在《对新竞争者的壁垒》的定义，进入壁垒是“指和潜在的进入者相比，市场现有企业所享有的优势。这些优势是通过现有企业可以维持高于竞争水平的价格而没有导致新企业的进入反映出来的。”由于受到各种条件的制约，企业在退出该行业或市场时，遇到的障碍称为退出壁垒。主要包括：资产专用性和沉没费用、解雇劳动者费用、政府法律的限制等。

(4) 规模经济，是指随着生产能力的扩大，使单位成本呈下降的趋势。煤炭产业的市场结构就是指煤炭产业内企业市场关系的特征和形式，主要包括煤炭产品的卖方之间、买方之间、买卖双方之间，市场内已有的买卖方与正在进入或可能进入的买卖方之间的关系。它反映了煤炭市场竞争与垄断的状况。

## 二、煤炭产业结构的现状

我国的煤炭产业存在着高度分散的产业结构特征，这不仅导致产能过剩、低效、缺乏定价能力等一系列问题，也是资源城市成长危机的根源之一，目前，国家对于解决这一问题提出了几种方式。其中通过行政命令整合是最为学术界所看好的一种模式，我国煤炭市场的结构表现为以下特征：

(1) 产业集中度过低。即使经过了近几年的关井压产，仍有各类煤炭企业3万多家，平均每个企业市场占有率不足0.01%。我国最大4家煤炭企业市场集中度仅为12.75%，最大8家企业市场集中度仅为20.8%。

(2) 煤炭企业规模太小，不具备经济规模，竞争能力不强。我国煤炭产业存在着严重的投资失误、重复建设现象，缺乏规划；封闭的自给自足的小农思想使企业的资产结构和资源配置结构分散，经营和发展过程中“小而全”的通病至今也没有得到克服。2000年，全国煤矿平均产煤3万多t，国有重点煤矿平均年生产能力80万t，是先进采煤国家的1/3左右。119家国有重点煤矿平均年销售煤炭440万t，市场占有率不到0.5%。煤炭产业没有形成产、运、销一体化综合经营体系，经营效益受外部条件制约严重，没有达到经济规模和结构，竞争能力差。

(3) 进入壁垒太低、退出壁垒太高。长期以来，国家煤炭产业政策和国民经济发展的需要致使煤炭产业的进入壁垒过低，诱发过多、过小、过乱的投资者进入本行业，不可避免地导致煤炭企业低水平过度竞争，引发重复建设，重复生产，并进而引起煤炭产品过剩，市场疲软，地区产业结构趋同，造成煤炭资源的严重浪费。煤炭产业特殊专用工程和设备提高了沉没成本，增高了退出壁垒，导致了煤炭产业资本流动的凝滞化，大量存量资产得不到合理流动和优化重组，资本运营效率低下。一些煤炭企业因各种因素经营业绩差，有的甚至是资不抵债，希望尽快退出该行业，但因退出壁垒过高，使得兼并、破产、转产等退出途径无法实行。

(4) 企业内部活力不足、自组织能力差。长期以来，煤炭产业受计划经济体制的束缚极为严重，煤炭产业的发展几乎跟着政府的指令走，企业的领导由政府任命，企业间的资源配置完全由国家按计划分配，企业不是独立的资产营运的产权主体。生产多少，为谁生产完全由计划安排，企业缺乏搞好资产运营、追求资产收益最大化的机制和动力。这使得煤炭企业丧失了自发调整它们之间关系的自组织能力，导致产业内资源存量和企业组织结构、规模结构不能随着社会需求变化和技术发展而自我调整，使产业组织的格局僵化。

## 三、煤炭产业的定性

煤炭行业从某种意义上讲是一个准垄断行业，更具体地讲是自然垄断行业。因为它不仅具备资源条件上的垄断，更重要的是开采要达到规模经济且对其带来的外在成本都进行补偿的话，必然有相当大的投入，这种投入是中小投资者不具备的，这两种限制是煤炭行业具有自然垄断的必要条件。另一个方面，由于资源的储备状况，在一个地区要得到生产的社会平均成本最小，可能只允许有少数几个煤炭企业存在。正如现代主流派经济学家萨谬尔森所言：多个企业进行生产，可能在技术上是可行的，但在社会成本上肯定是不经济的。这是其对自然垄断的定义。可见，煤炭产业是一个自然垄断行业。从经济学对自然垄断的定义上讲，在一个区域（如一个资源城市内），如果有多家企业进行生产，必然造成社会成本上升，大部分企业亏损，但是，在一个地区，有几十家甚至上百家煤炭企业在生产，而且能赚到钱，为什么呢？我们将在下面的章节中进行分析。

## 四、煤炭产业宏观控制模型分析

假设一个地区煤炭的需求曲线为 $D_1$，平均成本曲线为 AC，显然其成本曲线为 u 型，我们根据经验可以认为，企业扩大生产，主要是增加固定投入，而非增加可变投入，因此，MC（边际成本）为零，要得到利润最大化，必有 MC=MR。如下图 5-1 所示：

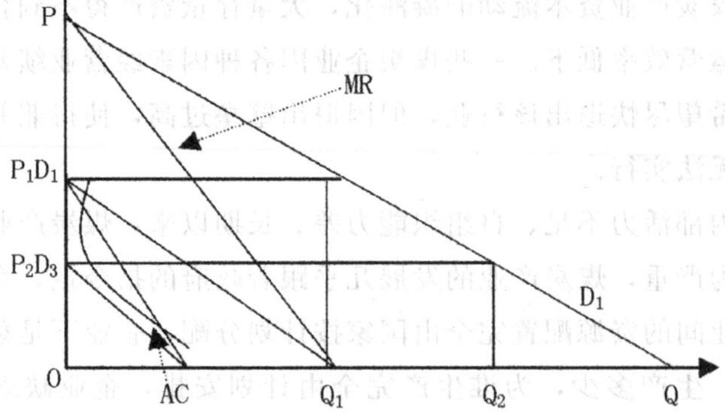


图 5-1　资源城市煤炭产业市场结构分析模型

企业实现利润最大化的产量为 $Q_1$，其价格为 $P_1$，由于企业处于自然垄断状态，只提供 $Q_1$ 的产出，所以社会上存在潜在需求，比如，只要价格降至 $P_2$，就会使需求增加至 $Q_2$，$D_2$ 为降价后的潜在需求曲线。此时，如查有一投资者试图投资煤炭产业，其成本结构相同，可见，在 $D_2$ 和 AC 的交点之间仍有利润空间，此时，会有新的投资者加入，但在第二个投资者加入后，潜在需求曲线变成 $D_3$，如上图所示，这时需求曲线使任何成本结构相同的企业的加入成为不可能的现实，因为此时，平均成本远远高于其可能的价格水平。从上述分析可知，迫使小煤矿退出的宏观政策只能是价格调控，即通过降低价格，使小煤矿失去利润空间，从而得到优化市场结构的目的。

## 五、降价决策的不可行性原因

体制和管理无疑是许多企业效益不佳的原因，但如果简单地将大中型国有煤炭企业效益不好的原因完全归于体制和管理就有失偏颇了，从一定意义上讲，降价决策在小煤窑操作的空间大，有一定的可行性，而大中型煤炭企业往往是不可行的。我们知道，企业在生产的过程中会形成外在成本和外在效益。造成外在不经济和外在经济两种现象。所谓外在不经济即商品的有害外部性，是指在商品生产的过程中对社会和环境产生的负效应，从而使社会的边际成本大于企业的边际成本，或者社会得到的边际收益小于企业得到的边际收益。而作为资源型企业，煤炭企业造成了对环境的破坏、对地下水资源的破坏、对空气的污染、对整个生态的污染等，其外在成本是不容忽视的，因此国家采取了税收等宏观政策进行调控。比如，地面塌陷费、耕地补偿费、资源税等，同时在回采率等指标上进行了控制。这样一方面利于煤炭资源的优化配置和节约利用，另一方面利于煤炭产业的可持续发展和保护环境。但这种政策在执行时是不同的，存在相当的偏差，主要由于执行体制不力和管理上的不严密和不到位。比如，小煤窑回采率不到30%或者根本不进行回采，各种税费由于执行不到位或具体管理层的腐化，往往得不到落实。因此，大中型煤炭企业和小煤窑在对外成本的补偿上是不一样的。这就造成了实际的成本是不一样的，即它们的成本结构就是不一样的，在这种情况之下，运用自然垄断的理论推论的价格决策当然行不通，实证研究也证明，这种决策不具有可操作性，甚至讲，根本不可行。因为前提是错误的，这种推论违背了经济学的“保持其他条件不变的原则”。

### 六、煤炭产业宏观控制的对策建议

鉴于以上分析，在宏观管理中，要运用降价决策。第一，必须将煤炭开采中的外在成本完全体现在生产成本中。这实际上是科斯定理的实践运用，科斯定理是由经济学家科斯提出来的，即通过产权制度的调整，将商品有害的外部性内部化，从而将有害的外部性降低到最低限度。通过产权制度的改革，使各企业的成本结构趋于一致，从而使它们的生存环境和竞争地位同等化，这样在相同的价格下，大中型企业由于具有规模经济的效益，在竞争中就处于优势，在小煤窑由于生产技术水平低，成本较高，无利润空间，不得不退出生产领域。当然，这就要求资源管理部门和各级行政管理机构要严格执行煤炭企业管理和行业管理的各种法规，真正使各企业得到成本结构的一致。这就是笔者对煤炭行业宏观控制的第一点建议，也就是加强政府管制，由生产技术专家和环境保护专家制定法规，对生产标准，排放要求，以立法的形式规定上限，超过上限则禁止生产。另一方面，从资源有效利用的角度讲，我们不能一刀切，因为对于不适于大企业开采的贮藏贫瘠矿区，可允许小煤窑进行开采，这样有助于资源的有效利用。但在审批时一定要严格把关，生产时要注意监督，使之行为规范，避免对环境的破坏和资源的浪费。第二是经营许可证，在煤炭企业的生产中我们实际已运用了这一措施，但在具体执行中确实存在问题，在今后的管理工作中，这一环节无疑是要着力加强的，因为这是最为重要的措施之一。第三，要加强税收的管理，通过税收将外在有害性体现在生产成本中，事实上，煤炭产业的宏观管理是一个复杂的系统工程，尤其在外在成本的同一化处理上，难度更大。

## 第三节 基于经济博弈的煤炭价格分析

资源城市的成长问题，重要的是解决产业集群问题，而资源城市的以煤炭为主的产业集群就不可避免地成为资源城市成长研究的重点，煤炭开采中的资源浪费问题、无序竞争问题，都是不符合循环经济的原则的，也是造成资源城市的环境问题、经济不可持续增长问题和失业问题的主要原因。所以，解决目前煤炭行业的过度竞争问题，对于实现资源城市的循环经济发展模式，保证资源城市的理性成长具有重要的意义。

## 一、资源城市中的煤炭产业结构

煤炭是一种不可再生性的稀缺性经济资源，稀缺性决定其具有一定幅度的价格，而我国煤炭储量尽管居世界第一位，但资源现状不容乐观，表现在煤炭资源勘查程度低、经济可采储量少，人均占有量低、资源分布与区域经济发展水平、消费需求不相适应；与水资源呈逆向分布、煤炭资源有效供给能力不足，煤矿生产能力和煤炭需求之间存在很大的缺口或剪刀差(张世奎，2003)。从这个意义上讲，煤价具有长期上扬的趋势；然而，我国煤炭价格却长期处于低迷阶段，煤炭产业长期处于亏损、微利状况。从历史因素上追溯，这与计划经济体制下的国家宏观政策有关，为了快速推进经济的发展，政府倡导资源无价、产品有价等政策，使煤炭价格远低于其劳动价值。但在1994年放开了国有煤矿与地方乡镇煤矿生产的煤炭价格，2002年取消了发电用煤指导价，煤价实质上已进入市场调节阶段，煤炭价格却没有呈现出明显的上升趋势，基本和物价指数的变动保持一致（宁云才，2003）。对这一悖论，学术界观点不一。潘伟尔、张蓓等（2003）认为煤价是一种恢复性回升，主要得益于国家放开用煤价格的政策和煤炭需求结构的变化；战彦领和黄邵（2003）则认为煤炭价格上升，原因在于近年我国经济的持续高速的增长和关闭整顿小煤矿的行为，并建议国家各级煤炭管理部门应以市场需求为指导，根据煤炭行业最优产业结构，合理确定各类煤矿的生产总量；从行政干预的角度提出建议的有魏国栋（2002)、江海潮（2003)、李飓（2002）等学者，他们希望国家通过彻底关闭小井，解决煤炭企业办社会问题，减少税费负担等手段，来扭转煤炭行业的亏损状态、通过构建不同产权煤炭企业的动力学博弈竞争模型，求解具有政府约束的动态均衡产量，进而要求国家在调控煤炭产业产权结构和各产权类型企业的均衡市场占有量时，遵循效率优先原则，强制性地采用各种渠道快速淘汰效率低下的企业；根据煤炭的赋存条件、煤种、销售区域增设煤炭资源赋存税由国家煤炭主管部门统一管理使用的措施；建议国家应该严格执法，规范小煤矿管理，产量保持在合理的规模，避免大起大落对全国煤炭市场的冲击，使其步入良性发展道路。而对于煤炭行业的结构特点，郝传波（2004）通过对我国煤炭产业的集中度的研究表明，根据贝恩的市场结构分类，我国的煤炭行业属于竞争型，根据日本著名学者植草益的市场结构分类标准（CR8＜20，分散竞争型），我国的煤炭产业属于分散竞争型，并认为其原因是开采主体过多。

显然，大多数学者的建议都是基于我国的煤炭行业过度竞争的市场结构这一前提的，也认同这种不合理的市场结构是煤炭产业发展的主要障碍，尽管从不同研究角度提出了一些解决问题的不同方法，但并没有从本质上揭示煤炭产业过度竞争的原因及其对价格效应。我们认为，我国煤炭产业的发展状况与我国煤炭生产成本构成密切相关。下面以经济博弈作为工具加以分析。

## 二、模型的建立

我国煤炭产业呈现国有重点煤矿、地方国有煤矿和乡镇煤矿三分天下的格局。为了便于分析，我们将它们分为两类，即大煤矿（指国有重点煤炭和地方国有煤矿）和小煤矿（乡镇煤矿及各类小煤窑），其市场结构类似于古诺模型，因为煤炭市场价格取决于产业中所有企业的总产出，任何个别企业均不能直接控制市场价格，煤炭产品基本上是同质的，所有的企业均是市场价格的接受者，假设 $P$ 是总产量的减函数，即：

$$P=P\ (Q^S) \qquad (5.1)$$

式中：$Q^S=Q^{S1}+Q^{S2}$

再假设市场的需求函数为：

$$P=\alpha-\beta Q^D \qquad (5.2)$$

显然，在市场需求不变时，供给的增加或减少，会导致市场出清价格降低或增加，如下图 5-2 所示：

图中，$Q^{S1}$，$Q^{S2}$，$Q^{S0}$ 分别表示不同的供给曲线（供给函数），$Q^D$ 表示需

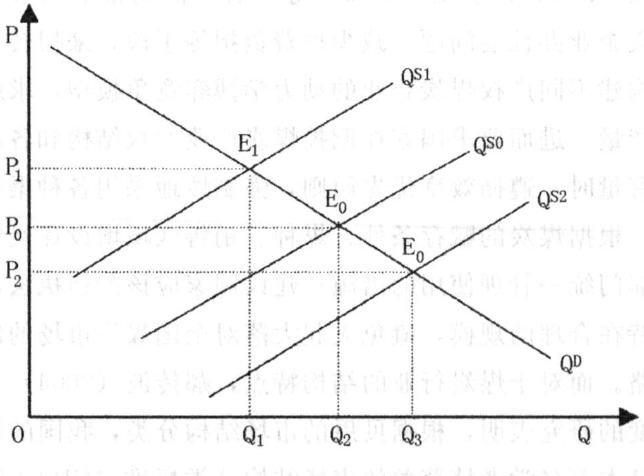


**图 5-2　煤炭市场行情分析图**

求曲线（需求函数）；$P_0$，$Q_0$ 为初始时刻市场出清时的均衡产量与市场价格。当供给减少时，供给曲线向右上方移动，此时，市场均衡产量与价格分别为：$Q_1$，$P_1$；当供给增加时，供给曲线向右下方移动，此时，市场出清的均衡产量增加，同时价格下降，分别为 $P_2$，$Q_2$。假设大煤矿的成本函数为：

$$TC_B = F_B + C_{VB}Q \tag{5.3}$$

小煤矿的成本函数为：

$$TC_S = F_S + C_{VS}Q \tag{5.4}$$

对于煤炭企业，要求以原煤为计量形式，按 0.3～5 元/t 缴纳资源税，并且按 1%的费率缴纳矿产资源补偿费；对采用水采方法生产煤炭的矿山企业，其煤泥也应按煤炭的费率征收补偿费（陈甲斌、张福生，2004），《矿产资源法》也要求煤炭资源实行采矿权转让，但实际转让费很低，一些小煤窑只需不多的投资就可打井采煤，同时，在回采率上，我国国有重点煤矿的资源采出率一般在 50%左右，而国有地方煤矿和乡镇煤矿不到 30%（白杉，2004），这导致小煤矿在固定投资与变动成本上具有大煤矿不可比拟的优势（小煤矿的变动成本主要是薪金），其边际成本比大煤矿要低得多，二者利润最大化条件分别为：

$$P = C_{VB} = MC_1 \tag{5.5}$$

$$P = C_{VS} = MC_2 \tag{5.6}$$

显然，小煤矿利润最大化的条件要比大煤矿要低得多，所以，一旦市场价格上涨，且高于其边际成本，技术条件差、回采率低的小煤矿就可以扩大生产而获利，而在此情况下，市场价格则有可能不能弥补大煤矿的生产成本。

## 三、自然状态、策略与支付

一个博弈中的人，他的收益都是由其所有的行动决定时，必须决定如何行动，其决策的结果还要依赖于他的环境状态，对于大煤矿与小煤矿来讲，其相应的环境状态有两个：

①煤炭价格高；

②煤炭价格低。

显然，大煤矿与小煤矿不可能形成有约束力的合约，也就是说，他们的博弈是非合作博弈，且他们是按照内在一致的准则进行决策的，他们的行为具有理性，在这两个自然状态下，他们均有二个选择：

①增加产量；

②减小产量（为了简化，我们仅在价低时讨论维持产量这一选择）。

其决策树如图 5-3 所示。

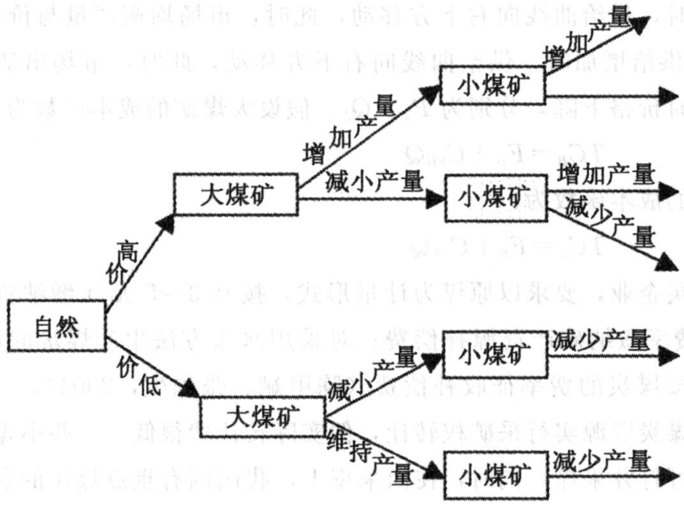


**图 5-3 大小煤矿的博弈决策树**

以不同策略所带来的净收益的增加额作为指标作支付矩阵，在煤炭价格高扬时，大、小煤矿的支付矩阵为见下表 5-2、5-3：

**表 5-2 煤炭价格处于高位时的大、小煤矿的支付矩阵**

| 小煤矿的策略 | 大煤矿的策略 | |
|---|---|---|
| | 增加产量 | 减小产量 |
| 增加产量 | $(P_1-P_0)\ Q_b+P_1\triangle Q_b$<br>$(P_1-P_0)\ Q_s+P_1\triangle Q_s$ | $(P_1-P_0)\ Q_b-P_1\triangle Q_b$<br>$(P_1-P_0)\ Q_s+P_1\triangle Q_s$ |
| 减少产量 | $(P_1-P_0)\ Q_b+P_1\triangle Q_b$<br>$(P_1-P_0)\ Q_S-P_1\triangle Q_S$ | $(P_1-P_0)\ Q_b-P_1\triangle Q_b$<br>$(P_1-P_0)\ Q_b-P_1\triangle Q_b$ |

**表 5-3 煤炭价格处于低位时大、小煤矿的支付矩阵**

| 小煤矿的策略 | 大煤矿的策略 | |
|---|---|---|
| | 维持产量 | 减小产量 |
| 维持产量 | $(P_1-P_0)Q_b$<br>$(P_1-P_0)Q_s$ | $(P_1-P_0)Q_b-P_1\triangle Q_b$<br>$(P_1-P_0)Q_s-P_1\triangle Q_s$ |
| 减小产量 | $(P_1-P_0)Q_b$<br>$(P_1-P_0)Q_s-P_1\triangle Q_S$ | $(P_1-P_0)Q_b-P_1\triangle Q_b$<br>$(P_1-P_0)Q_s-P_1\triangle Q_S$ |

注：表中，大煤矿的支付列在上面，小煤矿的支付列在下面。

## 四、分析与结论

在煤炭价格升高时，若大煤矿、小煤矿均增加产量，则必使市场供给增加，此时，价格回落，即 $P_1 < P_0$，此时，二者的收益增加情况则决定于各自增加产量的幅度；若大煤矿增加产量而小煤矿减小产量，如 $\triangle Q_b > |\triangle Q_S|$，则大煤矿收益增加，而小煤矿收益减少，如 $\triangle Q_b < |\triangle Q_S|$，市场总供给减少，致使煤炭价格进一步上涨，大煤矿受益，收益增加，而小煤矿的收益则取决于 $(P_1 - P_0)\ Q_b$ 和 $P_1 \triangle Q_b$ 的关系；若大煤矿减少产量，小煤矿增加产量，价格走势决定于 $\triangle Q_b$ 和 $\triangle Q_S$ 的关系，如 $|\triangle Q_b| > \triangle Q_s$ 则煤炭价格上升，小煤矿的收益增加，而大煤矿的收益则不确定，由 $(P_1 - P_0)\ Q_b$ 和 $P_1 \triangle Q_b$ 的大小决定；若大煤矿减小产量，而小煤矿也减少产量，无疑，这类似于合作博弈的策略，此时二者的收益的变化取决于煤炭的供给价格弹性及各自减少的份额，但由于我国煤炭市场的特点，显然，二者不能形成默契。

在煤炭价格走低的情况下，大煤矿可采取减少产量或维持规模的策略，小煤矿亦可选择与其同样的策略，在均维持现有份额时，受市场影响，收益同等减少，但如小煤矿减少份额，则其收益则进一步减少，假设其产量对市场的影响并不明显的话，但若其市场占有份额较大，足以影响价格，则其减少的正效应使用期大煤矿受益，则其本身受益很小；如大煤矿减少其产量，小煤矿维持其产量，无疑其收益增加；如二者均减少产量，则收益决定于煤炭的供给价格弹性与双方增量的对比。分析表明，在煤炭价格上涨时，无论大煤矿采取什么样的策略，小煤矿的优势策略都是增加产量；而无论小煤矿采取什么样的策略，大煤矿的优势策略也是增加产量；而在煤炭价格下跌时，二者的优势策略都是保持现有产量不变，显然，这样的策略构成了一个博弈的纳什均衡，且是唯一的纳什均衡。事实上，由于小煤矿的开采成本很低，所以，只要价格水平高于其边际开采成本，则其不可能降低产量，因此，在煤炭价格低于大煤矿的边际成本，使大煤矿出现亏损而不得不降低产量时，小煤矿仍可能进行生产的扩张，其规模仍会扩大，直至煤炭价格等于其边际成本。所以，小煤矿的边际成本过低不仅造成了煤炭资源的破坏与严重浪费，更是煤炭行业过度竞争的主要原因，对于煤炭产业的可持续发展及建立我国在世界煤炭市场上大国的价格决定地位极为不利，亟须解决。

## 五、建议

针对煤炭行业集中度低的问题及过度竞争对产业发展的不利影响，学者们提出了许多有益的建议，比如对资源实行有偿开采，通过招标、拍卖与挂牌等方式有偿转让煤炭资源的探矿权与采矿权，对煤炭资源进行全面评估，确定各地煤炭资源矿业权的指导价格（白杉，2004）；通过供需总量控制，加强煤炭市场价格的宏观调控（段治平、杨树莲，2003）；促进国有重点煤矿的生产转型，由传统生产型转为安全效益型，提高其管理水平与劳动效率（王中海，管理世界 2004）；建议国家各级煤炭管理部门应以市场需求为指导，按照煤炭生产总量规模与行业效益的关系及煤炭行业最优产业结构，合理确定各类煤矿的生产总量（战彦领、黄邵，2003）；遵循效率优先原则，强制性地采用各种渠道快速淘汰效率低下的煤矿（江海潮、彭清华、邹新月，2003），甚至从产业组织理论的高度提出了建立有效竞争市场的建议（张瑞，2000）。

张瑞的有效竞争建议是有比较坚实的理论基础的，而且也符合煤炭产业的现状。有效竞争是指在一定的市场运行规则下，企业的扩张和竞争活力能有效地结合起来，形成市场合理配置资源的状态。这种有效竞争具体表现为：从市场结构看，市场上不存在企业进入和流动的人为限制，存在对上市产品质量差异的价格敏感性，交易者的数量符合规模经济的要求；从市场行为看，厂商间维护有效竞争，不存在相互勾结和“合谋”，不使用排外的、掠夺性的或高压性手段，不搞欺诈，不存在有害的价格歧视；从市场效果看，竞争结果有效率，即市场上存在着不断改进产品和生产工艺的压力，在费用下降到一定程度时产品价格将能够向下调整，生产集中在最有效率的规模单位下进行，产品质量和产量随消费者需求变化而变化，资源得到有效利用。他认为有效竞争是煤炭产业市场组织的终极目标，有利于煤炭产业的可持续发展，所以，他提出，要以政府的宏观调控提高市场竞争活力的首要任务是反行政垄断及其派生的低水平过度竞争；要建立市场规则，防止过度竞争。如市场准入制度、市场交易规则等，要通过煤炭企业的资产整合建立大集团、大企业，以提高其竞争力和规模效益。

以上建议具有一定的合理性，但在实务中存在许多问题。比如，采取强制性的措施，则需要界定究竟什么样的效率才是低效率，如何解决地方经济与国家宏观调控的矛盾；确定最佳生产总量，面临着对复杂的经济系统预测问题、对配额的分配问题，这两个问题的执行成本及其复杂性，使得这一建议的可行性大打折扣；确定矿业权的指导价，以招标、拍卖方式竞价出售，比之于前二种进步了许多，因为考虑了资源本身的价值，但矿业权的价值究竟包含哪些内容，应以什么作为最终目标，则没有进一步的说明，不够透彻。至于建立有效竞争市场，无疑是煤炭产业可持续发展的必由之路，然而，有效竞争问题是克拉克从长期均衡和短期均衡关系的角度提出的，试图以有效竞争来解决长期中大煤矿成为垄断者，对价格控制，限制竞争而对短期均衡的影响，其建立有效竞争的方式是多样化的竞争手段（J. M. Clark，1940），从煤炭行业的情况看，我国尚不存在垄断情况，所以，建立有效竞争的原因不是如克拉克所讲在我国煤炭行业存在大煤矿的垄断对短期均衡的影响，而是过度竞争对资源的破坏、对产业长远利益的损害。那么如何解决这一问题，我们认为，要注意这样几点：一是要正确的对煤炭资源自身的价值进行评估，即根据资源的丰瘠、地质条件的优劣、区位的优劣确定资源的开采价值，这部分价值要以税收的形式收缴于国家财政，即通过不同的税率来征收类似于级差地租的资源开采费用；其二，资源开采对区域的生态环境造成了损害，这一方面影响了资源城市现阶段的生态环境，同时对资源城市资源枯竭时的接替产业的发展及人居环境都造成了极大的负面影响，我们在计划经济时代没有注意这一问题，导致了资源城市的老化问题，现在就要把这部分费用核算在煤炭的成本之中，以中央税返还地方财政或煤炭基金等方式征收，用于生态环境的建设和接替产业的发展；其三，要加强行业的监督，主要是监督效率企业的资源的开采效率、安全管理水平，以此两项指标对煤炭企业进行调控，不达标者，严禁经营。当煤炭成本中包含了生态补偿成本、生态维护费用、接替产业建设费用及资源的级差地租后，煤炭的成本就会上升，当然，这也正是煤炭资源的真正价值的体现，如此，资源无价的局面将不会出现，不管大煤矿还是小煤矿，在开采时，就不得不充分挖掘潜力，另外，确立了资源的开采效率指标，如回采率指标后，可以避免资源的浪费，同时避免了私挖滥采的现象，有助于煤炭资源的可持续开发利用，有利于长期保障我国的能源安全。当然，考虑到我国煤炭企业及其产品在国际上的竞争力，我们在制定资源的评估价值、生态环境的补偿费、接替产业的建设费和生态的维护费时，要充分考虑国际上其他国家的情况和国际煤价的水平，考虑与煤炭产业相关的其他产业的利润率水平，使煤炭企业的利润率维护在一个合理的水平。给予煤炭产业一个合理的利润空间。我们认为以税的形式加强煤炭的生产成本，而煤炭价格则以市场调控为基础，降低了国家对煤炭行业的调控成本，在市场机制的作用下，生产效率低、技术落后、管理水平低的小煤矿将不得不退出市场，这样不仅有利于建立有效竞争的煤炭产业市场结构，实现我国煤炭产业的可持续发展，也有助于资源城市的生态环境的优化，有助于构建和谐社会的目标的实现。

## 第四节　煤炭能源基金与资源城市成长

### 一、煤炭能源基金对资源城市成长的意义

国民经济的快速发展对煤炭需求的拉动，导致了煤炭价格的上升，进而使得从2002年到2004年，全国原煤产量由13.8亿吨提高到19.56亿吨，增加5.76亿吨，增长42%以上。煤炭产量的快速增长不仅给煤炭安全有效供给带来隐患，同时导致了大量的小煤矿的非法开采，加剧了煤炭产业内的竞争局势，为此，国土资源部不得不决定在全国范围内大力整顿大中型煤炭资源矿产地范围内的勘查开采秩序，关闭五类不合规范的煤矿，国家不得不修订《煤炭法》，提高煤炭开采门槛。事实上，我国的煤炭产业面临着长久以来的过度竞争对其良性发展的压力，作为煤炭产地的资源型城市也正承受着城市老化问题与转型的痛苦，而解决城市老化问题的最大的困难则在于城市生态环境修复与替代产业培育的资金的筹措，与此同时，针对煤炭能源基金，山西省和国家财政部继1998年和2000年之后，再次进行博弈。

资源的开发是具有外部性的，而资源城市的老化问题则是其负外部性未能很好解决的凸现。随着资源的开采，资源城市的不可再生资源储藏量锐减，环境严重污染，生态受到极大的破坏，同时，资源的渐近枯竭，使资源城市以资源开发和粗加工为特征的主导产业变为夕阳产业，资源城市在资源枯竭后，面临着环境危机、就业危机、经济增长危机，这就是所谓的资源城市老化问题。如何解决这一问题，我们曾建议国家采取倾斜政策，加大对资源城市的投资力度，帮助资源城市培育替代产业，实现城市转型。然而，与其待资源城市老化后再研究城市转型，不如未雨绸缪，以类似煤炭能源基金的方式为山西、内蒙古、贵州、山东等一些煤炭能源基地筹集发展基金，使其在煤炭资源开采的过程中同步进行替代产业的研究与培育，逐步实现城市转型，这对于避免资源枯竭后城市老化对资源城市的经济增长、社会安定的冲击具有积极的意义；从另一个角度讲，煤炭能源基金的征收对于调控我国煤炭产业过度竞争，建立有效竞争的煤炭产业结构也是一个颇具现实意义的措施。然而，煤炭能源基金并没有作为一个内生化煤炭开采外部成本的一项长期稳定的政策，下面，我们从经

济学的角度就煤炭能源基金对于优化我国煤炭产业结构的效应加以分析，以期对我国资源城市的发展问题及煤炭产业的可持续发展尽绵薄之力。

## 二、煤炭能源基金的经济理论基础

外部性（externality）是某种经济交易所产生的成本或利益，这种利益或成本落在第三方身上而交易者并没有考虑到[5]。煤炭开采对生态环境的破坏即是煤炭开采的生态成本，是一种负的外部性，生态成本不能在市场中直接展现出来，故必须应用某一经济评估技术以使能以货币形式表示生态的成本或效益[6]，提出了生态系统的总经济价值表达式：

总经济价值＝直接使用价值＋间接使用价值

＋自由选择价值＋存在价值

直接使用价值就是与可计算的市场化产出相关的价值，间接使用价值与其他规则、携带、生产和信息功能相关，自由选择价值与人们为未来维护生态功能愿望相关，存在价值与人们维护生态功能愿望相关。范金则概括为代理成本、损坏成本、维持和保护成本及恢复成本。代理成本即准备利用生态所承担的成本；损坏成本即损坏人类福利的成本；维持和保护成本可视为其价值对人类社会价值的表现；恢复成本即将生态恢复到某一特定水平的花费[7]。科斯定理表明，在具有私有产权（private property right）的情况下，可以通过谈判的方式来解决外部性问题，然而，并不是任何情况下都可以建立私有产权，比如，煤炭生产对资源城市生态的破坏，就难于确定私有产权，因为生态环境对每一个人都很重要，产权属于每一个人，也即具有公共产权的性质，但任何一个人都没有能力来代表其他人行使这种产权，在此情况下就会出现“公共悲剧”（Tragedy of the commons），即由于生态资源或环境污染没有排他性的所有权所导致的对生态资源的过度使用或环境污染的过度排放，在此情形下Coase定理并不适用，因为科斯定理的前提是产权是明确的，交易成本为零，这时市场交易资源才可以达到最优配置。正因为生态环境的所有权是无法明确的，没有一个真正的产权主体对之负责，所以，这种市场失灵只能通过政府的介入来解决煤炭开采的外部性。政府如何来避免负的外部性，一个基本手段就是制定生态规则，即由政府制定相关的法律、规章制度和条例等，对企业的行为加以引导和限制，以保护消费者和生态资源与生态环境；其二就是Pigou手段，即由政府给外部不经济制定一个合理的负价格，由外部不经济者承担全部外部费用，因为最初提出的是英国经济学家Pigou，所以又称Pigou手段，即以税的形式将外部性内生化。煤炭能源基金实质是 Pigou 手段的一种形式，我们用以下数学模型加以说明：

设资源的储量为 $S$，共可开采 $N$ 年，每年开采量不等，分别为 $Y_1$，$\Lambda$，$Y_N$，资源消费给消费者带来的直接收益为：

$$TR(Y_i), \quad (i=1, \Lambda, N) \tag{5.7}$$

一些学者只考虑了资源给消费者带来的直接收益，没有考虑到间接的负效应，因此得出可耗竭性资源的价格变动等于是贴现率[8]，但事实上，煤炭生产在给消费者带来效用的时候，也给消费者带来了负效应，即破坏生态环境所导致的外在成本。所以，我们不仅要考虑煤炭生产本身的成本（不计外部成本的私人成本），也要考虑其外部负效应，即要使煤炭生产的边际私人成本等于边际社会成本，只有这样才能完整而准确地反映煤炭生产对于社会的收益。设煤炭生产的单位成本为 $C_1$（这里指的实际是煤炭生产的单位完全成本），煤炭生产对生态环境的破坏所导致的生态损失成本和环境修复成本为 $C_2$（也指单位产量所带来的成本），考虑到贴现率 $r$，从社会福利最大化的角度出发，可以建立以下最优模型：

$$MaxNR=\sum_{1}^{N}\left[TR(Y_i)-(C_1+C_2)Y_i\right]/(1+r)^{i-1} \tag{5.8}$$

$$s\cdot t\cdot \sum_{1}^{N}Y_i\leqslant S \tag{5.9}$$

$$0\leqslant Y_i\leqslant S \tag{5.10}$$

运用 Lagrangian 方法，可以得到下式：

$$\sum_{1}^{N}\left[TR(Y_i)-(C_1+C_2)Y_i\right]/(1+r)^{i-1}+\lambda\left(S-\sum_{1}^{N}Y_i\right) \tag{5.11}$$

式中：$\lambda$ 为煤炭的影子价格。

用上式分别对 $\lambda, Y_1, \Lambda, Y_N$ 求导，得到以下最优条件：

$$\sum_{1}^{N}Y_i\leqslant S \tag{5.12}$$

$$MR(Y_i)-C_1-C_2=\lambda(1+r)^{i-1} \tag{5.13}$$

$MR(Y_i)$ 为煤炭产品第 $i$ 年的边际消费收益，即第 $i$ 年的煤炭产品的价格，因此，做一简单的移项变换，可得以下各式：

$$P_1=C_1+C_2+\lambda \tag{5.14}$$

$$P_1=C_1+C_2+\lambda(1+r) \tag{5.15}$$

…

$$P_N=C_1+C_2+\lambda(1+r)^{N-1} \tag{5.16}$$

即，从社会福利最大化的目标出发，煤炭价格应该等于其开采成本与生态补偿成本及其影子价格贴现值之和，换句话讲，其边际净收益之变动率等于贴现率，而不是价格变动率等于贴现率。所以，在确定煤炭价格时，必须考虑煤炭开采的外部性，并将其内化，这样，才符合经济学的基本原理，才能真正得到煤炭资源开采与消费给社会带来最大福利的最优条件。

因此，除采用级差性资源税外，还应以煤炭能源基金的方式将煤炭开采的外部成本内生化是一个具有严密经济基础的政策，且在实际执行中简单、实用，节省管理费用，对于克服资源城市的城市老化问题，或预防资源城市老化问题具有积极的意义。

## 三、煤炭能源基金对资源城市产业优化的效应

煤炭能源基金不仅有利于为煤炭资源城市筹集产业培育资金，解决资源城市老化的问题，而且对于优化我国目前煤炭产业的过度竞争的不合理的产业结构，建立有序竞争的市场结构也有积极的意义，我们用下面的模型说明。

设过度竞争市场煤供给量和消费量均为 $Q_0$，其均衡价格为 $P_0$，当对煤炭加征能源基金（从量计征，每吨 $T$ 元）时，则导致煤炭生产成本上升，以致供给减少，供给曲线向左上方移，此时均衡价格与产量分别为 $Q_1$、$P_1$，加征能源基金后的情况如下如图5-4所示。

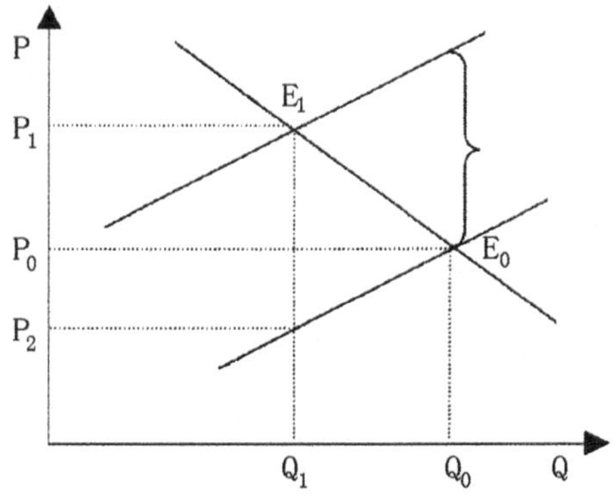


**图 5-4　煤炭能源基金效应图**

显然，加征能源基金后煤炭价格明显上涨，那么增加的部分由谁来承担，这取决于煤炭的供给曲线与需求曲线的弹性的大小，弹性大的承担的相对少一些。从图 5-4 可以看到，$P_1—P_0$ 部分为消费者承担，而 $P_2—P_0$ 部分为生产者承担，在市场价格主要由市场供求规律决定的前提下，征收能源基金，致使煤炭生产者的生产剩余减少，利润空间缩小，生产成本增加，这无疑抬高了煤炭行业的进入

门槛，增加了进入壁垒，减少了潜在竞争者的进入，另一方面，也促使现有生产者不得不更加注重技术进步、挖掘生产潜力，提高生产效率，以节减成本。所以，是有助于建立有效竞争的煤炭产业结构的；另外，由于分担煤炭能源基金的多少取决于生产与消费弹性的大小，而随着我国经济的快速增长，国民经济对煤炭的需求量在稳步增长，具有较大的需求弹性，而在加强宏观管理的前提下，我国的煤炭生产或供给弹性有一定的局限性，所以，消费一方将承担较多的一部分，这对于消费者提高煤炭能源的利用效率，采用先进的节能技术具有一定促进作用，因此，有利于提高我国煤炭能源的安全保证程度，有利于生态环境的保护和构建和谐社会的目标的实现。

## 四、结论

综上所述，我们认为，收征煤炭能源基金是一个具有坚实的理论基础的政策手段，比之于征收煤炭价格调节基金、加强行业管理等措施具有更为直接和长久的效应，对于为资源城市筹集资金、解决资源城市老化问题以及优化煤炭产业的过度竞争的产业结构，实现我国煤炭产业的可持续发展，保障我国的能源安全都具有深远的意义。政府应将煤炭能源基金作为一项长期的措施，并以地方税的形式固定下来。

# 第六章　资源城市成长中的产业结构高度化与合理化

资源城市的产业结构对于资源城市的成长具有重要意义，其根本原因在于作为区域经济的基本单位及国民经济的重要组成部分，资源城市的产业结构的状况决定着资源城市的经济实力，决定着资源城市的就业水平和人民的生活水平，当然，也影响着我国国民经济的整体发展水平及区域间经济发展的均衡。没有合理的产业结构，资源城市的经济增长就会陷入困境，城市就会缺乏活力，不仅不能提供城市建设足够的资金，也不可能加快城市基础设施的建设，强化城市的环境质量和文化氛围，很好地吸引外资的投入，所以，一个资源城市的产业结构是其城市的发展动力，研究资源城市的成长问题，就必然将如何优化资源城市的产业结构，如何制定资源城市的产业结构发展战略作为重中之重。循环经济范式对于资源城市产业结构的高度化、合理化显然具有现实意义，资源城市的产业结构要向高度化、合理化转变，就不能不遵循循环经济的模式，遵循循环经济的基本原则，事实证明，资源城市也只有遵循循环经济的发展范式，才能在保证其环境质量和资源使用效率的前提下，实现产业结构的高度化和合理化，才能为资源城市的良性成长建立良好的产业基础，而研究三者之间的关系，发现其基本规律，为资源城市的良性成长提供可资借鉴的决策建议，正是本章的要义之所在。

## 第一节　产业结构的高度化与合理化

### 一、产业结构效应

产业结构效应，是指产业结构变化的作用对经济增长所产生的效果，即对经济增长发挥着一种特殊的作用。产业结构的高变换率之所以能够导致经济总量的高增长率，是因为产业结构的特殊功能，即产业结构效应在起作用。促进产业结构优化有利于发挥产业结构效应，推动和保持经济的增长率，产业结构效应有以下几种：

### （一）产业的关联效应

产业之间由于生产技术方面的原因，存在各种关联关系。赫希曼在他的《经济发展战略》一书中详细分析了产业之间的前向关联、后向关联，以及关联效应、前向关联效应和后向关联效应。前向关联是指在投入产出表中纵向的供给部门与横向的需求部门发生的供给关系，横向的需求部门就是纵向的供给部门的前向关联产业。后向关联是指在投入产出表中横向的需求部门与纵向的供给部门发生的需求关系。纵向的供给部门就是横向的需求部门的后向关联产业。显然，最终产品只有微弱的前向关联关系（或叫前向联系），而农业则只有很微弱的后向关联关系（或叫后向联系），中间产品比最终产品或初级产品具有更强、更广泛的前后向联系。

产业的关联效应就是指一个产业的生产、产值、技术等方面的变化通过它的前向关联关系和后向关联关系对其他产业部门产生直接和间接的影响。前向关联效应就是指一个产业在生产、产值、技术等方面的变化引起它前向关联部门在这些方面的变化，或导致新技术的出现、新产业部门的创建等。后向关联效应就是指一个产业在生产、产值、技术等方面的变化引起它后向关联部门在这些方面的变化，例如由于该产业自身对投入品的需求增加或要求提高而引起提供这些投入品的供应部门扩大投资、提高产品质量、完善管理、加快技术进步等变化。

### （二）产业的扩散效应

扩散效应是指某些产业部门在各个历史间歇的增长中，“不合比例增长”的作用对其他关联产业产生的影响。主要指主导产业对于其他产业的作用。具体表现在三个方面。即回顾效应、旁侧效应和前向效应。

1. 回顾效应

回顾效应是指主导部门的增长对那些向自己供应投入品的供应部门产生的影响。罗斯托认为，根据主导部门或新部门的技术特点，它们在处于高速增长阶段时，会对原材料和机器设备等投入品产生新的投入要求。这些投入，反过来又要求现代设计观念和方法的发展。这些投入可能是物质的，也可能是人力，而且，也可能是制度方面的。

2. 旁侧效应

旁侧效应是指主导部门的成长还会引起它周围地区在经济和社会方面的一系列变化，这些变化趋向于在广泛的方面推进工业化进程。现代工业活动围绕在城市人口、服务和各种制度等方面。这些制度加强了工业成为一个不断发展的过程的基础：即由技术决定的等级制度建立起有纪律的劳动力队伍；处理法律问题及投入和产出市场各种关系的专业人员；城市先行资本投资；银行和商业制度；满足驾驭新工业结构的人的需要而存在的建筑业和服务业。这样，新主导部门的出现常常改变了它所在的整个地区。这些旁侧效应，即以起飞期间城市化的加速为标志，扩大了现代人在总人口中的比例，并且强化了关于生产过程的现代观念，其影响远远超出了新活动本身和投入的直接影响。

3. 前向效应

前向效应是指主导部门本身的成长要求人们进行基础理论的研究及其应用研究，以提高其生产效率，然而这一活动不可避免地诱导了新兴工业部门、新技术、新原料、新材料、新能源的出现，改善了自己供应给其他产业产品的质量。罗斯托认为，现代工业活动创造了能够引起新的工业活动的基础，或者通过削减其他工业部门的投入成本，提供吸引企业主管们进一步开发新产品和服务的条件，或者产生一个瓶颈问题。这个瓶颈问题的解决肯定是有利可图的，所以它能吸引发明家和企业家。这样，主导部门产生了一种刺激力，并为更大范围的经济活动提供了可能性，有时候，甚至为下一个重要的主导部门的出现建立起台阶。主导部门不仅在技术上，而且在原材料供给上，都具有前向效应。罗斯托认为，经验已经证实了经济增长中主导部门概念的合理性，即这三种来自迅速增长部门的扩散效应的组合促进了经济的快速增长。

除了上述效应外，如供给效应和需求效应等。在此，我们不再赘述。

## 二、产业结构的高度化

### （一）产业结构高度化的含义

产业结构高度化主要是指产业结构从低水平状态向高水平状态的发展，是一个动态的过程。根据产业结构演进的一般规律，产业结构的高度化具有如下几个特征：

第一，产业结构的发展顺着第一、二、三产业优势地位顺向递进的方向演进。

第二，产业结构的发展顺着劳动密集型产业、资本密集型产业、技术（知识）密集型产业分别占优势地位顺向递进的方向演进。

第三，产业结构的发展顺着低附加价值产业向高附加价值产业方向演进。

第四，产业结构的发展顺着低加工度产业占优势地位向高加工度产业占优势地位方向演进。

### （二）产业结构高度化的机制

产业结构的高度化是通过产业间优势地位的更迭来实现的。产业结构的高度化，是各个产业变动的综合结果。它是以单个产业部门的变动为基础的，因为只有单个产业部门的变动才会引起并导致整个产业结构的变化。因此，我们首先从单个产业部门的变动入手，通过分析单个产业部门扩张与收缩的运动过程，来考察产业结构的高度化的机制。从单个产业部门的变动来看，一般会经历一个“兴起——扩张——减速——收缩”的运动过程。产业的兴起，往往与新产品的开发相联系。随着新产品的优点逐渐被人们所认识，对它的需求将日益增大；同时创新又成功地大幅度降低了该产品的成本，使该产业迅速扩张，进入一个高速增长阶段。但是，当这种高速增长达到一定临界点之后，就会出现减速增长的趋势。库兹涅茨通过对大量资料的分析，发现了这种产业部门增长速度终究要减缓的现象，并且认为从长期看其存在着一定的规律性。正如他指出的那样，总生产中大多数部门的增长率过了一段时间后的确下降了，从而它们在全国总产值中所占的份额也随之下降了。因此，虽然对于总产值和人均产值来说，没有出现增长减速的趋势，但对一国经济中许多部分来说，它确实是典型的。产出部门增长之所以会发生减速趋势一般是由于以下原因引起的：

(1) 技术进步速度缓慢。

(2) 增长较慢的产业对其增长的阻尼效应和增长较快的产业对其竞争的压制。

(3) 随着产业增长，可利用的产业扩张资金的相对规模下降。

(4) 受到新兴国家相同产业的竞争性影响。

可见，从一个产业较长的生命周期看，任何一个产业部门的增长减速趋势，都不是偶然的，都或多或少显示出一定的规律性。我们再从影响产业部门变动的最主要因素——创新来看，由于创新使该产业的产品成本大幅度下降，从而推动该产业迅速增长。但当产品价格已降至新的创新很难再使成本下降时，换句话说，创新对于降低成本的潜力已趋枯竭时，便会发生创新减缓，因而迫使该产业增长速度降低下来。既然任何一个产业部门的发展都与创新相联系，表现出扩张与收缩的规律性，那么一个国家的各个产业部门就可以依据其距离创新起源的远近来确定各自不同的相对地位。库兹涅茨经过研究发现，从较长的时间序列看，产业增长速度随着该产业成长、成熟到衰落而处于高速增长、均速增长和低速增长的变动中。如果从任何一个时点看，总会看到多种处于不同增长速度的产业，即低增长部门、高增长部门和潜在高增长部门同时存在。一般高增长部门由于距离创新起源更近而处于相对优势地位，在总产值中占有较大的份额，并支撑着整个经济的增长。随着时间的推移，由于新的创新与创新的扩散，产业结构的变动呈现为高增长优势产业间的更迭。这是一个连续变动的过程，当原有高增长产业因创新减缓而减速，便会为新的高增长产业所取代。在随后递进的发展过程中，潜在的高增长产业又会转化为现实的高增长产业，以代替原来高增长产业的位置。因此，我们可以得出这样的结论，即产业结构的变动是通过产业间优势地位的更迭实现的。衡量产业优势地位主要有三种标准：一是附加价值高低，附加价值高的产业就是占有优势地位的产业；二是产业产值，产值比重大的产业就是优势产业；三是产业关联效应，受原材料供应影响较大的产业如果后向关联效应大就说明它是具有优势地位的产业，受最终需求影响较大的产业如果前向关联效应大就说明它是具有优势地位的产业。附加价值标准强调利润率的高低，产值标准强调产值规模的大小，关联效应标准强调产业的影响力。附加价值的提高，产值规模的扩大，产业影响力的增强都有赖于创新。也就是说，正是创新引起了附加价值、产值规模和产业影响力在不同产业间的变化。这种变化推动了产业结构的高度化。

## 三、产业结构的合理化

### （一）产业结构合理化的概念

产业结构合理化主要是指产业与产业之间协调能力的加强和关联水平的提高，它是一个动态的过程。产业结构合理化就是要促进产业结构的动态均衡和产业素质的提高。因此，产业结构的合理化要解决的问题包括：供给结构和需求结构的相互适应问题；三次产业以及各产业内部各部门之间发展的协调问题；产业结构效应如何充分发挥的问题。所谓产业结构合理化要求在一定的经济发展阶段上，根据消费需求和资源条件，对初始不理想的产业结构进行有关变量的调整，理顺结构，使资源在产业间合理配置，有效利用。

衡量产业结构是否合理的关键在于判断产业之间是否具有因其内在的相互作用而产生的一种不同于各产业能力之和的整体能力。如果产业之间相互作用的关系越协调，结构的整体能力就会越高，则与之相应的产业结构也就越合理。相反，如果结构关系不协调，结构的整体能力就会降低，那么与之相应的产业结构就不合理。

产业结构不协调，其主要原因有两个：一是供给结构的变化不能适应需求结构的变化。其表现形式有三种：即需求结构变化，供给结构不变，造成供应不足。这是因为供给结构的刚性导致对市场的灵敏性不够，供给结构在需求结构变化以后的一定时期内继续保持不变。在市场不完善、信息不对称的条件下经常会出现这样的情况；需求结构变化，供给结构的变化滞后，造成供应滞后。这主要是时滞造成的。从需求结构的变化到供给结构的变化之间存在一个时滞问题，但时滞的长短有一个适度性问题。时滞过长必然造成产业结构的不协调；需求结构变化，供给结构的变化过度，造成供应过剩。二是需求结构的变化不能适应供给结构的变化。其表现形式有三种：即供给结构变化，需求结构不变，造成需求不足。例如，由于人均收入水平不高，高档商品的出现无法吸引低收入阶层的光顾。又如，经济发展处于低潮时期，利率降低，资金供应量增加，但它仍然没有刺激投资需求的增长；供给结构变化，需求结构的变化滞后，造成需求滞后。从供给结构变化到需求结构变化也同样存在时滞问题，但时滞过长必然造成供给结构和需求结构的不相适应，进而造成产业结构失调；供给结构变化，需求结构的变化过度，造成需求过度。例如，新技术促成了新产品的出现，但一时生产能力还不足，或者还没有形成规模的生产能力，或是资金不足的原因，或是人才的原因，短时期内满足不了快速膨胀的需求。对紧俏商品的抢购风潮就是典型的例子。改变以上两种不良状况的关键是促使供给结构的变化和需求结构的变化互相适应。只有这样，才能使产业结构得到协调发展。因此，产业结构调整既包括对供给结构的调整，也包括对需求结构的调整，当然还包括对开放条件下的国际贸易结构和国际投资结构的调整。

### （二）产业结构合理化的意义

产业结构合理化是资源城市经济增长的客观要求，所谓经济的协调增长，就是要使经济在不平衡增长的过程中达到平衡增长的目的，最终使资源城市各个部门得到全面的发展。在经济从不平衡增长向平衡增长转变的过程中，产业结构的不断合理化是至关重要的。只有产业之间具有相互协调的联系方式，各产业之间的关联效应才可以合理展开，某些产业部门的优先发展才能带动其他产业部门的发展，从而带动整个经济系统的发展。如果各个产业之间不具备相互服务和相互促进的关系，则个别部门的优先发展只能导致产业部门之间增长关系的不协调，从而不能使经济协调增长、实现国民经济平衡增长的目的。同时，产业结构的合理化是经济持续增长的客观要求。一般而言，经济的持续增长取决于资源（资本、劳动力、技术等）的不断投入及其有效配置，而产业结构的合理与否在很大程度上决定了资源配置的效果。如果产业结构比较合理，与区域内外市场需求相适应，与技术的发展水平相适应，则资源配置是有效的，投入的不断增长即能保证产出的不断增长，经济就得以持续增长。如果产业结构扭曲，则会严重降低资源配置的效果，即使短期的高增长能够发生，最终也会由于结构的制约而不能持续下去。大部分资源城市的老化问题其根源就在于此，所以，只有使各产业间保持协调状态，即在一定经济条件下实现产业结构的合理化，才能保证资源城市经济增长的协调性和持续性。

### （三）产业结构合理化的标志

产业结构趋于合理化的标志是：能充分有效地利用本国的人力、物力、财力以及国际分工的好处，使国民经济各部门协调发展，社会的生产、交换和分配顺畅进行，社会扩大再生产顺利发展；使国民经济持续稳定地增长，社会需求得以实现；能实现人口、资源、环境的良性循环。

### （四）产业结构合理化的主要内容

显然，协调是产业结构合理化的中心内容。产业结构的协调不是指产业间的绝对均衡，而是指各产业之间有较强的互补和谐关系和相互转换能力。只有强化产业间的协调，才能提高其结构的聚合质量，从而提高产业结构的整体效果。产业结构的协调涉及产业之间各种关系的协调，如生产、技术、利益和分配等。从产业间生产和技术相互关系的角度来考察协调问题。产业之间是否处于协调状态，一般可以从以下几个方面进行观察和分析：

(1) 考察产业素质之间的关系。即相关产业之间是否存在技术水平的断层和劳动生产率的强烈反差。如果存在着断层和强烈反差，产业之间就会产生较大的摩擦，表现为不协调。我们可以用比较劳动生产率，即产业部门的国民收入份额与该部门的劳动力份额之比，来大体衡量产业间的协调程度。如果各产业的比较劳动生产率数值分布得很离散而无序，则说明各产业的素质不协调。

(2) 考察产业之间的联系方式。产业之间存在着投入与产出的联系，表明了产业之间相互依赖和相互影响的关系。协调的产业之间的相互联系方式有两个基本特征：一是相互服务，即各产业部门在投入产出联系的基础上互相提供帮助，如农业的发展为工业提供劳动力和原材料，工业反过来又为农业的发展提供机械装备和技术；二是相互促进，这意味着一个产业的发展不能以削弱另一产业的发展为代价。如果各产业之间能够做到相互服务和相互促进，那么它们之间的这种联系方式就是协调的；反之，则是不协调的。

(3) 考察各产业之间的相对地位是否协调。如果各产业的比较劳动生产率数值分布得比较集中而又有层次性，则说明增长速度是不同的，因而各产业在产业结构中所处的地位也是不同的，从而形成了各产业之间有序的排列组合。各产业相对地位的协调就是指产业结构内部各产业的排列组合具有比较丰富的层次性，各产业之间的主次与发展的轻重缓急关系比较明确和适宜。如果各个产业主次不分，轻重无序，甚至出现产业的结构逆转，则说明各产业之间的相对地位是不协调的。

(4) 考察供给是否与需求相适应来判断产业之间是否处于协调状态。在需求正常变动的前提下，产业结构的协调将使其具有较强的适应性和应变能力，即通过自身结构的调整适应新的需求变动，使供给和需求之间无论是在数量上还是在结构上的差距都逐渐缩小，并且使供需之间的矛盾弱化。相反，如果对于需求的正常变动，供给迟迟不能做出反应，造成长时间的供需不平衡，则说明产业间的结构是不协调的。

### (五) 产业结构合理化的基准

一个区域的产业结构是否合理，主要有以下几个判断标准：

(1) 国际基准。即以钱纳里等人倡导的标准产业结构为依据来判断经济发展不同阶段上的产业结构是否达到了合理化。以大量的历史数据进行统计回归所得出来的产业发展的标准产业结构，确实能够反映产业结构变动的一般规律，从而可以被用来作为认识和判断各国产业结构变动是否合理的参照系。但是，这种“标准结构”的参照系，至多只能作为判断产业结构是否合理的一种粗略的依据，而不能成为一种绝对的判断标准。原因是标准产业结构是通过各国同一发展阶段上产业结构的统计资料进行回归分析得出的，而各国在不同经济时期和经济发展环境变化较大的情况下，如所处的国际经济环境、国内资源禀赋、劳动力的素质和技术水平，以及所选择的发展战略是各不相同的，因而很难有统一的发展模式和产业结构，所以很难用一种标准模型来判断不同时期各国的产业结构是否合理，而用之去判别不同的资源城市的产业结构就更显得不够恰当。

（2）需求结构基准。即以产业结构和需求结构相适应的程度作为判断产业结构是否合理的标准。两者适应程度越高，则产业结构越合理；相反，两者不适应或很不适应，则产业结构不合理。如前所述，畸形的产业结构意味着它同需求结构的严重背离。在此意义上，此基准有其合理性。但是，单纯以此基准来判断产业结构是否合理具有一定的片面性，因为我们首先要确定需求是否正常，在需求正常的前提下，才可以对产业结构是否合理进行判断。若需求畸形，则供需之间发生差距是正常的；若产业结构适应畸形的需求发生变动，则这种变动恰恰是不合理的。

（3）产业间比例平衡基准。即以产业间的比例是否平衡作为判断产业结构合理与否的标准。从理论上说，经济增长是在各产业协调发展的基础上进行的，产业之间保持比例平衡是经济增长的基本条件。但是，不能将此基准绝对化，认为无论何时何地产业结构都要保持这种比例平衡才是合理的。事实上，在经济的非均衡增长情况下，各产业部门的增长速度是不同的，有的高速增长，有的低速增长，从而导致相互之间的比例发生变化，出现结构不平衡。只有产业间的比例变化导致经济发展受到影响，不能正常运行，才是真正的结构不合理。

上述三种判断基准从不同角度来考察产业结构是否合理，既有其科学性，又有其各自的局限性。国际基准忽视了经济条件的不同，需求结构基准将供需的适应性作为唯一的判断标准，产业间比例平衡基准忽略了经济非均衡增长对产业间比例的积极影响。因此，不能将其中某一基准作为判断产业结构是否合理的绝对基准，而应全面考察，综合运用。

### （六）产业结构合理化的比较与测定

目前在识别和论证产业结构是否合理及产业结构的变化方向时，通常采用以下分析方法：

（1）国际比较法。即以钱纳里的标准产业结构为基础，将某一国家的产业结构与相同国民生产总值下的标准产业结构加以比较，偏差较大时即认为此时的产业结构是不合理的，此种方法只能大致判断，而不能最后以此认定产业结构是否合理。

（2）影子价格分析法。按照西方经济学的理论，当各种产品的边际产出相等时，就表明资源得到了合理的配置，各种产品供需平衡，产业部门达到最佳组合。因此，可用各产业部门的影子价格与其整体影子价格平均值的偏离程度来衡量产业结构是否合理，偏离越小，产业结构就越趋于合理。

（3）需求判断法。即判断各产业的实际生产能力与相应的对该产业产品的需求是否相符，若两者接近或大体接近，则目前的产业结构是较为合理的。

（4）需求适应性判断法。即判断产业结构能否随着需求结构的变化而自我调节，使产业结构与需求结构相适应，实现社会生产的目的。其判断方法为：分别计算每一产业产品的需求收入弹性和生产收入弹性；若两者相等，则说明此产业与社会需求有充分的适应性；若每一产业的需求收入弹性和生产收入弹性都相等，则说明整个产业结构与需求结构是相适应的，产业结构是合理的。

（5）结构效果法。即以产业结构变化引起的国民经济总产出的变化来衡量产业结构是否在向合理的方向变动，若结构变化使国民经济总产出获得相对增长，则产业结构的变动方向是正确的。

### （七）产业结构合理化的调整

（1）产业结构合理化调整的过程及其收益。从产业结构趋于合理化的调整过程来看，主要有如下两个过程：一是在部门、行业之间不断进行调整、协调，使之趋于均衡的过程；另一过程则是这种均衡被打破的过程。而均衡被打破的原因主要来自两个方面，一是需求和需求结构发生变化，产业结构随之发生调整；二是由于技术进步，某些产业供给能力发生变化，则产业结构需要做出调整以适应相对不变的需求和需求结构。在短期内技术水平不发生重大变化的情况下，产业结构由不合理向合理转变的过程中，其边际收益是递减的。这是由于结构调整的过程也是结构扭曲程度不断缩小的过程。随着产业结构逐渐趋于协调，由于产业结构扭曲所造成的经济损失也逐渐减少，从而纠正这一扭曲所获得的收益也将越来越少。然而，将整个产业结构的变化和发展放在较长时间段内考察，可以看出，由于技术进步而一次次进行的结构调整，其边际收益并不表现出递减的规律。技术的进步使满足一定需求所需的劳动力和各种物质生产要素得到节约，生产效率成倍提高，促使人类生活不断达到更高的水平。如果将由于技术进步造成的每一轮产业结构调整视为整体产业结构变化的"边际"时，边际收益并不是递减的。

（2）产业结构合理化调整的机制和动力。产业结构之所以从不合理向合理化的方向发展，其动力是结构调整过程中收益的存在。但在不同的结构调整机制中，结构调整动力的表现形式是不同的。产业结构调整机制是一种根据现有产业结构状态，通过输入某种信号和能量，引起结构的变动，从而形成新的产业结构状态的作用过程。根据输入信号的性质和调整方式的类型，理论上可以把产业结构的调整机制分为市场机制和计划机制，市场机制调整产业结构在很大程度上是一种经济系统的自我调整过程，即经济主体在市场信号的引导下，通过生产资源的重组和在产业部门间的流动，使产业结构尽可能适应需求结构变动的过程。由于种种原因，需求结构发生了变化，从而破坏了原有的供需结构，使某些产品供给大于需求，而某些产品需求大于供给，从而引起这些产品的价格发生相应的波动。当价格波动幅度大到一定程度，即大到部门间生产资源转移的临界点（转移后收益＝转移成本＋机会成本）时，产品价格下降部门的资源就会转移到产品价格上涨的部门，直到形成供给结构和需求结构之间新的平衡点为止。在这一产业结构调整过程中，产业结构变动的信号就是市场价格，动力是无数分散的经济主体对增加利润和避免损失的追求；产业结构的计划调整机制是一种对经济系统的调控过程，即政府向经济系统输入某种信号，直接进行资源在产业间的配置，使产业结构得以变动的过程。政府机关根据现有产业结构的状况和对产业结构变动的预测，从经济发展的总体目标出发，通过纵向等级层次向经济主体发布指令，以调整产业部门间的供求关系。这些指令通常有两种类型：一类是直接对企业的生产数量加以要求；另一类是通过变动各部门的投资计划来调整资产增量在产业间的配置，从而变动产业结构。在这一产业结构调整过程中，结构变动的信号是政府的计划数量或指令，动力是政府对经济持续、稳定、协调增长的追求。

产业结构的市场调节机制和计划调节机制各有其优点及局限性：市场调节机制比较准确、稳妥，又比较灵敏，但却是事后调节，成本较大，时滞较长；计划调节机制具有事前主动性，调整成本较小，却有欠准确，市场摩擦较大；因此，单独使用其中一种调节方式，难于达到产业结构合理化的目的。只有把两者很好地结合起来，才能使产业结构向合理化的方向调整。从国际社会的实践模式看，基本采取的是混合模式，即把计划与市场两种手段有机结合起来，计划可以弥补市场的"失灵"，避免无序的经济行为对资源的浪费，而市场手段则又可以充分发挥市场机制的资源配置效率，使各个利益群体根据自己的利益最大化作出有益于社会的选择。当然，混合手段也存在侧重点的不同，因为各个区域的具体情况不同，经济基础、社会制度和文化氛围存在差异。

## 第二节　产业结构优化

产业结构优化不仅是一国经济中需要重视的问题，也是资源城市成长中不得不研究的课题，资源城市以资源开采为主导的产业必然会因资源的枯竭而退出主导地位，那么如何再次选择主导产业，如何建立合理的产业结构以期解决因主导产业退出而面临的就业危机、经济增长危机和环境危机？结合资源城市自身的特点进行产业结构的优化并制定先进、合理的产业结构优化政策就具有重要意义。

### 一、产业结构优化概述

产业结构优化是指推动产业结构合理化和高度化发展的过程。前者主要依据产业关联技术经济的客观比例关系，来调整不协调的产业结构，促进国民经济各产业间的协调发展；后者主要遵循产业结构演化规律，通过创新，加速产业结构的高度化演进。产业结构优化过程就是通过政府的有关产业政策调整影响产业结构变化的供给结构和需求结构，实现资源优化配置与再配置，来推进产业结构的合理化和高度化发展。

### 二、产业结构优化的内容

产业结构优化的内容包括产业结构优化的目标、产业结构优化的对象、产业结构优化的措施或手段、产业结构优化的政策等。产业结构优化的目标就是要实现产业结构的高度化和合理化，最终实现经济的持续快速增长。从产业结构优化的对象角度来说，主要包括如下几个方面：

（1）供给结构的优化。供给结构是指在一定价格条件下作为生产要素的资本、劳动力、技术、自然资源等在国民经济各产业间的可以供应的比例，以及以这种供给关系为联结纽带的产业关联关系。供给结构包括资本（资金）结构、作为供应因素的投资结构、劳动力供给结构、技术供给结构，以及资源禀赋、自然条件和资源供应结构等。产业结构优化就是要对这些因素进行结构性调整。

(2) 需求结构的优化。需求结构是指在一定的收入水平条件下，政府、企业、家庭或个人所能承担的对各产业产品或服务的需求比例，以及以这种需求为联结纽带的产业关联关系。它包括政府（公共）需求结构、企业需求结构、家庭需求结构或个人需求结构，以及以上各种需求的比例；它也包括中间（产品）需求结构、最终产品需求结构，以及中间产品需求与最终产品需求的比例；还包括作为需求因素的投资结构、消费结构，以及投资与消费的比例等。产业结构优化也要对这些因素进行结构性调整。

(3) 贸易结构的优化。贸易结构是指国民经济各产业产品或服务的进出口比例，以及以这种进出口关系为联结纽带的产业关联关系。贸易结构包括不同产业间的进口结构和出口结构，也包括同一产业间的进出口结构（即进口和出口的比例）。

(4) 国际投资结构的优化。国际投资包括本国资本的流出，即本国企业在外国的投资（对外投资），以及外国资本的流入，即外国企业在本国的投资（外国投资或外来投资）。对外投资会导致本国产业的对外转移，外国投资则促使国外产业的对内转移。这两方面都会引起国内产业结构的变化。国际投资结构就是指对外投资与外国投资的比例结构，以及对外投资在不同产业之间的比例和外国投资在本国不同产业之间的比例及其各种派生的结构指标。产业结构优化也要对国际投资结构进行优化。

## 三、产业结构优化的机理

产业结构优化的最终目的是为了实现国民经济的持续快速增长。产业结构优化到国民经济的持续快速增长的转化是具有一定的机理，即内在机制的，产业结构优化的机理就是通过四个过程实现国民经济的持续快速增长：即调整影响产业结构的决定因素—产业结构得到优化—产业结构效应发挥作用—国民经济得到持续快速发展。

(1) 调整影响产业结构的决定因素。这些决定因素从供求的角度来说包括供给因素和需求因素；从投入产出的角度来说包括投入结构和产出结构。调整产业结构的决定因素就是要调整供给结构和需求结构，也就是要调整投入结构和产出结构，其中包括调整国际贸易结构和国际投资结构，从而改变产业结构。

(2) 产业结构得到优化。产业结构优化既是产业结构调整的目的，也是产业结构调整的结果。产业结构优化的结果一方面是产业结构的高度化，另一方面是产业结构的合理化。

(3) 产业结构效应发挥作用。产业结构效应是指产业结构的变化对经济增长的影响程度。产业结构的优化必然对经济增长产生积极的作用。

(4) 国民经济在产业结构效应的积极作用下取得比正常增长速度快得多的增长。主要表现为国民经济的各项指标，如GDP水平，人均GNP，人均可支配收入，城市的基础产业建设水平，公共服务设施建设水平及对外贸易额，吸收外资的规模等都达到快速的提高，经济呈现快速增长的势头。

## 四、主导产业的选择

资源城市的产业结构不可能平行发展，必须抓住矛盾的主要方面，根据资源城市的特点，选择好主导产业，以主导产业为重点，发挥其扩散与带动效应，促进资源城市经济的快速增长，实现城市转型，所以，主导产业的选择对于资源城市的成长来讲，就显得举足轻重。

### （一）主导产业的作用

产业结构高度化与主导产业的转换有着特殊的关系。罗斯托认为，不论在任何时期，甚至在一个已经成熟并继续成长的经济中，经济发展的冲击力之所以能够保持，是由于为数不多的主要成长部门迅速扩张的结果，而且这些部门的扩张又产生了对其他产业部门具有重要意义的作用。他把主导产业的作用概括为如下三个方面：一是依靠科学技术进步，获得新的生产函数；二是形成持续高速增长的增长率；三是具有较强的扩散效应，对其他产业乃至所有产业的增长有决定性的影响。这三个作用就是主导产业必备的条件，即它们是一个有机整体，缺一不可。罗斯托认为，只有少数同时兼备创新和较强扩散效应的高增长产业，才能成为主导产业。正是主导产业扩散效应“不合比例增长”的作用推动着经济的发展。同时，这种扩散效应不局限于产业间技术经济联系的效果，还包含着对经济社会发展更为广泛的影响。主导部门综合体是由主导部门和与主导部门有较强后向关联、旁侧关联的部门共同组成的，如钢铁、机械、电力和化学工业共同构成了一个主导部门综合体。

### （二）主导产业形成的条件

主导产业及其综合体的形成是与一定的区域经济的发展阶段相适应的。在发达国家工业化各个阶段上明显地表现出主导产业及其综合体的有序转换。当然，由于各国地理条件、资源禀赋、市场需求、人文环境和经济政策等方面的差异对主导产业及其综合体的形成有很大的影响，在历史上不同国家的主导产业及其综合体也不尽相同。但从产业发展的历史进程来看，无论哪个国家及其在何种经济发展阶段上，主导产业及其综合体的形成、发展和转换，都是推动其整体经济发展的根本因素和原动力。同时，主导产业的形成是有一定条件的。罗斯托认为，主导产业的形成必须具备如下条件：

(1) 足够的资本积累。主导产业的形成需要有足够的资本积累和投资。一国对主导产业的净投资率（投资额在国民生产总值中的比重）从5%左右提高到10%，同时要和鼓励储蓄、限制消费和引进外资结合起来。

(2) 充足的市场需求。主导产业的形成要有充足的市场需求。这样，该产业才有可能不断扩大。

(3) 创新。包括技术创新和制度创新。只有创新，才能使本产业和其他产业不断节约成本，提高劳动生产率，提高产出，满足潜在的市场需求。同时还要有制度创新，才能使一大批具有创新意识的企业家、工程师涌现出来，并为企业的发展提供技术、制度、管理等方面的保证。

此外，罗斯托还提出了主导增长部门、辅助增长部门和派生增长部门三个概念。主导增长部门是指与技术进步相联系、能引入新的生产函数并在经济增长中真正起主导作用的产业，它对其他产业增长具有较强的前向拉动和后向推动作用。辅助增长部门或派生增长部门都不成为主导产业。

### （三）主导产业的实现形式

从世界各国的实践来看，主导产业的实现形式有如下两种：

(1) 市场自发调节。采取这种形式的国家认为，市场竞争和供求关系足以促进具有竞争能力的产业的发展。产业结构的高度化也可以通过市场供求和价格机制来实现，没有必要制定产业规划和为对某些主导产业进行扶持而制定产业政策。同时认为，政府对选择主导产业的认识不如市场力量更有权威性。在过去，许多西方国家就是采取这种形式的。它们一般不追求产业结构的优化问题，而强调产业的自我调节，只在经济发展过程中出现问题时，才被动地采取一些补救措施和制定一些相应的产业政策。但是在今天，许多国家都加强了对产业发展的干预。

(2) 政府积极干预。采取这种方式的国家通过制定产业政策，选择主导产业和确定产业发展序列，不断促进产业结构的高度化。日本是较早采用这种形式的国家，它没有沿袭欧美发达国家发展产业的经验，而是选择了一条超常规发展的道路。日本主要根据“收入弹性基准”和“生产率上升基准”选择主导产业和确定产业发展顺序。

近年来，越来越多的国家开始重视第二种形式。西方发达国家采取政府积极干预的形式促进主导产业（如信息产业）的发展。发展中国家由于市场经济不发达，对主导产业采取倾斜政策显得尤为重要。这样，它们可以使主导产业获得较快发展，并不断促进产业结构的高度化，从而实现“追赶型”国家“后发性利益”和持续、快速发展本国经济的目的。

### （四）主导产业的转换和发展

实践表明，主导产业的转换和发展经过五个不同的历史发展阶段，即萌芽期、成长期、成熟期、衰退期和灭亡期，这五个历史阶段说明，在经济发展的历史长河中，产业结构的高度化是主导产业及其群体不断更替、转换的一个历史演进过程，是一个产业结构由低级到高级、由简单到复杂的渐进过程。在这个过程中，主导产业发展需要的客观条件使其在发展中不同阶段具有不可逾越性和社会生产力发展中技术的不同阶段之间的不可间断性，决定了资源城市在选择和确定主导产业及其群体进行主导产业及主导产业群的建设时，一方面必须循序渐进，另一方面也可以兼收并蓄，综合几次主导产业及其群体的优势，在整个产业的某些领域实现“跳跃式”发展，在起点低、发展时点晚的情况下，用较短的时间走完发达国家产业结构高度化所走过的近250年的历程，同时，我们也要注意到主导产业并不是一成不变的，在不同的历史阶段，不同的产业会成为主导产业，比如在农业经济时代，农业、养殖业就是主导产业，而在工业革命以后的工业社会中，开掘业、加工业就成为主导产业，而在信息经济和知识经济的时代下，以信息产业和知识经济为特征的第三产业就成为对资源城市经济增长带动最快的产业，成为主导产业，所以，对不同历史时期的主导产业，要辩证地看待，研究主导产业的转换和发展，目的就是客观地认识主导产业转换与发展的规律，并能发挥资源城市决策的主观能动性，以科学发展观来制定资源城市主导产业的发展战略，实现资源城市经济社会的现代化。

# 第三节　资源城市成长与产业结构优化

## 一、资源城市产业结构的特点

### （一）资源城市产业结构的含义

资源城市的产业结构是指资源城市内产业与产业之间的技术经济联系和数量比例关系。其产业结构按照不同划分标准可以划分为三次产业结构（即第一产业、第二产业、第三产业）、农轻重结构（农业、轻工业与重工业）、原材料与加工工业结构、要素密集型产业结构等。资源城市的产业结构既是资源城市经济结构的主要内容，又是国家总体产业结构的子系统。国内外的实践证明，资源城市产业结构优化对国民经济发展是至关重要的。

### （二）资源城市产业结构的特点

资源城市的产业结构普遍具有以下特点：

（1）产业结构单一，经济增长过分依赖自然资源的产出。资源型城市产品结构中初级产品都占绝对优势，产业结构普遍呈单一型。由于历史的原因，资源城市经济普遍出现了三个单一现象：一是单一追求资源产量目标；二是单一抓资源调出任务；三是单一抓资源采掘。因而出现了单一的资源工业结构，其产品的结构表现为以初级矿产品的基础原料为主的粗放型特征。在许多煤炭城市中，煤炭工业和煤炭产品成为主体性行业和产品，资源利用面窄，产品深加工不够。低效益产出所提供的有限资金，在面广量大、长期落后的城市建设任务面前，犹如杯水车薪。城市居民人均社会总产值水平低，收益差，城市基础设施欠账多，其他优势没有充分开发。这不仅使矿业城市经济社会发展受到阻碍，也给国家造成多方面压力。这种孤立地发展单一优势产品的做法，同现代化城市发展的客观规律是相背离的，也不利于矿业城市本身的建设。随着可采资源日益减少，资源开采难度越来越大，缺乏足够弹性的资源型城市的产业结构日益显示出其不合理性。

（2）资源城市的产业结构较多地呈超重型。中国城市发展研究会副理事长兼秘书长朱铁臻指出，所谓超重型就是重工业、原料、能源工业在产业结构中占有较大的比重，原因是在矿业城市建设初期，其产业一般仅为矿产开采业，随着矿山建设的大规模发展和矿业生产能力的基本形成，电力、建材、冶金、化工等高耗能产业才能在当地自然资源具备的条件下得到一定程度的发展，其产业结构一般是以能源、原材料为主的超重型结构。

(3) 产业结构一般呈稳态型，不具备弹性。资源城市主要以原材料及初加工工业组成产业部门，建设周期长，占用资金多，形成规模大，在经济形势急剧变化和新技术革命挑战面前，其应变性、适应性及可调性均较差，相反却具有较大的发展惯性和超稳态性。

(4) 农轻重比例不协调，三大产业结构比例不协调。三大产业结构比例不协调是资源型工矿城市经济结构中的突出问题，原因依然是计划经济时代只注重资源城市对国民经济的贡献及其资源的输出，在资源城市的产业发展中没有对产业结构的发展、接替产业的培育等问题进行认真的思考，结果造成了资源型城市第二产业比重过大，而第一产业和第三产业相对较小，三次结构发展明显呈不均衡的发展趋势，另外，从工业内部结构来看，这些城市大都形成重工业比例过大的倾斜式结构，三大产业比例相差悬殊，三次结构发展明显呈不均衡的发展趋势。

## 二、资源城市产业结构优化与城市成长

资源城市的成长包括三个方面的含义：一是以技术进步为基础的产业结构升级。产业结构升级是以技术进步和技术创新为前提的，资源城市如果实现了以技术进步和技术创新为特征的产业结构的不断升级，则其城市必有潜在的竞争力增长的趋势，其特征主要是以资源型和粗放型的产业的缩小为特点，比如，第二产业中的资源开采业缩小了，但农业和第三产业增加了，也是资源城市成长中产业结构转换与升级的良性表现（比如集约型养殖业、种植业的出现）。

二是城市化水平的提高。城市化水平的提高是产业结构改善的结果。产业结构的升级，使更多的农民成为产业工人，集聚到城市中生活、生产；城市化水平的提高还意味着民众生活水平的提高和城市基础设施与公共设施建设的增加与改善。更多的人集聚到城市生活，城市的规模不断扩大，生活在边远偏僻地区的农民越来越少时，我们可以说，一个国家或一个区域的城市化水平得到了提高。我国的资源城市一般分布在东、北、西部的少数几个省份，如果这几

个省份的城市化水平提高了，那就意味着这几个省份的资源城市的成长是良性的。

三是人均收入与财政收入得到了增加。不同城市的人均收入是可比的，但财政收入不可比，我们可以用人均财政收入或财政收入的增加幅度来衡量其经济发展态势。如果人均收入与人均财政收入等指标在持续增加，我们认为这个城市处在良性成长期，其经济当然也处于持续增长期。

显然，合理与协调的产业结构是资源城市经济增长的重要保证。一方面，当资源城市的产业结构出现不合理或不协调时，非常有必要进行其产业结构调整，优化其产业结构，以促进资源城市的良性成长；另一方面，为了促进资源城市经济的持续快速发展，也非常有必要促进其产业结构的高度化和合理化。所以，资源城市的产业结构优化将会促进经济的快速发展，经济的快速发展也会促进资源城市产业结构的高度化和合理化，从而促进其产业结构的优化。资源城市的产业结构优化与其经济增长都是资源城市经济发展的重要方面。经济增长从总体规模方面反映了资源城市经济发展的数量扩张；而结构优化则从产业技术水平方面反映了资源城市经济发展的质量演进，其实质是通过结构改善来提高产出和效益水平。两者在资源城市成长与经济发展过程中密切联系、相互制约。经济增长引起产业结构演进，而结构演进又进一步推动经济增长。因此，产业结构的优劣是一个城市或一个区域经济发展质量和水平的重要标志，产业结构的转换和演变决定着资源城市工业化、现代化的进程，合理、高效的产业结构是资源城市经济大发展的必备条件。要实现资源城市的经济持续、快速的增长和发展，避免和解决资源城市的老化问题，就必然要求资源城市的产业结构的良性演变，就必须努力促进资源城市的产业结构的高度化和合理化。

## 三、资源城市产业结构的影响因素

### （一）地区要素禀赋

资源城市生产要素的特殊性决定了资源城市的产业结构与其他地区产业结构的不同。矿产资源较丰富的地区与劳动力资源丰富的地区有利于发展劳动密集型产业，形成劳动密集型产业为主导的地区产业结构；劳动力素质较高的地区则有利于发展技术密集型或知识密集型产业，当然，资金较丰富的地区也有利于形成资金密集型产业为主导的地区产业结构。所以，某一区域拥有的劳动力、资金技术和资源等生产要素是该区域产业结构的决定性因素。资源城市拥有丰富的煤炭资源，这是资源城市在城市开发及其以后相对长的时期内以煤炭开采与加工为主导产业的重要原因。

（二）制度因素

资源城市的成长中，制度因素（这里更多指的是经济政策的导向与支持及资源城市政府的执政水平，公务员的素质尽管对资源城市的行政效率有影响，并在一定程度上影响了吸引外资，但并不是主要因素）表现为以下几个方面：

（1）国家或资源城市政府的经济政策。经济政策就是通过使用特定的手段来实现政策主体所确定的目标，政策目标、政策手段和政策主体是构成经济政策的三个基本因素。政策目标是经济政策的出发点和归宿，制约着经济政策从制定到实施的全过程。政策目标涉及是什么和应该是什么的问题（伦理层面的问题）。而价值判断可被定义为对所认定的客观效力的赞成或赞成的判断。这里所说的价值，就是经济事物的社会价值。价值判断对于资源城市来讲，就是对“发展”标准的认识与认可，而这一认识显然对于资源城市的政策制定及制度因素有先决性的作用。比如，局限于线性技术条件下的单纯的经济增长目标政策，对于资源城市是极具负面作用的。政策因素还包括对资源城市的财政与税收的规定，对资源城市的倾斜与培育接替产业的规定与法规，这是资源城市的成长中的关键政策问题。

（2）资源配置方式的确定。新制度经济学理论认为，市场、企业、政府都是资源配置的方式，其中，市场在资源配置中处于基础性和主要的位置。他们认为，如果市场交易成本较高，企业和政府就可替代市场，成为资源配置的方式。科斯提出：在一个有效的经济体系中，不仅需要市场，而且需要适度规模的组织内的计划领域。资源分配方式，对于资源城市的成长影响也是不容忽视的，我国长期以来的计划经济对资源城市成长的负面影响是有目共睹的。

（3）政策目标的决策的基本原理。实现资源城市的良性成长，包括更为详细的五个方面的内容：资源的有效配置、经济增长与稳定、公平的分配、社会资本的扩大、环境质量与人居环境的改善。确定政策目标的基本原则用下面的公式来表述：

$$L=\partial_1\ (E-E^*)^2+\partial_2\ (S-S^*)^2+\partial_3\ (Q-Q^*)^2 \tag{6.1}$$

$$\partial_1,\ \partial_2,\ \partial_3>0,\ \partial_1+\partial_2+\partial_3=1 \tag{6.2}$$

式中：

$L$——代表由于实际政策目标变量与最优政策目标变量背离所引起的社会福利的损失；

$E$，$S$，$Q$——分别代表效率、稳定、公平的实际政策目标变量；

$E^*$，$S^*$，$Q^*$——分别代表三个目标变量的最优政策目标变量；

$\partial_1$，$\partial_2$，$\partial_3$——分别代表政策目标变量与最优值之差异所引起的社会福利损失的加权数。

然而，传统的政策目标模式没有考虑到可持续发展这一重要问题，所以，正确的模型应在其中加入生态环境保持变量和区域可持续发展变量B，其模型为：

$$L=\partial_1(E-E^*)^2+\partial_2(S-S^*)^2+\partial_3(Q-Q^*)^2+\partial_4(B-B^*) \quad (6.3)$$

式中：

$B$，$B^*$，$\partial_4$——分别代表生态政策目标、最优值、和生态变化对总社会福利的损失的加权系数。

显然，只有以修正模型来制定的产业政策才是对资源城市富有积极的意义的，才可能促进资源城市的良性成长，否则，资源城市的成长就会陷入困境。

### （三）经济环境

所谓经济环境是指一定区域内，构成产业生存和发展的社会经济状况和国家经济政策。社会经济状况包括经济要素的性质、水平、结构、变动趋势等多方面的内容，涉及国家、社会、市场及自然等多个领域。国家经济政策是国家履行经济管理职能，调控国家宏观经济水平、结构，实施国家经济发展战略的指导方针，对区域经济环境有着重要的影响。对于产业而言，其经济环境主要由社会经济结构、经济发展水平、经济体制和宏观经济政策等四个要素构成。社会经济结构指国民经济中不同的经济成分、不同的产业部门以及社会再生产各个方面在组成国民经济整体时相互的适应性、量的比例及排列关联的状况。社会经济结构主要包括五方面的内容，即产业结构、分配结构、交换结构、消费结构、技术结构，其中最重要的是产业结构。经济发展水平是指一个国家经济发展的规模、速度和所达到的水准。反映一个国家经济发展水平的常用指标有国民生产总值、国民收入、人均国民收入、经济发展速度，经济增长速度。而经济体制则是指国家经济组织的形式。经济体制规定了国家与企业、企业与企业、企业与各经济部门的关系，并通过一定的管理手段和方法，调控或影响社会。在具体实务中，描述也有偏差，比如，江苏省人民政府对于其经济环境的描述分为：经济发展总水平、经济增长、产业结构、技术条件和市场环境五个方面。更有学者将经济环境分为软硬环境，认为经济发展软环境涵盖的内容极其广泛，经济发展环境中除物质技术环境和自然地理环境以外的其他一切因素，都属于软环境的范畴，包括社会制度、意识形态、经济体制、政策规范、管理制度、人文环境、办事效率等。总之，经济环境就是影响经济产业或企业发展的一切经济因素。资源城市的经济环境是一个存量，即由过去的经济发展水平、经济政策等形成的，它对于当前的资源城市的产业发展是一个不可控的因素，而当前资源城市的经济政策、经济增长水平及经济体制则对于今后的产业发展与城市成长具有较大的影响，所以，加强经济环境的建设对于资源城市的成长来讲，是一项长期的工作。

（四）技术进步与技术创新

(1) 技术进步。科学可以分为硬科学和软科学，依此而分，技术也有硬技术和软技术之分。硬技术是根据劳动经验和自然科学原理发展形成的各种操作技巧及其能力以及相应的劳动资料和成果；软技术主要是根据工作经验和自然科学、社会科学原理发展形成的组织管理社会、经济和科技文化的技能方法以及相应的劳动资料和成果。技术进步是指技术在实现一定目标过程中所实现的进化和变革。在实践中，技术进步表现为人们为实现或接近一定目标，通过对原有技术研究、改造、变革所取得的新的成果。硬技术进步包括采用新操作技能、采用新机器设备、采用新仪器仪表、采用新工艺、采用新原料、采用新材料、采用新能源、采用新产品、采用新设计等；而软技术进步包括采用新的方针政策、采用新的战略、规划和计划、采用新的管理体制和方法、采用新的组织规模和结构、采用新的法律措施、采用新的经济措施、采用新的行政措施、采用新的政治思想工作、采用新的工作技能方法等对软环境产生效应的变革。我们这里的技术进步不排斥软技术进步，但更多的是指硬技术进步。

(2) 技术创新。技术创新是指在市场运作中围绕新技术多个因素间的相互作用，以及它们的作用过程。技术创新并非指单纯的技术开发或技术改进及为此而进行的单纯的智力活动。技术是技术创新的决定因素之一，这种单纯的技术开发或改进仅仅是技术创新过程中的一部分，其他还有诸如市场需求、人员技术素质、经济承受力、市场开发途径甚至企业形象宣传等因素在内。技术创新的起点是市场需求，其终点则是通过市场获得经济利益。技术创新大致可以分为两类：原始技术创新和集成技术创新。原始技术创新是指基础或关键性技术发明及其应用。应用基础研究的突破往往是原始技术创新的知识基础与根据，广阔的应用前景产生强大的推动力，促进了原始技术创新，它需要合理的人才结构，需要应用基础研究的支撑和鼓励创新的宽松环境，但它往往可能创造和开辟新的需求和市场；集成技术创新需要工程师、发明家的创新意识和动机，但主要依靠社会和市场需求的拉动。

技术进步和技术创新不仅是人类进步的动力，也是产业结构演变的动因，人类面向应用和开拓未来的创造欲望与好奇心，多样化的社会与市场需求的推动以及它们之间的相互作用是技术进步与技术创新的动力，但技术创新与技术进步又提高了人类认识未知世界和适应未知世界的能力，提高了人类生存和满足自身需要的能力。对于资源城市的产业结构来讲，技术进步和技术创新是一个极为重要的因素，因为技术进步和技术创新意味着劳动效率的提高，意味着成本的降低，意味着资源使用的减量化，也意味着环境质量的提高，产业结构的演变规律也说明，技术进步是产业结构演变的动因，资源城市由于历史上是粗放型的开采与资源挖掘的产业，技术含量低，所以，在资源枯竭时，发展新的主导产业就存在技术人才的缺失、科研技术基础差等原因，对于资源城市的产业结构的转换极为不利，成为制约其城市成长的主要障碍之一。为此，就要求资源城市的政府要建立促进技术发展的动力机制和创新体制，建立和健全开放的、法制化的、平等有序的市场经济大环境和合理有序的竞争机制，使企业自觉地成为技术创新的主体，充分重视与发展教育，提高国民的文化教育水平，职业与技术教育水平，以及科学技术知识普及程度。注重培养大批高质量的技术创新人才与经营管理人才，建立与发展国际化的教育、科普与技术交流网络平台。在全社会形成尊重知识、尊重人才，鼓励技术创新与创业的文化氛围与正确的社会价值观念。

### （五）市场需求因素

市场需求源自于消费需求，而市场需求对产业结构的发展起着极为关键的作用。正如前面所述，收入消费弹性表现了不同产品的消费在人均 GDP 中的比例，没有市场需求，产品就不能实现社会劳动的价值转变，就会出现滞销，从而陷入积压的状态，产业资金运转不流畅，产业发展进入萧条阶段。事实上，消费需求通过这样一个路径来影响产业结构的，即：消费需求结构—市场需求结构—产品结构—产业结构。消费结构是产业结构的发端，市场需求是单个个体的消费需求的集合，如果某产业的产品不能满足个体或社会的某一消费欲望，就不会形成市场需求，当然，产业就没有发展的现实需求基础，所以，市场需求对产业结构的形成影响甚大，产业结构变革当然也必须以市场为导向，按照现代市场机制和现代科技革命的客观要求加以产业整合。目前，我国经济已经进入相对过剩时期，生产能力相对过剩的矛盾十分突出，特别是市场过剩的状况也不断地向能源以及其他资源产品延伸，这对以资源型产业为特征的中、西部的一些资源城市的经济形成极大的冲击。产业结构与产品结构问题成为制约其经济发展的一个重要原因，所以，调整结构成为促进资源城市经济发展、扩大需求的重中之重。

## 第四节　资源城市产业结构合理化评价实证分析

资源城市的成长应立足于不断地对产业结构进行调整使其向高度化发展。如果资源城市的产业结构能不断地向高度化演变，则资源城市的成长就具有坚实的产业基础，就能实现良性成长，反之，则会陷入困境。而产业结构调整的依据则是对当前产业结构发展态势的把握，只有准确地把握当前资源城市产业结构的现状，才能实事求是地制定出真正合乎资源城市产业结构的实际情况的产业结构优化战略，才能促进资源城市的稳定成长与发展，所以，对资源城市产业结构能否做出合乎实际的评价，即对资源城市的产业结构的合理化加以客观的评价，是资源城市产业结构优化的前提，也是资源城市经济发展战略的一项极为重要的基础工作。

### 一、资源城市产业结构合理化评价的主要内容

根据上一节的理论阐述，我们知道，判断资源城市的产业结构合理化应主要考察这样几个方面：一是考察产业素质之间的关系。即相关产业之间是否存在技术水平的断层和劳动生产率的强烈反差。如果存在着断层和强烈反差，产业之间就会产生较大的摩擦，表现为不协调。其指标是比较劳动生产率，即用产业部门的国民收入份额与该部门的劳动力份额之比，来大体衡量产业间的协调程度。一般而言，各产业的素质比较协调，如果各产业的比较劳动生产率数值分布得很离散而无序，则说明各产业的素质不协调。二是考察产业之间的联

系方式。产业之间存在着投入与产出的联系，表明了产业之间相互依赖和相互影响的关系。如果产业之间存在两个基本特征，即相互服务和相互促进，那么它们之间的这种联系方式就是协调的；反之，则是不协调的；三是考察各产业之间的相对地位是否协调。各产业相对地位的协调就是指产业结构内部各产业的排列组合具有比较丰富的层次性，各产业之间的主次与发展的轻重缓急关系比较明确和适宜。如果各个产业主次不分，轻重无序，甚至出现产业的结构逆转，则说明各产业之间的相对地位是不协调的；四是考察供给是否与需求相适应来判断产业之间是否处于协调状态。

## 二、资源城市产业结构合理化评价的主要方法

产业结构合理化评价其具体分析方法为：国际比较法，即以钱纳里的标准产业结构为基础，将某一国家的产业结构与相同国民生产总值下的标准产业结构加以比较，偏差较大时即认为此时的产业结构是不合理的，此种方法只能大致判断，而不能最后以此认定产业结构是否合理；影子价格分析法，即按照西方经济学的理论，当各种产品的边际产出相等时，就表明资源得到了合理的配置，各种产品供需平衡，产业部门达到最佳组合；需求判断法。即判断各产业的实际生产能力与相应的对该产业产品的需求是否相符，若两者接近或大体接近，则目前的产业结构是较为合理的；需求适应性判断法。即分别计算每一产业产品的需求收入弹性和生产收入弹性；若两者相等，则说明此产业与社会需求有充分的适应性；若每一产业的需求收入弹性和生产收入弹性都相等，则说明整个产业结构与需求结构是相适应的，产业结构是合理的；结构效果法。即以产业结构变化引起的国民经济总产出的变化来衡量产业结构是否在向合理的方向变动，若结构变化使国民经济总产出获得相对增长，则产业结构的变动方向是正确的。

## 三、实证研究

由于需求判断法、投入产出法及影子价格在实践操作中存在诸多问题，尤其需要相当完备的数据资料，而资源城市的国民经济统计工作不像国家统计局一样，搞得非常规范齐全，所以，我们以阳泉市为例，以比较劳动生产率和产业结构偏离度这两个相对比较简单，又足以说明问题的指标作为定量研究指标对阳泉市的产业结构进行实证研究。

## （一）指标的计算公式

产业结构偏离度的计算公式为：

$$p=\Sigma\mid L-C\mid \tag{6.4}$$

式中：

$L$——三次产业中劳动力的比重

$C$——三次产业的产值的比重

比较劳动生产率的计算公式为：

各产业的比较劳动生产率＝该产业所实现的国民收入占全部国民收入的比率/该产业所吸收劳动力占全部劳动力的比例

## （二）数据的采集

（1）阳泉市1985—2004年各产业在国民生产总值中的比重（见表6-1）。

**表6-1 阳泉市1985—2004年各产业占国民生产总值中的比重表**

| 年份 | 第一产业比重 | 第二产业比重 | 第三产业比重 |
|---|---|---|---|
| 1985 | 2.86％ | 86.74％ | 10.4％ |
| 1986 | 7.1％ | 72.38％ | 20.52％ |
| 1987 | 5.83％ | 71.91％ | 22.26％ |
| 1989 | 11.25％ | 61.47％ | 27.28％ |
| 1990 | 10.9％ | 66.95％ | 22.15％ |
| 1991 | 7.8％ | 67.63％ | 24.57％ |
| 1992 | 6.35％ | 67.89％ | 25.76％ |
| 1993 | 6.2％ | 64.79％ | 29.01％ |
| 1994 | 7.06％ | 62.64％ | 30.3％ |
| 1995 | 6.14％ | 63.37％ | 30.49％ |
| 1996 | 5.81％ | 64.78％ | 29.41％ |
| 1997 | 3.3％ | 65.3％ | 31.4％ |
| 1998 | 3.4％ | 61.3％ | 35.3％ |
| 1999 | 2.3％ | 58.7％ | 39％ |
| 2000 | 2.8％ | 57.9％ | 39.3％ |
| 2001 | 2.9％ | 58.48％ | 38.62％ |

续　表

| 年份 | 第一产业比重 | 第二产业比重 | 第三产业比重 |
|---|---|---|---|
| 2002 | 3.18% | 58.56% | 38.26% |
| 2003 | 2.03% | 60.31% | 37.66% |
| 2004 | 2.26% | 62.02% | 35.72% |

资料来源：阳泉市统计局

（2）阳泉就业劳动力统计表（见表 6-2）。

**表 6-2　阳泉市 1985—2004 就业劳动力统计表**　　单位：人

| 年份 | 非农业人口 | 农业人口 | 非农业人口比重 | 农业人口比重 |
|---|---|---|---|---|
| 1985 | 353646 | 694794 | 33.7% | 66.3% |
| 1986 | 371421 | 117500 | 75.9% | 24.1% |
| 1987 | 399514 | 116141 | 77.46% | 22.6% |
| 1989 | 408660 | 721774 | 36.1% | 63.9% |
| 1990 | 420341 | 727383 | 36.6% | 63.4% |
| 1991 | 422800 | 733400 | 36.5% | 63.5% |
| 1992 | 438300 | 730500 | 37.5% | 62.5% |
| 1993 | 462800 | 715000 | 39.2% | 60.8% |
| 1994 | 470500 | 713000 | 39.7% | 60.1% |
| 1995 | 485100 | 709200 | 40.6% | 59.4% |
| 1996 | 500900 | 703700 | 41.5% | 58.5% |
| 1997 | 526800 | 696000 | 40.1% | 59.9% |
| 1998 | 536600 | 692600 | 42.3% | 57.7% |
| 1999 | 547000 | 687700 | 44.3% | 55.7% |
| 2000 | 558600 | 684000 | 44.9% | 55.1% |
| 2001 | 578600 | 669700 | 46.3% | 53.7% |
| 2002 | 596300 | 656400 | 47.6% | 52.4% |
| 2003 | 606200 | 648500 | 48.3% | 51.7% |
| 2004 | 621400 | 638600 | 49.3% | 50.7% |

注：根据阳泉市统计局相关资料加工而来

为了便于计算，我们将上面的两个表可以整合为表 6-3，如下：

**表 6-3 阳泉市产业与劳动力比重表**

| 年份 | 第一产业比重 | 第二产业比重 | 第三产业比重 | 非农人口比重 | 农业人口比重 |
|---|---|---|---|---|---|
| 1985 | 2.86% | 86.74% | 10.4% | 33.7% | 66.3% |
| 1986 | 7.1% | 72.38% | 20.52% | 75.9% | 24.1% |
| 1987 | 5.83% | 71.91% | 22.26% | 77.46% | 22.6% |
| 1989 | 11.25% | 61.47% | 27.28% | 36.1% | 63.9% |
| 1990 | 10.9% | 66.95% | 22.15% | 36.6% | 63.4% |
| 1991 | 7.8% | 67.63% | 24.57% | 36.5% | 63.5% |
| 1992 | 6.35% | 67.89% | 25.76% | 37.5% | 62.5% |
| 1993 | 6.2% | 64.79% | 29.01% | 39.2% | 60.8% |
| 1994 | 7.06% | 62.64% | 30.3% | 39.7% | 60.1% |
| 1995 | 6.14% | 63.37% | 30.49% | 40.6% | 59.4% |
| 1996 | 5.81% | 64.78% | 29.41% | 41.5% | 58.5% |
| 1997 | 3.3% | 65.3% | 31.4% | 40.1% | 59.9% |
| 1998 | 3.4% | 61.3% | 35.3% | 42.3% | 57.7% |
| 1999 | 2.3% | 58.7% | 39% | 44.3% | 55.7% |
| 2000 | 2.8% | 57.9% | 39.3% | 44.9% | 55.1% |
| 2001 | 2.9% | 58.48% | 38.62% | 46.3% | 53.7% |
| 2002 | 3.18% | 58.56% | 38.26% | 47.6% | 52.4% |
| 2003 | 2.03% | 60.31% | 37.66% | 48.3% | 51.7% |
| 2004 | 2.26% | 62.02% | 35.72% | 49.3% | 50.7% |

## （三）计量分析

我们首先计算 1958 年和 2004 年的相关指标。

（1）产业结构偏离度的计算公式：

$$p=\Sigma \mid L-C \mid \tag{6.5}$$

我们将 1985 年及 2004 年的数据代入有：

$$p_{1985}=\Sigma \mid L-C \mid$$

$$=\mid 66.3\%-2.86\% \mid + \mid 33.7\%-97.14\% \mid$$

$$=1.26 \tag{6.6}$$

$$p_{2004}=\Sigma\,|\,L-C\,|$$
$$=|\,50.7\%-2.26\%\,|+|\,49.3\%-97.74\%\,|$$
$$=0.96 \tag{6.7}$$

(2) 计算 1985 年及 2004 年的比较劳动生产率。各产业的比较劳动生产率＝该产业所实现的国民收入占全部国民收入的比率/该产业所吸收劳动力占全部劳动力的比例

1985 年第一产业的比较劳动生产率

$$=2.86\%\div 66.3\%=4.3\% \tag{6.8}$$

1985 年第二及第三产业的比较劳动生产率

$$=97.14\%\div 33.7\%=288.24\% \tag{6.9}$$

2004 年第一产业的比较劳动生产率

$$=2.26\%\div 50.7\%=4.4\% \tag{6.10}$$

2004 年第二及第三产业的比较劳动生产率

$$=97.74\%\div 49.3\%=198.25\% \tag{6.11}$$

由于资料数据的缺失，我们只能计算第一产业、第二、三产业的比较劳动生产率。但我们可以通过现有的 1987 年、1986 年的资料来计算三次产业的比较生产率，以便考察阳泉市产业结构变动的趋势。

① 1986 年各产业的比较劳动生产率如下：

1986 年第一产业的比较劳动生产率

$$=7.1\%\div 24.1\%=29.46\% \tag{6.12}$$

1986 年第二产业的比较劳动生产率

$$=72.38\div 55.58\%=130.2\% \tag{6.13}$$

1986 年第三产业的比较劳动生产率

$$=20.52\div 20.32\%=100.9\% \tag{6.14}$$

② 1987 年各产业的比较劳动生产率如下：

1987 年第一产业的比较劳动生产率

$$=5.83\%\div 22.6\%=25.7\% \tag{6.15}$$

1987 年第二产业的比较劳动生产率

$$=71.91\div 56.9\%=126.37\% \tag{6.16}$$

1987 年第三产业的比较劳动生产率

$$=22.26\div 20.5\%=108.5\% \tag{6.17}$$

（四）结论

(1) 三次产业的产出结构变动分析。从三次产业所提供的GDP角度来看，1985年，其产出比例为：2.86%、86.74%、10.4%，至2004年，产出比例变为：2.26%、62.02%、35.72%。总趋势是第一产业的贡献率有较小幅度的下降，但变化不明显，第二产业有所降低，第三产业得到较大的提升。

(2) 劳动力的占有结构变动分析。1985年的比例为：66.3%、33.7%，2004年为50.7%、49.3%，可以看到，经过这十几年的努力，阳泉市从事农业的人口比例下降了15.6%。

通常的产业理论认为，结构高度化的一个标志是第一产业下降，第二、三产业占有生产要素和产出能力增加。所以，根据以上的数据可以说明，阳泉市的产业结构正向高度化演变。

(3) 产业结构偏离度分析。1985年和2004年阳泉市产业结构偏离度分别为：1.26、0.96。其产业结构偏离度有所下降，下降了30个百分点，说明阳泉市的产业结构正趋于合理，但显然仍有较大的偏离度，其产业结构仍是不合理的。

(4) 比较劳动生产率分析。从非农与农业生产的角度来考察，阳泉市1985年和2004年的比较劳动生产率分别为：4.3%、288.24%；4.4%、198.25%。说明，第一产业的比较劳动生产率有所提高，但仍然很低，而二、三产业的比较劳动生产率则较高，说明其产业结构不合理。当然，从数据的变动看来，2004年的比较劳动生产率较之于1985年仍有较好的改善，说明产业结构有趋于合理的现象，表现为第一产业的比较劳动生产率有所提高，而二、三产业的则有所下降；从1986年、1987年的数据看来，三次产业的比较劳动生产率分别为：29.46%、130.2%、100.9%；25.7%、126.37%、108.5%。说明，当时，阳泉市的产业结构极不合理，但第三产业的比较劳动生产率是相对较好的。

上述分析表明，阳泉的产业结构是不合理的，这种产业结构的不合理，表现在城市成长上，就是城市的城市化水平过低，农村与农业劳动人口比例较大，但其对阳泉市国民经济的贡献率是相对过低的，根据数据我们知道，阳泉市第一产业的就业人口（农业人口）在十七年内一直保持在50%以上（除城市发展初期，当时城市的主体即为矿区，就业人口即为从事开采煤炭资源的工人，没有发展起农业与其他产业），而产出比例最多只有11.25%，一般年份保持在 2%左右，其劳动要素的占有与其对国民经济的贡献率相比，极不相称。城市化水平低，主要是城市的集聚效应没有很好地发挥，而城市集聚效应的发挥又是以城市的合理的产业结构为前提的，没有合理的产业结构，城市的成长就缺乏动力，其成长必然会迟缓甚至停滞。而城市的良好的成长本身又给产业的发展与合理化提供了良好的环境，提供了相对稳定的要素，二者相辅相成，相互作用。当然，阳泉市只是我国的一个中等规模的资源城市，属于地级市，但在城市成长中存在的问题在我国资源城市中是具有普遍性的，将之作为研究对象，对于我们了解资源城市成长中的产业结构问题，抓住资源城市中突出的矛盾，仍具有典型意义。

# 第七章　基于循环经济的资源城市产业结构优化与主导产业选择

当前，发展循环经济和知识经济是经济全球化中的两大趋势。知识经济要求尽可能以智力资源替代自然资源；循环经济则要求经济生产遵循自然规律尽可能实现资源循环。从二者关系上讲，循环经济是已见端倪的知识经济的基础，是我国全面建设小康社会，实现新型工业化的当务之急，而从一定意义上讲，知识经济可以说是循环经济的一种模式。循环经济要求走资源循环的经济发展道路，是对资源消耗线性增加的经济发展道路的否定，显然，其对于资源城市面临的资源枯竭、环境劣化来讲，具有重要的现实意义。因此，循环经济不仅是我国通过新型工业化实现可持续发展全面建成小康社会的必由之路，也是资源城市“十一五”期间的一项重要任务。把循环经济的理念贯穿到“十一五”规划的编制工作中，贯穿到资源城市产业结构的优化与新的主导产业选择的决策中去，其意义是极其深远的。

## 第一节　循环经济与资源城市产业结构优化

### 一、资源城市的产业结构特征

资源城市是依托资源开采而发展起来的城市，是 20 世纪线性生产技术的产物，其原有的经济模式正是传统的经济运行方式，即遵循着由“资源消耗—产品工业—污染排放”所构成的物质单向流动的开放式线性经济。这种以资源开采为主导产业的产业结构存在着众多弊端，加之人类“发展观”的局限，使得资源城市的产业结构极不合理，存在以下特征：

（一）产业集中度高、支柱产业单一

资源型城市的产业结构是以资源开发为主导，轻工业、电子产业、高科技产业等为辅助的产业结构体系，其主导产业为资源开采与加工业，其产业集中度一般高于全国水平，城市支柱产业单一，第三产业发展和替代产业发展缓慢，多数城市已经形成产业关联度高、依赖性强的格局。城市的资源产业GDP总量和所创利税都在城市相应数据的50%以上。城市对资源产业的依赖性大，城市发展受到限制，城市功能不全、城市建设投入不足、基础设施建设滞后，同时，由于长期受国家计划经济的影响，其所有制结构简单，职工的就业结构和就业方式单一。单一的工业结构，缺少张力，使资源利用面窄，产品深加工不够，产品门类简单，以资源产品为主的产业因处于产业链条的上游，档次低，产品附加值低；输出区外的产品以资源型产品为主；同时消费品对外依赖性强，消费对城市经济的贡献率低，造成资源型城市长期存在着利润向外转移的现象。显然，这种依靠资源优势，构建了以资源开发及初级原材料加工输出为主的产业结构体系，没有形成以资源开发为基础、资源深度加工为龙头的优化产业链，没有把资源优势变为商品优势、经济优势。尽管在初期有一定的合理性，但由于产业结构的层次低，资源性产业的发展难以带动整个地区经济的发展，经济效益势必低下。低效益产出只能提供有限的资金用于城市建设，同时造成电力、交通运输、邮电通信等基础产业投资不足，发展缓慢，不适应经济发展的需要，也使产业结构升级遇到资金和技术的缺口，尤其是经过几十年的开采，国家对企业的投入有限，设备更新困难，加之资源逐渐枯竭，这些问题严重困扰着资源城市的发展。

（二）生产方式粗放，生产效率低，资源浪费严重

资源城市由于受原“有水快流”的政策的影响，资源开采效率低下，加之国家资源管理制度中存在一定的漏洞，近年来煤炭价格上扬，所以，在开采中存在弃贫抢丰、单纯追求产量而进行掠夺式的开采。另外，乡镇个体小煤矿的机械化程度差，回采率不及30%，也对资源造成了极大的浪费，这就大大缩短了资源城市主导产业——资源开采业的生命周期，使资源城市的主导产业面临危机，城市经济增长受到压力。

### （三）环境污染严重，不利于接替产业的培育

由于开采方式和消费中资源浪费严重，加之开采本身对环境的影响，资源城市普遍存在程度不同的地面塌陷问题、植被破坏问题、水质和空气污染问题。而目前，尽管许多资源城市注意到了环境质量问题，但由于地方政府对环境保护及治理的投入很少，资源型企业又缺乏对生态环境治理的动力，所以，资源城市的环境污染仍然很严重，生态破坏加剧的趋势尚未得到有效控制，城市居民生活质量的提高受到很大的影响，这对于有环境质量要求的接替产业的培育和优秀科技人才的引进，都具有负面的影响。

### （四）可供开采的后备资源不足，资源开采成本不断上升，主导产业呈现衰减状态

资源型城市的生存和发展依赖于它所拥有的资源总量，而煤炭资源是不可再生的，加之开采与消费中的严重浪费现象，使得资源城市的后备资源严重不足，资源开采与加工业难以为继。据有关资料统计，目前全国约有的资源型城市所拥有的后备资源已经不多，这些城市面临着衰败的危险。即使某些现在看来资源潜力比较大的城市，总有一天也会面临枯竭的问题。因此，如何寻找后备资源和发展替代性产业是资源型城市经济发展的关键所在。另外，资源型产业受自然条件的影响大，开采成本总体上不断上升。因为人们对自然资源的开采一般是自上而下、由近而远、先易后难、先优后劣。因此，资源开采业和制造业有着不同的成本变动规律，由此带来的结果是资源型城市的主导产业发展越来越缓慢，直至衰减、消失，从而制约相关产业的发展，导致城市经济衰退，资源城市经济实力下降。

### （五）产业布局分散，序次低

由于受资源生成条件和开采条件的制约，大多数开采地、加工地分布不均，城市资源内部布局较为分散，一般是先在某些条件较好、位置适中的地段设点，集中规划建设使之成为相对集中的中心生活区，并以一定的交通线使之连接起来，构成点状分布的城镇群，在宏观布局上呈组团式的分散辐射状结构；三次产业比例结构不合理。第一产业基础薄弱，第二产业比重过分偏大，且超重型化，第三产业发展缓慢、滞后。三次产业结构的序次低致使效益低，产业比例失调，产业结构原始、单一，对城市经济发展形成刚性制约，也造成

城市经济系统稳定性差。工业企业同质组合程度低，未能按专业化协作的原则联系一大批专业中小企业与之配套，对中小企业带动性差。

### （六）产业结构较多地呈超重型，一般呈稳态

资源型城市的主导产业为资源采掘业，并伴之以电力、建材、冶金、化工等高耗能产业。但由于我国的重工业优先发展战略的影响，资源城市轻重工业的比例关系不合理，其产业结构一般是能源、原材料的超重型结构；重工业产值年均增长速度大大快于轻工业，形成超重型的产业结构；而在重工业中，采掘工业和原材料工业比重过大，加工工业比重偏小，这就使资源的合理利用和生产力的合理配置受到严重制约；资源型城市主要以资源开采业及初级加工工业组成它的产业部门，建设周期长，占用资金多、规模大，在经济形势急剧变化和新技术革命挑战面前，其应变性、适应性均较差，相反却具有较大的发展惯性和超稳态性，生产缺乏柔性，不能及时应对市场需求变化，也对资源城市的成长造成了负面影响。

### （七）产业关联度低、产业技术结构呈二元性

资源型产业是资源型城市的经济支柱和主导产业。该产业形成一条短而松的产业链，城市经济增长实力就集中在该产业链。而产业间关联度低，表现在轻工业对农业部门的依赖性大，而对其他产业的投入和需要均很小；在重工业中，采掘业、原材料和制造业之间衔接不紧密，产业链短，配套产业发展不足；加工制造业大多是“嵌入式”，与其他行业纵横联系少。关联度低使得增长极的极化作用和扩散作用不能发挥应有的作用。城市经济发展过分依赖资源产业，转产难度大，乘数效应弱，易造成城市经济畸形或衰退；主导产业带动相关产业发展的优势辐射慢，扩散效应断裂。对资源的过分依赖，使国际、国内市场资源供求一旦发生变化就会很快波及到城市经济，使城市经济大起大落，不利于稳定发展；同时，其产业技术结构呈二元性，即现代化综采装备和大规模矿山机械及金属冶炼所组成的高产出资金密集型企业和原始的开采方式和简单手工操作所组成的低效益、低产出的乡镇企业、个体企业，共存的局面。

## 二、循环经济理论对资源城市产业结构优化的意义

传统经济运行方式遵循一种由“资源消耗—产品工业—污染排放”所构成

的物质单向流动的开放式线性经济。在这种经济运行方式中，人类通过对资源的粗放型经营和一次性利用，实现经济的数量型增长，然而，这种经济生产高消耗、高产量、高废弃的现象直接造成了对自然环境的恶性破坏，而循环经济正是针对传统产业发展导致资源过度消耗和环境恶性污染而提出的可持续发展之道，它遵循自然生态系统的物质循环和能量流动规律，按照生态规律利用自然资源和维持环境容量，重新调整经济，重构经济系统，以产品清洁生产、资源循环利用和废物高效回收为特征，将经济活动高效有序地组织成一个“资源利用—绿色工业—资源再生”的封闭型物质能量循环的反馈式流程，保持经济生产的低消耗、高质量、低废弃，从而将经济活动对自然环境的影响破坏减少到最低程度。它通过生态规划设计，使不同的企业群体间形成资源共享和废物循环的生态产业链，采取资源综合循环利用，达到生态经济系统的最优化配置，从而实现以清洁生产和绿色工业为导向的新型经济模式。因此，循环经济是对人类社会可持续发展进程中解决资源环境制约问题的运行方式，是人类社会经济发展历史的一次突破性转变，也是实施可持续发展战略的重要途径和有效方式。

资源城市的三大危机，其直接原因正是违背循环经济模式的“资源消耗—产品工业—污染排放”的物质单向流动的开放式线性经济的必然结果。资源城市依托资源产业而成长，在计划经济时，只注重资源的开采与输出，没有注重生产方式与效率的提高，是一种粗放型的生产方式，同时极不注重城市的持续发展与环境的保护、资源的可持续利用，导致了资源过度开采，生态破坏严重。东北、山西的一些资源城市在这个问题上表现尤其明显，这些资源城市以能源原材料产业结构为主体，是建立在对煤炭资源大量开采和消耗的基础上，属于高耗能经济。几十年的大规模、高强度的资源开采，为全国各地提供了大量的能源，为全国经济的发展做出了巨大的贡献。但是，由于煤炭资源的过度开采，也付出了沉重的代价，其中，最主要就是生态环境的严重破坏而导致生态恶化，极大地阻碍了经济的进一步发展。另外，如前面所述，资源城市由于历史的原因，并没有建立梯次的产业结构，资源开采业在产业结构中占有绝地位，其他产业发展较为缓慢，这种以第二产业为主体、超重型、一三产业发展滞后的产业结构是产业转型极为不利的因素。同时，由于煤炭开采造成的资源型城市大面积的地面塌陷，泥石流等地质灾害频繁发生，引起许多居民的房屋倒塌，与人民生活息息相关的水渠、管道等基础设施不同程度的毁坏，对于资源城市的水资源的影响十分严重，造成城市生产和生活日常用水困难，影响经济的发展和居民的工作和生活。以山西为例，据不完全统计，因资源开采已造成1300平方公里的采空区，地表塌陷面积达712平方公里。造成5693间房屋、43.57万米水渠、79.39万米管道、433处水利工程遭到不同程度毁坏。大同市居民供水定时定点，许多工业生产因缺水不能正常运营，尤其是部分矿区的生产和居民生活根本无法保证。全市人畜吃水困难的有13个乡镇、109个村庄、11.2万多头大牲畜，许多人被迫到几十里外的沟底取水（山西资源型城市经济转型研究课题组，2003），水资源危机已成为制约山西经济持续发展的重要因素。而每年排放的煤烟型污染物则使资源型城市空气长期处于高污染水平，污染了人们的生存空间，降低了居民的生活质量，增加了呼吸道疾病和其他各种职业病的患病率，严重干扰了人们的正常生活。据新华网2005年4月2日公布的消息：2004年国家环境监测总站发布的全国环境质量报告显示，在113个重点城市中，山西省的太原、长治、大同、阳泉、临汾等5个国家环保重点城市均为劣三级标准城市，临汾市排名最末，阳泉、大同分别排名112位和111位。山西城市环境空气污染属二氧化硫和颗粒物为主要污染物的煤烟型污染。生态环境的恶化，也使得许多高级专业人才望而却步，难以被吸引进来，原有的人才也面临着流失的危机，资源型城市的进一步发展受到不同程度的影响。

资源城市存在的问题，具有历史的原因，主要表现为人类“发展观”的局限性，表现为当时的政府对资源城市长期成长研究的认识不足，但更为根本的是机械发展观下的线性技术所导致的生产方式的影响。而循环经济的生产模式则恰恰弥补了这一点，当然，循环经济模式的提出，也是基于线性生产技术对人类可持续发展的负面影响而提出的。循环经济本质上是一种生态经济，它要求运用生态学规律而不是机械论来指导人类社会的经济活动。它与线性经济的根本区别在于，后者内部是一些相互不发生关系的线性物质流的叠加，由此造成出入系统的物质流远大于内部相互交流的物质流，其经济活动以“高开采、低利用、高排放”为特征；前者内部不同行为者之间的物质流远远大于出入系统的物质流。所以，循环经济可以为优化人类经济系统各个组成部分之间关系提供整体性的思路，为工业化以来的传统经济转向可持续发展经济提供战略性的理论范式。

循环经济的发展原则的三个原则，即“减量化、再使用、再循环”为内容的行为原则（称为3R原则），对于资源城市的产业结构调整具有极为重要的指导意义。减量化或减物质化(Reducing)原则属于输入端方法，旨在减少进入生产和消费流程的物质量；再利用或反复利用原则（Reusing）属于过程性方法，目的是延长产品和服务的时间强度；资源化或再生利用原则（Recycling）属输出端方法，通过把废弃物再次变成资源以减少最终处理量。减量化原则的实践，可以延长可开采资源储备量的使用年限，事实上，也就使资源开采业的寿命周期得到延长，对资源消费的减量化，使资源的消费需求减少，有利于保证我国的能源安全供给，有利于资源城市的可持续发展；煤炭资源是不可再生的，从这个角度上看，似乎不可再利用，其实不然，煤炭第一次利用后的废弃物是可以再次利用的，其开采中伴生的废弃物也可以利用，比如，煤渣可用于铺路，用于建材或建筑工业，而伴生的矸石、硫、铁、铜等矿物，可以资源化，通过综合加工，成为其他产业的原材料，对于资源城市发展其他加工产业和电子工业也保证了原材料供给，降低了成本。这样，不仅可以增加了资源城市的国民收入，同时也减少了对环境的污染与破坏；所以，以3R原则为特征的循环经济模式，对于资源城市的产业结构优化极为重要。

## 三、基于循环经济的资源城市产业结构优化

资源城市面临的成长危机，具体表现为三大危机，即就业危机、环境危机和经济增长危机，而其实质则是产业结构危机，即主导产业衰退后接续产业发展滞后所导致的产业接替危机。因此，解决资源城市的成长危机，其根本就是解决资源城市的产业结构优化问题，只有合理的、富有梯次的、趋向于高度化的产业结构，才能真正解决资源城市的成长危机。产业结构优化是指推动产业结构合理化和高度化发展的过程。主要依据产业关联技术经济的客观比例关系，来调整不协调的产业结构，促进国民经济各产业间的协调发展，是通过政府的有关产业政策调整影响产业结构变化的供给结构和需求结构，实现资源优化配置与再配置，来推进产业结构的合理化和高度化发展。通过调整影响产业结构的决定因素使产业结构得到优化，产业结构效应得到发挥作用，从而使国民经济得到持续快速发展。资源城市的成长阶段不同，其产业发展的态势也存在差异，所以，其优化产业结构的措施就有所区别，一般而言，遵循循环经济的理论，资源城市在优化产业结构中要注意以下几点：

（1）发展多元化的主导产业，为转型奠定基础。资源型城市以粗放型的第二产业为主导，第一三产业落后，第三产业限于传统的服务业，高层次的新兴服务业比重低，产业结构单一化。这种单一的产业结构，使资源城市在成长过程中风险较大，一旦资源开采与加工业处于发展困境，则其经济迅速进入萧条

状态，对于城市成长及人民的生活造成极大的影响。比如，1996 年至 2000 年，所有的煤炭城市都因煤炭价格过低而进入萧条期，经济增长减速甚至停滞，给资源城市的人民生活及资源城市的成长带来极为严重的影响。所以，单一的产业结构，对经济风险的承受能力与抵抗能力较差，这就要求在资源城市的产业结构优化时，遵循循环经济的资源化和再生利用的原则，充分利用原有主导产业的优势，加强对伴生资源和煤炭资源消费后的废弃物利用，加速资源的深度开发，依靠科技，兼顾近期与长远利益，重点突破、滚动优化和全面提高相衔接，逐步延长资源再开发的产业链，发展产品的深加工，进一步提高产品的附加值和技术含量，生产出高档精细、优质的多样化产品，增强市场竞争力，提高资源利用率；根据市场需求的发展方向，以及资源型城市自身的优势，确定城市潜在主导产业，通过积极扶持，促其大力发展，实现由单一主导型向多元化主导型结构转变。

（2）要遵循循环经济的减量化原则，对资源产业的生产行为进行规范，减少对环境的污染与破坏，延长资源产业的生命周期。应根据自身优势首先巩固传统产业基础地位，即把重点放在改造和提升传统产业上（当然，对于资源已经枯竭的产业，则是加强对其他产业的资源消费的减量化研究）。资源型城市因资源过度开发带来的生态环境问题，应该采取一些积极有效的措施进行改善，要排除以前那种“先污染，后治理”的做法，运用标本兼治的办法，从根本上改善生态环境的状况。对于已经遭到破坏的环境，下大力气进行改造、修复，如污水的治理、塌陷区的填埋、塌陷区居民的合理安置等。要通过利用高新技术，对产业结构进行调整和优化，对产品进行升级换代的开发，生产附加值高的清洁产品，减少污染物的排放。在经营管理上，要坚持生产和治理同时进行，采取谁污染谁治理的办法，污染物在排放前先进行处理，保障排放物的无毒、无害；这样通过利用先进的生产技术，实现资源产业的清洁生产，实现资源消费的减量化，使资源城市的主导产业——资源开采与加工能够为资源城市的成长做出更大的贡献。

（3）资源城市政府要采取有力措施，在结构调整中扩大节能技术的应用。资源城市往往忽视对节能技术的利用，一方面，污染了环境；另一方面，增加了经济成本，所以，在产业结构优化时，要采取有力的措施，加强节能技术在产业中的应用，利用经济杠杆促使节能目标的实现，对节能产品生产、使用和节能项目的实施给予税收和贷款优惠等。这样，通过节能技术在调整产业结构、产品结构的应用，可以使其经济增长从粗放型走上集约型的发展道路。有助于增强资源城市对能源风险的抵抗能力，有助于保证其经济的平稳增长。

(4) 要立足于已有的生产力基础。依据循环经济的模式，加强接替产业的培育，实现主导产业、支柱产业、辅助产业全面发展，建立梯次的产业结构，以保持资源城市稳健的经济增长力和城市竞争力。当然，选择主导产业首先要着眼于中长期发展目标，以实现产业结构的高级化和经济高速增长的目的，同时还要着眼于近期发展目标，通过对现有产业结构的不断优化，以实现经济的协调发展和产业结构的合理化。同时，选择战略主导产业还应有利于缓解或突破现阶段制约经济发展的瓶颈。以及经济活动中结构性短缺问题。

(5) 要注意高新技术在资源产业中的运用。要注意发展知识密集型、技术密集型和资金密集型产业。因为培育新兴产业依靠科技进步，所以，资源型城市在产业结构优化时，选择科技含量高、附加值高的新兴产业加以培育，以实现城市经济的可持续发展。要以科技进步、招商引资和项目带动为主要手段，利用科技、资本、人才等社会资源，促进产业结构的优化和经济增长由资源型向技术型转变，加快高新技术产业化，从而形成新的替代产业，为资源城市的成长提供新的动力。

总之，循环经济模式作为一种新的生产模式，对于实现社会——经济——环境系统的可持续发展具有普遍的指导意义。资源城市的发展阶段不同，有新兴的资源城市，有成长中的资源城市，也有正处于衰退期的资源城市，它们的客观条件和经济基础是不同的，产业发展状态也有所差异，但大都在长期的发展过程中集聚了一定的产业优势，若能以此为基础，运用循环经济的原则，应用环境无害化的技术结构、环境工程技术、废弃物再利用技术，根据资源城市的客观条件，积极培育接替产业，发展相关产业，资源城市一定会步入良性循环。

## 第二节　循环经济与资源城市主导产业的选择与升级

资源城市的成长危机并不仅仅是环境危机与生态危机，主要是在其主导产业——资源开采与加工业衰退之后，没有新的主导产业替代其在经济增长中的主导作用，以至经济陷入停滞甚至衰落阶段，并引发就业危机。所以，能否及时培育新的产业，建立起替代性的新的主导产业，是资源城市可持续成长的关键所在。

## 一、主导产业的定义及特征

### （一）主导产业的定义

关于主导产业的定义，理论界存在不同观点。美国经济学家罗斯托认为，"一个新部门可以视为主导部门的这段时间，是两个相关因素的复合物：第一，这个部门在这段时间里，不仅增长势头很大，而且还要达到显著的规模；第二，这段时间也是该部门的回顾和旁侧效应渗透到整个经济的时候。"国内的学者，比如江小娟认为，主导产业是指能够较多吸收先进技术、面对大幅度增长的需求、自身保持较高增长速度并对其他产业的发展具有较强带动作用的产业部门；刘伟则认为，主导产业是在特定的时期内，有快于其他产业的增长势头并正在或已经在产业结构中占据优势比重，通过其前后向关联与旁侧关联能够对整个经济增长和产业结构高度化发挥明显的'主导性'作用，即能够确实地将其活跃的增长势头，优势的技术创新、制度创新效果广泛而深刻地扩散到整个经济体系中去。以上观点尽管陈述的方式不同，考察的角度有所区别，但都指出了一个事实，即主导产业是指在经济发展过程中，或在工业化的不同阶段上出现的一些影响全局的、在国民经济中居于主导地位的、能通过其前后向关联与旁侧关联带动整个经济增长的产业部门。

### （二）主导产业的特征

（1）主导产业应该是能对较多产业产生带动和推动作用的产业，是前后向关联和旁侧关联度较大的产业。

（2）由于主导产业的存在及其作用会受特定的资源、制度和历史文化的约束，因此不同的国家或同一个国家不同的经济发展阶段主导产业也是不一样的，它会因所依赖的资源、体制、环境等因素的变化而演替。

（3）主导产业应具有序列演替性。由于主导产业应能够诱发相继的新一代主导产业，因此，特定阶段的主导产业是在具体条件下选择的结果。一旦条件变化，原有的主导产业群对经济的带动作用就会弱化，被新一代的主导产业所替代。

（4）主导产业应具有多层次性。由于发展中国家在产业结构调整和优化过程中，既要解决产业结构的合理化问题，又要解决产业结构的高度化问题，因此，处在战略地位的主导产业应该是一个主导产业群，并呈现多层次的特点，实现多重化的目标。

### （三）主导产业形成的条件

对于主导产业形成的条件，产业经济学有明确的论述，当然，不同的区域经济结构不同、资源禀赋条件不同、市场需求与供给的情况不同，所以，现有的主导产业和将来要选择的替代主导产业也有所差异，然而，不管如何，主导产业的形成是和以下二个要素有关的。

第一是技术革命的推动作用。主导产业的形成和壮大是产业革命的集中表现。产业革命的背后是技术革命，技术革命又以科技创新为基础，没有科技创新的重大突破，就不可能出现新的技术革命，也不会形成具有突破性重大带动作用的新兴主导产业。所以，技术革命是新兴主导产业形成的基本条件，没有技术革命，就不会出现主导产业间的演变。

第二是市场需求。市场需求是技术创新的动力和源泉，也是产业革命的真正推动力，然而，正如周喜安博士所言，技术创新并不必然会演变为技术革命和产业革命，技术创新和技术革命也不必然表现为一个自然的连续的过程。市场需求的不连续性正是人类社会发展有别于自然界发展的一个特点，由此带来科技创新和产业革命的断裂，带来经济的周期性波动。

总的来讲，人类的需求是主导产业演变和形成的动力，不论是产业革命，还是技术创新，其根本的动力还在于对人类自我需求欲望渴求的实现，正是这一力量，推动着技术改进和技术创新，从而推动了产业革命，使主导产业由低级向高级演进。

## 二、资源城市主导产业发展状态及存在的问题

资源城市的经济一般呈单一经济，只依赖于一、两种特定资源。这种单一的资源经济在资源城市的经济结构中所占比重非常高。由于资源的稀缺性和不可再生性，建立在这种基础上的地方经济大多具有不可持续性的特点。而建立在这种经济基础上的城市，如果解决不了替代产业的问题，其最终结局就是在资源耗竭后，城市陷入成长危机，经济下滑，失业率骤涨，社会秩序变得不稳定，人民生活水平下降。这样的例子在国际上并不罕见。我国的资源城市，大都是在计划经济体制下成长发展的，由于当时国家过分强调对资源型产业进行投资，形成了以资源开采为主的单一的产业结构。而制度约束和产业技术约束（制度约束包括两个方面：一是在所有权与管理体制上，资源型产业主要是国有企业，其投资、生产、销售实行国家全程包揽；二是在资源城市的利益回报

上主要是通过政府补贴的形式得到实现；技术约束是指资源型产业中的大量资产具有较高的专用性，包括设备、基础性生产设施、专业技术知识、人才等，使资源城市不容易实现产业的转型）使资源型产业及其所支撑的城市形成了相对独立的运行系统，造成了区域内产业关联弱化，同时，也使资源城市的产业富有刚性。加之，在计划经济时不注意资源城市其他产业的培育，所以，形成了产业结构链短、范围经济差的产业结构特征。因此，一方面是资源产业的不可持续性和刚性，另一方面是资源城市薄弱的产业转换能力，使得资源城市不能在主导产业——资源开采与加工业萎缩之前尽快形成替代主导产业，难以支撑城市经济的发展。显然，要保证资源城市的稳健成长，其必由之路是加强对其主导产业的培育，建立层次分明的产业结构，着力培养一个一级主导化产业、若干个二级主导化产业，以持续发展更替的主导产业来保证资源城市的成长。

## 三、主导产业选择理论与考虑因素

### （一）主导产业选择的条件

主导产业能够带动整个经济协调发展，但只有选择正确的主导产业才能对经济发展起到带动作用。

（1）主导产业应具有发展前途，能在较长时间内支撑区域经济增长且代表区域发展方向。

（2）要具有快速增长的潜力，且能促进各产业的协调发展。选择主导产业，目的就是对区域发展具有促进作用，并通过它的高速发展带动和实现整个区域经济的腾飞。主导产业本身应具有良好的市场扩张力和持续高速的发展潜力，不具备快速增长潜力的产业，对区域经济的发展显然起不到带动作用。区域经济是由不同的产业组成的产业群体，各个产业之间应是互动的，能够协调发展。只有各个经济部门在保持适当的比例和相当的关联度并持续稳定发展的前提下，才能实现整个经济持续稳定的发展。

（3）要具有专业化水平。区域经济发展的方向即专业化方向的核心是主导产业部门，因此，选择建构区域发展的主导产业就是确定区域经济的专业化发展方向要有较高的区位商或专业化水平，一般 q 值在 2 以上，或专业化系数在 0.5 以上。

（4）要在地区生产中占有较大比重，能在相当的程度上影响区域经济的发展。根据孙久文、叶裕民的研究，区位商大于等于2，或专业化系数大于等于0.5，且产值比重大于等于15%，称为一级主导专业化部门，即一级主导产业；而区位商大于等于1.5，或专业化系数大于等于0.33，且产值比重大于等于15%的产业部门称为二级主导专业化部门。

(5) 与区域内的其他产业关联度高，能通过乘数效应带动整个区域经济的增长。

（二）主导产业选择的基准

(1) 区位商基准。区位商用于确定一个产业是否是某区域的专业化部门，它指一个区域某一部门的产值在整个区域工业总产值中所占的比重与全国同一部门产值在全国工业总产值中所占的比重之间的比值。区位商越大，说明专业化水平越高，反之，表明专业化水平越低。计算公式为：

$$q_{ij} = \frac{e_{ij}/e_i}{E_j/E} \tag{7.1}$$

式中：

$q_{ij}$——$i$ 区域 $j$ 部门的区位商

$e_{ij}$——$i$ 区域 $j$ 部门的产值

$e_i$——$i$ 区域的总产值

$E_j$—— 全国 $j$ 部门的总产值

$E$—— 全国的总产值

一般而言，区位商大于1，则可以认为是区域的专业化部门，而小于等于1时，则认为是自给性部门。

(2) 专业化系数基准。专业化系数是以某区域某一产业用于输出的部分的产值与该部门的总产值来衡量，表明某一产业的产品成本在提供和满足本区域的需要后，可以用于输出满足其他区域的需要，输出的产品越多，则越体现了区域间分工与专业化的水平。计算公式为：

$$x_{ij} = \left(\frac{e_{ij}}{e_i} - \frac{E_j}{E}\right) \times \frac{e_i}{e_{ij}} \tag{7.2}$$

式中：

$x_{ij}$——$i$ 区域 $j$ 部门的专业化系数

显然，某一产业的专业化系数越高，则其专业化水平越高，专业化系数大于等于0.5的部门，可以称为一级主导专业化部门，而小于0.5大于0.33的，可以称为二级专业化部门。

(3) 收入弹性基准。收入弹性基准是由日本著名产业经济学家筱原三代平提出的，它是从需求角度看某产业对需求变化所产生的影响度，分为产业需求收入弹性和产业规模弹性。

需求收入弹性的计算公式为：

$$E_d = \frac{\triangle d/d_0}{\triangle PI/PI_0} \times 100\% \tag{7.3}$$

式中：

$E_d$—— 某产业的需求收入弹性

$\triangle d$—— 人均需求的变化量

$d$—— 基期的人均需求量

$\triangle PI$—— 人均收入的变化量

$PI$—— 基期的人均收入

显然，收入弹性大，表明随人均收入的增加，该产业的产品的需求呈递增趋势，收入弹性等于1，表明该产业的需求和人均可支配收入同幅度增加，而大于零小于1，表明人均可支配收入增加得慢，小于零，则说明其和人均可支配收入的增长呈反方向。

产业规模弹性的计算公式为：

$$E_D = \frac{\triangle V/V_0}{\triangle N/N_0} \times 100\% \tag{7.4}$$

式中：

$E_D$—— 产业规模弹性

$\triangle V$—— 人均产业附加值变化量

$V$—— 人均产业附加值

$\triangle N$—— 区域的人口总数的变化值

$N_0$—— 基期的区域人口总数

其经济含义是，人口每增长百分之一时，某产业的人均附加价值增长的百分比越高，随人口增加，市场规模扩大，该产业有更大的附加价值增长。

收入弹性系数的两个指标都是对产业的前景的衡量，只有有广泛的市场前景的产业，才有发展的前途，才可能对区域的经济发展起到带动作用，的确，选择主导产业应选择上述两项指标都大的产业。

(4) 生产率上升基准。该基准也是由筱原三代平提出的，它是从供给角度，根据产业产出增长前景和技术进步情况，选择技术进步快、增长弹性大的产业为主导产业，反映这一基准的指标有两个：产业增长弹性和技术进步率。

产业增长弹性的计算公式为：

$$E_R = \frac{\triangle V/V_0}{\triangle PG/PG_0} \times 100\% \tag{7.5}$$

式中：

$E_R$—— 产业的增长弹性

$\triangle PG$—— 人均国内生产总值的变化量

$PG_0$—— 基期国内生产总值

上式的经济含义为：区域人均国内生产总值每增长一个百分点，该产业的人均附加值增长的百分点是多少。如果某产业增长弹性值大于 1，则表明该产业人均附加值的增长超过人均国内生产总值的增长，弹性系数越大，该产业对国民收入的贡献越大。我们在选择主导产业时，显然要选择对国民经济贡献率最大的产业作为主导产业，这样才能把握住问题的主要矛盾。

(5) 技术进步率的计算。技术进步率反映了某一产业的技术进步对区域经济的推动作用。显然，在选择主导产业时，我们在同等条件下，尽量选择技术进步率大的产业，这样，其技术扩散效应将可能对区域的其他产业发展和经济增长起到良好的带动作为，也为其他产业的培育和发展奠定了良好的技术基础。技术进步率的计算公式如下：

$$R_T = R_P - \alpha \times R_W - (1-\alpha)R_A \tag{7.6}$$

式中：

$R_T$—— 技术进步率

$R_P$—— 生产增长率

$\alpha$—— 工资增加额占净产值的比例

$R_W$—— 工资增加率

$R_A$—— 资本增加率

上式的原理是认为生产增长率源于三个生产要素，劳动力、资本和技术，所以，在产业的生产增长率中剔除劳动和资本的影响因素，即为技术对产业的贡献。技术进步率越大，产业对资源的耗费就越少，越有利于经济增长，当然，也就更符合循环经济的模式，越有利于区域经济的可持续增长。所以，比较不同产业的技术进步率，也是选择主导产业的基准之一。

（6）产业影响力基准。影响力基准是用来衡量某一产业对其他产业的拉动效应的，在选择主导产业时，显然，要求影响力越大越好，将对区域经济发展影响力大的产业作为主导产业，优先发展，可以迅速促进区域经济的发展，有利于抓住区域经济发展中的主要矛盾。影响力通常用影响力系数来衡量，其计算公式如下：

$$F_j = \frac{\sum_{i=1}^{n} \overline{b}_{ij}}{\frac{1}{n}\sum_{j=1}^{n}\sum_{i=1}^{n} \overline{b}_{ij}} \tag{7.7}$$

式中：

$F_j$——$j$ 产业的影响力系数

$b_{ij}$——为完全消耗系数

$\sum_{i=1}^{n} \overline{b}_{ij}$——列昂惕夫逆矩阵第 $j$ 列之和

$\frac{1}{n}\sum_{j=1}^{n}\sum_{i=1}^{n} \overline{b}_{ij}$——列昂惕夫逆矩阵所有列之和的平均值

（7）感应度基准。影响力基准是从一个产业对其他产业的带动角度考察的，而感应度则考察其他产业的发展与变化对某一产业的影响，或者讲这一产业对别的产业的感应度。更通俗地讲，就是考察别的产业对某一产业的拉动或带动效应。感应度用感应度系数来衡量，即考察国民经济各部门每增加一个单位的最终使用时，某一部门或某一产业受到的需求感应度，即需要该产业或部门为其他部门或产业生产而提供的产出量。其计算公式如下：

$$E_i = \frac{\sum_{j=1}^{n} \overline{b}_{ij}}{\frac{1}{n}\sum_{i=1}^{n}\sum_{j=1}^{n} \overline{b}_{ij}} \tag{7.8}$$

式中：

$E_i$——感应度系数

$\sum_{j=1}^{n} \overline{b}_{ij}$——列昂惕夫逆矩阵第 $i$ 行之和

$\frac{1}{n}\sum_{i=1}^{n}\sum_{j=1}^{n} \overline{b}_{ij}$——列昂惕夫逆矩阵所有行之和的平均值

显然，感应度系数越大，说明产业受其他产业的影响越大，但并不能说这一产业就不能成为主导产业，因为单一的感应度系数，并不能确认某一产业对其他产业没有拉动效应，事实上，有时候，主导产业可能不仅具有大的影响力，可能也具有大的感应度。当然，从一般意义上讲，主导产业应该是具有大的影响力和小的感应度的。

以上基准，是我们进行主导产业选择的基本标准，在进行主导产业选择时，一定要综合考察这些指标，仅凭单一的指标就确定主导产业是不够严谨的，在实践中也是行不通的，会给区域经济的发展带来损害的，当然，在选择主导产业时，也要结合区域本身的资源禀赋条件、区位因素等，我们在下面加以详细陈述。

### （三）主导产业选择考虑的因素

国内外区域经济发展的实践证明，区域经济发展的过程也就是产业结构调整和升级的过程，而产业结构调整和升级的本质就是主导产业的更替。因此，能否合理选择区域主导产业，很大程度上决定了一个区域的经济发展速度和方向。在选择主导产业时要考虑以下因素：

(1) 要考虑区域自身的条件，包括自然条件、基础设施状况、经济发展水平等。自然条件包括地理位置、气候、自然资源状况等；基础设施条件主要指交通、通信、电力等的建设情况；经济发展水平主要指产业发展现状、技术、资金、人力资源等生产要素的供求情况。这些条件对于选择主导产业是一个先决条件，新的主导产业的培育和选择必须立足于区域现有的条件和区域现有的产业基础和资源优势。比如，在北京市社科规划项目《北京主导产业的选择及结构转换研究》中，研究者就通过分析北京的资源优势，提出北京作为我国的首都，不但是全国的政治、文化中心，也是全国的教育科研中心。这里有丰富的教育、科研资源，是全国智力和知识水平最高的地区。因此，北京市应尽快确定高科技和环保为未来的主导产业，制定配套政策促进其发展。

(2) 选择的主导产业应该具有较强的市场扩张力。关注未来的产业发展空间。对于即使是目前还相对弱小的产业，只要有极强的发展前景和市场扩张力，就应作为潜在主导产业，采取各种政策措施加以扶植，以便在将来替代衰竭的主导产业；除了市场前景外，要重点考虑产业的带动效应，尽量以具备比较优势、产业关联度强的产业作为选择对象，因为只有区位商较大，产业关联度强的产业才能通过乘数效应带动区域经济发展。

(3) 要考虑产业对区域经济的贡献率。只有贡献率大的产业才是主导产业，一个产业如果在区域的总产值中有相对弱的比重，显然不可能对区域经济起到带动作用和主宰作用，当然就不可能成为主导产业。

(4) 要考虑产业的就业功能。鉴于我国人口众多，所以，在考虑主导产业时，不仅要考虑经济效益，考虑产业对区域经济发展的支撑作用，同时，也要考虑就业功能。这是我国在选择主导产业时和其他国家有所差别的地方。比如，对于资源城市来讲，产生城市成长危机时，失业率骤然高涨，存在巨大的就业压力，就业难的问题就成为其社会不安定的重要因素，所以，发展和选择主导产业不仅要考虑经济效益，考虑对区域经济的带动作用，也要考虑就业功能。

（5）要考虑产业的生产率水平和技术密集度。作为新兴主导产业，应当具有较高的生产率上升率，才能有较高的增长效率和发展后劲，并带动整个工业和国民经济增长质量的提高；同时也要考虑产业的技术密集度。把技术密集度作为选择主导产业的重要因素，具有重要意义。因为产业技术进步很大程度上取决于产业的技术密集度，而产业的技术密集度取决于产业的技术构成，具有相对稳定的特点，产业的技术密集度不仅通过影响产业技术进步而影响产业的生产率上升率，而且具有提高产业增加值率的作用（技术含量高使附加值高），同时，主导产业的技术密集度如果较高的话，也具有很大的技术扩散效应，产生外部经济性，对于区域的整体的技术水平的提高和科技人才的培养都有较强的正效应，有利于提高区域的科技竞争力，有利于为区域可持续发展提供技术保障。所以，以技术密集度作为选择主导产业要考虑的因素具有更为重大的意义。

（6）要考虑产业发展的可持续性。主导产业的可持续性越强，区域经济发展越稳定。所以，选择主导产业时要看产业的可持续性。从产业的长期稳定发展看，可持续发展性也应成为工业化新时期选择主导产业的一个依据。比如，制造业产业的可持续发展主要表现在资源消耗（物耗和能耗）低和环境污染小两个方面。这两个方面基本上可以通过产业的经济效益水平来考察，因为物耗和能耗本身就是经济效益的部分内容，而环境污染的大小一般可以通过治理污染的成本反映出来。

### （四）主导产业选择的步骤

（1）根据区域经济现状特点、产业基础、自然资源和其他生产要素的禀赋条件和发展趋势，参照有关经济统计指标，确定出区域内发展着的和有条件未来可能发展的产业，确定区域主导产业选择的可能范围。具体可分别计算区域内的产业部门的产业需求收入弹性、产业规模弹性、生产率上升率和技术进步率，并作为依据综合分析并确定优势产业部门。

(2) 将筛选出来的产业部门放在区域未来经济发展的中观背景中进行动态比较、优势分析，确定具有区域特色、符合区域发展方向的专业化产业部门。

(3) 考察将上述产业部门在区域中的关联带动效应，找出带动效应最大的产业部门。

(4) 将上述结论采用多种方法，加以分析。如用定性的方法，如专家意见法、专家会议法，德尔菲法等，定量的如灰色决策技术、投入产出法等加以进一步分析，以最终确定主导产业。

## 四、基于循环经济的资源城市主导产业选择与升级

我国资源型城市的衰退问题是一个由历史原因形成的既有共性又各具特点且亟待解决的重要问题。遵循循环经济的模式，走可持续发展之路是解决资源型城市问题的有效途径和必然选择。而解决这一问题就必然要选择和培育资源城市的主导产业，并使之升级，从而促进资源城市的经济—环境—社会的可持续发展，最终达到资源城市的可持续成长。资源的开采经历着勘探建设时期—采掘发展时期—成熟鼎盛时期—衰退倒闭时期，共 4 个阶段，与此相应的是，资源城市分为三个类型：成长初期的资源城市、成熟期的资源城市和衰退与老化期的资源城市。由于资源状态、区位因素、国家政策等原因，不同的资源型城市发展状态不一，但其共性是突出的。

在勘探建设时期之后的资源开采初期，即资源采掘时期，矿业产值不断提高，资源开采业成为资源城市的主要经济支柱。产业结构呈现出结构单一、片面追求产量，不注意资源节约的现象，资源的利用率很低。在计划经济模式下忽视资源城市的自身建设，城市发展极不规范，城市基础设施差，不注重建立富有梯次的产业结构，不注重替代产业的培育。而在当前可持续发展理论、循环经济模式的指导下，处于成长期的资源城市表现出较好的经济增长势头和良好的城市成长模式。

和资源开采产业的成熟鼎盛时期相对应的成熟期的资源城市，是资源城市的第二种类型，其表现是资源产业的产值产量持续攀升，经济增长势头很猛，GDP 很高，但由于过去的经营城市理念的滞后，资源城市已出现了一些极为不合理的现象，比如环境质量欠佳、产业结构的单一化、经济增长的粗放型、城市设施的不完备、城市功能的欠缺等。

第三类是衰退或老化期的资源城市。其城市建设较早，在计划经济时期为国民经济发展做出了巨大的牺牲，目前城市的问题异常突出：环境污染问题、

经济结构问题、资源枯竭问题、就业问题等，沉积之深，远非短期努力所能解决，产业优化与主导产业的转换的最佳时期业已丧失，存在着资金压力、技术压力和人才压力，城市成长表现为停滞不前甚至衰退的局面，经济增长减速甚至呈负增长。

然而，不管哪一种资源城市，其成长至一定时期，必然要考虑其接替主导产业的抉择问题，尽管不同的资源城市存在诸多差异，如区位差异、经济条件差异、科技发展水平差异，但在进行主导产业的抉择时，基本上要遵循以下基本路径。

### （一）资源城市进行未来主导产业选择的基本路径

首先，要大力推广高新技术，加快应用技术的研究和引进，优先发展高新技术产业。高新技术及其产业的发展是当代世界产业演进的主导趋势，也是资源型城市产业结构升级的必然方向。资源型城市的产业结构优化可以采用高新技术提升资源型产业以及直接发展高新技术产业。产业政策需要考虑将原有的资源型产业，相关的供给结构与高新技术及其产业化发展相结合，因地制宜引导主导产业有序发展，实现产业结构的升级，同时要考虑社会需求以及充分尊重市场对产业的选择。因此，资源型城市的产业结构优化需要考虑区际产业分工，全球经济贸易格局和全球市场需求，充分发掘和提高自身的比较优势，积极利用跨国公司在全球范围内配置资源和生产要素的发展机遇。

其次，要循序渐进地引导资源型产业的退出，避免产业调整对资源城市经济发展的冲击。资源城市的资源开采与加工业不可能永远是其主导产业，由于资源的不可再生性和稀缺性，迟早要被开采完，所以，资源城市必然考虑替代主导产业的抉择、培育和资源开采业的退出问题。由于历史的原因，在资源城市的成长期，不注意产业的多样化，不注意建立层次分明的产业结构，仅是为了大量开采资源而加大资源开采设施与设备的投资，所以，资源型城市产业结构由于存在刚性特征，产生了大量沉没资产，影响到资源型产业的退出。因此，应对资源城市的资源开采与加工业产业采取增量型退出和存量型退出加以区别对待。增量型退出是通过在原有产业之外发展新的产业，使原有产业的比重相对下降，逐步将原有产业中可以通用的生产要素（如土地，房屋）以及可以流动的要素（如劳动力）吸纳过来；存量型退出是指在原有产业内部实行内部改造与挖潜，逐步转换的方式，通过将新的产业技术要素注入衰退的资源型产业，开发资源型产业中生产要素的新功能．这样就可以既发展新兴替代产业，又保持原有产业相对平稳过渡和接续。

最后，要考虑资源城市本身的生产要素积累情况与特征，采取最富有前途且经济成本最低的产业转型模式，选择与培育新兴主导产业。资源型城市存在三种产业转型模式：一是以新型产业对原有产业的直接替代模式，彻底地改变资源型城市对原有资源优势的依赖，带动建立新的城市产业体系，这需要政府的政策倾斜和资金支持，大力改善投资环境，以吸引外部资金和人才的流入；二是传统产业链扩展与延伸模式，根据资源型产业类型的不同，可在横向和纵向上拓展产业链，一方面向产业基础技术相通，具有一定地方优势的产业领域拓展；另一方面可以考虑在原有产业链的基础上增加产品的加工深度，提高资源的附加价值，从而带动区域产业的转型和区域的可持续发展；三是多元复合模式，即采取新型产业培育和原有产业的扩展延伸并举的多元复合的转型模式，以便最大限度地降低由于资源枯竭带来的经济衰退和社会危机。不管哪一种模式，其选择原则就是考虑资源城市的现状和未来发展方向，考虑其转型的成本。

根据产业经济学原理，产业升级的途径不外乎两种，一是以全新的、更高的技术层次的产业来替代原有的主导产业，比如，以工业替代农业、以重工业替代轻工业，以深加工工业替代原材料工业，以技术密集型产业替代资金型、劳动密集型产业；第二就是在同一产业内部，通过技术进步实现产品结构的升级，或通过制度创新实现生产组织方式的重大进步，使原有的主导产业大大提高劳动生产率，实现产业内涵的提高和飞跃。资源城市以资源开采与加工业为主导产业，从理论上存在着以上两种实现产业升级的途径，然而，资源的不可再生性使得资源开采与加工业的升级空间是有限的，所以，资源城市的产业升级应以第一种升级为基本点，即以全新的、更高的技术层次的产业来替代资源开采与加工业，这是由资源城市的产业基础和客观条件决定的，是资源城市实现可持续成长的必然选择。

## （二）资源城市主导产业选择与升级的建议

(1) 资源型城市要遵循循环经济的模式，以科学发展观为指导，进行主导产业的选择与培育，从而实现资源城市的可持续成长。要根据资源城市所处的经济发展阶段选择主导产业，比如，处于工业化前期阶段的资源城市，主导产业具有劳动、资金密集型的特点，可以在轻工业领域和基础性重工业领域选择。处于工业化中期的资源城市，可以在重工业中的深加工工业领域中选择，而处于工业化后期的资源城市，可以选择技术密集型及高科技的产业。在科研力量雄厚，工业基础好的地方，可以把高新技术产业作为主导产业。利用高新技术改造传统产业，提升产业的技术层次，带动产业结构的高级化和向着纵深方向发展。而适宜发展农业、养殖业和第三产业的资源城市，可以将农业、养殖业作为主导产业加以培育（辽宁省的阜新市就是一个典型的例子）。除了选择的主导产业外，也要加大对其他产业的投入，比如，根据资源城市的自然景观和人文景观，大力发展包括旅游业在内的第三产业等，以形成梯次的多样化的合理的产业结构。当然，选择主导产业首先要对原有的资源开采产业进行改造和升级，加强科技在资源开采与加工业的应用，变粗放型生产为集约型生产，提高资源的附加值，减少资源的浪费与使用，延长资源产业的产业链，加强环境保护，提高资源城市的环境质量。将单一的矿产资源型城市转变为资源综合开发型城市，变原料型城市为产业化城市，在产业调整和升级中，要注重矿业产品的综合开发，其中重点是在充分利用主矿藏的同时提高共生矿的综合回收。

（2）要重点考虑所选主导产业的市场前景、收入弹性、产业关联度、影响力系数、产业规模弹性、生产率上升率和技术进步率，并作为依据综合分析并确定主导产业部门，使所选的主导产业真正对资源城市的其他产业的增长和经济的发展起带动作用。

（3）在主导产业转换中，要根据产业的发展阶段，并以优化城市产业结构为导向。产业生命周期理论认为，任何一个产业都表现为科研创新期、发展期、成熟期和衰退期，所以在选择主导产业时，首先要在科研创新期和发展期的产业中选择，要将科研创新期的产业作为主导产业加以培育；同时，也要考虑资源城市的现状，要考虑资源城市的长远发展，要从城市和所在区域的产业基础出发，也要充分考虑区际协作，国家产业结构调整方向与全球经济一体化的动态发展，要进行计量方面的研究，科学地确定资源城市的主导产业，要优先发展技术密集型、知识密集型产业。

（4）要解决好劳动密集型产业与资本、技术密集型产业的关系。资源城市的新兴主导产业可能是劳动密集型或技术密集型产业，或者二者共有之。劳动密集型对于解决资源城市的就业压力有着不可忽视的作用，而技术密集型产业又是循环经济的要求，符合资源城市长期成长的需要。所以，劳动密集型产业和技术密集型产业是资源城市主导产业选择的客观必然，这种以劳动—技术密集型产业为主的发展模式要求资源城市在产业的培育上有所倚重，在短期内要加强劳动密集型产业的培育，但同时要将技术或科技密集型产业作为重点培育对象，只有这样，才能符合资源城市可持续成长的需要，才符合资源城市成长的长期利益，也利于资源城市在未来的国内、国际竞争中处于优势，提高其城市竞争力。

(5) 要培育大型企业集团作为资源城市主导产业发展的载体。主导产业必然是具有竞争力、在区域经济中起主宰作用，其产值占区域国内生产总值相当规模的产业部门。主导产业要得到良好的发展，需要及时获得国内外同行业的最新信息，要不断进行产品的更新换代并实现跨区域的经济技术合作，这只有具有较大规模的大企业才可能胜任，所以，资源城市在选定主导产业的培育方向后，要着力采取各项政策，通过推动企业间的购并、联合和重组，提高产业集中度，培育大型企业集团，增强资源城市内的大型企业与国内外大型企业的抗衡能力上，要注重发挥重点产业、大型企业对新兴主导产业结构升级和产业组织优化的带动作用，发挥大企业集团的示范与带动效应。

(6) 在主导产业的升级上，要注重政策的导向作用。产业政策的重点应主要放在加快新兴主导产业的技术改造和技术进步、缩小与国际先进水平的差距；推进新兴主导产业的结构调整和产业升级，大力发展其中增长潜力大和带动效应强的重要产业和推进新兴主导产业的产业组织结构调整。要采取各种政策，如财政扶持、税收的优惠、土地使用的优先等措施，扶植主导产业的发展。只有培育出真正富有较强的市场竞争力的产业，才能对资源城市的经济发展起到支持作用，才能使资源城市的成长得到源源不断的财力支持。

# 第八章 基于循环经济的资源城市经济政策取向

## 第一节 经济政策概论

### 一、经济政策与资源城市经济政策的含义

经济政策（economic policy）是国家或政府为了实现充分就业、稳定价格水平、经济快速增长、平衡国际收支这四个主要的经济发展目标，为增进经济福利而制定的解决经济问题的指导原则和措施。经济政策分为宏观经济政策和微观经济政策。宏观经济政策包括财政政策、货币政策、收入政策等；微观经济政策是指政府制定的一些维护市场正常运行的立法以及环保政策等。资源城市的经济政策就是中央政府和资源城市的政府为推动和协调资源城市的经济发展，调控资源城市的经济运行，促进资源城市的稳健成长而采取的一系列政策的总称。

### 二、资源城市经济政策的目标和意义

世界上存在着三种经济体制，即市场经济、计划经济和混合经济，市场经济又称完全放任的市场经济，即国家对经济从不进行干涉，完全依靠市场机制来对生产要素和经济行为进行调节；计划经济即集中的计划经济，又称为高度集权的经济，中央政府通过下达计划来对经济进行调节和管制，完全放弃了市场机制的作用；混合经济就是二者兼而有之，既发挥市场的基础性调节作用，又在必要的时候借助行政手段对经济进行调控。目前，世界上绝大多数国家实行的都是混合经济，二者结合使用，既发挥市场机制的基础性调节作用，准确

地反映市场情况，发挥价格信号对资源的调节作用，减少经济调控的成本，又通过政策干预，避免完全市场经济的盲目性导致的经济波动和经济周期等“市场失灵”（market failure）现象。我国实施的是混合经济（Mixed economy），所以，在资源城市的成长中，借助经济政策对经济发展加以调控，是与我国的经济体制相吻合的，另外，对资源城市成长中出现的问题，以经济政策等行政手段来解决，也具有坚实的经济学基础。

资源城市的经济政策是为了解决资源城市的老化问题，并通过对其生产要素的行政配置和指导，通过对其产业政策的落实，实现资源城市的充分就业、价格水平稳定、经济快速增长的基本目标。当然，资源城市也存在对区域外的贸易和物品的输出，但在一个国家的体系内，这不是资源城市经济政策的主要目标，其主要目标是促进资源城市经济的平稳发展、人民生活水平的稳步提高、城市化水平的提高和社会福利的增加。资源城市的经济政策当然要建立在充分分析资源城市经济现状、产业现状和生产要素供给现状的基础上，要建立在比较优势的基础上，所以，也存在区域之间的贸易和商品输出，可能通过出口替代战略来促进资源城市的经济发展。在循环经济的理念下，资源城市的经济政策还包括对资源使用的减量化目标及政策，生产废弃物的资源化政策和对环境污染的控制和管制等政策。总之，资源城市的经济政策是对市场机制的一个必要的补充，其目标是实现资源城市的资源在空间上的优化配置和促进资源城市经济的协调发展，是政府行为，具有指导性和强制性。

## 三、资源城市的经济政策工具

中央政策和资源城市政府用于调节经济发展的政策的种类很多，常见的有财政政策、货币政策、价格政策、外贸政策、产业政策。现分别介绍如下：

### （一）财政政策

#### 1. 财政政策的含义

财政政策是经济政策的重要组成部分，概括地说，它是政府财政行为的准则。政府财政行为主要是指政府财政收支行为，因此，财政政策就是政府管理财政收支的准则。作为政府管理经济的主要手段之一，财政政策在宏观经济管理中占据着重要的地位。首先，财政政策体现了政府对国民经济财力的管理。对宏观经济的管理从根本上说，无非是从宏观上对构成经济活动要素的资金、物资、劳动力等进行的管理，其中，对资金的管理就是对国民经济财力的管理，它在宏观经济管理中发挥主导作用，制约着对物资和劳动力的管理，而这一财力管理主要是由财政与信贷来实现的；其次，财政政策体现了对国民经济的分配管理。财政是国家从宏观上对一部分社会产品进行分配的最直接、最主要的手段。一方面，通过对一定的生产条件或生产要素的分配，实现资源的合理配置，以形成合理的生产结构，使经济得以发展；另一方面，对一部分生产成果进行分配，实现生产与消费的协调发展，平衡社会总供给与社会总需求，使经济得以稳定。财政政策的主要目标显然是为了促进资源城市的经济发展，但根据资源城市市场的特定情况，财政政策的实施具体目标也有所差别，比如，如果是为了实现充分就业，那么财政政策就着力于劳动密集型产业的投入；如果为了社会公平，那么财政政策就在税赋和转移支出上有所差别，就会对税收进行调节，比如加大高收入群体的纳税，对于贫穷的社会边缘群体加大转移支付和社会行政救助；如果是为了实现资源的使用效率的提高，就会通过对循环经济模式的经济政策的制定，鼓励资源耗费小的产业的发展，加大对资源浪费的产业的税收和管制。财政政策包括两个层次，即中央政府的财政政策和资源城市的财政政策。

2. 财政政策手段

财政政策手段是指为了实现既定的财政政策目标而选择的具体工具或方式方法。财政政策手段的选取以有明确可行的财政政策目标为前提，而且必须以政策目标为转移，即必须是既定政策目标所需要的，否则就失去了意义。一般说来，财政政策手段主要包括预算、税收、公债、财政支出等。预算是财政政策手段中的基本手段，它全面反映国家财政收支的规模和平衡状况，综合体现各种财政手段的运用结果，制约着其他资金的活动。国家预算对经济的调控主要是通过调整国家预算收支之间的关系实现的。当社会总需求大于社会总供给时，可以通过实行国家预算收入大于预算支出的结余预算政策进行调节，预算结余可在一定程度上削减社会需求总量；反之，社会总需求小于社会总供给时，可以实行国家预算支出大于预算收入的赤字预算政策来扩大社会总需求，刺激生产和消费。另外，通过调节国家预算支出结构还可调节社会供给结构与产业结构，例如，调整预算支出方向和不同支出方向的数量，促使形成符合国家要求的供给结构与产业结构；或者调整预算支出结构，形成相应需求结构以影响供给结构与产业结构的发展变化等；税收是主要的财政政策手段，它具有强制性、无偿性、固定性特征，因而具有广泛强烈的调节作用。通过调节税收总量和税收结构可以调节社会总供求，影响社会总供求的平衡关系；可以支持或限制某些产业的发展，调节产业结构，优化资源配置；可以调节各种收入，实现收入的公平分配。公债是一种特殊的财政政策手段，具有有偿性是其根本特征。政府通过对公债发行数量与期限、公债利率等的调整，可以将一部分消费基金转化为积累基金，可以从宏观上掌握积累基金流向，调节产业结构和投资结构，可以调节资金供求和货币流通量，从而影响金融市场。财政支出又可分为两个方面，即财政投资与财政补贴。财政投资的主要方向是各种新兴工业部门、基础工业部门与基础设施等，以促进产业结构的更新换代或消除经济发展的瓶颈制约。财政补贴主要包括价格补贴、投资补贴、利息补贴与生活补贴等，它具有与税收调节方向相反的调节作用，即增加补贴可以刺激生产与需求，而减少补贴则可以起到抑制生产与需求的作用。

3. 财政政策的种类

财政政策种类繁多，为了全面认识财政政策，更好地研究、分析财政政策，应该对财政政策的分类有所了解。对财政政策进行分类，主要有两种划分方法：

（1）根据财政政策对社会经济总量的影响，将财政政策划分为三种类型：扩张性财政政策、紧缩性财政政策和中性财政政策。所谓扩张性财政政策是指通过减少财政收入或扩大财政支出刺激社会总需求增长的政策。由于减少财政收入、扩大财政支出的结果往往表现为财政赤字，因此，扩张性财政政策亦称赤字财政政策。在20世纪30年代经济危机以前，经济学家都强调预算平衡的重要性，把年度预算的平衡视为财政是否健全的标志。20世纪30年代经济大萧条之后，许多国家通过大量增加财政支出以恢复经济，使得财政赤字逐渐取得合法地位，赤字财政政策亦成为一些国家经济政策的重要内容。所谓紧缩性财政政策是指通过增加财政收入或减少财政支出以抑制社会总需求增长的政策。由于增加财政收入、减少财政支出的结果往往表现为财政结余，因此紧缩性财政政策也称盈余性财政政策。紧缩性财政政策是作为反通货膨胀的对策出现的。由于一些国家实行赤字财政政策，造成巨额财政赤字，推动了通货膨胀。为了避免通货膨胀对国民经济的破坏性影响，一些国家开始实行紧缩性财政政策，力图通过缩小财政赤字来缓和通货膨胀及其对国民经济的冲击。中性财政政策是指通过保持财政收支平衡以实现社会总供求平衡的财政政策。这里所讲的财政收支平衡，不应局限于年度预算的平衡，而是从整个经济周期来考察财政收支的平衡。在经济周期下降的阶段上，政府扩大财政支出和减少税收，以增加消费和促进投资。这样从财政收支的对比关系上看，一定是支大于收，从年度预算来看必然会出现赤字。当经济已经复苏，在投资增加和失业减少的情况下，政府就可以适当减少财政支出或增加税收，从一个年度预算看会出现盈余。这样就可以用后一阶段的盈余抵补前一阶段的财政赤字，即以繁荣年份的财政盈余补偿萧条年份的财政赤字。于是从整个经济周期来看，财政收支是平衡的，但从各个年份来看，却不一定平衡。

（2）根据财政政策对经济调节方式的不同，将其划分为自动稳定政策与相机抉择政策。所谓自动稳定财政政策是指政府不须改变其政策，而是利用财政工具与经济运行的内在联系来影响经济运行的政策。这种内在联系是指财政政策工具在经济周期中能够自动调节社会总需求的变化所带来的经济波动，因此，这种财政政策工具被称作“内在稳定器”。所得税与各种社会保障支出是最典型的内在稳定器。在经济繁荣时期，个人收入与公司利润都增加，符合所得税纳税规定的个人或公司企业也随之增加，就会使所得税总额自动增加；同时，由于经济繁荣时期失业人数减少，各种社会保障支出也随之减少，这样就可以在一定程度上抑制总需求的增加与经济的过分扩张。反之，经济衰退时期，个人收入与公司利润都减少，失业人数增加，那么所得税总额会降低，各种社会保障支出需要增加，从而在一定程度上刺激有效需求，防止经济进一步衰退。对于短期的、较小的经济波动，内在稳定器可以取得一定的效果，但对于长期的、较大的经济波动它就有些力不从心了。正是由于自动稳定的财政政策的这一局限性，使许多国家越来越重视采取相机抉择的财政政策。

所谓相机抉择的财政政策是指政府依据客观经济形势的不同，通过调整财政收支规模与结构来影响经济运行。这一政策的主要目标不是平衡政府预算，而是通过积极地运用财政政策去平衡经济。实行相机抉择的财政政策要求政府根据客观经济形势的不同状况，机动灵活地采取一定的财政政策和措施。当整个社会需求不足，以致失业率提高时，政府就应增加支出，减少收入；当社会上需求过多，致使通货膨胀猛烈发展，政府就应减少支出增加收入；当社会上借贷资本过剩，就应出售政府债券；当社会上资金不足，就应回收政府债券。相机抉择的财政政策要求政府不必拘泥于预算收支之间的对比关系，而应当保持整个经济的平衡。实际上，相机抉择的原则是经济管理的一个基本原则，它不仅适合于财政政策，对其他宏观经济政策也同样适用。

### （二）货币政策

货币政策是指中央银行实施控制货币、利率、信贷条件的目标和手段，其主要工具包括：公开市场业务、准备金比率和贴现率。货币政策也是国家宏观经济政策的重要组成部分，也是为促进经济稳定发展服务的。它是指中央银行利用自己所掌握的利率、汇率、信贷、货币发行、外汇管理等工具，调节有关变量，最终影响整个国民经济活动的一种政策手段。与财政政策一样，货币政策也体现了政府对国民经济财力的管理，但是这部分财力主要是指由银行信贷所代表的财力。另外货币政策并不像财政政策那样体现国家对一部分社会产品的分配管理。因此，货币政策与财政政策有相同之处，也有不同之处。在美国，货币政策具有独立性，即它是由美联储独立实施的。在我国由中国人民银行实施。其目标包括：使经济的增长实现其潜在的扩张能力，使就业维持在较高的水平，使价格稳定（即货币购买力保持稳定）以及长期利率保持在合理的状态。公开市场业务（open market operations）就是通过在公开市场上买卖政府的债券，以降低和提高银行的准备金数量，从而调节银行发放贷款的能力，以影响社会中资金的投放量，来影响经济的增长；贴现率（discount rate）是指中央银行通过提高和降低商业银行向中央银行贷款的贴现率，增加和减少商业银行的准备金，从而来影响其借贷资金的规模，从而影响经济的发展，比如，提高贴现率，则商业银行向中央银行获取借款的能力下降，其向社会投放的贷款就会减少，从而减少了项目的投资，使经济发展速度减缓，反之，经济发展速度增加；银行准备金（reserves，bank）简称准备金，是银行以库存现金的形式或以无息存款的形式保留在中央银行的一部分存款，比如，在美国要求银行的准备金比率为12%，而我国根据巴塞尔协议，为了提高商业银行的抗风险能力，要求准备金比率为8%。准备金比率的提高和降低，意味着由于乘数模型（multiplier model），商业银行向市场中投放的资金的数量的减少与增加，显然，对经济具有扩张和抑制的作用。

### （三）价格政策

所谓价格政策是国家对价格形成和价格运动进行干预的行为准则和措施的总称，主要包括两方面的内容：价格政策目标的确立与价格政策手段的选择，其中，前者是价格政策的核心内容。

价格政策作为国家对价格形成和价格运动进行干预的一种行为，具有三个特点：一是普遍性。价格政策不仅是一种微观调节政策，还是一种宏观调节政策。微观调节主要表现为价格政策能够调节利益矛盾和结构，宏观调节则表现为保持物价总水平的稳定。二是基础性。价格是市场经济中最基础的经济变量之一，它的变动必然会引起工资、利率等一系列因素的变动，因而价格政策必然也会影响到工资政策、货币政策等，对其他经济政策的实施有牵制作用。三是相对稳定性。价格政策的普遍性决定了价格政策涉及面广泛，价格变动会产生一系列连锁反应，因此，价格政策对价格的干预只能是缓慢平稳的。另外，价格政策的实施与其效果的产生对其他经济政策的依赖性较强，必须在其他经济政策尤其是财政政策与货币政策的配合下才能进行。价格政策的这些特点对其政策目标的确立与政策手段的选择都产生了重大影响。

1. 价格政策目标

根据价格政策所要解决的主要问题，价格政策目标包括以下四个：一是促进宏观经济目标的实现；二是确立合理的价格管理体制；三是调整价格结构；四是稳定物价总水平。

第一，促进宏观经济目标的实现。价格政策也是宏观经济政策的主要组成部分之一，因此，确立价格政策目标理所应当地把促进经济目标的实现作为首要目标，即通过实现价格结构的合理化和物价总水平的稳定，为国民经济的顺利发展创造良好的条件，促进经济有序、稳定地增长，扩大就业，实现国际收支平衡等来实现经济的基本目标。

第二，确立合理的价格管理体制。确立合理的价格管理体制实质上就是要合理划分价格决策权限，科学设置价格管理机构。与计划经济体制相适应的价格管理体制是高度集中的计划管理，价格决策权限完全掌握在政府手中，几乎所有商品的价格都由政府决定。实践证明，这种价格管理体制必然导致价格体系不合理和价格总水平的大幅度上涨。在市场经济条件下，合理的价格管理体制是一种分散的体制，即国家只管理极少数关系到国计民生的商品的定价，大部分商品价格和劳务收费由供求双方根据市场供求状况来决定。确立合理的价格管理体制就是要建立这样一种主要由市场来调节价格的机制。

第三，调整价格结构。所谓价格结构调整主要是指对商品比价关系和差价关系的调整。商品比价是不同商品在同一市场、同一时间内的价格的比例关系，它反映了生产不同商品的国民经济各部门、各企业之间的经济关系。商品比价的形成除了受生产不同商品所耗费的社会必要劳动时间的影响外，还要受到供求关系、经济政策等诸多因素的影响。这样一个复杂的过程常会导致商品比价关系的不合理，使生产某些商品的部门、企业获得较多利润，而另一些商品的生产者得到的利润却很少，因而不利于资源优化配置与经济结构的合理化，这就需要国家运用价格政策进行干预。商品差价则是同种商品由于购销环节、购销地区、购销季节或质量不同而形成的价格差额。不合理的商品差价会导致利润在不同商品经营者之间的不合理分配，不利于商品流通和生产发展，因此，也需要国家运用价格政策进行干预。

第四，稳定物价总水平。物价总水平的稳定是实现经济发展的基本目标之一，也是发挥市场机制对经济调节功能、促进资源合理配置的基本条件。价格的频繁波动会使得生产要素的流动毫无规则，不利于资源的有效运用，还容易引起经济波动。所以，稳定物价总水平是包括价格政策在内的各项经济政策的共同目标。

2. 价格政策手段

价格政策目标需借助于一系列手段来实现，所以，价格政策手段是构成价格政策的重要内容。价格政策手段实质上就是国家干预价格形成和价格运动的形式。分为两大类：一类是直接干预形式；另一类是间接干预形式。所谓直接干预形式就是国家直接规定价格水平，主要包括国家定价和国家指导价两种。在采用国家定价干预形式时，国家是价格决策的主体，直接掌握价格决策权并决定价格变动。一般说来，国家定价干预主要是为了实现一些社会政策目标，在国民经济中所占比重较小，其范围限于一些具有垄断性质的产品如邮电、铁路、煤气、电力等，这些产品对国民经济运行影响极大，但投资规模大、风险高、收益低，非国家投资无法经营。因此，按照谁投资经营谁定价的原则，这类产品应由国家定价；国家指导价与国家定价不同，它只是国家规定一些产品和劳务的基准价和浮动幅度或规定一些产品和劳务的最高、最低限价，在国家规定的允许范围内，企业拥有最后定价权。国家指导价干预主要是针对一些未来供求难以预测，供求变动易因价格变动而大起大落的产品和劳务。对其实行直接干预有利于通过价格在特定的范围内变动对这些产品和劳务的供求进行调节，以避免价格剧烈变动、供求剧烈变动造成生产资源在配置过程中的浪费；间接干预形式。间接干预是在市场经济条件下广泛采用的干预形式，它是国家借助补贴、税收和国家对市场买卖活动的介入等干预价格的手段，所以，间接干预总是与财政政策等其他经济政策相伴而行的。国家通过向个人或企业提供价格补贴可补偿由于低价格给他们造成的损失，从而支持某种产品的生产；通过增加或减少税收可增加或减少各生产企业的边际成本，从而使他们在价格既定的情况下减少或增加生产；在掌握相当数量商品的情况下，通过以商品买卖者的身份进入市场，可以影响市场价格变动的方向及其程度。可以看出，在几种主要间接干预形式的实施过程中，财政都起着基础性的作用。

### （四）贸易政策

资源城市的贸易政策是指其在未来一定时期内，为资源城市的国民经济和社会发展战略的顺利实现而制定的对外经济贸易管理的目的。对外经济贸易管理的目标，一般由提高出口效益、提高外资和外汇利用效益二部分内容构成。

(1) 提高出口效益。出口是对外经济贸易的重要内容，它不仅是进口的基础，而且也是开展整个对外经济贸易活动的基础。而出口效益如何，从根本上制约着资源城市对外经济贸易发展的前景，从而在一定程度上也制约着其整体经济的发展。这是因为，如果资源城市在一定时期内可供出口的商品、劳务、技术等总是一个定量，如果出口效益较高就可使相同数量的出口获得较多的外汇收入，从而为以后的对外经济贸易活动的进行创造良好的条件，或者说，就可使对外经济贸易活动形成良性循环；反之，如果出口效益较低，为获得一定数量的外汇收入就必须加大出口数量，但它又受到出口能力的限制，这样，对外经济贸易活动就难以持续下去。因此，对外经济贸易管理必须追求较高的出口效益。

(2) 提高外资和外汇利用效益。外资和外汇对于资源城市替代产业的培育和经济发展具有重要意义，也是其经济发展资金的重要来源，然而，资源城市一般区位较差，经济发展环境也有所欠缺，所以，引进外资的能力是有限的，这就需要加强对外资和外汇的利用，提高其利用效益。外资和外汇利用效益较高，就可在国民经济发展中发挥较大作用，加速国民经济发展；反之则难以发挥外资与外汇应有的作用。因此，提高外资和外汇的利用效益，便构成对外经济贸易管理目标的重要内容。

### （五）汇率政策、关税壁垒和非关税壁垒

事实上，汇率政策、关税壁垒和非关税壁垒也是贸易政策，但一般情况下，是国家层次的经济政策。资源城市作为一个区域不具有制定和实施这些政策的条件，但在一些特别行政区则具有部分或全部的上述政策运用能力。汇率

政策是通过汇率的变动来影响贸易进出口和资金流出入。汇率的变动一方面必然引起进出口商品价格的变动，从而使进出口发生变化；另一方面必然引起资本特别是短期资本在国际间流动的变化。因此，一国政府可以通过提高外汇汇率来消除国际收支逆差，也可通过降低汇率来消除国际收支顺差；外贸直接管制即进行商品输出管制与商品输入管制。商品输出管制是指政府通过制定一定制度、采取一定措施来鼓励或限制商品输出，如采取出口补贴或出口许可证等措施；商品输入管理则指政府通过制定一些制度或采取一些措施来限制商品输入。相对于关税手段而言，商品输入管制的制度和措施可统称为非关税壁垒。按照关税及贸易总协定的原则，关税应是商品输入的主要管理手段，这样许多非关税壁垒措施就应取消。但实际上，世界各国出于对本国利益的考虑，都在程度不同的使用非关税壁垒措施，主要的有进口限额制、自动出口限制、反倾销、外汇管制等；最后是关税手段，关税是国际贸易中各国贸易管理的主要手段，具体包括进口税、出口税、进口附加税、差价税、优惠税等。进口附加税往往是为某种目的，如减少贸易逆差、平衡国际收支、防止外国商品倾销或对某个国家实行歧视政策而临时征收的关税。差价税是对低于本国商品国内价格的进口商品按进口价与国内价的差额浮动征税。优惠税是对某国或某地区进口的全部或部分商品的关税给予减免优待。优惠税可以是单方面的，也可以是互惠的。然而，国家的汇率政策、关税壁垒和非关税壁垒对于资源城市具有不可忽视的影响作用，所以，资源城市在制定经济政策时，要考虑国家的汇率政策、关税壁垒和非关税壁垒，只有将各种政策手段的效应结合起来考虑，才能制定出系统的、符合循环经济原则、可以促进经济发展和资源城市成长的综合的经济政策。

（六）产业政策

产业结构政策的理论基础是市场失灵（market failure）理论、后发优势理论、结构转换理论、规模经济理论、技术开发理论。目前，世界各国的学者尚未就产业政策的概念达成共识，不同的学者对产业政策的概念作了许多宽窄不同的界定，归纳起来，有以下六种比较典型的解释：①产业政策是政府有关产业的一切政策的总和。如英国经济学者阿格拉认为，产业政策是与产业有关的一切国家的法令和政策。日本经济学家下河边淳和菅家茂在其主编的《现代日本经济事典》中指出："产业政策是国家或政府为了实现某种经济和社会目的，以全产业为直接对象，通过对全产业的保护、扶植、调整和完善，积极或消极参与某个产业或企业的生产、营业、交易活动，以及直接或间接干预商品、服务、金融等的市场形成和市场机制的政策的总称。”②产业政策就是计划，是政府对未来产业结构变动方向的干预。例如，美国社会学家阿密塔伊·艾特伊奥利认为，产业政策就是计划，无非是采用了一个温和的，更加悦目的名词。又如，美国的玛格里特·迪瓦尔说：“部门政策——鼓励向一些行业或部门投资和不鼓励向其他行业或部门投资——仍然是产业政策讨论的中心。”③产业政策主要是为了弥补市场机制所可能造成的失误，而由政府采取的一些补救政策。日本经济学家小宫隆太郎是持这种观点的代表人物，他认为：“产业政策（狭义的）的中心课题，就是针对在资源分配方面出现的‘市场失效’采取对策”。可以将产业政策的中心部分理解为，“在价格机制下，针对资源分配方面出现的市场失效而进行的政策性干预”。④所谓的产业政策，就是通过干预一国的产业（部门）间的资源分配或产业（部门）内的产业组织达到该国国民的（经济的，非经济的）目标的政策；产业政策是后发国家在努力赶超发达国家时所采取的政策总称。如日本经济学家并木信义指出，产业政策就是当一国的产业处于比其他国家落后的状态，或者有可能落后于其他国家时，为了加强本国产业所采取的各种政策。⑤产业政策就是为了加强本国产品的国际竞争力的政策。如美国学者查默斯·约翰逊在他主编的《产业政策争论》中写道：“产业政策是政府为了取得在全球的竞争能力打算在国内发展或限制各种产业的有关活动的总的概括。作为一个政策体系，产业政策是经济政策三角形的第三条边，它是对货币政策和财政政策的补充”。⑥产业政策是指国家（政府）系统设计的有关产业发展，特别是产业结构演变的政策目标和政策措施的总和。总而言之，产业政策是国家制定的有关规划、干预和引导产业形成与发展的各种政策措施，是一种导向性政策、结构性政策和供给管理政策。根据其类型产业政策分为：产业结构政策、产业组织政策和产业布局政策。

1. 产业结构政策

产业结构政策就是促进产业结构优化升级或合理化的政策。系统论表明，系统的功能是由系统的结构决定的，而对各国现代经济增长过程的观察分析也表明，结构转换不仅是现代经济增长的首要特征，而且具有结构转换的能力、速度和效率，也是决定经济增长速度的主要原因之一。因此，产业结构政策的根本目的，正在于通过有关的结构规划和政策措施，提高产业结构的转换能力，并依照产业结构演化的基本规律，推进产业结构的转换，从而加速经济增长。产业结构政策的核心内容便是所谓产业发展的优先次序选择问题，即首先依照一定的基准，确定若干优先发展的产业，再施以政府的各种支持，使之得到较为迅速有效的发展，进而推动经济增长。一般而言，这种重点发展产业的选择范围，大致包括主导产业、瓶颈产业和支柱产业。政府重点产业发展顺序的安排，一般以瓶颈产业为先，而后再是主导产业和支柱产业，并且，无论是重点发展产业还是发展顺序的选择，一般都随着经济增长和结构变动而呈现出特定的时限性，对此，每一个政策都会有不同的选择。

2. 产业组织政策

产业组织政策就是通过各种手段优化产业的组织结构，提高产业的区域竞争力和产业效应，促进产业的可持续发展，是指政府为了达到一定的市场标准，而制定和采用的调整市场结构、规范市场行为的产业政策。产业组织政策的核心是权衡垄断造成的社会福利的损失和规模经济带来的社会福利的增加。由于那种存在大量买主和卖主，产品无差异，资源可以自由流动，买卖双方信息充分的完全竞争的市场标准在现实生活中难以满足，因此大多数国家政府把市场标准确定为“有效竞争”（workable competition）。有效竞争的含义是排除企业提高价格和排斥竞争对手的能力。具体可包括三个方面：

（1）在市场结构方面，有效竞争市场上尽管卖主数量不足以完全消除单个企业对价格的影响，但要多到符合规模经济的要求；企业规模比较均等，单个企业无法操纵市场；不存在人为的市场进入或退出壁垒。

（2）在市场行为方面，有效竞争市场企业独立做出价格，产量和营销决策，没有共谋行为；企业除了用提高其运作效率以外不能用其他方法来消除和排挤竞争对手。

（3）在市场绩效方面，利润水平不高于在其他行业从事同等风险程度生产经营活动可以获取的水平；企业的广告促销费用和产品差别化程度在适度范围之内；企业经营富有效率，缺乏效率的企业从长期来看不能存活下来；企业能对技术进步做出及时的反应。当然，有效竞争是一种不能被精确量化的定性标准，这给制定和实施产业组织政策带来了一定的困难，但尽管如此，它仍是产业组织政策的一个出发点。通常，产业组织政策可以分为三种基本类型：

①反垄断政策。此处的垄断是指那些人为造成的垄断，而不是自然垄断，反垄断政策主要是通过法律的形式，调整市场结构和市场行为来改进市场绩效。世界上大多数的市场经济国家都制定了各自的反垄断法规，虽然形式和具

体内容各不相同，但就其实质而言，有很多共同之处。这些共同点主要在三个方面：

第一，禁止私人垄断和卡特尔协议。私人垄断是指个人、公司或财团通过兼并、收购或低价倾销等手段，把其他竞争对手从市场上排挤出去，从而确立自己在市场上的垄断地位，并以此支配市场，反垄断法坚决制止这种行为，美国著名的反托拉斯法案“谢尔曼反托拉斯法”（Sherman Antitrust Act of 1890）是美国最重要的反垄断法，该法案有两个关键的条款：“第一条：任何以托拉斯或其他形式做出的契约，联合或共谋，如被用以限制州际或与外国间的贸易或商业，均属违法。第二条：任何垄断者或企图垄断者，或与他人联合或共谋垄断州际间的贸易或商业之任何一部分者，均被视为刑事犯罪。”卡特尔协议是指多个企业以垄断市场，获取高额利润为共同目的，在一定时期内就划分市场、规定产量、确定价格而达成的正式的或非正式的协议。大多数国家都对这一类协议，特别是对“横向卡特尔协议”原则上均予以禁止。

第二，禁止市场过度集中。市场的适度集中意味着一定的规模经济性，规模经济使产品的成本降低，从而增进了社会福利，优化了社会资源的配置，但是，市场过度集中又会产生垄断，从而限制了有效竞争。企业兼并通常是实现市场集中的一个重要途径，所以大多数国家对大企业间的兼并都有一系列具体的法规或“兼并指导线”来限制这类兼并行为。

第三，禁止滥用市场势力。滥用市场势力是指那些在市场上居于支配地位的大企业，凭借自身的市场地位对其他企业施加影响，迫使他们按自己的意愿行事，从而妨碍公平竞争。例如美国的“克莱顿法”（1914 年）对价格歧视、独家交易、搭配销售、维护转售价格，限定销售区域，公司董事交叉任职等一些滥用市场势力的行为予以禁止。

②公共规制政策。政府对市场的干预既可以用诸如反垄断政策这样一些间接的方式，也可以采用公共规制政策直接干预市场。通信、电力等公用事业（Public Utility）属于自然垄断（Natural Monopoly）性行业，而自然垄断形成的主要原因在于显著的规模经济性。对于自然垄断不能采用上述反垄断法律来禁止，而应采用公共规制政策对企业的市场行为和市场绩效加以规制。政府不仅可以直接规制价格，还可以经常对企业的进入与退出、服务标准、财务结构、核算方法等有关方面施加影响或直接干预。在有些情况下，政府有关部门可能并不直接插手企业价格的制定，而是直接控制行业进入。产品质量、卫生与安全标准、环境污染以及市场机制难以合理配置的稀缺资源、电力、天然

气、有线电话等自然垄断属性的公用事业当然是公共规制的典型行业。受规制的行业有三个特征：

A. 这些行业大都是关系国计民生的重要行业。

B. 这些行业大多是服务性行业，由于服务不能存储，其生产和消费是不可分离的同一过程。因而，多数受规制行业都存在过剩的生产能力，以便满足消费高峰时的需求。

C. 这些行业大多数是资本密集型行业。

资源城市政府的产业规制主要是出于对资源的保护，避免行业的过度竞争和不适当的价格歧视等，目的是促进经济的可持续发展。对于不可再生的稀缺资源，资源城市政府进行直接规制可以提高资源的开采寿命，提高资源的使用效率。对于目前煤炭行业的过度竞争（Destructive Competition）对行业产生破坏性的影响，资源城市政府则可以通过产业结集中度的提高，来扩大企业规模，提高其竞争力，从而达到资源开采业的可持续发展。产业组织政策除反垄断政策和公共规制政策外，还有维护公平竞争或反不正当竞争的政策，这类政策涉及市场结构、市场行为和市场绩效的各个方面。在市场结构方面，主要指信息公开、产品标准化、度量标准化、商标与版权保护等；在市场行为方面，主要指禁止虚假广告、欺诈行为等有关的法规；在市场绩效方面，有代表性的是卫生与安全要求、产品与运输方面的卫生与安全规制、污染控制等。

3. 产业技术政策

产业技术政策就是指引导或影响产业技术进步的政策。在实践中，产业技术政策往往被寓于产业结构政策和产业组织政策之中，因为技术的进步不仅能够导致相关资本和劳动力等资源的节约，而且还能在一定程度上影响产业结构，加速某些产业的发展，从而推动经济增长。当技术进步节约了某种生产要素，就会促进该生产要素在产业间的重新配置，如果这种重新配置的要素量足够大，就会导致产业结构的变动。当有重大的技术进步或技术革命时，可能不只是节约了已有产品生产的生产要素，而是产生了新的产品供给或投入品供给，通常这意味着将产生新兴的产业部门，其影响将直接波及其他相关产业，从而对产业结构产生重要的影响。产业技术进步的这一特性使产业技术政策成为一种不可或缺的产业政策。

4. 产业布局政策

产业布局主要研究产业资源在空间维度上的配置，以及这种配置对经济增长和社会福利的影响。产业布局理论主要是基于集聚的效益。当一个地区具有高密度的生产要素时，例如大城市，对于一个企业来说，这里存在着大量集中的需求、丰富的人力资源和大量的商业机会，即存在着外部经济；对于个人来说，则存在着丰富的就业机会、较高的收入水平、接受较高教育的机会和生活上的便利。这种一定规模的产业集中所带来的好处称为集聚效益。为了取得这种集聚效益，促进经济增长和社会福利的提高，需要政府制订规划和干预产业空间分布的政策。产业布局政策主要涉及区域发展重点的选择和产业集中发展战略的制定两个方面的问题。区域发展重点的选择主要通过制订国家产业布局战略，规定战略期内重点支持发展的区域，以国家直接投资方式，支持当地相关产业的发展，通过某些差别性的区域经济政策，使重点发展区域的投资环境显示出一定的相对优势，从而引导更多的资源或生产要素投入到该区域。在产业集中发展方面，主要是通过政府直接规划，建立有关产业开发区等产业布局等手段来实现的。

### （七）创新政策

中国人民大学叶裕民教授认为，区域创新政策是指国家经济政策、国家科技政策和地区产业政策的结合，是一个整合的概念（《区域经济学基础教程》，中国人民大学出版社）。资源城市也是区域经济研究的范畴，所以，资源城市的创新政策和区域创新政策的内涵是一致的，也是国家经济政策、国家科技政策和地区产业政策的结合。资源城市创新政策的作用包括三个领域：基础研究领域、基础设施建设领域和主导产业领域，其手段包括三个方面：政府资助的资源城市研究与开发项目、政府采购创新产品和政府直接投资。创新对于经济竞争具有战略性的地位，对于资源城市的成长也具有决定性的作用。为此，“十一五规划”提出：“必须提高自主创新能力。实现长期持续发展要依靠科学技术进步和劳动力素质的提高。要深入实施科教兴国战略和人才强国战略，把增强自主创新能力作为科学技术发展的战略基点和调整产业结构、转变增长方式的中心环节，大力提高原始创新能力、集成创新能力和引进消化吸收再创新能力。”所以，制定积极的、可以倡导和促进技术创新的创新政策是资源城市经济政策的主要内容，也是促使资源城市良性成长的关键因素之一。

## 四、资源城市经济政策的作用

市场经济对资源配置起着基础性的调节作用，它通过价格信号来实现，价格反映着资源的稀缺性，也反映着不同产业的利润率，反映着人们需求的变化。所以，某种商品的价格高，一方面反映着需求的增加，另一方面反映着商品的稀缺性。所以，市场机制导致资源、生产要素从和人们消费需求相背离的利润率低的产业流向和人们的消费需求相吻合的利润率高的产业，从而实现资源的优化配置，有利于实现社会福利的最大化。所以，与计划体制相比较，市场机制无疑更有效率。但是，市场机制还存在着许多缺陷，这些缺陷在商品经济条件下是不可避免的。例如，市场对资源的配置在宏观上表现为一个盲目、自发的过程，单个市场主体对于信息的获取是不完全的，同时，在价值规律作用下，市场主体以追求利润最大化为目标。当价格信号显示出某种产品的生产有利可图时，生产者会蜂拥而至，趋之若鹜；一旦该产品生产过剩、相对价格水平降低时，生产者又大量退出生产，导致了资源的大量浪费（如生产设备的闲置、投资的沉没），加之市场经济不可避免的价格信息的失真对生产者的误导，单纯的市场调节会导致经济运行的周期性波动，会造成社会收入两极分化，会造成企业内部行为经济性与其外部行为不经济的对立等现象。这就是所谓的“市场失灵”。因此，“市场失灵”是市场调节的不争事实，也是政府通过经济政策对经济运行进行调控与管理的客观基础。对于宏观经济的波动，只有政府才真正具有能力进行调控，任何一个微观经济主体都不可能具有如此大的效力，政府通过经济政策可以引导微观经济主体从盲目走向有序，从单一的微观经济利益最大化走向整个社会的福利最大化。所以，资源城市政府在实践循环经济时，经济政策会起到极为重要的作用。资源城市政府通过制定并实施各种系统、科学的经济政策，可以引导资源城市的企业主动采取循环经济的发展模式，可以促进资源城市人民经济增长观念的改变，使原来的由线性技术支撑的粗放型的“两高一低”的经济增长方式转为循环经济支撑下的集约式的“两低一高”的经济增长方式，从而实现资源城市资源—环境—经济增长的和谐，实现资源城市的可持续发展。当然，不同类型的资源城市，产业基础与资源状况不一，技术基础不一，资金状况不一，在城市成长中实践循环经济所遇到的问题就有所差异，所以，针对不同的目标，资源城市政府可以采取不同的经济政策，以促进其生态工业区、生态城市的建设，促进城市的成长。

## 五、资源城市的经济政策分析

不同的资源城市经济基础是不同的，存在的问题即使是性质一样也存在程度的不同，而各种经济政策的实现手段和功能也是各不相同的，所以，资源城市在制定基础经济政策时，首先要进行经济政策分析。经济政策分析的首要步骤是了解各种经济政策的功能特性，只有对各种经济政策的目标、政策手段、政策工具、种类等有全面认识，才能知道在何种经济形势下应采取何种政策措施，才可能做出正确的分析与预测；其次，是对现行政策有效性的评价，目的在于了解目前实行的政策取得了何种成效，在哪些地方还存在不足，在哪些领域失去效用等，为预测下阶段可能的政策措施打基础；最后，是对计划年度政策目标及政策目标选择的预测。同时，经济政策的分析必须结合对国民经济形势的分析方可进行。经济政策的制定与实施并非无本之木，它总是产生于一定经济环境之中，为一定的经济目的服务的。因而只有在深入了解整体经济形势的基础上，才可能正确分析各项经济政策。

### 六、资源城市应大力推广循环经济范式

循环经济是一种善待地球的经济发展新模式，它要求把经济活动组织成为“自然资源—产品和用品—再生资源”的闭环式流程，所有的原料和能源要能在这个不断进行的经济循环中得到最合理的利用，从而使经济活动对自然环境的影响控制在尽可能小的程度，它是可持续发展战略的经济体现。循环经济范式改变了人们对废弃物的处理方式，也是促进经济增长的重要方式。

循环经济范式（模式）在资源城市政府的经济政策中应该得到充分的体现。资源城市政府只有坚持可持续发展观，遵循循环经济的发展模式，改变传统的经济发展模式，制定适宜的政策，规范其经济行为，大力提倡生态农业、生态工业、生态管理，建立生态城市，在循环经济的思想框架内重新建构产业体系，才能真正解决资源城市的成长问题。

## 第二节　资源城市经济政策的理论基础

资源城市的成长问题，其实质是资源城市的经济增长与发展问题，而这一问题归根到底则表现于资源城市的替代产业培育、资源开采业的可持续发展（煤炭采掘业）、环境问题、城市建设四个方面。所以，其经济政策的理论基础包括经济增长理论、产业理论、可持续发展理论、循环经济理论及城市成长理论。可持续发展理论、产业政策理论及循环经济理论我们在前面的章节已做了

比较翔实的介绍，在此就不再赘述。资源城市成长的建设资金问题，我们在第五章资源城市老化问题中的煤炭能源基金部分中也有详细的介绍。解决城市建设资金的途径很多，如加强对外资的吸引、通过国家财政的援助及各种银行贷款等，有兴趣的读者可以阅读《公司融资条件与区域经济发展》一书。本节主要对影响煤炭产业发展的煤炭价格问题、煤炭资源开采的外在成本问题及其补偿机制、财政与货币政策的理论基础等进行论述。

## 一、煤炭资源型城市外在成本补偿机制

### （一）外部性与外部不经济

外部性是指生产或消费对他人产生有利或不利的影响，但不需他人对此支付报酬或对他人进行补偿活动。当私人成本或收益不等于社会成本或收益时，就会产生外部性。外部性有两种：外部不经济和外部经济（external economies)。外部不经济是指生产或消费给他人造成损失而他人不能得到补偿。外部经济是指生产或消费能给他人带来收益而他人却不必进行支付。

### （二）煤炭生产的外部不经济

煤炭生产具有极大的外部性，主要表现在对环境的损害方面。

首先，煤矿开采对土地资源的破坏极为严重，表现为地表塌陷、水土流失和沙漠化、固体废弃物（如废石堆、尾矿、煤矸石）压占污染土地等，这不仅破坏了景观及植被，也挤占大量土地，同时，采矿后排弃了大量的煤矸石、杂煤和油母页岩等，长期氧化形成了大面积的自然发火区。据东方网2005年1月7日报道，山西省社科院研究员李连济在其已完成的国家哲学社会科学基金重点课题《我国煤炭城市采空塌陷灾害及防治对策研究》中统计的数据（截至2004年12月3日），全国煤矿累计采空塌陷面积超过70万公顷，造成的损失已经超过500亿元。我国重点煤矿，平均采空塌陷面积约占矿区含煤面积的十分之一。其中，山西作为产煤大省，是采空塌陷灾害最严重的地区。全省共15多万平方公里的土地，采空区就达2万多平方公里，相当于总面积的七分之一。目前，采空区中6000平方公里的地域已经遭受了地质灾害。大面积的地质灾害不仅造成了巨大的经济损失，而且在近10年来，山西省因地质灾害已造成500多人伤亡。另据统计，1980—1999年的20年间，山西生产原煤34.1亿吨，相应的采空塌陷面积达到8.18万公顷，由此而造成的经济损失达

22.51亿元。由于采煤，山西省每年新增加塌陷区面积约94平方公里。近二十年的能源基地建设，大规模开采煤炭，造成矿区土地塌陷、地表扰动等地质灾害。截至目前，山西省矿区面积累计已达8000平方公里，其中采空区面积约占5000平方公里，引起严重地质灾害的区域达2940平方公里以上。发生地质次生灾害的范围波及1900个自然村，涉及955万人。

其次，煤炭开采对水资源也造成破坏和污染，煤炭开采过程中的矿井水、洗煤水和矸石淋溶水等未经完善净化就被直接排放，对周围水环境造成了严重的污染。山西省社科院从20世纪80年代起，曾经多次对环境污染的经济损失进行过核算。核算表明，山西省每年的环境污染损失大约占到GDP的15%左右，而新增的GDP大约只有9%左右。据调查，全国96个国有重点矿区中，缺水矿区占71%，其中严重缺水矿区占40%。随着煤炭开采强度和延伸速度的不断加大提高，矿区地下水位大面积下降，使缺水矿区供水更为紧张，影响了当地居民的生产和生活。另一方面，大量地下水资源因煤系地层破坏而渗漏到矿井并被排出，这些矿井水被净化利用的不足20%，对矿区周边环境又造成了新的污染，严重影响了社会经济的可持续发展。同时地下水位的严重下降，也使区域内的作物大面积减产，抗御自然灾害能力下降，严重危害农业生产。

最后，煤炭开采过程中形成的大气污染主要是来源于矿井瓦斯和煤矸石自燃释放的气体，矸石自燃产生的大量$SO_2$、$C0_2$、CO等有毒有害气体对资源城市的大气环境的污染极其严重，以至我国大部分资源城市的空气质量都达到严重污染级。这不仅直接影响了资源城市人民的生产质量，也给资源城市的其他产业的发展带来了负面影响。

煤炭对环境的影响不仅体现在生产环节，而且在运输和消费环节也存在，煤炭储运形成的环境问题主要来自于煤炭的储、装、运过程中产生的煤尘飞扬对矿区及运输公路两侧生态环境的污染，而煤炭消费的影响则远远胜于运输，我国的煤炭消费基本上是直接燃烧，这造成我国大气典型的煤烟型污染。据国家环保局统计，目前中国$SO_2$污染产生的酸雨危害面积已达到国土总面积的30%，我国已成为世界三大酸雨区之一。

### （三）公共地悲剧与煤炭生产的外部不经济

（1）公共地悲剧的含义与由来。公共地悲剧（tragedy of the commons）也称放羊者逻辑，是指如果一种生态资源或环境污染没有排他性的所有权，就会导致对生态环境的过度使用或环境污染物的过度排放。1968年，美国经济学家哈定（Garrit Hadin）在《科学》杂志上发表了一篇著名的文章《公共地悲剧》，描述了这样一个具体事例：一片公共牧场上生活着一群聪明的牧人，他们各自勤奋工作，增加着自己的牛羊。畜群不断扩大，终于达到了这片牧场可以承受的极限，每增加一头牛羊，都会给草原带来损害。但每个牧人的聪明都足以使他明白，如果他增加一头牛羊，由此带来的收益全部归自己所有，而由此造成的损失则由全体的牧人分担。于是，大家不懈努力，继续繁殖各自的畜群。最终，这片牧场因为过度放牧而退化成为荒漠。

显然，所谓“公共地悲剧”，说的是如果一种资源没有排他性的所有权，必然导致对这种资源的过度使用。

(2) 煤炭生产的公共地悲剧。煤炭生产对环境的损害通过循环经济的原则和技术是可以减少的，但不能消除，这主要是由于技术的局限性使然。然而，煤炭生产对环境的损害，对不从事煤炭行业的生产者和没有消费煤炭的人们造成了损害，这显然是不争的事实，但这一损害没有得到补偿。原因是空气、土地、水资源等环境因素的所有权问题，空气归资源城市中所有居民所有，水资源归国家所有，实际上也是全体公民所有，土地归国家，当然也是属于资源城市的全体公民的。公共产权是什么意思？就是人人都有权利，实质上人人都没有权利，比如以前出现的国有资产的流失问题，就是因为其产权是公共产权，在学术上称之为产权主体虚置（国有资产由于国资委的成立，完善了这一体制缺陷），产权主体虚置的公共产权导致了“公共地悲剧”现象。从煤炭生产的角度上讲，这种资源并不是煤炭本身，而是生产与消费煤炭的环境，即资源城市的环境，因为环境没有排他性的所有权，所以，导致了煤炭生产的负的外部性，也可称为外在成本的缺失。

### （四）煤炭生产的外部不经济对煤炭产业和煤炭资源型城市成长的影响

煤炭生产的外部不经济性对于煤炭产业来讲，就是其真实成本和外现成本存在差异，换句话讲，就是外在成本没有在完全成本中体现出来，表现在煤炭产品的价格上，就是市场价格低于其价值，完全违背了价值规律。这就导致了煤炭生产的社会福利的虚高，也导致了煤炭产业的门槛过低，使一个本来具有自然垄断特征的产业在我国形成一个过度竞争的市场结构，降低了煤炭产业的集中度，当然，也就降低了我国煤炭产业在国际市场上的竞争力和价格决定权。纪成君认为，中国煤炭产业的市场结构属于典型的分散型，存在着严重的过度竞争，而根本原因就是乡镇和个体煤矿没有承担对自己生产过程中所造成的外部性的补偿。陈长春从竞争力的角度指出，我国电价与煤炭价格的不合理，煤电价格比例失调，价格体系混乱的原因在于煤矿生产阶段形不成垄断，市场集中度不到10%。当然，一个产业的效益好坏不是看其市场集中度，而是考察其对全社会福利的贡献，煤炭产业市场集中度低是煤炭外在成本缺失所致，而并不是煤炭产业的市场集中度低导致煤炭产业的效益低。如果解决了煤炭产业的外在成本问题，煤炭行业的门槛高了，煤炭产业的市场集中度自然就会提高，竞争力也就显而易见地得到提高。当然，这并不是我们本节要讨论的问题。我们所要指出的是：煤炭开采的外在成本缺失，导致了煤炭行业的集中度低，导致了资源的掠夺式开采，造成了煤炭资源的破坏和严重浪费，对于煤炭产业的可持续发展具有极为不利的影响；另一方面，煤炭生产的外在成本的缺失对于资源城市的成长也具有负面影响，煤炭开采与加工业是资源城市的主导产业，外在成本缺失，存在两个方面的问题：一是由于生命周期的缩短，主导产业对于资源城市的贡献率降低；二是煤炭生产的外部性没有得到补偿，由资源城市来承担，破坏了资源城市的环境，而资源城市在成长中却不得不筹集资金进行城市环境的改善，以利于经济建设和吸纳人才，所以，形成了城市成长的历史欠账，不仅是有失公允的，而且也加重了资源城市成长中产业结构优化和培育主导产业的资金压力，影响了其成长与发展。

### （五）外在成本的补偿机制

煤炭生产的外在成本如何解决？学术界和政界讨论很多，比如，山西省地方税务局通过对全省产煤地区和煤矿的大量调查，指出，由于国家宏观调控体系中缺乏对资源开采社会成本进行补偿的制度安排，已制约了山西经济的可持续发展，根据科学发展观的要求，国家目前应重点考虑在社会成本的补偿方面，对山西实行政策扶持。郝家龙、翟纯红运用博弈论研究指出，缺乏外部成本补偿机制是煤炭产业集中度低及资源城市老化的根本原因，提出国家应采取倾斜政策，加大对资源城市的投资力度，尤其是加大高新技术产业和重点项目的投资，加强基础设施建设，对资源城市的经济发展和产业调整进行扶持。同时，应完善煤炭能源基金，授予资源城市政府以地方税的形式征集煤炭生产的外部成本的权力，比如，可以将资源税的税收提高，使其涵盖煤炭生产的外在成本，对于煤炭消费也征收消费税，根据不同的区域，如资源城市和非资源城市，可以考虑煤炭消费税应有所差别，这样，使资源城市通过收取外在成本，用于资源城市工业环境的改善。由于资源城市的类别不同，补偿措施和机制也应有所区别，对于已衰退的资源城市，国家应给予政策支持和政策倾斜。目前已经老化的资源城市在历史上对国民经济的发展做出过巨大贡献，从区域公平发展的角度讲，我国政府应进行财政援助、人才援助、政策倾斜，帮助它们完善城市设施、改善环境质量、加快产业培育，尽快使之步入经济发展与城市成长的良性循环；而对正处于成熟期的资源城市，则应尽快落实能源基金的措施，使之在采用循环经济模式的基础上，在环境投资、城市建设与产业培育上不拉下步子，从而为资源开采业衰退后的城市经济发展奠定良好的基础；对处于成长期的资源城市，则务必使其从城市的建设的初期就考虑煤炭开采的外在成本，严格煤炭生产的环境管理，使资源城市建设有一个良好的开端。

总之，煤炭生产的外部性没有涵盖在煤炭生产成本中，不仅造成了煤炭生产成本低下，进入门槛低，也是造成电煤比价不合理，资源浪费严重，资源城市无法获取环境补偿基金和产业替代发展基金的主要原因。所以，科学地计算煤炭环境成本，采取合理的方式补偿环境损害及其相关损失是保证煤炭产业与煤炭资源城市可持续发展的重要手段。

## 二、可耗竭性资源接替的价格理论

资源的价值由资源生产的投入和产出共同决定，资源的交换以价值为基础。价值规律是资源价格决定的基础。同时，资源（这里我们指的是不可再生的资源）即使是相同的，因生产条件不同、成本不同，价格就有所不同，所以，如果不加以宏观调控，就会出现弃瘦选肥的现象，不利于资源的可持续生产和消费，同时，必须考虑不可再生资源用完之后接替资源的生产与消费。

不可再生资源耗尽时必须有新的同类或具有同样功能的接替资源，旧的资源的耗尽期和终止价格，与新的资源的投用期和初始价格之间存在着一定的规律，从某种意义上说，接替资源的核心问题便是耗竭性资源的终止价格或转换价格问题。旧资源的终止价格同时也是其他新资源的接替价格。

### （一）新探明储量对耗竭性资源的影响

在已探明的资源储量为一定量时，资源价格以递增的趋势涨高，当然这一涨高要受到其他功能可替代的资源的影响，比如，煤炭的价格即便储量一定，也不可能无休止上涨，因为还有其他替代能源对其的制约，如石油、天然气、水电、风力发电、核能，但上涨是主流趋势。至于是否以低于资源补偿费上涨的速度上涨的，我们认为不一定，因为如果低于资源补偿费的上涨幅度，意味着资源生产的利润空间的减小，从一定意义上对于市场经济下的生产主体是不利的，所以，确定其是否上涨，还要看到对利润的影响和价格资源补偿费的基数。当出现了新探明储量，耗竭性资源的稀缺程度降低，在开采成本不变情况下，资源补偿费大幅度下降，生产到一定阶段，则重新以一定速度上升。

## （二）优先开采原则与劣等资源定价原则

（1）优先开采原则。资源开采具有“优先开采成本较低资源（或优等资源)”的准则。这是显然的。因为耗竭性资源的条件差别很大。在一定的区域范围内，不管资源的价格如何，人们总是先对地质条件好，容易开采的投入成本较低的资源进行开采。只有由于成本较低的资源耗尽或由于资源需求增加，引致价格上涨，使条件差、开采成本较高的资源开采也具有一定的利润空间时，成本较高的资源就被人们所开采。

（2）“劣等资源条件定价”准则。一般而言，社会生产并不是严格依照优先开采原则进行，事实上，资源条件相差很大也可能同时开采。一个原因是人类生产与生活对不可再生性的资源产品的需求量大，只是开采条件好、成本低的资源并不能满足，需求与供给的矛盾导致价格上升，这样，劣等资源也就具有利润空间，生产者可以进行开采；第二个原因是价格影响是多方面的，一定时期，一定的区域政府可能用行政手段提高资源的价格，以保护资源和限制消费，这样，同样导致了劣等资源具备开采的利润空间。在这种情况下，资源产品的市场价格应该是按当时投入开采的劣等条件的资源成本（包括平均利润）和资源补偿费（包括环境成本）定价的。在市场供求均衡所决定的价格水平上，资源条件优等的低成本矿山企业可获得级差地租性质的超额利润，资源条件中等的中成本矿山企业可获得一部分级差地租性质的超额利润，而劣等条件下“边际企业”则不能获得级差地租性质的超额利润，只能获得平均利润。优等和中等条件企业获得的级差地租性质的超额利润应以“资源税”的形式交资源所有者，因为它是由于地质条件与资源禀赋条件决定的，和资源开采主体的经营管理水平无关。

劣等资源定价的关键并不是具级差地租的多少和国家应对其征收的级差地租的大小，因为它只影响到企业间竞争的公平问题，其关键是环境成本或生态成本的确定与估算问题，这一问题的估算，决定了资源开采对社会福利的测算，对于资源的管理极为重要。

### （三）修正的可耗竭性资源分配的永续模型

(1) 可耗竭性资源分配的两期模型。范金提出了可耗竭性资源分配的两期模型，其数学模型如下：

令 Y 为消费者资源使用后的产出水平，$B(Y)$ 为消费者从此消费而获得的收益，为简单起见，设 0 为即期，1 为未来，则资源分配的总收益现值为：

$$B(Y_0)+B(Y_1)/(1+r) \tag{8.1}$$

设资源开采成本为 0。并令 $S$ 为第 T 期的资源存量，则有：

$$S_1=S_0-Y_0 \tag{8.2}$$

为简单起见，假设第二期末资源用完，即：

$$Y_1+Y_0=S_0 \tag{8.3}$$

上述问题变为以下最优问题：

$$\underset{Y_0,Y_1}{MA}X^B(Y_0)+B(Y_1)/(1+r) \tag{8.4}$$

$$S.t. \qquad Y_1+Y_0=S_0$$

$$S_1\geqslant Y_1\geqslant 0S_0\geqslant Y_0\geqslant 0$$

利用拉格朗日定理，有：

$$L=B(Y_0)+B(Y_1)/(1+r)+\lambda(S_0-Y_1-Y_0) \tag{8.5}$$

式中：λ 为资源即期的影子价格。

求导，有 $B_{Y0}(Y_0)$，$B_{Y1}(Y_1)$ 分别称为第一期与第二期的边际收益。可分别视为第一期与第二期的价格，而第一期的边际收益与第二期经过贴现的边际收益等于资源在第一期的影子价格。

显然，上述模型没有考虑生态成本，即没有考虑资源开采对环境的影响，而对于资源开采期的假设也和实际不符。鉴于此，我们提出如下修正的可耗竭性资源分配的两期模型（因为其基本理论在前面章节已有介绍，所以，此处只对数学模型加以简单概括）。

(2) 修正的可耗竭性资源分配的永续模型。设资源的储量为 $S$，共可开采 $N$ 年，每年开采量不等，分别为 $Y_1$，Λ，$Y_N$，资源消费给消费者带来的直接收益为：

$$TR(Y_i),(i=1,\Lambda,N) \tag{8.6}$$

设资源生产的单位成本为 $C_1$（这里指的实际是资源生产的单位完全成本），资源生产对生态环境的破坏所导致的生态损失成本和环境修复成本为 $C_2$（也指单位产量所带来的成本），考虑到贴现率 $r$，从社会福利最大化的角度出发，可以建立以下最优模型：

$$MaxNR=\sum_{1}^{N}[TR(Y_i)-(C_1+C_2)Y_i]/(1+r)^{i-1} \quad (8.7)$$

$$s.t. \quad \sum_{1}^{N}Y_i\leqslant S$$

$$0\leqslant Y_i\leqslant S$$

运用 Lagrangian 方法，可以得到下式：

$$\sum_{1}^{N}[TR(Y_i)-(C_1+C_2)Y_i]/(1+r)^{i-1}+\lambda(S-\sum_{1}^{N}Y_i) \quad (8.8)$$

式中：λ为煤炭的影子价格。

对上式分别对 $\lambda, Y_1, \Lambda, Y_N$ 求导，得到以下最优条件：

$$\sum_{1}^{N}Y_i\leqslant S \quad (8.9)$$

$$MR(Y_i)-C_1-C_2=\lambda(1+r)^{i-1} \quad (8.10)$$

$MR(Y_i)$ 为煤炭产品第 $i$ 年的边际消费收益，即第 $i$ 年的煤炭产品的价格，因此，做一简单的移项变换，可得以下各式：

$$P_1=C_1+C_2+\lambda \quad (8.11)$$

$$P_1=C_1+C_2+\lambda(1+r) \quad (8.12)$$

…

$$P_N=C_1+C_2+\lambda(1+r)^{N-1} \quad (8.13)$$

即，从社会福利最大化的目标出发，资源价格应该等于其开采成本与生态补偿成本及其影子价格贴现值之和，换句话讲，其边际净收益之变动率等于贴现率，而不是价格变动率等于贴现率。所以，在确定资源价格时，必须考虑资源开采的外部性，并将其内化，这样，才符合经济学的基本原理，才能真正得煤炭资源开采与消费给社会带来最大福利的最优条件。

## 三、科斯定理与生态成本

公共悲剧（tragedy of the commons）的简单模型，我们称之为牧羊模型，如下，设 N 个牧民共同在一片草地上放牧，每个牧民放羊数为 $g_i\in[0,\infty]$，i＝1，2，3K n 代表第 N 个牧民。v 代表每只羊的价值，V＝V（G）这是一个重要的假设，因为每只羊要保证有一定的草才不会死。设购一只羊的成本为 C，那么利润函数为：

$$\pi_i(g_1, g_2 K g_n)=g_i v(\Sigma g_i)-g_i C \quad (8.14)$$

以最大化利润的原则进行推算，对上述函数求导，二级导数小于零，说明，利润是递减的。

关于公共悲剧，以COASE为代表的一些经济学家对这个问题给予论述，他们认为如果产权是明确的，同时交易成本为零，那么，无论产权最初是如何界定的，都可以通过市场交易达到资源的最优配置，这一论断被称为科斯定理。他们提出市场机制能解决外部性问题。而交易成本泛指除生产之外的经济制度运行成本，其中包括了解交易信息的成本，度量、界定和保证产权的成本，谈判成本，订立和执行契约的成本，监督和制裁违约行为的成本，维护正常交易秩序的成本以及制度创新的成本等。

资源生产对环境的损害我们称为生态成本或生态损失，其含义包括：代理成本、损坏成本（生态功能的损坏可能有损经济生产率或人类福利，这些损坏可能或不可能得到修正或补偿，这些修正或补偿包括实际支付以及替代品支出费用）、维持和保护成本（视为其价值对人类社会价值的表现，这些成本可能包括实际支付或假设成本，正如愿望支付评估，或可能为机会成本）、恢复成本（在某些条件下，应与使生态功能恢复到某一特定水平的花费相等），如果不能由企业对生产成本加以补偿，不仅是不公平的，完全对资源城市的成长也很不利，但由于生态成本或效益不能在市场中直接展现出来，故必须应用某一经济评估技术以使能以货币形式表示生态的成本或效益。而一个资源城市的环境是具有公共财产的产权性质的，是极为模糊的和非排他性的，其使用权名义上属于公众，实际上任何人都可以自由使用公共财产而无须征得他人的同意或缴纳相应费用，另一方面，环境污染和生态破坏具有长期的影响，因而会损害后代人的利益，甚至危及后代人的生存，从可持续发展的原则出发，后代人对今天的环境和生态无疑具有其一定的权利，所以，解决生态问题的关键只能是政府，即政府充当公共产权的代理人，并通过政府干预来保护后代人的权益。其管理手段就是生态规则，也称为Pigou手段（因为是由英国经济学家Pigou提出的）。生态规则是指政府以法律或法规的形式对生态进行的管制，以保护消费者与生态资源与生态环境；生态规则的手段就是：排污费，其核心思想是政府给外部不经济确定一个合理的负价格。由外部不经济性制造者承担全部外部费用。为此，税率必须与有效产出的相对应的边际成本相等。因为政府很难精确地获得衡量社会损失的足够信息，为此，政府可以规定企业及时提供其生态保护实践信息，以取代处罚，这些信息应包括计划、时间安排以及企业用于生态保护的设施和设备等。

## 四、资源的定价理论比较

资源的定价理论主要有马克思的劳动价值论、边际效应价值论、均衡价格论、计划管制的价格论等。分别介绍如下：

### （一）马克思的劳动价值论

马克思对资本主义进行了深入的分析，他从分析商品的二因素中发现了劳动的二重性，并运用它科学地提出了形成价值的不是具体劳动，而是抽象劳动，他指出，决定价值量的不是商品生产者个人的劳动时间，而是社会必要劳动时间，并提出价格尽管是取决于价值的变化，但并非任何时候都是完全吻合的，相反二者背离才是经常的现象，即供求关系在价值实现中起着重要的作用。简单的生产发展使价值转型为生产价格，而大工业则是使生产价格成为价格运动的轴心。由于资本有机构成的不同，使得等量资本推动不等量的劳动，从而产生了不同的利润率，这就使自由流动的资本在各个部门之间转移，转移的结果，就使全社会利润平均化，等量资本获得等量的利润。但就全社会看来，生产价格总额依然等于价值总额，只不过在不同部门发生某种转移而已。马克思的价格构成原理指商品价值由 $C+V+M$ 构成，在实践中，把 $C+V$ 划为一类，包括以商品生产成本和流通费用，$M$ 划为一类，包括税金和利润。所以，商品的价格一般包括生产成本、流通费用、税金和利润四个因素，它反映了商品在生产领域与流通领域中，所消耗的物化劳动和生活劳动的补偿以及新创造价值的分配和再分配。生产成本是构成商品价格的基础，当然指的是商品的社会平均成本；流通费用是商品在整个流通过程中所支付的费用，它是按照商品在正常经营情况下的合理费用为标准计算出来的。税金是劳动者创造的那部分国民收入的货币表现。包括在商品的价格之中，利润是前三者之后的余额。

从马克思的劳动价值论看，资源产品的成本所包括的C，就是资源的价格，它是由资源的稀缺性决定的资源自身的价格，V和M即为工人创造的价值。马克思的劳动价值论没有考虑生产产品过程中的外部不经济性，即没有考虑开采资源时对生态环境的破坏，即其生态成本，所以，沿用于资源产品时，要在生产成本中加入资源的环境补偿费或税。

### （二）边际效用的主观价值理论

庞巴维克指出：“一种财货或一类财物对物主福利具有重要性，占有它就能满足某种需要，那么我将说这一特定的财货对我是有价值的。”他认为，商品之所以有价值，一是它的有用性，二是具有稀缺性，决定其价值的大小不是其最大效用，也不是其平均效用，而是其边际效用，即消费者消费最后一个单位的商品所带来的满足程度。因此，商品的价值也就取决于消费者的主观偏好。取决于商品的效用程度。边际效用无视商品生产的生产条件，因而使客观的经济规律让位于“心理学规律”，这样，使商品价值的决定成为一种事后评价，即并不取决于商品的过去，而是取决于商品的未来，不是取决于生产要素赋予最终产品的价值，而是最终产品的边际效用反过来决定生产要素的价值。边际效应的主观价值理论对于价格的实践意义不大，因为每个人的偏好是不同的，所以，表现在对商品的消费与价格的认可上就存在差异，但是，应用边际效应的主观价值理论可以对用其他方式确定的价格水平进入测定和比较。

### （三）均衡价格理论

均衡价格理论由英国剑桥学派创始人马歇尔提出，他在 1980 年出版的《经济学原理》中提出“均衡价格理论”。从此成为西方经济学界价格理论的主要理论。均衡价格就是指商品的供给和需求处于均衡状态时所形成的价格，是由供求决定价值的规律。认为是商品的产量决定了商品的供给，消费的需求量和厂商的供给共同决定了商品的价格。事实上，价格对于供给与需求也存在反馈机制，是相互影响的，其数学模型为：

$$D = f(R, P\ \Lambda) \tag{8.15}$$

$$S = f(C, T, P\ \Lambda) \tag{8.16}$$

$$D = S \tag{8.17}$$

式中：

P——资源的价格

S——资源的供给

D——资源的需求

C——资源的开采成本

T——资源税率

R——消费者的收入水平

### （四）计划价格理论

所谓计划价格理论是我国引进的采用集中计划经济的苏联的一种价格制定

和管理理论。实际上它是一种分配手段时，反映着商品所有者之间的交换关系，反映着不同体制的企业之间，以及不同所有制内部及相互之间的分工协作的经济关系，商品价格中的盈利，是取之于民，用之于民的社会主义积累，因此，其本质上是反映了国家、集体、个人之间在基本利益一致基础上的平等互惠、平等合作的新型经济关系。计划价格具有计划性统一性的特征，分为国家指令性价格、国家指导价、市场调节价等形式。有利于平抑物价、避免通货膨胀，保证价格的统一性，也有利于国家通过价格杠杆来鼓励和抑制不同产业的发展，调节国民经济各部门有计划按比例的协调发展。由于资源对物价具有拉动作用，资源价格的上涨也引发物价的相继上升，所以，对于资源的定价，一贯是比较保守的补偿成本定价或低价思路，其定价的基本模型是在考虑社会平均利润率基础上的成本加成定价法，公式如下：

$$P = C(1+\alpha) \tag{8.18}$$

式中：

$P$—— 资源的价格

$C$—— 资源的开采成本

$\alpha$—— 国家规定的资源产品的利润率

（五）双渠价格

双渠价格的基础仍是生产价格，它是由部门平均生产成本加上社会平均资金利润率与社会平均工资利润率测算的利润所形成的价格。计算公式为：

$$P = C + V + V \times \frac{\Sigma M}{\Sigma V} \times X\% + F\frac{\Sigma M}{\Sigma F} \times (1 - X\%) \tag{8.19}$$

式中：$P$—— 双渠价格

$C$—— 部门物资平均消耗

$V$—— 部门平均工资

$\Sigma M$—— 全社会利润总额

$\Sigma V$—— 全社会工资总额

$F$—— 部门单位产品平均占用资金

$X\%$—— 分配利润的一定比例

其优点是在一定程度上解决了部门间苦乐不均的问题，在资金有机构成较低的部门，较少的生产资金所能获得的较少的利润为较多的工资支付所得的较多的利润所补偿，任何部门的生产，无论有机构成高低，在价格构成上，都同样有利，对于煤炭理论价格，我们主张用双渠价格来测算。

### （六）长期边际成本价格

以长期边际成本作为煤炭定价是世界银行专家20世纪80年代向我国煤炭价格界推荐的一种定价方法，其实质是立足于长期生产的观点计算边际成本，在煤炭工业中，理论上的长期边际成本，应当是劣等资源煤矿的长期边际成本，最常用的是增量成本法（AIC）：这种方法是：一种产品的价格应等于全部投资的现值，加全成本的现值之和，除以全部产量。公式为：

$$AIC = \frac{\Sigma(\text{投资现值} + \text{成本现值})}{\Sigma \text{产量}} \tag{8.20}$$

以长期边际成本定价解决了重置价值计算占用资金和保证投资在没有产出时也能最终获得相应的收益的难题，但所采用的收益率往往靠经验得出，和社会的实际平均利润率有所区别。

## 五、资源价格决策的影响因素与决策分析

从价格构成的角度讲，资源的价格包括生产成本、流通费用、税金、利润等要素。而成本的构成就比较多了，如煤炭产品的价格构成要素为：生产成本包括原材料、辅助材料、外购动力、外购燃料、工资、工资附加费、折旧及其他费用；税金有产品税、城建税、资源税和所得税等。资源价格决策是一个非常重要的问题，不仅对整个国民经济的发展具有较大的影响，而且对资源城市的成长和资源产业也具有很大的影响，资源的价格决策的影响变量主要包括资源的质量、供给状况、需求状况、市场竞争因素、物价水平、库存情况、国外市场状况、替代能源价格水平、产业的发展水平与要求、生产主体的经营目标、国民经济的发展状况及资源对国民资源安全的保障程度等诸多方面。所以，资源的价格决策是一个非常重要的事情，从煤炭产品的价格来讲，其生产者的决策目标主要有：

（1）谋取长远利润。是指煤炭企业通过制定合理有效的煤炭价格，使企业的煤炭产品在较长时期内畅销，实现长期的总目标利润最大。

（2）获得较高的市场占有率。即企业以保持和提高本企业煤炭产品的市场占有率为目标来确定煤炭产品价格。

（3）适应或避免竞争。价格是竞争的有力手段，使企业在竞争中处于有利地位是企业确定煤炭产品价格的又一目标。

（4）保持煤炭价格的稳定。煤炭是国家的重要能源，保持煤炭价格的相对

稳定对煤炭企业和国家都具有十分重要的意义。

（5）减少煤炭库存量。煤炭库存一方面占用企业的流动资金，同时引起煤炭资源的浪费，尽量减少煤炭库存是煤炭企业在进行煤炭价格决策时必不可少的目标。

（6）树立产品的质量信誉。煤炭产品的品种质量繁多，应保质保量，优质优价，从而树立企业良好质量信誉。

（7）保持与用户和销售渠道良好的关系。应合理调配利润在煤炭企业和运输部门的分配比例，把握用户的需求情况，保证煤炭销售稳中有升。

当然，在制定决策时，煤炭生产者或生产企业要遵循国家的煤炭价格政策和相关的法规，要符合价格变动规律的客观要求。但是，这一决策却往往不能考虑到产业的整体利益，多目标的价格决策造成的结果是煤炭行业的价格极为混乱，非常不利于煤炭产业的可持续发展和资源利用率的提高，不符合循环经济的原则，不能实现经济的集约式增长，所以，对于以资源产业为主导产业的资源城市来讲，这种以不同目标形成的极不规范的价格体系，是具有很大的负面效应的，对于其成长极为不利。要使其决策行为科学化，就要用宏观的制度与体制框架来规范，用政策杠杆使资源价格（煤炭价格）在遵循循环经济的原则下，合理地框定其成本开支范围，准确测算实其级差收入，确定公平的税目与税率，然后以市场的价值与供给规律来形成价格。实现资源的基础性配置。只有这样，才能实现资源价格决策的科学化，才能真正实现资源产业的可持续发展，使资源产业在资源城市的成长中发挥更大的支柱作用。

## 第三节　资源城市政府的经济职能及其经济政策

### 一、资源城市政府的经济职能分析

#### （一）政府职能的定义及特点

1. 政府职能的定义

一般而言，政府职能是指政府在社会中所扮演的角色和所起的作用，换句话说，就是指政府在国家和社会中行使行政权力的范围、程度和方式。西方国家在不同的历史时期对政府职能的界定也不同。在自由资本主义时期，政府只是充当“守夜人”的角色，其思想缘于认为自由放任的经济体制完全可能实现资源的配置效率；而随着资本主义经济危机及“市场失灵”的出现，人们对政府的职能有了新的认识，认为政府应具有一般主体不能承担的经济调控职能。现代政府的一般职能主要包括公共行政职能、社会管理职能、服务职能、宏观调控职能、社会保障职能和环境保护职能，在我国经济的转轨时期，各级政府还应当承担观念引导职能、制度创新职能。

2. 特点

作为具有政治统治功能和管理社会职能的政府，其职能具有以下特点：

（1）具有普遍性。政府管理社会各个方面的事务，没有政府，社会就不可能自发地形成秩序，市场也不可能进行正常的竞争，社会组织也不可能自发地规范自己的行为。总之，政府无处不在，谁也离不开政府，政府是普遍存在的，政府的作用无处不在，无处不有，已经浸透到我们每个人的生活当中．政府的这种普遍性是当代社会的重要特点之一。

（2）具有强制性的特点。政府掌握和行使行政权力，并且由国家赋予一定的强制的权力。这是其他任何社会组织都不具备的特点，政府必须依法行使强制权，不能滥用。

（3）具有系统性的特点。政府系统是一个管理系统，也是一个职能目标系统，这个十分庞大的政府管理职能目标系统，具有完整性的特点。政府职能目标系统也有层次性、结构性和相关性的特点。政府职能的系统性特点，保证政府管理的有效，井然有序和公平。

（4）具有不可替代性的特点。这里所说的不可替代性，是指政府职能只能由政府来行使才有效，任何其他社会组织或者不能替代，或者即使能够替代它也不可能管理好。在现代社会，政府职能的界定，首先是政府必须具备的管理职能，也就是说，这些管理职能只能由政府承担，其他社会组织不能承担或不容许它们承担。其次，有些职能社会也能够承担，但是却不能很好地实现这些职能。

（5）具有服务性特点。尽管政府职能的具体内容较多，管理的社会公共事务也比较广泛，但是政府各种职能的共同特点之一，就是其服务性。政府为公众服务首先表现在其非赢利上。政府为公众提供高质量的服务，这是政府应尽的义务。而公众要求政府为他们提供优质服务，这是他们的消费权。

由于各级政府的层次不同，所以职能也有所区别，比如，中央政府的职能主要是：对国民经济的结构、方向、速度的宏观调控职能；跨省市的基础设施和公共产品提供的职能；建立全国统一的法律、法规和市场体系职能；调节全国国民收入的初次分配和再分配的职能。而地方政府的职能主要应界定在提供为地方经济发展服务的公共产品，包括发展地方教育；对地区性问题中观调控，包括调节本地区企业经济主体的行为，调节本地区的市场秩序；扶持本地区一些重点产业的发展；促进就业；做好环境保护工作等方面。

### （二）资源城市政府经济职能的特点

资源城市政府作为资源城市社会管理与经济调控的主体，对于经济活动有进行干预的职责和协调的责任。当然，资源城市只是我国区域经济的一部分，属于中观的经济，其政府的经济职能和中央政府还是有差别的，比如，在改善收入分配、执行国际经济政策方面的职能显然和中央政府是有差别的。资源城市政府的职能主要有：

（1）规范和稳定市场秩序，确保自由竞争。

（2）制定经济政策，对经济进行宏观调控，确保资源城市国民经济平衡发展。

（3）直接生产和提供公共物品，弥补市场的不足。

（4）管理资源城市的公共资产。

（5）引导和推动资源城市的技术创新和技术进步。

（6）落实中央政府的相关经济政策等。

### （三）资源城市政府的具体经济职能

资源城市政府作为其经济利益的主体，对于资源城市所拥有的各类资源和国有企业具有事实上的支配权与管理权，对于资源城市的经济发展及城市的成长具有不可推卸的责任，其经济职能具体表现于以下几个方面：

（1）制定经济发展战略及年度经济增长目标。要实现资源城市的良性成长，避免经济波动对人民生活的影响，促进经济的平稳增长，必须依据科学发展观，制定经济发展战略，并据此制定每年的经济增长目标及相关指标。各个城市的经济基础不同，产业结构也不同，只有制定了真正符合资源城市本身的客观条件的经济发展战略，才能保证资源城市具有稳健的经济增长速度，才能保证资源城市的良性成长。

(2) 营造良好的区域经济发展环境，完善经济运行机制。正确界定政府经济职能，区别市场和政府的分界线，营造统一、开放、竞争有序的区域市场体系，加强市场管理，促进生产要素的组织和流通，优化和改善投资“软环境”，加强政府权力部门对企业的服务。

(3) 引导技术创新和观念创新。引导资源城市的企业进行生产模式的转换，引导其进行技术创新，发展符合循环经济模式的产业，促进 ESN 系统的协调发展，引导市场主体改变生产与消费观念，倡导科技兴市。

(4) 调节各种经济活动，制定市场规则，纠正市场失灵。弗里德曼指出：“政府的必要性在于：它是竞争规则的制定者，又是解释和强制执行这些已被决定的规则的裁判者。”由于市场经济的盲目性及市场经济中不可避免的信息不对称、垄断、外在不经济性等的影响，“市场失灵”在所难免，资源城市政府负有调节资源城市经济运行，制定各种法规和市场规则，规制一切市场主体与市场行为，维护市场契约关系和市场秩序的职能。其属下的各类职能部门通过行政命令或政策引导影响资源城市的经济活动，作为行政手段，具有直接性、强制性和规范性。

(5) 实现社会公平，提高社会福利。资源城市政府具有完善社会利益群体共享机制，做好扶贫工作，完善分配体制，实现社会公平的经济职能；同时，要加强农村基础设施建设，逐步在全社会构建社会养老和医疗保障体系，实现社会福利最大化。

### （四）资源城市政府的经济职能与经济政策

资源城市政府的经济职能表现为宏观和微观两个层次。宏观层次主要指制定经济发展的中长期规划，制定与经济活动相关的行政法规、行政规章，恰当地运用财政、金融、税收等手段及时调控经济的发展；而微观则指培育市场体系，促进市场发育，加强依法监督，完成对经济事务的日常管理，监督国有资产的运作等。经济政策既有宏观方面的，也有微观方面的，比如，资源城市政府为促进产业结构的优化与高度化，制定的产业发展政策就属于宏观经济政策，而针对某一产业的发展而制定的扶持政策、转移支付政策，就属于微观层面的经济政策。当然，与国家的经济政策相比，资源城市作为国民经济的组成部分，其经济政策是从属于国家的经济政策的，只能算中观层面的经济政策。资源城市只能在遵守我国的经济政策和法律、法规的前提下，制定有利于其发展的经济政策。总之，不管经济政策的种类有多少，不管其作用力有多大，它都是政府经济职能的体现，是政府管理区域经济的手段之一，资源城市的政府也正是通过法律赋予的经济职能，以经济政策的手段来调控和管理资源城市的经济发展，从而保证资源城市的良性成长的。当然，经济政策只是其管理城市经济的手段之一，是其经济职能之一。

## 二、基于循环经济的资源城市经济政策分析

在市场经济条件下，政府对于经济活动极少进行直接干预，主要是通过制定法律、法规，通过规范市场、规范企业的行为来实现，然而，这并不意味着政府的经济职能降低了，或者是政府对经济的管理减弱了，而是意味着政府更注意发挥市场本身对资源的基础性配置功能，希望通过减少人为的行政干预使经济活动更富有效率。政府的经济职能主要体现在各种经济政策上，即通过各种经济政策来引导和促进经济增长，调节经济的增长速度，保证区域经济的可持续发展。对于资源城市来讲，其经济政策的种类和作用如下：

### （一）资源城市经济政策的种类及作用

就我国而言，资源城市的经济政策主要包括产业结构政策、产业组织政策、投资政策、地方财政政策、扶持政策、创新政策、转移支付政策、人才吸引与培养政策、科学研究政策、技术供给政策、需求牵引政策、基础设施政策、吸引外资政策等，具体如下：

(1) 资源城市政府具有较大的财政支配能力，其财政政策与投资政策对于资源城市的经济增长与发展具有相当大的影响。我们以具体数据来说明这一问题。我国的中央与地方的财政收入与支出数据见下表 8-1：

**表 8-1　历年中央与地方财政收支情况表**

| 年份 | 财政收入 | | 财政支出 | |
|---|---|---|---|---|
| | 中央 | 地方 | 中央 | 地方 |
| 1980 | 24.5 | 75.5 | 54.3 | 45.7 |
| 1985 | 38.4 | 61.6 | 39.7 | 60.3 |
| 1989 | 30.9 | 69.1 | 31.5 | 68.5 |
| 1990 | 33.8 | 66.2 | 32.6 | 67.4 |
| 1991 | 29.8 | 70.2 | 32.2 | 67.8 |

续 表

| 年份 | 财政收入 | | 财政支出 | |
|---|---|---|---|---|
| | 中央 | 地方 | 中央 | 地方 |
| 1992 | 28.1 | 71.9 | 31.3 | 68.7 |
| 1993 | 22.0 | 78.0 | 28.3 | 71.7 |
| 1994 | 55.7 | 44.3 | 30.3 | 69.7 |
| 1995 | 52.2 | 47.8 | 29.2 | 70.8 |
| 1996 | 49.4 | 50.6 | 27.1 | 72.9 |
| 1997 | 48.9 | 51.1 | 27.4 | 72.6 |
| 1998 | 49.5 | 50.5 | 28.9 | 71.1 |
| 1999 | 51.1 | 48.9 | 31.5 | 68.5 |
| 2000 | 52.2 | 47.8 | 34.7 | 65.3 |
| 2001 | 52.4 | 47.6 | 30.5 | 69.5 |
| 2002 | 55.0 | 45.0 | 30.7 | 69.3 |
| 2003 | 54.6 | 45.4 | 30.1 | 69.9 |

资料来源：中国统计年鉴 2004

可见地方财政收入一直占有将近 50%，最高达 78%，近年来有所下降，但最低也达 45%，而从支出的角度看，地方财政支出占 70%左右，中央财政支出只占 30%，基本上是三七开。这种收支状况使地方政府在使用财政政策上具有很大的空间。所以，除了正常的办公费用、行政费用外，地方政府如能加大在生产性、基础性和公共产品方面的投资，则地方经济就会因财政的乘数效应达到迅速的增长，资源城市作为地方政府之一，显然也具有以财政政策来促进经济，培育主导产业的优势。

（2）转移支付政策对于资源城市发展循环经济也具有重要现实意义。所谓转移支付就是将从某一方面征收的收入支付于另一方。比如，对于存在环境污染问题、具有负外部性的产业，资源城市的政策可以通过征收环境治理费用，增加其成本，抑制其发展，也可以通过排污检查，使其达标后再生产，更重要的是，资源城市的政府可以增加其费用的征收力度，使其增长速度降低，而将征收的一部分费用以转移支付的方式补贴给废弃物资源化、清洁生产的产业，从而促进经济增长的无害化。当然，转移支付也常用于社会分配领域，不再赘述。

(3) 科学研究政策、创新政策、人才吸引政策、技术政策对于资源城市发展循环经济，保证经济增长具有深远意义。在知识经济时代，城市竞争力的基础并不仅仅是物质资源，而是人才和技术，在所有技术中，创新性的具有专利权的核心技术才是竞争力的根本。中央提出提高自主创新能力的背景就在于现代社会，经济的增长的源泉就是创新，国与国的竞争的根本就是技术的竞争。资源城市亦然，资源城市要发展，要实现循环经济倡导的ESN系统协调下的经济增长，就必然要深入实施科教兴市与人才强市战略，要把增强自主创新能力作为城市科技发展和产业结构优化、转变增长方式的中心环节，而只有在以鼓励创新、鼓励技术进步及其转化，大力吸引科技人才政策的支持下，资源城市才能提高其原始技术的创新能力、集成创新能力和引进消化吸收再创新能力，才能以它们来带动资源城市的经济增长，建立以循环经济为特征的和谐社会。

(4) 吸引外资的政策是资源城市培育产业的主要途径之一。资源城市，尤其是老化的资源城市，根本问题是资金问题，因为城市的转型就是产业的转型，资源城市要实现转型，需要大量的资金支撑。所以，许多学者都提出，资金问题是资源城市最大的问题，因为城市功能问题、人才问题、环境问题、技术问题和产业培育问题等，说到底都是资金问题，没有资金支撑，一切均不可能实现。在中央财政支持有限的情况下，资源城市的政府除了节衣缩食，以有限的地方财政收入来进行基础设施建设，进行产业结构优化外，就需要以积极的优惠政策来吸引外来投资，借鸡生蛋，借船出海，以外来的资金来进行城市的建设与产业培育。所以，在当前情况下，资源城市必须结合自己的实际情况，制定恰当的吸引资金的政策，以促进产业的替代，城市的成长。

总而言之，资源城市在采用经济政策对其经济进行调控时，具有较大的空间，资源城市完全可以发挥自己的主观能动性，根据科学的决策理论，制定科学的经济发展战略，然后以系统科学为指导，制定系统的、功能互补的经济政策，以引导和促进其经济增长与发展。各种经济政策并不是孤立的，而是相互依赖、相互作用的，所以，要求资源城市在制定经济政策时要从总体效果上考虑，进行细致的考察与论证，只有这样，其经济政策才能真正在指导经济增长与发展中起到作用，才能为保证资源城市的良性成长做出贡献。

### (二) 资源城市经济政策对循环经济理论的借鉴

循环经济是对物质闭环流动型经济的简称，它的实质是一种生态经济，倡导的是一种与环境和谐的经济发展模式。它要求把经济活动组织成一个“资源—产品—再生资源”的反馈式流程，其特征是低开采、高利用、低排放。所有的物质和能源要能在这个不断进行的经济循环中得到合理和持久的利用，以把经济活动对自然环境的影响降低到尽可能小的程度，其根本就是保护日益稀缺的资源，提高资源的配置效率。无疑，发展循环经济是实现资源城市可持续发展的一个重要途径，也是保护资源城市的环境和削减污染的根本手段。从循环经济的实践来看，主要有三个层次，即国家层次、区域层次和企业层次。企业层次最典型的循环经济实例是杜邦化学公司采用的“减量化（Reduce）、再使用（Reuse）、再循环（Recycle）”3R制造法。从区域层次来看，通过企业间的工业代谢和共生关系，形成生态工业园区。最为典型的是丹麦卡伦堡生态工业区。该园区以发电厂、炼油厂、制药厂和石膏制板厂4个厂为核心企业，通过贸易的方式把另一家企业的废弃物或副产品作为本企业的原料，建立工业衍生和代谢生态链关系。这样，不仅降低了治理污染的费用，而且企业也获得了可观的经济效益。从社会层次来看，比较成功的国家主要有德国和日本。德国分别于1991年和1996年颁布《包装废弃物处理法》和《循环经济和废物管理法》，规定对废物管理的首选手段是避免产生，然后才是循环使用和最终处置。德国法律明确规定，自1995年7月1日起，玻璃、马口铁、铝、纸板和塑料等包装材料的回收率全部达到80%。在德国的影响下，欧盟和北美国家相继制定旨在鼓励副产品回收、绿色包装等的法律，同时规定了包装废弃物的回收、回用或再生的具体目标。

循环经济作为促进“人类与自然和谐”的全新经济模式，作为一种新的经济增长方式，已越来越为我国各级政府所重视并得到广泛的推广。但从现实情况看来，循环经济的实现存在观念制约、立法与制度制约、技术制约和政策制约。观念制约是指人们尤其是一些区域政府的领导者和企业的管理层对循环经济认识不深，仍以粗放消费资源以及高强度地破坏生态环境维持经济增长，片面强调一次性经济效益，没有从深层次理解资源稀缺和效益最大化，没有理解线性生产技术对资源浪费和环境破坏的外部性，没有从制度或立法的角度强化循环经济模式，没有建立生态资源环境要素的定价和有偿使用制度、生产者责任延伸制度、政府责任制度等，没有从制度或立法的角度解决外部性问题。循环经济的减量化、再利用和资源化的实现需要有坚实的技术支撑，而我国在技术保证上还存在差距。而政策制约指循环经济在具体经济政策中细化落实等问题还没有得到解决，没有在财政政策、税收政策、金融政策、产业政策、环境政策、资源政策中得到体现。资源城市政府不可能也不能通过立法来推广循环经济，但资源城市的政府完全可以通过经济政策来体现循环经济的理念，以经济政策来促进技术进步，促进制度创新（主要指作为资源城市微观经济主体的企业的制度创新），也正因为循环经济是一个环保与经济技术协调进步的集合体，受客观认识、经济和科技等因素的制约，存在着技术难度大和资金投入多的现实问题。所以，一些发达国家为促进和推动循环经济的发展，制定了一系列行之有效的经济政策，对推动循环经济的发展和国民经济的增长起到了重要的作用，如美国 1995 年推行的政府奖励政策和 1999 年颁布的税收优惠政策以及日本制定的收费政策，就有力地刺激了循环经济的发展。

因此，资源城市的政府要实现经济的增长，就必须以循环经济理念为指导，将循环经济的思想体现在其经济政策中，以经济政策来推动循环经济，以循环经济的模式来实现经济的增长，从而解决资源城市的良性成长问题，解决其线性技术所导致的环境问题、资源问题及经济增长问题。

首先，中央政府与资源城市政府应加快建立绿色国民经济核算体系，建立真正的符合循环经济要求的经济考核指标体系。以推动循环经济的发展。现有国民经济核算体系忽略了生态环境破坏的外部成本是导致生态环境恶化的根本原因。未扣除资源消耗与环境污染的国民经济统计核算反而因增加了治理污染的费用显示出虚假的繁荣。只有当资源环境成本真正进入价格体系，才能约束滥用资源、肆意排污的自利行为。因而，必须加快绿色国民经济核算体系的试点，准确反映经济发展中资源与环境代价。

其次，要积极利用资源城市政府可以应用的政策手段与工具，如财政政策、金融政策、产业政策、税收政策等，坚持产业生态化、集群化、融合化，走新型产业化道路，建立以循环经济为核心的生态经济体系；

其三，采取积极的教育政策和人才政策，要加强公众的循环经济理论的教育，以促进社会公众对循环经济的参与与认识，要吸引优秀的科技人才，推进科技创新和体制创新，发展生态工业；发展知识型服务业；要大力推进清洁生产工业园区的生态化改造，坚持科技创新和机制创新相结合、以信息化促进工业化，发展高科技新兴产业；

其四，要大力改造传统资源开采业与加工业，大力推进减量化、资源化、无害化的清洁生产工艺，优化产业结构；要建立节约型的资源利用体系，以协调生产生活与自然资源的关系为前提，以自然资源有效保护和合理开发为导向，以资源的有序补偿、集约高效、循环利用为原则，依靠体制创新、科技创新和管理创新，在充分发挥市场作用的基础上，优化土地资源、水资源及能源等资源的利用，建立节约型的资源利用体系和稳定的供应体系，提高资源的承载力；要加强污染综合防治，全面开展城市内污染物排放总量控制，遵循市场机制，合量分配污染物排放指标，实行排污权交易。

最后，资源城市的政府要学习日本的先进经济，建立绿色消费政策。日本对环保型产品的消费给予鼓励和财政支持，我们也应积极借鉴之，应建立绿色消费政策。积极引导适度消费与绿色消费模式，以绿色消费为拉动需求的主导力量，引导企业生产自觉地向绿化、生态化转向。

总之，循环经济是一种经济活动过程及其要求，有着实实在在的内容。资源城市的政府应对循环经济持有科学态度，在经济政策中认真落实这一新的经济活动形式，只有这样，才能真正实现资源城市的经济可持续增长，实现资源城市的良性成长。

### （三）转变政府职能，实现资源城市的良性成长

邓小平同志曾指出："我们的各级领导机关，都管了很多不该管、管不好、管不了的事，这些事只要有一定的规章，放在下面，放在企业、事业、社会单位，让他们真正按民主集中制自行处理，本来可以很好办，但是统统拿到党政领导机关、拿到中央部门来，就很难办。"意思是说，政府的职能要分清，不要统包统揽。江泽民同志也提出有所为，有所不为的思想，其意义和西方经济学称政府为"守夜人"是一致的，即政府仅仅是市场竞争规则的制定者，不是市场竞争的直接参与者，不是市场主体。政府的作用和公共政策的着眼点，应该主要放在那些不能由市场或不宜由市场去解决的方面和问题上。其基本任务就是尊重市场规律，有利于充分发挥市场机制作用的前提下，以弥补、矫治市场缺陷为重点，以实现市场配置与政府配置的最佳结合为目标，保证经济和社会发展。政府的经济职能要从一般的简单决策为主转为系统论证决策为主，由直接调控为主转为间接调控为主，由实物形态调控为主转为价值形态调控为主，由行政手段调控为主转为经济手段调控为主。因此，政府经济职能总的原则是：逐步退出经营性和竞争性领域，逐步转为满足社会公共需要上来，逐步转到政府对经济调控、社会保障、基础设施等宏观领域和公共领域的保障上来。简而言之，就是要求在市场经济的条件下，政府对经济生活要做到管得住，管得好，那就要求在该管的地方要大力管，比如，在社会公平和社会福利上，政府就具有主要责任，在产业结构的调整与资源的管理上，政府就要通过经济政策和立法来强化和引导，但是当前我国的一些地方政府的经济职能并不

能完全适应市场经济要求，尤其是一些内陆城市（包括一些资源城市的政府），其原因是因为我们的政府体制是在计划经济条件下形成的，其基本架构是适应于高度集中的计划经济体制需要的，虽然经过改革，有所改观，但其现行体制结构仍不能完全适应经济市场化的要求，机构重叠，职能交叉，管理层次过多，政出多门的现象仍然存在，机构运行缺乏应有的效率；政府部门没有很好地树立服务观念，对于政府的职能缺乏正确的理解，服务意识差，把公共权力当作一种垄断权力而非服务责任，不少政府部门还习惯于直接干预企业的经济活动，行政管制过多，审批制还在经济生活中起重要作用；一些政府的行为不够规范，一方面表现为一些政府行政方式仍然没有摆脱靠“红头文件”、靠内部运转这样的运作模式，另一方面是行政垄断色彩仍然存在，主要是通过制定具有强制力的行政规章、行业规章、地方性规章、决定等来维护垄断利益，使公平竞争难以实现；政府对区域经济增长与发展的责任体现不深，存在短期行为，其经济政策中可持续性的思想没有得到很好的体现，对经济引导与调控的职能没有真正凸现出来。显然，这些都是不符合市场规则要求的，和市场经济条件下政府的真正的职能是有所差距的，是不适应经济全球化和发展市场经济的需要的。

所以，资源城市政府要实践循环经济，促进资源城市的经济增长，解决其失业问题、产业结构问题、环境问题，就必须转变政府职能。

(1) 转变观念，加强对公务员的教育，提高其服务意识，实现从传统的行政审批型向现代的公共服务型转变。唯有大力提升政府工作人员整体素质以适应市场经济要求，健全自我管理、自我服务职能，提高公务员对政府职能的认识，严格执法责任制和评议考核制，减少和杜绝政府不良行为发生，要提高行政效率，大力清理行政性审批事项，规范审批行为，健全行政审批的监督和约束机制。在依法保留必要的涉及安全生产、环境保护、城市建设、社会治安、公共财政、社会保障等重要审批事项的基础上，凡能由市场调节、企业自己决策、中介机构能提供服务的事项，政府坚决退出不再审批。彻底解决“越位”问题。建立“统一、精简、效能”的现代化政府形象，建立真正的服务型政府。只有这样，才能真正发挥政府对经济的服务职能，才能为资源城市的经济发展创造一个良好的客观环境。

(2) 转变政府工作的重心，使其由以行政职能为重心转移到宏观调控、社会服务、社会公平、社会福利和社会秩序等方面。尤其是要加强政府对经济的宏观调控职能，使其经发展战略具有长期性、科学性，符合资源城市的长远发展利益，避免经济管理中的短期行为，要建立科学、公平的政绩评价制度，使资源政府的每届政府都能正确地行使其经济职能，都为对资源城市的经济增长起到良好的推动作用。

(3) 完善政府的经济决策职能，建立科学的决策机制，加强对资源城市经济发展的指导。研究和制定社会发展规划，提出发展战略、基本任务和产业政策。要制定出发展循环经济必要的制度性条件，如建立科学技术研究政策，人才培养政策，引进消化吸收政策、基础设施政策，产业调整政策、产业发展的鼓励与限制政策，通过完善的政策体系来引导资源城市的产业结构优化、技术创新、人才培养和城市建设，从而完成其经济结构的调整，循环经济的推广，使资源城市稳步成长。

(4) 加强公共产品的生产，加快城市基础设施与公共设施的建设，为资源城市的人民提供良好的社会福利，提高其生活水准。改善与提高所在区域人民的生活水准是各级政府的根本目标，资源城市的政府亦如此，所以，体现在政府职能的转变上，资源城市的政府要通过财政、金融、产业政府等政府行为和公共政府手段支持或补贴公共项目建设，为人民提供更好的服务，当然，这也是提升城市竞争力，尤其是人才吸引竞争力的重要条件。

(5) 加快市场环境建设，规范竞争行为，建立统一有序的竞争环境。市场经济要求在统一的市场基础上实施对外经贸政策，倡导进入市场的企业一视同仁，公平交易，公平竞争。因此，资源城市的政府要通过加强市场的建设和制度管理，把对内开放和对外开放结合起来，打破社会生产和经济生活狭小、分割和封闭的障碍，使市场主体获得法律上和经济负担上的平等地位，都能机会均等地在市场上取得生产要素，尤其在资源的占有上，要以各种措施加以规范，避免资源城市出现的对资源的随意占有所导致的资源浪费行为，要有效影响资源配置提高经济效益。通过政策导向、市场操作，影响经济运行的各类生产要素的配置，达到资源的集约利用、合理利用、高效利用，促进经济向最优化发展，保证资源城市的资源产业的可持续发展。

(6) 强化政府在环境保护中的作用。资源城市环境问题比其他城市更为重要，甚至成为经济发展的障碍，所以，强化政府在环境保护中的作用是资源城市政府的一项重要职能。环保机制不仅是行政管理的范畴，而且可以起到推动企业技术进步和优化产业结构的作用，所以，资源城市政府要坚决实施“谁污染，谁治理”的原则，坚持污染由点源治理向流域治理转变，末端治理向源头治理和全过程控制转变。严格控制新污染源的产生，污染物排放实行总量控制和许可证制度，促使企业在利益最大化原则的驱动下自我约束污染行为。要宣传引导人们优化生活方式，建立和健全公共资源积累、维护和共享的机制，抑制环境滥用，增加环境效益。鼓励进行社区层次的公共积累，建立公共文化娱乐设施，搞好社区环境；扶持培育环境保护的社会力量，成立如社区环境保护协会等基层群众组织，向社会组织的优化要环境效益。

最后，资源城市要努力构建有利于经济发展的平台，服务并满足经济主体的各种发展需要，在全社会大力推进信息化，整合信息资源，构筑企业信息网络，向公众提供有价值的信息化产品，使经济主体能准确及时捕捉到各类有用的信息。要建立良好吸引外资的政策平台，筑巢引凤，招商引资，使资源城市能尽快获得其产业结构培育急需的资金，解决资金瓶颈，要发挥政府服务经济的功能，同时达到精简政府机构、规范社会事业、增强政府能力和开发人才资源的目的。

从当前政府职能的讨论来看，政府职能倾向于从优先于经济目标向优先于社会服务目标的转变，然而，任何事情都有特殊情况，对于资源城市来讲，现实情况使经济目标的重要性与紧迫性远远高于社会服务目标，因为，如果没有坚实的经济基础，没有财力支持，任何一届政府都不可能在社会服务、社会福利方面有更大的作为，从这个意义上讲，当前资源城市的政府，尤其是资源衰竭型或老化型的资源城市的政府，其职能的转变不仅要实现由传统的审批型向公共服务型的转变，也要实现由服务经济向参与和引导经济的转变，要充分发挥其经济职能，而不是仅仅为社会经济活动提供法治环境；通过总量手段保持宏观经济的稳定；为低收入群体提供基本的社会保障和维护社会公平；在市场失灵的条件下酌情使用经济和行政手段加以弥补。当然，当资源城市的产业结构通过调整达到优化，经济步入正常后，资源城市的政府可以逐步淡出经济参与和经济干预的领域，而主要加强对经济的服务和引导，加强市场管理和宏观经济的调控。

## 第四节　市场结构理论与资源开采业的优化政策

资源开采与加工业是我国资源城市的主导产业，它们对于资源城市的经济增长和城市成长具有重要意义。资源城市老化的实质就是资源开采业衰退后没有及时培育出新的替代产业而导致的资源城市经济增长减速、失业率（主要表现为结构性失业）上涨、环境质量劣化（基本上是由于没有遵循循环经济模式的线性生产技术所致），所以，资源开采业（本节我们仍指的是煤炭资源城市，所以，资源开采业即煤炭采掘业）的发展状况及其能否实现可持续发展，并为资源城市的成长提供充足的资金来源，提供更好的就业机会就具有极为重要的现实意义，尤其对于正在成长期或成熟期的资源城市来讲，其意义更为深远。

## 一、市场结构理论与资源型城市的产业结构

市场结构是指不同产业或行业中市场竞争的状况，根据西方经济学的理论，可以将市场结构分为两种类型，即完全竞争市场和不完全竞争市场，而不完全竞争市场又进一步分为垄断竞争结构、寡头市场和完全垄断市场结构。所谓完全竞争即指市场上有大量的买者与卖者，商品是同质的，所有生产要素均可自由流动且市场信息对于买卖双方是对称的、透明的；不完全竞争是指不符合完全竞争特征的所有类型的市场，在其中，垄断竞争、寡头垄断和完全垄断的区分主要是依据垄断程度的不同而划分的。不同的产品、产业在不同的范围内都具有不同数量的生产者和从业者，所以，其竞争程度是不同的，但只有理论上的定性的描述是不够的，更主要的是找出一种描述性方法与工具用来衡量和解释市场结构的状况。这不仅在大量关于市场结构的实证研究与实务分析中是非常必要的，而且也是市场结构理论分析本身的需要。因此，产业组织经济学家通过探索提出了市场集中度的概念来衡量与解释市场结构的状况。并认为市场集中度是一个市场中一些或所有厂商的市场份额的函数，表示在特定产业或市场中，卖者与买者具有怎样的相对的规模结构的指标。集中度越高，市场支配势力越大，竞争程度越低。而市场集中度就是用于产业组织理论主要研究卖方集中度。如以产业中产量排名前八名或前四名的企业的产量之和占总产量的比值来评价产业或产品的市场结构，称四企业集中度或八企业集中度。也有以 H 指数、熵指数、洛伦茨曲线来评价市场结构的。

### （一）市场集中度的计算

市场集中度的计算指标有以下几种：

(1) 行业集中度（Concentration ratio）。它指行业内规模最大的前几位企业的有关数值占整个市场或行业的份额，计算公式为：

$$CR_n = \sum_{i=1}^{n} X_i / \sum_{i=1}^{N} X_i \tag{8.21}$$

式中：$n$—— 表示企业的个数，上述的四企业集中度，$n$ 即为四，八企业集中度，$n$ 即为八

$X_i$—— 为 $i$ 企业的产量或产值

$N$—— 行业中所有企业的个数

（2）赫芬达尔—赫希曼指数（Herfindhl—Hirschman index），简称 H 指数，以弥补行业集中度的不足。它是某特定行业市场上所有企业的市场份额的平方和，计算公式为：

$$HHI = \sum_{i=1}^{N} (X_i / \sum_{i=1}^{N} X_i)^2 = \sum_{i=1}^{N} S_i^2 \tag{8.22}$$

其优点是反映了所有企业的规模信息，而平方和的放大性，使其对规模最大的前几家用企业之间的市场份额的变化特别敏感。

（3）熵指数（Entropy index），熵指数借用了信息理论中熵的概念，计算公式为：

$$EI = \sum_{i=1}^{n} S_i \log (1/ S_i) \tag{8.23}$$

式中：$S_i$—— 产业中第 $i$ 位企业的市场份额。

（4）海纳——凯指数，其计算公式为：

$$I_{HK} = \frac{\sum_{i=1}^{n} (S_i)^a}{1-a} \tag{8.24}$$

式中：$0.6 \leqslant a \leqslant 2.5$，$S_i$ 的含义同上。

（5）因托比指数，计算公式为：

$$I_E = \sum_{i=1}^{n} S_i \cdot \log (1/ s_i) \tag{8.25}$$

式中： $0.6 \leqslant I_E \leqslant \log N$

因托指数越大，市场集中度越低。

（6）罗森布鲁斯指数，计算公式为：

$$I_R = \frac{1}{(2\sum_{i=1}^{N} i \times S_i) - 1} \tag{8.26}$$

### （二）市场结构分类的基本方法

市场结构的分类要通过计算其集中度来评价，显然，集中度为 1 的市场结构肯定是完全垄断市场，但究竟集中度为多少算是完全竞争市场，集中度多少

才算是垄断竞争市场，集中度多少又才算是寡头垄断市场？学术界观念不一，比较受到认可的有贝恩的四企业集中度分类法、植草益的八企业集中度分类法和日本公正交易委员会的 H 指数即赫芬达尔-赫希曼指数分类法。

(1) 贝恩的市场结构分类。贝恩是产业组织理论的代表人物之一，在 20 世纪 50 年代末创立了较为完整的产业组织理论研究基本框架，即市场结构 (Structure) 制约市场行为 (Conduct) 进而决定市场绩效 (Performance)，一般简称为哈佛学派的 SCP 范式。他认为决定市场结构的因素有市场集中度、产品差别化和行业进入退出壁垒；市场行为包括企业的价格和非价格行为；而衡量市场绩效的标准则有资源配置效率，技术进步程度、规模结构效率等一系列指标。贝恩经过对美国市场进行研究后提出了以下的分类标准，见表 8-2。

**表 8-2 贝恩的市场结构的分类表**

| 集中度市场结构 | $CR_4$（%） | $CR_8$（%） |
|---|---|---|
| 寡占Ⅰ型 | $75 \leqslant CR_4$ | — |
| 寡占Ⅱ型 | $75 < CR_4 \leqslant 85$ | 或 $85 \leqslant CR_8$ |
| 寡占Ⅲ型 | $50 < CR_4 \leqslant 85$ | $75 < CR_8 \leqslant 85$ |
| 寡占Ⅳ型 | $35 < CR_4 \leqslant 50$ | $45 < CR_8 \leqslant 75$ |
| 寡占Ⅴ型 | $30 < CR_4 \leqslant 35$ | $40 < CR_8 \leqslant 45$ |
| 竞争型 | $CR_4 < 30$ | $CR_8 < 40$ |

资料来源：[美] J. S. 贝恩．产业组织．丸善 1981 年版，第 141～148 页

(2) 植草益的分类方法。日本著名学者运用本国 1963 年的统计资料，对不同的市场结构作了分类。见表 8-3：

**表 8-3 植草益的市场结构分类标准**

| 市场结构 | | $CR_8$(%) | 产业规模状况 | |
|---|---|---|---|---|
| 粗分 | 细分 | | 大规模 | 小规模 |
| 寡占型 | 极高寡占型 | $70 < CR_8$ | 年生产额>200 | 年生产额<200 |
| | 高、中寡占型 | $40 < CR_8 < 70$ | 年生产额>200 | 年生产额<200 |
| 竞争型 | 低集中竞争型 | $20 < CR_8 < 40$ | 年生产额>200 | 年生产额<200 |
| | 分散竞争型 | $CR_8 < 20$ | 年生产额>200 | 年生产额<200 |

资料来源：[日] 植草益，产业组织论，筑摩 1982 年版，第 16 页

当然，各国的情况不同，分类标准也有所差异。

(3) 赫芬达尔-赫希曼指数分类法。以赫芬达尔-赫希曼指数的大小，可以确定市场结构式类型，其标准见表8-4：

表8-4　市场结构分类表

| 市场结构 | 寡占型 | | | | 竞争型 | |
|---|---|---|---|---|---|---|
| HHI值 | 高寡占Ⅰ型 | 高寡占Ⅱ型 | 低寡占Ⅰ型 | 低寡占Ⅱ型 | 竞争Ⅰ型 | 竞争Ⅱ型 |
| | HHI≥3000 | 3000>HHI≥1800 | 1800>HHI≥1400 | 1400>HHI≥1000 | 1000>HHI≥500 | HHI>500 |

资料来源：日本公正交易委员会

## （三）我国煤炭资源型城市的产业结构状况

我国煤炭产业历来效益不佳，所以，研究煤炭产业的文献较多，当然，也有一部分学者利用产业经济学的SCP理论进行分析，即着重从煤炭产业的市场结构的角度来分析煤炭产业效益低下的原因。比如，张东日博士在其博士论文《我国煤炭企业兼并重组中合理规模及风险研究》中指出，我国的煤炭企业数量多，产业集中度低，参与市场竞争能力弱。1999年之前，全国有各类煤炭生产企业8万个左右，占世界煤矿总数的五分之四，但原煤产量仅占世界原煤总产量的四分之一，其中国有重点煤矿4.783亿吨，占总产量的36.6%；国有地方煤矿2.422亿吨，占总产量的16.3%；乡镇煤矿产量5.76亿吨，占总产量的47.1%，形成地方煤矿产量占主导地位的煤炭市场结构。纪成君在其博士论文《中国煤炭产业组织研究》中，经过实证研究提出，20世纪90年代以来，我国的煤炭产业的市场集中度$CR_4$一直低于10%，$CR_8$则一直低于15%，并且呈下降的趋势。根据美国学者M. E. PORTER的理论，我国煤炭产业属于分散型产业，呈现竞争过度的态势；2004年，我国的煤炭产业达到迅速发展，部分指标达到历史最高水平，三大类煤矿原煤产量均呈增加之势，而乡镇煤矿的产量增幅最大，国有重点、国有地方和乡镇煤矿原煤产量分别占全国原煤产量的47%、15.1%、37.9%。和2003年相比，市场集中度的$CR_4$、$CR_8$见表8-5：

表 8-5　2004 年、2003 年我国煤炭产业的市场集中度

| | 2004 年原煤产量（MT） | 占全国比例（%） | 与 2003 年相比较 |
|---|---|---|---|
| 神华集团 | 119.94 | 6.13 | 0.01 |
| 大同煤矿集团公司 | 53.58 | 2.74 | －0.38 |
| 山西焦煤集团公司 | 54.96 | 2.81 | 0.02 |
| 中煤能源集团 | 42.50 | 2.17 | 0.10 |
| 四家合计 | 270.98 | 13.85 | －0.25 |
| 兖州矿业集团 | 41.11 | 2.10 | －0.63 |
| 平顶山煤业集团 | 30.70 | 1.57 | －0.03 |
| 淮南集团公司 | 29.81 | 1.52 | －0.18 |
| 开滦集团公司 | 26.12 | 1.33 | －0.20 |
| 八家合计 | 398.72 | 20.37 | －1.04 |

可见，从煤炭产业的集中度看，2004 年和 2003 年相比，市场集中度 $CR_4$、$CR_8$ 下降了 0.25 和 1.04 个百分点。按照贝恩的理论，我国的煤炭产业的市场结构属于竞争型，而根据植草益的理论，我国的煤炭产业的市场结构则介于分散竞争型和低集中度竞争型之间。

实证分析表明，煤炭资源城市本身的煤炭产业的市场结构基本上属于寡占型，也可以称为寡占Ⅱ型，即 $75<CR_4\leqslant 85$，所以，我国的煤炭产业的市场结构的特征是全国的分散竞争或低集中度竞争型和资源城市的寡占Ⅱ型并存的局面。这种市场结构对于煤炭产业的发展极为不利，我们在下面进一步分析。

## 二、基于绩效分析的煤炭市场结构分析

### （一）煤炭产业低集中度的市场结构形成要素

市场结构理论认为，影响因素有三个：市场集中度、产品差别化、进入与退出壁垒。市场增长率、产品的价格弹性、市场容量和短期成本也是影响因素，而决定性的因素则是市场集中度、产品差别化和进入与退出壁垒，三者是相互影响的，进入与退出壁垒高，则市场集中度就会比较高，产品差别化高，

则市场集中度也会高，同样，如果市场集中度高，则产业容易实现规模经济，也会导致进入该领域的企业处于成本劣势，进入壁垒高。从煤炭产业看来，产品尽管存在一定的差异（如煤炭质量不同，表现为发热量、灰分、含磷硫等成分的不同和湿度的不同等），但基本上没有什么太大的差异，并不足以对市场结构的形成产生较大的影响。事实上，我国煤炭产业的进入与退出壁垒较低才是产生其分散竞争、过度竞争或低集中度竞争的根源。理论上以行业的进入壁垒来衡量其进入与退出的壁垒的高下，行业壁垒等于行业的平均价格减去行业的平均生产成本，实证分析表明，我国煤炭行业的进入壁垒是较低的，而从退出壁垒看，煤炭行业又存在较高的退出壁垒（主要指国有大中型煤炭企业），这一高一低，导致了煤炭行业分散和低集中度的市场结构。

### （二）基于产业绩效最优的市场结构分析

许多专家针对我国煤炭不具有控制市场的能力、产业的集中度偏低、行业的进入门槛不高的状况提出，根据煤炭产品的本身特性以及国家煤炭资源的可持续发展战略来看，煤炭行业应该向垄断靠拢，以提高其集中度，进而提高产业竞争能力。那么，市场结构究竟对于产业的绩效有什么样的关系？

(1) 经济学界对市场结构理论的辨析。古典经济学和新古典经济学的理论认为，竞争和价格是组织市场有效运行的基石。在完全竞争市场模型里，经济资源的配置效率最高，各个企业的生产行为都不能对市场造成有力的影响，企业只能是价格的接收者，而不是价格的制定者。从长期均衡来看，各个企业将会按照最佳的规模和最低的成本组织生产，并且由于竞争的作用，各个企业将只能赚得正常利润，而不可能出现超额利润即经济利润。垄断企业在行业中占据主导地位，造成垄断企业的产品价格大于企业的边际收益会使企业减产提价，最终导致社会经济资源配置效率的降低，社会福利的净损失。经济学家普遍认为，完全竞争是最好的市场经济运行模式，能够实现社会福利的最大化，即“帕累托最优”。基于此，政府的产业政策主要应围绕着如何保护竞争，防止垄断，让“无形的手”尽情地发挥作用。

随着经济学研究的深入，经济学家发现，完全竞争并不一定是组织市场经济运行的最好方式。早在马歇尔的《经济学原理》一书中，已经认识到即使在完全竞争模型的内部，也存在着无法克服的“困境”。既然完全竞争模型中，每个企业只能是价格的接收者，企业的产量对于市场来说是微不足道的，这将意味着企业的规模很小，但是企业又如何能在这种情况下实现规模经济呢？经济学家熊彼特提出所谓的动态竞争和创新理论，指出完全竞争模型所实现的经济运行状况将不利于企业的创新和社会的进步，因为在完全竞争市场中，每个企业都能卖出自己的所有产品，在长期均衡状态下，如果企业在研究开发领域投入过多，就会使企业的成本上升，竞争力削弱，甚至会被淘汰出局，所以完全竞争市场将会是一种没有创新、没有生机和活力的市场。另一方面，完全竞争模型的一个基本假设就是要求产品是匀质的，而现实生活中的产品又不可能满足这一要求，不仅如此，现实经济生活中的企业又在不断地通过各种途径追求异质，不断地偏离完全竞争模型的假设。所以，完全竞争的假设条件在现实生活中是不可能出现的，不完全竞争才是绝对的。但是垄断及垄断竞争能够产生规模经济的效应，能够提高效率，甚至有的学者认为垄断之所以垄断是因为企业的创新能力所致，但不管如何，垄断对于社会福利的最大化确实具有明显的缺陷，比如，垄断企业会因为追求利润最大化而抑制技术进步，会采取高价格策略减少产量以获取超额垄断利润，寡头之间会形成勾结从而侵犯消费者的利益，所以，垄断的市场结构从社会福利最大化的角度看又是不可取的，而竞争对经济效率则具有较大的促进作用，它能刺激生产效率（企业内部效率）和配置效率，能够产生一种信息发现机制，打破任何企业对信息的垄断，迫使企业按照包括正常利润在内的成本定价，从而促进社会配置效率，使政府管制者能获得较多的管制信息，缓解管制双方的“信息不对称”问题，从而有利于提高政府管制效率。所以，市场结构应该是建立在竞争的基础上的，如何在完全竞争与垄断之间取一个平衡点，使企业既能主动进行创新，通过提高技术，改善服务，来实现利润最大化，最终实现社会福利最大化，不仅使产业得到良性的发展，也使其为社会福利做出最大的贡献，达到企业利润最大化和社会福利最大化的统一？为此，经济学家提出了有效竞争的概念，并以之作为解决问题的途径。

(2) 有效竞争及其发展。有效竞争是指在一定的市场运行规则下，企业的扩张和竞争活力能有效地结合起来，形成市场合理配置资源的状态。这种有效竞争具体表现为：从市场结构看，市场上不存在企业进入和流动的人为限制，存在对上市产品质量差异的价格敏感性，交易者的数量符合规模经济的要求；从市场行为看，厂商间维护有效竞争，不存在相互勾结和“合谋”，不使用排外的、掠夺性的或高压性手段，不搞欺诈，不存在有害的价格歧视；从市场效果看，竞争结果有效率，即市场上存在着不断改进产品和生产工艺的压力，在费用下降到一定程度时产品价格将能够向下调整，生产集中在最有效率的规模单位下进行，产品质量和产量随消费者需求变化而变化，资源得到有效利用。

“有效竞争”（workable competition）的概念首先是由美国经济学家J. M.克拉克（J. M. Clark）针对完全竞争的非现实性而提出的。克拉克认为，虽然完全竞争被经济学家进行了准确的定义和精心阐述，但它在现实世界显然不存在，其应用的最大意义不过在于可以作为人们分析问题的出发点或判别是非的行为标准。在克拉克看来，只要完全竞争的一个条件不具备，则合乎情理地会出现另外的条件也不具备的情形。由于现实环境的复杂性，决定了竞争的多样性，而竞争的多样性来自于产品的同质性或非同质性、生产者的数量及其规模结构、价格制定的方式、交易的方式、市场信息传递的特征和手段、生产者和消费者的地理分布、产出控制的时间特征、工厂或企业规模的差异导致的成本变动、短期产出波动引起的成本变动、生产能力的可伸缩性等多个方面因素。在此基础上克拉克给出了两个大类的市场竞争类型：①纯粹或严格的竞争；②修改的、中性的或混合竞争，如垄断性竞争。纯粹或严格竞争又分为完全竞争和不完全纯粹竞争，前者即我们熟知的一般意义上的完全竞争，后者与前者的区别在于生产要素缺乏完全的流动性，边际成本低于平均成本且在按成本定价时的市场需求小于既存的生产能力。混合竞争分为同质产品的寡头竞争和产品不同质的垄断性竞争两种，前者最重要的情况是市场可自由进入但退出需要付出成本（如我国目前的煤炭产业），后者单个需求曲线向下倾斜但富有弹性，竞争要素的重要性在很大程度上受制于差异化的产品特性对于自由的模仿者是公开的。“有效竞争”概念的实质在于，它确信“需求与成本的长期曲线不仅较之短期曲线平缓，也比人们通常用图表表述的要更为平缓”。克拉克强调，完全的垄断在现实中很难找到，而与完全竞争所定义的可以自由进入、不存在生产要素专用性和不可恢复的淹没成本的产业，可能会面临极其严酷的破坏性竞争。克拉克的结论是，虽然极端的产品差异性可能会导致垄断的倾向，但存在产品适度差异，特别是具有紧密替代关系和较多知识技术含量产品推动的竞争，可能是更为可行和有效率的。克拉克提出的“有效竞争”的观点，启发人们对各个产业竞争有效性进行了大量的研究和评价。而产业组织结构主义大师爱德华·梅森（Edward Mason）将有关有效竞争的定义和实现有效竞争的条件的论述归纳为两大类：一是寻求维护有效竞争的市场结构，以及形成这种市场结构的条件，被称为有效竞争的“市场结构基准”；另一种是从竞争可望得到的效果出发，寻求竞争的有效性，称为有效竞争的“市场效果基准”。根据梅森的归纳，有效竞争的“市场结构基准”大致包括：市场上存在相当多的卖者和买者；任何卖者和买者所占的市场份额都不足以控制市场；卖者集团和买者集团之间不存在“合谋”行为；新企业能够在市场上出现。而“市场效果基准”包括：市场上存在着不断改进产品和生产工艺的压力；当生产成本下降到一定程度后，价格能自动向下调整；生产集中在最有效率的但不一定在成本最低的规模单位下进行；不存在持续性的设备过剩；不存在销售活动中的资源浪费现象。在梅森之后，史蒂芬·索斯尼克（Stephen Sosnick）评论了20世纪50年代末之前的所有文献，并依据标准的结构—行为—绩效分析范式（即SCP范式）来概括有效竞争的标准。根据索斯尼克的概括，有效竞争的结构标准包括：不存在进入和流动的资源限制；存在对上市产品质量差异的价格敏感性；交易者的数量符合规模经济的要求。行为标准包括：厂商间不相互勾结；厂商不使用排外的、掠夺性的或高压性的手段；在推销时不搞欺诈行为；不存在有害的价格歧视；竞争者对于其对手是否会追随其价格调整没有完全的信息。绩效标准包括：利润水平刚好足够酬报创新、效率和投资；产品质量和产量随消费者需求的变化而变化；厂商竭力引入技术上更先进的产品和技术流程；不存在“过度”的销售开支；每个厂商的生产过程是有效率的；最好地满足消费者需求的卖者得到最多的报酬；价格变化不会加剧经济周期的不稳定。这些标准可以作为竞争是否持续或有效的讯号，在一定意义上它们可以作为政府制定经济政策的依据。虽然有效竞争无论在理论上还是在操作上都有局限性，毕竟给出了制定和实施产业组织政策的出发点，因而有一定的现实意义。

（3）有效竞争理论与煤炭产业发展。如前所述，我国煤炭市场结构是低集中度的市场，其原因主要在于煤炭产业的进入壁垒太低而退出成本过高，表现在煤炭行业的市场效果基准就是市场上没有不断改进产品和生产工艺的压力，当生产成本下降并不意味着价格能自动向下调整，生产是分散的，且不具有效率，同时，大中型生产效率和资源开采效率较高的企业存在持续性的设备过剩，存在过多的沉没成本。当然，煤炭产业的市场结构和政府对资源的管理制度有关，实质上也是“寻租”或腐败行为的产物。其消极后果表现在煤炭资源配置效率低下，煤炭产业技术进步缓慢，技术素质低下（尤其是中小企业表现得更为明显），煤炭产业规模经济和规模效益程度低。显然，这种市场结构是不符合煤炭产业的可持续发展的，不利于保证国家的能源安全，同时，也使煤炭产业不可能为资源城市的成长做出应有的贡献，当然，更是不符合循环经济的模式的。

## 三、煤炭资源型城市产业优化的政策取向

资源城市的煤炭产业的优化，实质上就是建立有效竞争的市场结构。资源城市是依托一、两种大型资源开采企业兴起的，所以，其市场结构一般不可能是低集中度的或分散竞争的，如山西省阳泉市。多年来，阳泉的煤炭工业一直走的是一条依靠数量取胜的路子。这种模式造成的直接后果是效益低下，资源浪费，污染环境，已经越来越不适应形势发展的需要。在"十五"期间，全市煤炭工业大力实施"大集团、大基地"战略，改造整顿和规范小煤矿，积极推进资源综合利用，积极促进中小型煤矿重组联合，对市营6个煤矿进行了公司改制，组成了产量规模较大的南庄煤炭集团公司和燕龛煤炭集团公司，关压并转了67矿118井，使单井的平均生产能力提升了5.31吨，总生产能力提升到了987万吨。目前年产90万吨以上的矿井达到6个，年产30万—60万吨的矿井9个，年产21万—30万吨的矿井12个，21万吨以下的有145个。其集中度（$CR_8$）为63%，根据贝恩的理论，属于寡占Ⅳ型，从整体上突现出了集中度高、技术水平高、资源回收率高、安全管理水平高和经济效益好的"四高一优"优势，属于煤炭资源产业结构整合较为成功的典范。但也有例外，比如临汾市作为一个煤炭资源城市，2003年年底全市有煤矿504座，总设计能力约4380万吨，其中年产100万吨矿井3座（乡宁县台头、申南凹、毛则渠煤矿），年产60万吨以下30万吨以上9座，30万吨以下21万吨以上24座，21万吨以下9万吨以上243座，9万吨以下6万吨以上矿井217座，6万吨以下8座。从市场集中度计算，其$CR_4$不大于10%，根据贝恩的理论，属于竞争型，而根据植草益的理论则属于分散竞争型。我国煤炭产业市场结构的不合理，对于煤炭产业的可持续发展显然有着重大的影响，相应地对资源城市的成长也有直接影响，而资源城市的煤炭产业的市场结构，从资源城市的局面讲，尽管似乎是合理的，比如，有的资源城市的煤炭产业市场结构经过调整与优化，已整合成为具有较高集中度的寡占型或垄断竞争型，但仍然存在着缺憾，并不足以说明其煤炭产业已得到了优化，其弊端表现为众多规模小、产量低、技术含量不高的乡镇煤炭企业对资源的掠夺式开采所导致的巨大浪费，然而，这已经不是市场结构优化可以解决的问题。

我们认为，要实现资源城市煤炭产业结构的优化，应着手于以下几个方面：

首先，中央政府和资源城市的地方政府要加快完善相关的政策和机制，加

强对煤炭市场的宏观调控，引导煤炭企业进行有效的竞争，营造公平有效的市场竞争环境，使各种产权属性的煤炭企业都在同一起跑线上竞争，起到真正的裁判员和守夜人的作用，不对煤炭企业间的行为进行有失公允的干预。要加强行政执法人员的管理与教育，严禁掌握相应资源管理权和配置权的公务员对煤炭领域的投资行为。要反行政垄断及其派生的低水平过度竞争，要拆除一切地方行政保护壁垒，在体制建设上加快行政机关和企业产权制度的改革步伐，实现真正的政企分开，要拆除一切非市场手段形成的障碍，使煤炭资源得到优化配置。

其次，要突破体制性障碍，完善煤炭开采与勘探权的转让制度，尽快建立煤炭企业现代产权制度，这是煤炭产业可持续发展的根本保证。要解决制度性问题，规范矿产权的出让行为，避免"寻租"行为的产生，真正做到资源勘探与开采权出让的公开、公正、公平。避免公共权力的私利化和公共资源配置权的腐败现象。要取消"集体持牌，个人投资经营"的办矿体制，建立真正的产权明晰的企业制度，以促进经营者的规范经营，避免短期行为所导致的弃瘦挑肥、浪费资源的行为。以其实现资源利用的可持续化。

第三，要加强对煤炭生产过程的管理，对各类煤炭企业要严格遵照国家规定的标准，征收资源税和矿产资源补偿费；要加强对煤炭企业的排污费和生态环境损坏补偿费用的征收，提高其门槛，要加强回采率的管理，对于达不到国家规定回采率要求的煤炭企业，按丢失煤量对其进行处罚，甚至取消其开采权，从而在管理制度上制约乱开采行为和小规模开采行为的不经济性，提高煤炭产业的集中度。

第四，要加快煤炭企业兼并与整合。实施大集团、大公司战略，推进煤炭基地建设。支持和鼓励国有控股大集团、大公司采取收购、兼并、控股、联合等方式，实施煤炭企业间、煤炭企业与上下游企业间的并购。优化全省煤炭工业资源配置，以大同煤矿集团为主体，通过企业收购（部分兼并）、合并等资产重组行为，提高煤炭企业的集中度，提高集中度，一方面可以降低生产成本，另一方面有利于提高技术进步，促进技术创新。一些实证分析表明，集中度和行业利润率呈正相关的关系，在市场竞争基础上通过企业兼并实现规模经济、范围经济等市场竞争结构，会进一步维持和促进技术进步和创新，从而促进行业利润率的提高。所以，资源城市的政府应鼓励煤炭企业间的横向兼并以适当提高产业集中度，从而优化市场结构。

第五，要加快技术进步与技术创新，发展循环经济模式的技术支撑体系，提高煤矿技术装备水平和科技含量，采用先进采煤方法，提高回采率，以减少煤炭资源的浪费，延长煤炭产业的生命周期；同时，利用先进的技术，延长煤炭产业的产业链，提高其附加值，减少环境污染，使煤炭开采业走上真正的循环经济发展之路，实现其增长方式的粗放型向集约型的转变，从而提高煤炭企业的利润率，提高其产业竞争力。

第六，要建立合理的市场规则，建立规范的市场竞争秩序，防止过度竞争。市场规则包括：一是市场进入规则，即企业进入市场必须遵循一定的法规和具备相应的条件；二是市场交易规则，即要建立公开、公平、规范的市场交易行为准则；三是市场竞争规则，即要制止一切背离市场运营规则的竞争行为，防止过度竞争，反对不正当竞争。通过市场规则和市场竞争秩序的建立，可以规范煤炭企业间的竞争行为，避免不正当竞争所导致的资源的浪费行为，实现煤炭产业的可持续性发展。

当然，提高煤炭产业的集中度，实现有效竞争，并不是取消竞争，建立垄断，而是通过集中度的提高来实现技术的进步、资源开采的成本降低、开采效率的提高，从而减少资源的浪费，实现规模经济，实现生产方式的粗放型向集约型的转变，实现两高一低向两低一高的转变，这和循环经济的理论是完全吻合的。对于一些资源禀赋条件不适合大企业机械开采的贫矿，我们仍然要鼓励小煤炭、乡镇煤炭企业进行开采，以起到补充的作用，所以，建立有效竞争市场，同时也意味着要完善现行的能源基金征收政策，对不同煤炭企业根据占用的资源条件的不同收取不同的级差“租”，以维护公平的竞争秩序。

## 第五节　案例研究——阳泉市政府在发展循环经济中的举措

### 一、阳泉市的社会经济状况

阳泉 1947 年建市，是中国共产党创建命名的第一座城市。地处山西省中部东翼、太行山中段西麓，太原和石家庄两个省会城市中间。驱车 1 小时可到达太原、石家庄机场，4 小时可达京、津及出海码头。石太电气化铁路、朔黄铁路、石太高速公路、307 国道以及将于 2008 年建成的石太高速铁路客运专线横贯东西，阳涉铁路和 207 国道纵贯南北，具有承东启西、东进西联的区位和交通优势，素有“晋冀门户”“三晋要冲”之称，是晋东政治、经济、文化中心。

阳泉经济社会发展与省内兄弟市相比，具有以下几个鲜明的特点：

一是国土面积最小，管辖县区最少，人口最少，但人口密度较大，城镇化水平较高。全市地域面积4570平方公里，仅占全省总面积的2.91%；辖平定县、盂县、郊区、城区、矿区和经济技术开发区；总人口129.6万人，占全省人口的3.89%；人口密度284人/平方公里，省内仅次于太原；城镇居民62万人，占总人口的48%；城市化水平达到47.9%。

二是经济总量最小，但人均占有量较高。2004年全市地区生产总值151.5亿元，财政总收入27.5亿元，人均生产总值11719元，人均财政收入2123元，农民人均纯收入3437元，三项人均指标均排全省第二。

三是地理条件较差，但资源较为丰富，三次产业结构独特，资源型城市特点明显。阳泉为典型的干石山区，山地面积占75.5%，丘陵占14.1%，河川平地仅占10.4%；境内可开采利用的矿产资源65种，是我国重要的无烟煤、铝矾土、耐火材料生产基地之一，耐火黏土、石灰岩、大理石、陶瓷等资源储量也较为丰富；三次产业比例为2.3∶62∶35.7；一产基础脆弱、比重最小，二产结构单一、比重最大，三产相对滞后、比重偏小。

同时，阳泉境内旅游资源丰富，有春秋战国时藏匿赵氏孤儿的藏山古祠，有山西古代四大书院之一的平定冠山书院，有唐代平阳公主镇守的“天下第九关”——娘子关，有现存最完整的古中山国长城——固关石长城，有国内建筑年代最早的林里关王庙，有集天然保健、休闲洗浴功能于一体的梁家寨自然温泉，有著名的红色旅游和爱国主义教育基地——狮脑山“百团大战”纪念碑等。

阳泉作为国家开发较早的能源重化工基地，建市58年来经济社会发展取得了巨大成就。在计划经济时期，上海市以紧俏的优质日用品换取紧俏的阳泉无烟煤，阳泉因此获得了“山西小上海”的美誉。20世纪80年代，阳泉乡镇企业蓬勃发展，主要经济指标多年在全省遥遥领先，1996年成为全省第一家整体达小康的市。近年来特别是“十五”时期以来，阳泉市以经济建设为中心，以结构调整为主线，以改革开放为动力，大力实施赶超发展战略，经济社会发展取得丰硕成果。2005年，阳泉市生产总值预计完成190亿元左右，比2004年增长13%，基本实现在2000年94.7亿元基础上翻一番的目标，提前5年实现国家制定的2010年翻一番战略目标，比该市既定的2008年翻一番的目标也将提前3年，年均递增将达到11.5%，比“九五”加快4.2个百分点；2005年人均生产总值预计实现14615元（约1804美元），比去年增长12.5%，比2000年的7646元增长68.3%，年均递增11%。截至11月15日，全市财政总收入完成33.6亿元，提前45天完成全年任务，提前一个半月实现比2002年16.7亿元翻一番的目标，三年净增20亿，财政总收入全年预计完成37亿元，比去年增长35%。城镇居民人均可支配收入预计为8800元，同比增长10%，比2000年的4295元增长104.9%，年均递增15.4%。农村居民人均纯收入预计为3725元，同比增长8.4%，比2000年的2596元增长43.5%，年均递增7.5%。2005年在岗职工人均货币工资预计1.5万元，为2000年的2.4倍。全市人民的衣食住行等消费水平大幅度提高，综合实力和人民生活水平都迈上了一个新台阶。

## 二、阳泉市政府在实践循环经济中的主要工作

在阳泉市分管工业的副市长樊绳武同志的大力倡导下，在阳泉市发改委的努力推动下，阳泉市实践循环经济的工作取得了显著的成绩，其实践范式被誉为“阳泉模式”，阳泉市政府实践循环经济的主要工作如下：

（1）政府制定了发展循环经济的基本规划，用规划来引导该市循环经济健康发展。2006年，为制定全市“十一五”规划，围绕经济结构调整和循环经济专门组织了一次大的调查研究活动，樊市长带队，市发改委、市经委、市中小企业局、市环保局等部门参加，提出了推动经济向循环经济转型的发展思路，并在市委常委扩大会议上进行了专题讨论，达成共识。大家一致认为：阳泉作为一个资源型城市，既是一个资源大市，也是资源消耗大市，还是生态环境脆弱市，产业结构以传统产业为主，呈现出产业相对集中，关联度较强的特点，所以，要切实转变经济增长方式，改变过去“三高一低”的经济发展模式，即改变过去资源高投入、能源高消耗、环境高污染的模式，大力推进阳泉市循环经济的发展，把发展循环经济作为经济结构调整的重要内容，作为制定“十一五”规划的主要内容。

（2）根据阳泉经济与产业状况，制订了切实可行的近期主要工作计划。阳泉市发改委会同有关部门确定了以项目为载体，以争取国家和省资金支持为契机，以政策配套为推动力的工作思路，积极推进该市循环经济工作。2005年5月份，根据山西省发改委关于上报循环经济项目的安排，该委精心组织，认真落实，对阳泉市正在实施和拟实施的循环经济项目进行了调查，筛选出第一批

循环经济项目23个上报山西省发改委，经过他们的努力工作，山西省已将阳泉市的阳泉铝业股份有限公司年产5万吨再生铝、平定胜圆粉末冶金有限公司利用三废尾渣、烟道灰、除尘灰生产镍合金钢坯和郊区西南舁沼气工程等3个项目列入省17个重点循环经济备选项目之中。目前，该委正在进一步充实循环经济项目库，组织循环经济试点的申报工作。

从他们调查收集到的项目，阳泉市发展循环经济主要集中在以下七个领域：

一是煤矸石的综合利用。南煤集团利用煤矸石建设年产2.6亿块煤矸石烧结多孔砖生产线项目，一期工程年产1.3亿块煤矸石砖已经建成投产；阳煤集团3×135MW煤矸石综合利用电厂年底将有两台机组投产，南煤集团2×135MW、南娄2×50MW、远盛2×50MW等煤矸石综合利用电厂正在抓紧建设。

二是矿井瓦斯气和焦炉煤气、炭黑尾气的利用。南煤集团已经建成10台500KW煤层气发电机组，发电机组的余热冬季可以用于调度楼和职工公寓楼取暖，夏季可向调度楼和公寓楼制送冷气，还可用于加热职工澡堂洗澡水，能源得到了充分利用。

清洁发展机制是《京都议定书》3个灵活交易机制的一部分，规定发达国家可以在发展中国家合作开发和实施温室气体减排项目，最后核准的二氧化碳减排量可以算作是发达国家的指标，用于抵消他们承诺的数额。阳泉市紧紧抓住山西省发改委向中国二十一世纪议程办公室申报清洁发展机制（CDM）项目的时机，积极上报了该市阳煤集团30MW瓦斯发电站项目和盂县沁水源公司3MW利用炭黑尾气发电项目。

三是生活污水和矿井废水处理后的中水回用。目前阳泉市已经建成和正在建设的污水处理厂共4个，其中：日处理8万吨的市污水处理厂已经建成投入试运行，已经和阳煤集团氧化铝、远盛电厂初步达成中水回用协议，盂县2万吨污水处理厂可向盛远球墨铸管、万汇钢铁公司提供中水，平定县3万吨污水处理厂将向南煤集团煤矸石电厂提供中水回用。

在矿井水利用方面，已经会同市煤炭局组织向省上报了全市矿井水利用规划。南煤集团2000立方米/日污水处理厂项目，总投资531万元。该项目建成后，可将每日1500立方米矿井水和500立方米矿工洗澡水处理回用，用于补充生产用水、洗煤、厂区绿化、冲厕、洗车等项目，投资数额适中，回收期较短，且该项目处理的污水成分简单，是缓解用水紧张，降低成本，节约水资源的有效途径。

四是冶金、化工行业废弃物的综合利用项目。主要有平定县胜圆粉末冶金有限公司利用不锈钢厂的三废尾渣、沉泥、烟道灰、除尘灰生产镍合金钢坯项目、阳泉精诚化工有限公司废气和氨水回收生产碳酸氢铵项目，阳泉市日月明经贸有限公司煤基洁净液体燃料多联产示范项目。

五是农村沼气开发工程。平定、盂县和郊区通过实施“一池三改”，建设农村沼气工程，既解决了农村的取暖、做饭和用电需要，又改善了村容环境。

六是热电联产、电厂脱硫改造的资源化项目。热电联产是国家支持的方向，阳泉市已经通过对河坡发电公司和阳煤集团第三热电厂的改造，实现了向市区供热；正在建设的远盛2×50MW煤矸石电厂项目，将同时具备利用煤矸石发电和热电联供的特点，进一步提高资源综合利用效率。

阳光发电公司实施脱硫改造副产硫酸铵，河坡发电公司脱硫改造副产硫酸钙，在环保治理的同时实现了二氧化硫的资源化利用。

七是阳泉市再生资源的回收和再加工项目。相对于沿海发达地区来说，这方面是一个薄弱环节，如轮胎的翻新、塑料的再生加工等项目在阳泉市还是空白，只见废品回收站，鲜见再加工利用。难得的是阳泉铝业股份有限公司利用回收废铝年产 5 万吨再生铝项目已经起步。

通过大量深入基层调查研究，建立了阳泉市循环经济项目库，并在此基础上积极开展循环经济试点工作，从企业、园区、社区、城市 4 个方面推动循环经济发展，初步推出 15 个循环经济示范企业。

(3) 阳泉市政府加强领导，扩大宣传，提高了全社会对发展循环经济紧迫感的认识。为了在全社会形成一种节约资源、保护环境、造福后代的舆论氛围，阳泉市政府正在积极筹备召开全市发展循环经济研讨会，将邀请国内、省内有关专家就阳泉市发展循环经济提出专家咨询意见。使发展循环经济具备社会性，全民性，使之具有广泛的群众基础，深入人心。

(4) 阳泉市政府为发展循环经济，制定相应的政策，积极提供资金、人才、技术支持。阳泉市出台了鼓励引进资金、人才、技术的若干优惠政策，政府通过人才招聘洽谈会以及对外招商为企业搭建引进资金、人才、技术的平台，如：林里粉末冶金有限公司，市政府积极为其联系瑞典专家，帮助其提高产品档次，南煤集团循环经济示范园区，市政府积极帮助其引进战略投资者——国家开发投资公司入股，这样既解决了企业的资金问题，又把企业发展提高到一个新的水平。政府积极推进政、银、企合作，向银行推荐好的循环经济项目，争取银行的支持，构建发展循环经济的金融支持体系。

(5) 充分发挥政府在发展循环经济中的协调作用。发展循环经济不是一个单纯的企业行为、个人行为，而是需要全社会的共同努力，需要得到各部门，各方面的通力支持，更需要政府在其中发挥调控和协调作用。如：热电联产，全市热电联产供热面积已达1000万平方米，每年可节约煤炭43万吨，在这个过程中，政府就管网建设、资金及电厂用煤的有关费用进行了减免，保证了冬季供暖的顺利进行，既解决了电厂的余热利用问题，又解决了居民供暖，还减少了锅炉对大气的污染。又如，瓦斯气的利用，为把阳煤集团的排空瓦斯气利用起来，市政府协调供气价格，使陶瓷、耐火企业都用上了瓦斯气，实现了清洁生产。又如：中水回用，市污水厂于2000年10月建成后，经处理后的中水白白流失，另一方面，阳煤集团的氧化铝项目与远盛电厂项目近在咫尺，需要大量用水，特别是氧化铝对中水需求量很大，生产1吨氧化铝需12—13万吨水，市政府出面积极协调双方的投资方式、中水价格，并帮助解决管网铺设中的征地等问题。前段时间，三方已签定中水利用协议并已完成管网工程初步设计方案，目前，正在抓紧组织实施。

(6) 依靠政策推进阳泉市循环经济发展。循环经济是一项崭新的事业，也是国家产业政策鼓励发展的方向，从产品的开发、生产、推广、销售、使用等方面有许多工作要做，整个过程中都需要政府政策的引导和支持。政府要出台相应的发展循环经济优惠政策，依靠政策引导，依靠政策推进。如：南煤集团一期年产1.3亿块煤矸石砖项目建成后，面临成本、价格等方面的问题，因此，市政府几个部门联合出台相关政策，鼓励施工单位使用新型墙体材料，政府建立墙改基金，同时提出了2006年年底前，城市不用黏土砖，为城市新型墙体材料开拓了空间，对循环经济示范企业，从地方税费返还以及土地使用等方面都给予了倾斜支持。

## 三、分析与评价

阳泉市作为我国一个重要的能源化工基地，其发展不可避免地受到发展观滞后和计划经济时代的国家经济政策的影响，同时，由于地处山区，交通不便，发展其他产业存在相当的困难，多年的以煤为主的产业结构，使阳泉市的城市经济增长与城市成长受到煤炭产业的制约，形成了以煤炭开采为主导产业的单一产业结构，对阳泉市的可持续发展及城市良性成长带来了巨大的影响，从过去的资料看，阳泉市的经济增长因产业结构的单一曾受到颇为严重的影响，在煤炭产业低迷时期，一度失业率上升，经济增长缓慢，环境污染加剧，城市竞争力下降，然而，在短短的几年内，阳泉市政府积极响应中央的号召，根据科学发展观，遵循循环经济的范式，制定了科学、可行且符合阳泉市产业、经济与资源条件的产业优化政策与经济发展战略，并辅之以积极的政府经济政策与行政手段，通过积极的努力，阳泉市的产业结构得到了改善，环境质量得到了提高，传统产业焕发了新的生机，而新的节能、节材的高新技术产业则逐渐在产业结构中占据了主体地位，成为新的经济增长点。从“阳泉模式”来看，在一定的历史条件下，政府不仅仅是“守夜人”，而应该是区域经济增长的催化剂，政府要通过其在区域经济、政治中的地位，有效地发挥其经济功能与政策导向功能，这样，才能真正对区域经济的发展起到促进作用，才能真正做到勤政为民、执政富民的作用。阳泉模式说明，科学发展观的倡导，循环经济的实践，政府的推动不仅不可或缺，而且极其重要，国外的成功经验也以不争的事实证明了这一点。

（注：本节部分资料由山西省阳泉市发展与改革委员会巨建军同志提供，在此表示感谢。）

# 第九章　循环经济立法与资源城市转型实践

国外在循环经济的立法、实践以及资源城市转型方面有许多成功的经验，学习和研究这些成功的做法，对于我国建设循环型社会，实现经济的可持续增长，进行资源城市转型的研究，都具有重要意义。本章中，我们即对国外循环经济的立法和实践进行研究，对国外资源城市转型的实践进行分析，以期为我国建设循环型社会，实现资源城市的良性成长提供借鉴。

## 第一节　国外的循环经济立法

### 一、世界发达国家的循环经济立法

#### （一）德国的循环经济立法

应该说，德国的循环经济立法比日本要晚一些，日本的《固体废弃物管理和公共清洁法》在1970年制订，1991年修订，而德国的《废弃物处理法》在1972年才制订，当时立法的目标仅仅是为了“处理”生产和消费中所产生的废物，仍然属于环境问题的末端处理方式。这两部法律都是预防污染型法律，属于广义的循环经济法律，从严格的意义上讲，算不上真正的循环经济立法。1986年，德国政府对该法进行了修正，并将其改称为《废弃物限制处理法》，由废弃物的末端治理发展到源头治理，这时就属于狭义的循环经济的立法了。1978年，德国推出“蓝色天使”计划；1991年，德国通过了《包装条例》，要求将各类包装物的回收规定为义务，设定了包装物再生循环利用的目标。同年，德国首次按照从资源到产品再到资源的循环经济思路制定了《包装废弃物处理法》（该法分别于2000年和2001年两次修订），要求生产商和零售商对于商品的包装物要尽可能减少并回收利用，以减轻填埋和焚烧的压力；1992年又通过了《限制废车条例》，规定汽车制造商有义务回收废旧车。1994年9月27日，德国公布了发展循环经济的《循环经济和废物处置法》，把资源闭路循环的循环经济思想从商品包装拓展到社会相关领域，规定对废物管理的手段首先是尽量避免产生，同时要求对已经产生的废物进行循环使用和最终资源化的处置。把废弃物提高到发展循环经济的思想高度，并建立了配套的法律体系。法律明确规定，自1995年7月1日起，玻璃、马口铁、铝、纸板和塑料等包装材料的回收率全部达到80%。该法规定对废物问题的优先顺序是避免产生—循环使用—最终处置。其要义是，首先要减少经济源头的污染物的产生量，因此工业界在生产阶段和消费者在使用阶段就要尽量避免各种废物的排放；其次是对于源头不能消减又可利用的废弃物和经过消费者使用的包装废物、旧货等要加以回收利用，使它们回到经济循环中去；只有那些不能利用的废弃物，才允许作最终的无害化处置。以固体废弃物为例，循环经济要求的分层次目标是：通过预防减少废弃物的产生，尽可能多次使用各种物品，尽可能使废弃物资源化，对于无法减少、再使用、再循环的废弃物则焚烧或处理；1998年8月，德国政府对该法做了修改，主要内容包括：一是明确规定该法的立法目的是为了发展循环经济、保护自然资源、确保废物按照有利于环境保护的方式进行处置。二是规定废物产生者、拥有者和处置者的原则和义务。关于废物利用，法律规定废物应当进行无害化利用，表现为物质自身的利用和从中提取能源。对于不利用、长期不在循环系统之内的废物，应当采取不影响公众健康的技术方式和规范的要求进行处置。三是产品责任。法律规定，谁开发、生产加工和经营的产品，谁就要承担满足循环经济目的的产品责任。四是计划责任。法律规定，每年产生两吨以上需要特别监测的废物，或者每年产生2000吨以上需要监测的废物的制造者，必须制订避免、利用、处置所产生废物的经济计划。五是监测。法律规定废物的利用和处置要处于主管部门的监测之下。此外，该法还对公众义务、废物处置人员和主管部门的咨询义务、产生废物的企业组织的通知义务等做出了明确而严格的规定。

1996年10月，德国政府制订了《循环经济法》，该法的核心思想是促使更多的物质资料保持在生产圈内。《循环经济法》明确规定，生产中首先避免产生废物，否则必须对材料或能源进行充分利用，只有两者都难以实现的情况下才可以对废物进行环境能够承受的清除。要求工商业者“从摇篮到坟墓”地照管其产（商）品，也意味着研制新产品时就要考虑废物的清除问题，产品必须寿命长、维修便利、可拆除或重新利用，然而，根据该法生产者的“废物担保”必须是技术上经济上可行的。生产者必须承担废物利用或清除的费用，《循环经济法》的正式生效对废物清除行业将起到明显的推动作用。1999 年，德国制定了《垃圾法》和《联邦水土保持与旧废弃物法令》。2000 年制定了《2001 年森林经济年合法伐木限制命令》，2001 年制定了《社区垃圾合乎环保放置及垃圾处理场令》，2002 年制定了包括推进循环经济在内的《持续推动生态税改革法》和《森林繁殖材料法》，2003 年修订了《再生能源法》。

德国的这些法律制度的设计，不仅具有开创性，而且大大推动了德国循环社会的建设，推动了德国经济的增长。到目前为止，德国已经形成了具有以下法律在内的循环经济法律体系，见表 9-1：

**表 9-1　德国的循环经济立法状况表**

| 类别 | 数量 | 法规名称 | 制定、修订与实施年限 |
|---|---|---|---|
| 基本法 | 1 | 《循环经济法》 | 1996 年 10 月 |
| 综合性法律 | 3 | 《废弃物限制处理法》 | 1972 年制订，1986 年修订 |
| | | 《促进资源有效利用法》 | 1991 年实施，2001 年 4 月修订 |
| | | 《再生能源法》 | 2003 年修订 |
| | | 《包装废弃物处理法》 | 1991 年制订实施 |
| 具体法规 | 7 | 《包装条例》 | 1991 年制订实施 |
| | | 《限制废车条例》 | 1992 年制订实施 |
| | | 《循环经济与废弃物管理法》 | 1996 年制订实施 |
| | | 《2001 年森林经济年合法伐木限制命令》 | 2001 年制订实施 |
| | | 《社区垃圾合乎环保放置及垃圾处理场令》 | 2001 年制订实施 |
| | | 《持续推动生态税改革法》 | 2002 年制订实施 |
| | | 《森林繁殖材料法》 | 2002 年制订实施 |

德国关于循环经济的立法及其实践，对日本、美国、欧盟各国等经济发达国家都产生了积极的影响，所以，它们基本上是依据德国的循环经济的立法对本国的循环经济进行了立法。

## （二）日本的循环经济立法

二战后，日本实行“追赶型”（追赶欧美先进工业国家）和“赶超型”（赶上并试图超过美国）的经济战略，其结果是，一方面，日本国民经济多年持续、快速增长，迅速成为世界经济大国，另一方面，日本经济快速增长是以牺牲环境为代价的。最终严重影响了自然界正常的生态循环，终于演变成严峻的社会问题和政治问题。所以，日本对循环经济的认识较为深刻，其发展循环经济、制定建立循环型社会的立法尽管较晚，但起点高，取得的环境和经济效果比较显著。

2000年，日本召开一届“环保国会”，通过和修改多项环保法规，6月2日，日本《建立循环型社会基本法》公布并施行。2000年被日本称为“循环型社会元年”。至此，日本促进循环经济发展的法律法规体系逐步完善。日本促进循环经济发展的法律可以分为三个层面：一是基本法，即《建立循环型社会基本法》；二是综合性的法律，包括《废弃物处理法》《资源有效利用促进法》；三是专项法，包括《容器和包装物的分类收集与循环法》《特种家用机器循环法》《建筑材料循环法》《可循环性食品资源循环法》《多氯联苯废弃物妥善处置特别措施法》等。其循环经济的法律见下表9-2：

**表9-2 日本的循环经济立法状况表**

| 类别 | 数量 | 法规名称 | 制定、修订与实施年限 |
|---|---|---|---|
| 基本法 | 1 | 《促进建立循环型社会基本法》 | 2000年12月制订并实施 |
| 综合性法律 | 2 | 《固体废弃物管理和公共清洁法》 | 1970年制订，1991年修订 |
| | | 《促进资源有效利用法》 | 1991年实施，2001年4月修订 |
| 具体法规 | 6 | 《容器包装循环法》 | 1995年制订并实施 |
| | | 《家用电器回收法》 | 1998年 |
| | | 《建筑工程资材再资源化法》 | 2001年制订，2002年实施 |
| | | 《食品循环资源再生利用促进法》 | 2001年4月实施 |
| | | 《绿色采购法》 | 2001年4月制订并实施 |
| | | 《汽车循环利用法》 | 2002年1月制订并实施 |

《固体废弃物管理和公共清洁法》制订最早，其主要内容是规定了对垃圾产生、分类、回收和再利用的处理办法。

《促进资源有效利用法》原名为《促进可循环资源利用法》，提出企业促进可循环资源利用的五项措施，即通过节约生产资源和延长使用寿命减少垃圾产生量、回用零部件、企业回收使用过的产品并使之再循环、使用后产品加贴选择性收集标签、减少副产品和其他循环措施。

《容器包装循环法》要求建立容器与包装回收体系，涉及不同主体要承担不同的责任。

《家用电器回收法》则规定：家电生产企业、销售商以及消费者有回收和循环利用废弃家电以及负担部分费用的义务。该法还规定电视机、冰箱、空调和洗衣机四种家用电器是必须回收利用的，同时规定在家电回收利用方面生产企业必须达到标准，具体回收利用率为空调60%以上、电视机55%以上、冰箱50%以上、洗衣机50%以上。在规定时间内，生产企业若达不到上述标准将受到相应处罚。消费者也必须为废弃家电的回收利用承担部分费用。

《建筑工程资材再资源化法》主要是为了推进硅块、沥青块、废木材等废物的再生利用，规定2010年上述3种废料的再生利用率目标为96%。

《食品循环资源再生利用促进法》规定食品厂、流通和外售企业对食品废物等负有将其转化为肥料、饲料的义务。

《绿色采购法》规定，政府等单位负有优先购入环保型产品的义务。

《汽车循环利用法》规定汽车生产厂商有义务回收和再利用废弃车辆，处理废弃汽车的部分费用由购买新车的用户承担。

《促进建立循环型社会基本法》认为，所谓的“循环型社会”是指限制自然资源消耗、环境负担最小化的社会。而“可循环资源”指的是那些没有考虑其价值而被称为“垃圾”的物质。规定对这些可循环资源优先处理的顺序是：垃圾减量—回用—能量利用—安全处理。该法律还明确了政府、地方主管、企业和公众的责任，鼓励每个人为建立循环型社会做出努力，将循环经济当作全社会的事来推广，实际上包括了从小循环、大循环、中循环的整个社会系统，上升到了全员性的层次。法律规定了企业和公众作为“垃圾产生者”的责任并增加“生产者责任”，即工厂对他们的产品从产地到处理负主要责任。规定了政府制定“促进建立循环社会的基本规则”。即首先在中央环境委员会颁布的指导原则下，由环境部拟定规划草案，在制定规划时考虑中央环境委员会的意见，制定规划必须通过相关部委和内阁的讨论，以保证政府对措施的执行，而一旦内阁对规划做出决定，应将决定报告议会，应明确规划的5年评估期，促进建立循环型社会基本规划，作为政府制定其他规划的基础。政府还必须制订建立循环型社会的措施。这些措施包括：减少垃圾产生量，以法规形式规定“垃圾产生者”在产品回收利用到评估的整个过程中增加“生产者责任”，鼓励使用再循环产品，对妨碍环境保护、产生污染的企业征收环境补偿费。事实上，该法也是日本循环经济立法的最高成就，确定了21世纪经济和社会发展的方向，提出了建立循环型经济社会的根本原则，对日本建设循环型社会具有根本性的意义。

## （三）美国的循环经济立法

美国目前还没有一部全国实行的循环经济法规或再生利用法规。1976年，美国制定了《资源保护回收法》，在一定程度上体现着发展循环经济的要求。该法共8章64条，主要内容包括：规定废弃物的收集和处置在继续作为州、地区和地方机构的职责的同时，联邦政府有必要采取行动，进一步减少废物的数量，并确保对不能回收利用的废物进行符合环境要求的安全处置。立法目的是保护人类的健康和环境安全，保护有价值的物资和能量。其所规定的具体措施是：给州和地方政府以及州际机构提供更高水平的固体废物处理技术、在管理计划方面提供技术和财政资助等。确定了该法的组织管理实施机构及其职权。规定危险废物的管理制度，包括危险废物的鉴定、有关标准和程序，适用于危险废物的生产者、运输者的标准等。此外，还规定了州或地区的固体废物计划、商业部长在资源回收中的责任等内容。同时，美国联邦政府和各州政府还推行了一些有利于发展循环经济的政策。1989年，美国加州通过了《综合废弃物管理法令》，要求在2000年以前，实现50%废弃物可通过削减和再循环的方式进行处理，未达到要求的城市将被处以每天1万美元的行政罚款。还规定玻璃容器必须使用15%～65%的再生材料，塑料垃圾袋必须使用30%的再生材料。美国7个以上的州规定，新闻纸的40%～50%必须使用由废纸制成的再生原料。佛罗里达州对向本地市场出售的所有饮料容器征收5美分的预付处理税，这些钱直接划入本州循环发展基金，以开展循环经济发展的相关研究。

1990年通过了《1990年污染预防法》，提出用污染预防政策补充和取代以末端治理的污染控制政策。但这2部都是阶段性或临时性的法规。自二十世纪八十年代中期加州、俄勒冈、新泽西等州先后制定促进资源再生循环法规以来，现在已有半数以上的州制定了不同形式的再生循环法规。由此可见，地方政府在循环经济立法方面的意识还是超前的。

### （四）欧盟的循环经济立法

欧盟各国也比较注重循环经济的立法，他们在产品循环利用、废弃物资源化方面已经取得显著成就。1975 年 7 月 15 日，欧洲共同体理事会通过了《废物指令》，明确要求各成员国应当采取适当的措施，鼓励废物的预防、再生和加工，鼓励对从废物中提取原材料或者在可能时提取能源并鼓励废物再利用的其他加工形式。该《废物指令》规定：依据“污染者负担”的原则，减去废物处理的任何收益，废物处理的费用应当出自通过废物收集者处理废物的持有者或有关的企业，以及先前持有者或产生废物的生产者。2000 年 9 月 18 日，欧洲议会和欧盟理事会通过了《报废车辆指令》；2002 年 6 月 27 日，欧盟委员会通过了《报废车辆指令》附件 II 的修改决定；2003 年 1 月 27 日，欧洲议会和欧盟理事会通过了《报废电器电子设备指令》。上述法律文件，分别对防止报废电器电子设备及车辆污染环境、促进对有关资源的回收利用和循环使用做出了明确规定，在全世界具有先进性和示范性。

### （五）瑞典的循环经济立法

瑞典议会于 1994 年确立了“生产者责任制”的原则方法，即生产者应对其产品在被最终消费后继续承担有关环境责任，而消费者则有义务对废弃产品及包装按要求进行分类并送到相应的回收处。同年，瑞典议会通过了关于产品包装、轮胎和废纸的“生产者责任制”法规。其后，汽车和电子电器的生产者责任制法规也都在《环境法》基础上相继出台。

除了上述国家，丹麦、挪威、韩国、阿根廷等国也进行了循环经济的立法，如丹麦制定了《废弃物处理法》；挪威政府于2003 年修订了《废电子电机产品管理法》，扩大了有关主体的循环经济责任，因为不具有代表性，在此不作赘述。

## 二、对发达国家循环经济立法的评价

首先，注意从全社会的角度来推广和倡导循环经济，并以立法的形式加以确定，具有全员性、全社会性。这在日本的《促进建立循环型社会基本法》里体现最为明显，该法明确了政府、地方主管、企业和公众的责任，鼓励每个人为建立循环型社会做出努力，将循环经济当作全社会的事来推广。

其次，立法具有可操作性。立法的目的是强制实行和推广循环经济模式，然而，立法必须具有可操作性，否则就会成为一纸空文，对生产和消费没有引导性。从各国的立法看来，不仅有基本法，还有一些具体的法规，使循环经济的立法富有可操作性。比如，德国以《循环经济法》为基础法律，并以《包装条例》《限制废车条例》《循环经济与废弃物管理法》作为具体的法律，使循环经济的立法具有操作性。日本则以《促进建立循环型社会基本法》，并辅以《容器包装循环法》《家用电器回收法》《建筑工程资材再资源化法》《食品循环资源再生利用促进法》《绿色采购法》和《汽车循环利用法》，也使其循环经济立法具有可操作性。

其三，注意政府在推广循环经济中的主导性作用。从发达国家的经验可以看出，各国政府在实践循环经济时，都制定了相应的法律、法规和相应的规划、政策，并对不符合循环经济的行为加以规范和限制。同时还采取一些必要的行政强制措施和经济激励手段。政府出台循环经济法律，并用法律约束政府、企业和国民必须履行义务，这一切对发展循环经济和建设循环型社会起到了极为关键的作用。

其四，注意生产者对推动循环经济的中坚作用，规定了生产者和排污者的责任。企业是生产的主体，也是循环经济实践的主体，所以各国政府在立法时都注重了对企业的法律强制。如德国的《限制废车条例》，规定汽车制造商有义务回收废旧车；《循环经济与废弃物管理法》则规定工业界在生产阶段和消费者在使用阶段就要尽量避免各种废物的排放，对于源头不能消减又可利用的废弃物和经过消费者使用的包装废物、旧货等要加以回收利用，使它们回到经济循环中去；只有那些不能利用的废弃物，才允许作最终的无害化处置。而《循环经济法》则明确规定，生产中首先避免产生废物，否则必须对材料或能源进行充分利用，只有两者都难以实现的情况下才可以对废物进行环境能够承受的清除。日本《促进循环型社会形成基本法》明确企业的责任，要求企业采取必要的措施，在产品使用后成为循环资源时，自觉进行循环利用，并有义务对循环资源进行处理。从事制品、容器等制造和买卖的业主，有义务提高制品和容器的耐久性，完善维修体制。《促进建立循环型社会基本法》规定生产者责任，即工厂对他们的产品从产地到处理负主要责任。这样，从生产的源头上就控制了废弃物的产生及其资源化处理，抓住了建设循环型社会的主要矛盾。

其五，建立环境影响事先评价制度。德国的《循环经济法》明确规定，生产中首先避免产生废物，否则必须对材料或能源进行充分利用，只有两者都难以实现的情况下才可以对废物进行环境能够承受的清除。日本的立法要求企业在商品的制造、加工或者销售和其他经营活动中，对其经营活动涉及的产品和容器应事先进行自我评价。同时，要向公众提供必要信息，以便抑制产品和容器变成废弃物，或者在其已经变成可循环资源时对其进行循环或处置。拥有许可权的行政机关可以参考环境影响评价的结果决定是否许可企业的生产，对容易造成废弃物的，拒绝许可，从而通过行政权的阻止来确保循环生产经营。这种事先评价制度是一种事前控制，从主观上避免对资源环境的浪费和污染，对发展循环型社会具有积极的预防作用。

其六，注重循环经济技术创新与进步，注重科技进步与教育。比如，德国的立法规定，谁开发、生产加工和经营的产品，谁就要承担满足循环经济目的的产品责任。从而促使生产者通过技术进步来解决生产中的废弃物的处理与资源化问题，并在生产中注重清洁生产技术的创新。日本的《绿色采购法》规定，政府等单位负有优先购入环保型产品的义务。这样，从政府的角度支持了环保技术的发展。欧盟的《废物指令》规定：依据“污染者负担”的原则，减去废物处理的任何收益，废物处理的费用应当出自通过废物收集者处理废物的持有者或有关的企业。这样，从经济利益的角度使得生产企业不得不注重清洁生产与资源化技术的研发，否则会导致生产成本的增加，企业利润下降，从而竞争力减弱。另外，各国的立法很注意对公众的循环经济观念的宣传、教育和学习，日本还从立法上确定了公众的责任，并每年进行广泛的宣传。

最后，立法具有层次性。表现为两个方面，一方面，有基本法，有综合性法律，也有具体的可操作的具体法律法规。另一方面，既有中央政府的法律法规，也有地方性的法律法规。这样的法律体系，使得在建设循环型社会时，地方政府可以根据各地的特点制定一些符合本地区特点的详细的法规，具有一定的灵活性。

## 第二节　我国的循环经济立法

从西方国家资源城市的转型来看，它们都将立法作为推进循环经济的主要手段。例如，日本制定了《促进建立循环型社会基本法》，德国制定了《循环经济和废物管理法》，在此法律框架下分别制定了资源城市的经济发展战略和发展循环经济的战略规划，并将法律手段作为倡导和强制性的措施，迫使企业、社会公众自觉地以循环经济的模式来对生产技术、消费行为进行规范，以符合循环经济的要求。从国外的实践来看，循环经济的立法，不仅使实践循环经济具有法律保障，而且也推动了循环经济关键技术的进步，对于资源城市产业结构的优化和人口—资源—环境的和谐发展起到了积极的作用。显然，立法既是制衡，更是前导，是发展循环经济的重要保障措施。加强与循环经济有关的立法和执法，将污染者付费的原则贯穿于生产、使用、回收利用的产品生命全周期，能够增强企业对资源循环的责任感，能够提高公众对循环经济的参与度，走以有效利用资源和保护环境为基础的循环经济之路，可持续发展才能得以实现。

## 一、立法状况

从我国目前的环境法体系来看，我国的循环经济立法是不全面、不系统的，因而也是不科学的。这表现在我国的基本法和综合法没有对循环经济加以规定。如由全国人大制定的19部法律，由国务院颁布的30余部行政法规，由国家环保总局等制定的70余件部门规章，由地方政府制定的900余件法规和规章以及400余个全国性的环保技术标准都没有确立发展循环经济和建立循环型社会的思想。只是在法律的个别条文中提到，应提高资源利用率。在专项法层面上，也没有像日本那样树立循环经济立法理念，还是以污染防治型的立法为主。如《中华人民共和国矿产资源法》《中华人民共和国水土保持法》《中华人民共和国固体废物污染环境防治法》《中华人民共和国环境噪声污染防治法》《中华人民共和国节约能源法》等，都是以污染防治的立法为主。当然，《清洁生产促进法》以基本法律的形式规范了清洁生产，代表着我国循环经济立法的进步，但它只是循环经济的一个初级阶段，在于把末端防治转变为源头防治，着眼于生产领域，而循环经济则是整个社会经济活动的循环过程，解决的是资源环境与经济发展的矛盾。循环经济模式把环境与资源看作经济发展的内生要素，而清洁生产只定位在企业层面，这和日本的循环经济立法的高起点——循环经济的社会性有极大的差距。

## 二、发展阶段

我国的循环经济的立法比国外要晚得多，其发展表现为二个阶段：

第一阶段，从20世纪70年代始，至20世纪90年代。只能称之为广义的循环经济立法阶段，因为这一阶段并没有从理念上认识到循环经济发展模式的基本原则、理论，只是从环境保护的角度进行一些立法工作，所以，在此阶段我国制定的一系列法律法规，主要是从加强环境治理的角度来立法的，实际上还是末端治理思想的体现。如1973年第一次全国环境保护工作会议上，原国家计划委员会拟订的《关于保护和改善环境的若干规定》，1985年国务院批转的原国家经济委员会起草的《关于加强资源综合利用的若干规定》，对企业开展资源综合利用制定了一系列的优惠政策和措施，并附有相关的产品和物资的具体名录，使企业一目了然。该规定的公布实施，有力地促进了我国资源综合利用工作的开展。

第二阶段，从20世纪90年代到目前，是我国循环经济立法的发展阶段。主要法规为：1996年8月国务院发布的《关于环境保护若干问题的决定》，该决定要求所有大、中、小型新建、扩建、改建的技术改造项目，要提高技术起点，采用能耗小、污染物排放量少的清洁生产工艺；1997年4月，国家环保局制定并发布的《关于推行清洁生产的若干意见》，要求地方环境保护主管部门将清洁生产纳入已有的环境管理政策，以便更有效地促进清洁生产；1998年11月，国务院发布的《建设项目环境保护管理条例》明确规定：工业建设项目应当采用能耗物耗少、污染物排放量少的清洁生产工艺，合理利用自然资源，防止环境污染和生态破坏；2002年6月29日，《中华人民共和国清洁生产促进法》获得通过，于2003年1月1日起施行。这是我国第一部以提高资源利用效率、实施污染预防为主要内容，专门规范企业清洁生产的法律规范。该法的公布实施，表明我国发展循环经济是以法制化和规范化的清洁生产为开端，是可持续发展的历史性进步。另外，我国一些地方和部门在发展循环经济的法规和规章方面做了不少有益的探索。例如，原国家经贸委1999年发布了《关于实施清洁生产示范试点的通知》，选择北京、上海等10个试点城市和石化、冶金等5个试点行业开展清洁生产示范和试点。作为试点单位的陕西省、辽宁省、江苏省、山西省、沈阳市等省市相继制定了地方性清洁生产法规和政策。陕西省环保局和省经贸委联合下发了《关于积极推行清洁生产的若干意见》，提出将部分排污费返回给企业用于开展清洁生产审计；辽宁省政府制定了《关于环境保护若干问题的决定》，明确要求各地区要将排污收费总额的10%以上用于清洁生产试点示范工程；江苏省政府发布了《关于加快清洁生产步伐的若干意见》，从立项审批、资金扶持、信息支持、科研推广扶持等10个方面制定了具体的清洁生产优惠、扶持政策。贵阳市2004年出台了《贵阳市建设循环经济生态城市条例》，而辽宁省的《辽宁省发展循环经济促进条例》

目前也正处于论证之中，上述地方性清洁生产法规和政策的实施，不仅为本地区推行清洁生产提供了法律依据和保障，也为国家《清洁生产促进法》的制定奠定了理论和实践基础，使该法更具先进性和可操作性。

第三阶段，从2005年开始，我国进入了循环经济的立法的研究与快速发展阶段，不仅中央政府、党和国家的领导人十分关注循环经济的立法和我国循环社会建设的进展，而且各级地方政府和许多专家学者都对循环经济的立法、建设循环型社会和节约型社会进行了广泛而深入的研究。2005年2月28日，第十届全国人民代表大会常务委员会第十四次会议通过了《中华人民共和国可再生资源法》，并规定自2006年1月1日起施行，同时，我国的专家、学者和政府决策层对循环经济的基本法进行了详细的讨论，循环经济的基本法进入了立法的最后阶段，我们相信，在基本法制定后，相关的具体法规、综合性法规将会很快建立起来，我国的循环经济立法将变得更加完备，更富有实践指导意义。

## 三、立法对资源城市成长的影响

循环经济立法，对于我国资源城市的各个产业生产经营方式的转变起到了促进作用。尤其对于资源城市从事资源开采与加工的企业来讲，循环经济的立法使得资源城市环境保护和资源可持续利用的双赢的生产模式具有了法律和政策上的依据和支持。然而，我国的循环经济立法总体上还处于初步阶段，对全局有重大影响的实质性内容并不是很多，而且有不少法律上的空白。例如，发展循环经济涉及财政、税收、金融、投资、贸易、资源回收、科技、教育培训与企业经营等方面，同时涉及包装、垃圾处理、建筑、食品、化学、家电、服务行业等领域，需要制定法规或者规章的任务很多很重，有许多法律上的空白需要填补。我国的循环经济立法是不健全的，零散的，至今还没有一部基本法。这些对于资源城市实现经济转型仍具有制约作用，资源城市政府在环境保护、资源管理方面仍缺乏必要的法律法规工具。另外，我国的循环经济的立法比较笼统，可操作性不够强，相关的法律之间还不够协调，这和发达国家有一定的差距。如德国1994年的《循环经济和废物清除法》附件1的第二部分强调，废物必须以不损害环境和人类健康的13类方式和程序进行。

## 四、资源城市生产方式转变与循环经济立法

循环经济立法是实现资源城市经济、环境和资源可持续发展的要求，是确

保资源城市环境安全和社会稳定的需要。资源城市政府要借鉴国外建设循环型社会，实现资源城市转型的成功经验，通过中央和地方立法的形式，促进资源城市改善传统的生产和消费模式，大力发展循环经济技术，减少环境污染和改善环境质量，在环境资源的承载能力之内保持经济的平稳增长，从而保证资源城市的良性成长。

首先，应借鉴国外的先进做法，尽快建立我国循环经济的基本法。基本法对于制定循环经济的综合法和具体法都具有指导和原则性的作用，只有确立建立循环型社会的基本原则，确立循环经济的立法总方向，才可以制定有效的综合法和具体法。

其次，要学习日本的立法经验，立法要具有高起点，要在立法中体现其社会性、全员性。不仅要规定生产者的责任、消费者的责任，也要规定一般的社会公众的责任。要明确国家、各级政府、企业、公众在建立循环型社会中的责任分担。并规定各方在合理承担各自责任的前提下采取必要措施，公平合理地负担采取措施所需的费用，使循环经济得到全社会的关注和认可，并以法律法规的强制手段来保证其实现。

第三，要尽快制定有关实现生产企业生产方式改变的具体法规，加强对资源城市和全社会的企业的质量管理、生产技术限制、废弃物排放与处置和资源利用效率等方面的法律制约，如《循环经济法》《废弃物限制处理法》《促进资源有效利用法》《再生能源法》《包装废弃物处理法》等，使资源城市的生产企业在法律法规的制约下，尽快实现粗放型的生产方式向集约式的生产方式的转变。另一方面，要采取激励措施，建立激励机制。比如，对实行清洁生产的企业给予税收的优惠，对加强废弃物资源化利用的企业给予补贴，并在融资、用地方面给予优先考虑等。

第四，要加强对生产者的负的外部性的责任的落实，解决公共地悲剧难题。线性生产范式是人类发展观的滞后所致，而在人类对线性生产技术的后果有了认识之后，环境与资源问题不能很好地解决，其原因在于制度缺失，即我们没有建立合理的制度，使生产者的外部性公正地由生产者本身来承担，而这正是循环经济立法的关键。生产者是环境污染的主要源头，也是资源浪费的主要环节，所以，循环经济的立法必须明确生产者对环境和资源的责任，要借鉴德、日的经验，依法明确生产单位利用、处置原材料和废旧资源的基本顺序。如，要求生产者在生产过程中尽可能减少资源能源消耗和废物产生。要尽可能地延长产品的使用周期，防止其过早地成为废物。要在产品所设计的功能消失即报废后，将其全部或者一部分转化为资源来加以利用。要将无法回收和利用的物质集中焚烧发电和供热，尽量回收热能，将热能回收之后仍然剩余的废物集中安全填埋。只有从立法的层面确立了生产者的责任，并辅以严格的管理，才能保证资源城市生产方式的真正转变和循环社会的真正实现。

第五，要以立法的形式规定消费者的责任，减少消费行为对环境的污染，提高资源的利用效率，建立节约型社会。比如，可以立法的形式禁止消费者随意丢弃垃圾，对导致环境污染的消费行为给予法律上的惩罚，以立法的形式鼓励消费者减少垃圾的产生，减少对环境的污染，提高资源的利用效率，加强废弃物的资源化利用和减少资源的使用数量。

最后，要进一步在立法中强化政府的作用，尤其是地方政府的行为。地方政府不仅担负着地方经济增长的重任，也对地方的资源、环境和经济的长期发展负有不可推卸的责任，而现行的政府官员的绩效评价制度是不健全的，使得地方政府的执政行为具有短期性，所以，在循环经济的立法中要明确地方政府在建设循环型社会中的责任，要改革地方政府官员的政绩评价制度，使地方政府的经济战略具有长远性、连续性。以立法的形式规范地方政府官员的行政，使之能够充分发挥主观能动性，科学地制定符合循环经济模式的地方经济发展战略，从而促进区域经济和社会环境的可持续发展。

当然，资源城市的政府在建设循环型社会中的任务更艰巨，这不仅因为资源城市大都面临资源和环境容量有限和资源过度开发、生态过度破坏和环境过度污染的现状，而且因为资源城市技术的单一性所形成的专业化锁定和其城市功能、产业结构的不合理对其建设循环型社会有着更大的制约。所以，资源城市政府要很好地吸收、借鉴国外和国内的一些有益的经验，加强地方循环经济的立法和制度建设，实现资源城市的良性成长。

## 第三节　循环经济在国外资源城市转型中的实践

循环经济摒弃了传统经济发展模式的“资源—产品—废弃物”单向式直线过程，采用“资源—产品—废弃物—再生资源”的反馈式循环过程。当然，循环经济中所谓的“循环”并不是完全的闭路循环，因为目前的技术条件下还不可能完全将所有的废弃物有效利用变成再生资源，总会有废弃物最终排向生态系统。因此，现阶段的循环所追求的是“最大化”的循环，而不是“完全化”的循环。

## 一、国外循环经济的实践模式及特点

(1) 企业层面的循环经济模式。也称为杜邦——企业内部的循环经济模式，是杜邦公司首先付诸实践的，即通过组织厂内各工艺之间的物料循环，延长生产链条，减少生产过程中物料和能源的使用量，尽量减少废弃物和有毒物质的排放，最大限度地利用可再生资源。

(2) 工业生态园模式或丹麦——卡伦堡工业园区模式，即按照工业生态学的原理，通过企业间的物质集成、能量集成和信息集成，形成产业间的代谢和共生耦合关系，使一家工厂的废气、废水、废渣、废热等废弃物或副产品成为另一家工厂的原料和能源，建立工业生态园区。

(3)德国——回收再利用体系（DSD)，即由专门组织回收处理包装废弃物的非营利性社会中介组织（DSD)，将企业组织成为网络，在需要回收的包装物上打上绿点标记，然后由 DSD 委托回收企业进行处理。

(4) 日本——循环型社会模式。由政府推动构筑多层次法律体系。其中，德国模式和日本模式比较受关注。德国是世界上最早实施循环经济的国家之一，它的特色是循环经济法制建设走在世界的前列。1991 年，德国首次按照从资源到产品再到资源的循环经济思路制定了《包装废弃物处理法》。1994 年，公布了《循环经济和废物处置法》，把资源闭路循环的循环经济思想从商品包装拓展到社会相关领域。日本模式则意味着环境保护技术和产业经济发展进入了新的发展阶段，其社会结构开始从过去“大量生产、大量消费、大量废弃”的传统经济社会，向降低环境负荷、实现经济社会可持续发展的循环经济社会转变。

(5)“绿点”模式，由欧洲各国实行的，要求包装生产商、包装与灌装商、销售商等承担责任对包装废弃物进行管理，成立专门机构来负责回收包装垃圾的做法。

此外，还有巴西的“拾荒者合作社”模式。1992 年，世界环境发展大会于里约热内卢召开之后，多家企业在巴西联合成立了企业再生利用协会。作为一个非营利的管理机构，协会主要运作模式是建立拾荒者合作社，即在政府与企业提供场地与设备的支持下，拾荒者组织成合作社。鉴于巴西的国情，他们要求居民简单地将垃圾按照干、湿分类，然后由拾荒者组织成合作社对环卫部门收集的垃圾进行分拣后卖给回收厂家。这一模式的建立，不仅提高了各种资源的回收利用率，减少了环境问题，更为巴西创造了50万个就业岗位，每名拾荒者月平均工资达到270美元，相当于巴西最低工资的两倍。

在以上的发展循环经济的六种模式中，德国模式和日本模式备受世界各国的关注，并得到推广和学习。其原因是德、日的实践模式取得的成果最大，对经济增长和环境建设的推动效应最为明显。德国是世界上最早实施循环经济的国家之一，它的特色是循环经济法制建设走在世界的前列，其循环经济立法体系共分三个层次：法律、条例和指南。除法律、条例外，还有农业和自然保护法、污水污泥管理条例、废旧汽车处理条例、废电池处理条例、有机物处理条例、电子废物和电力设备处理条例、废木材处理条例、废物管理技术指南、城市固体废弃物管理技术指南等。德国的立法的细致和具体，为其发展循环经济，保持资源—环境—经济的协调发展起到了良好的作用。日本模式更注重从全社会的角度进行循环经济的实践，立法起点高，富有战略性、指导性和完备性，对日本由“大量生产、大量消费、大量废弃”的传统经济社会向降低环境负荷、实现经济社会可持续发展的循环经济社会转变起到了重要的作用。

## 二、国外对资源城市老化问题的假说

国外关于资源城市老化的解释，有两种假说，一是资源诅咒假说，二是专业化形成锁定假说。

### （一）资源诅咒假说

资源诅咒假说认为，丰富的资源趋于阻碍而非促进资源城市的经济发展。许多早期的发展经济学家曾提出，丰富的资源是经济发展的重要支柱。20世纪的最后30年，在全球范围内，资源的丰富却常与经济增长缓慢联系在一起。石油资源丰富的OPEC国家，人均GDP呈现负增长；拥有大量高品位磷酸盐矿藏的瑙鲁国，已经矿竭国衰；尽管阿拉斯加拥有丰富的石油与渔业资源，但在20世纪最后20年，该州是美国唯一呈现经济负增长的州。与之相反，资源相对贫乏的日本、韩国、新加坡等国，在20世纪最后40年却创造了经济发展奇迹，表现出似乎是丰富的资源趋于阻碍经济发展。一些发展经济学专家认为，丰富的资源对于经济发展有多种作用机制：首先是资源财富的挤出效应。资源带来大量收入，导致收入享有者放纵，忽视经济管理与发展支持政策的重要性；其次是资源型产业的挤出效应。资源型产业为资本密集型产业，资产专用性强，其前后向正外部性都不大，该产业的发展与其高收入，导致其他产业及教育与人力资本、R&D投资不足；其三是资源财富引发寻租效应。资源财富是一大笔经济租金，特别是相关制度不完善，执行不力时，寻租获得的利益大于努力工作获得的利益时，利益相关者则将主要精力放在寻租上，而不是努力工作与创新上；其四是资源财富导致“荷兰病”。即资源出口国往往出现本国收入水平提高，本国货币升值现象，这加大了该国的制造业成本。

（二）专业化形成锁定假说

德国学者Grabher通过对鲁尔工业区的研究，将资源城市产业转型存在障碍的原因解释为专业化形成的锁定。德国鲁尔是一个高度专业化，区域内部企业高度相互依赖的工业区，一方面，各个钢铁企业在不同的产品领域形成高度专业化；另一方面，煤炭、机械制造、电子电器和服务业企业基本上都是直接为鲁尔区内企业特别是钢铁企业提供产品或服务，而且基本是长期的针对特定用户的产品或服务，在这样一个区域内逐渐形成了功能性锁定、认知性锁定和政治性锁定。

功能性锁定是因为长期稳定的钢铁需求促使鲁尔区内核心企业与其供应商之间形成紧密与稳定的关系。首先，供应商知道核心企业的投资计划，围绕该计划制定自己的研究与开发目标，以继续为核心企业提供产品，这在为煤炭企业提供设备的机械制造企业中最为显著，它们与主要客户共同开发新产品，产品的技术与功能从而被锁定；其次，供应商通常与核心企业中层管理人员有良好的工作关系，这在很大程度上削弱了供应商的市场营销能力。

认知性锁定。鲁尔区内密切的内部关系制约了区内企业对创新机会的察觉能力，使企业不去从其他渠道获取信息，这限制了联合体内机械制造企业的技术突破及其向有前途市场的转移，面对新技术提供的发展机会时，鲁尔区内企业仍一味寻求通过老技术的改进与提高而守原有位置，这样只能被牢牢地锁定在现存的技术轨道内，发生了“帆船效应”。

政治性锁定是指长期以来鲁尔区的经济发展受到产业、地方政府、国家区域发展部门、工会与专业协会之间合作关系的有效支撑，这种产业与政治之间的合作关系，产生了一个支持煤钢联合体的强有力的联盟，该联盟强调鲁尔在国民经济中具有特殊的“生产使命”，致使政府每年拿出巨额资金来补贴亏损严重的国内煤炭产业和煤钢联合体现存的技术轨道内的改进，同时阻止新兴产业在鲁尔区建立。

专业化形成的锁定对产业转型产生的阻碍效应，在德国鲁尔和乌克兰顿涅茨克这些资源城市得到不同程度的体现，而顿涅茨克企业在苏联计划经济体制下的专业化程度远远超过鲁尔，由此形成更为严重的锁定效应。

无疑，以上的两种假说不无道理，也存在事实基础，但显然有些牵强附会。比如资源诅咒说，以韩、日的经济增长和资源丰富的国家的经济萧条作为比较是片面的；经济增长的差异是存在的，也是显然的，但其真正的原因并不是资源的丰富所致。事实上，资源作为经济增长的四个轮子之一，对经济的增长和发展是极为重要的因素。而专业化形成锁定假说，从资源城市的发展现状来分析原因，也是不正确的，其专业化锁定并不是资源本身的储存丰度所致，而是产业政策和引导缺失所致。正如前面所述，资源城市的老化，有发展观念滞后的影响，有政府对资源城市成长的战略考虑欠缺的影响，有资源城市本身的城市功能设计与规划的影响，也有其产业政策落后因素的影响。如果资源城市政府和中央政府的相关资源制度比较完善，经济发展政策行之有效，是可以消除资源诅咒和资源专业化形成的锁定的，比如挪威。

## 三、循环经济在国外资源城市转型中的实践

资源城市循环经济的实践基本上属于工业生态园这一层次的实践模式，当然，也可能存在企业层面的实践模式，但总体来讲，它还是属于中观层次，只是区域性的，不能称之为社会循环模式。

资源城市受线性生产技术的影响很大，所有的老化的资源城市无不是线性生产技术的直接后果。许多资源城市在发展阶段并没有考虑到环境问题及其对经济增长的影响，连基本的生产过程的末端污染治理都得不到重视，所以导致了资源城市的环境污染与破坏日益严重，并对经济增长产生极大的负面影响，形成恶性循环，这种恶性循环正是资源城市老化甚至废弃成为鬼城的主要原因。循环经济模式是通过生产与环境保护技术体系的融合，强调首先减少资源的消耗，节约使用资源；通过清洁生产，减少污染排放甚至零排放；通过废弃物综合回收利用，实现物质资源的循环使用；通过垃圾无害化处理，实现环境友好生产。所以，循环经济范式对于资源城市，不管是成长初期的资源城市，还是成熟期的资源城市及老化的资源城市都具有重要的作用，是解决经济高速增长与生态环境日益恶化这一矛盾的根本出路。下面我们对一些国家的资源城市的转型实践进行分析，以期为我国的资源城市的成长政策、战略制定提供一些有益的决策参考。

### （一）德国鲁尔工业区的转型实践

德国鲁尔工业区的转型实践是世界上最为成功的转型案例之一，所以，对其进行介绍和分析，具有典型意义。

鲁尔区是德国北莱茵-威斯特法伦州的一个经济区，以采煤工业为基础，逐步发展为拥有煤炭、钢铁、机械、电力等各种工业的德国最大的工业区，既是德国煤炭工业的中心，也是一个现代化城市集群。这是一个以煤炭开采业为基础发展起来的工业中心。20世纪50年代末至60年代初，鲁尔区的煤炭开采成本大大高于美国、中国和澳大利亚，加上石油和核电的应用，煤炭需求量减少。1957年鲁尔区共有141家煤矿，雇用了50万以上的矿工。从60年代起，鲁尔区的煤开采量逐年下降。由于技术的发展，钢铁、汽车、造船业需要的人减少，钢铁生产向欧洲以外的子公司转移，钢铁产量也开始收缩。从此，鲁尔区传统的煤炭工业和钢铁工业走向衰落，煤矿和钢铁厂逐个关闭。煤炭工业就业人数从1962年起开始下降，到1996年已减至7万人，炼钢业失去了4万个工作岗位，造船业的就业人数减少2/3。20世纪70年代后，大工业衰落的趋势已十分明显，80年代问题越来越大，到80年代末期，鲁尔区面临着严重的失业问题。加之在建设初期，对土地利用、空间布局、环境保护缺乏全面规划，其以煤炭为主导的过分单一的产业结构受到了挑战，面临结构性危机、环境危机和经济增长危机，为了振兴鲁尔的经济，德国政府适时完善区域政策体系和调整区域经济发展战略，采用循环经济模式，对其进行城市转型的实践，其具体措施如下：

(1) 发挥政府在转型中的主导作用。为推动鲁尔区的经济结构变革和保持社会稳定，联邦和州对煤矿地区实施了一项为期三年的特殊政策，一是通过德国联邦协调银行提供低息贷款；二是对创造就业岗位的企业给以补贴；三是工人的转岗培训费用由政府资助。这些政策给企业转型提供了充足的资金支持，提高了其转型的积极性，促进了鲁尔区产业的多样化，增加了经济活力和创新的动力。

(2) 注意城市规划和管理，大力完善城市功能。为了完善原先由于缺乏规划而导致的城市功能的滞后，德国政府制定煤矿区的区域整治和发展规划，成立了鲁尔煤管区开发协会和若干专业委员会。协会的工作基础是“总体开发规划”，以土地利用规划为核心，根据产业结构和城市管理需要合理调整空间布局。对于浪费资源、污染严重的企业，或者予以关闭，或者在内部技术改造的同时，按照规划搬离市区。同时注重城市布局由单一功能区向混合功能区发展的趋势，重视生态保护和人居环境，规划改造各城市间的道路交通设施和其他基础结构，将国家铁路、城市铁路和市区交通衔接成一个完整的交通系统，发展和完善交通运输网，建设了多条高速公路，加速了水陆联运和南北向交通线路的建设，组成统一的运输系统，把全区彼此分割的工业区和城市紧密衔接起来，使之达到多种方式并举、区内区外协调、方便居民出行的目的。同时，把风景绿化规划摆在主要位置，以纵横十三条林带将工业区和城镇居民区分开，并配备专门的森林管理人员，负责森林的营造与保护。经过多年经营，目前的工业区和城镇群都掩映在森林之中。全面的区域整治和发展规划，既改善了煤矿区的区域形象，又为结构调整创造了良好的基础条件。

(3) 遵循循环经济模式，加强环保立法，重视环境建设，强化对煤矿区的环境治理和资源保护。为了杜绝矿山开采对生态环境的破坏，德国在完善法制的过程中，增加了多达 400 余条有关环保和资源保护的法律条款，迫使矿山企业改变过去的生产方式，进行更多的技术投入，改善生产工艺，使其符合环境保护的要求。为了改善环境，州政府成立了环境保护机构，统一规划治理环境，在鲁尔河上建立了完整的供水系统，在全区建立了烟囱自动报警系统，各工厂建立了回收有害气体及灰尘的装置。在鲁尔区，为了减少土地占用，绝大多数矿井的占地面积不到1 平方公里；为了防止环境污染，每个矿井都建有矿山垃圾处理流水线，使大部分垃圾能被重新使用，同时对垃圾中的有害物质进行处理。特别是对矸石堆放和塌陷区，明确规定矸石堆放的高度一般不超过 70～90 米，游乐的人工湖，或经过填充绿化和 15 年以上的沉降进行回填、植树造林、辟为农田牧场，有些还建设了独院式的居民区。鲁尔区投入了大量的资金进行“造地复田”“复垦绿地”或通过综合利用出产品、出效益。

(4) 加大对煤炭产业的扶持力度，采取大集团战略，提高煤炭产业的集中度，提高其生产效率和经济竞争力。为了扶持煤炭产业，缓和结构变动对矿区经济发展带来的影响，德国首先采取的措施之一就是推动矿山企业间的联合重组，本着“企业主动，政府支持”的原则，关闭了一批亏损严重的煤矿，联合、兼并了一批矿井，把采煤集中到业已形成规模的、盈利的和机械化水平高的矿井，实行集约化经营。其次，重视研发和采用现代矿山开采新技术，组织合理化生产，以高产高效和新工艺在竞争中取得优势，保持并发展了煤炭技术在国际的领先地位和技术输出大国的地位。

(5) 加强对煤炭工业的金融扶持。对煤炭产业进行扶持是德国特有的政策，这和鲁尔区的煤炭储藏的地质条件有关，德国的煤炭资源条件属较差的一类，与美国、澳大利亚等国无法相比。由于资源条件差，原煤开采成本高，缺乏市场竞争力。联邦政府为了保护国家能源安全，减少失业压力，对煤炭工业采取了相应的扶持政策。

(6) 实施产业结构调整战略，进行产业结构优化。其调整战略主要是发展新兴工业，改造传统产业，创新导向地方经济政策，吸引公共研发机构，高科技企业落户，建立促进区域技术与创新转移转化的机构，促进技术导向新企业，帮助当地企业实施技术创新，促进产业结构多样化。鲁尔区对煤炭、钢铁等传统支柱产业进行了技术更新，调整产品结构，积极开发具有竞争能力的新产品，同时通过引进新技术使产品升级换代，通过产品、技术结构的调整，拥有了一系列产量高，具有竞争力的拳头产品，同时，加快发展第三产业。为了优化产业结构，政府出面迁入了许多新型产业，如电气、汽车、服装等新兴工业，调整了以煤炭、钢铁等重工业为主的单一经济结构，初步缓和了鲁尔区的结构危机。然后不断通过立法手段和管理措施创造一个良好的政治、经济环境，完善社会市场经济体制，形成灵活有效的市场机制，培育新经济，新产业在这里显示出勃勃生机。

(7) 注重信息技术的培育，提高产品的附加值和技术输出水平。为了解决结构性失业问题，德国重视技术培训工作，依托大学与科研机构。当地技术导向的新企业，特别是环境技术，电子数据处理与软件开发企业有大发展。极具实效的职业教育培养了大批既有熟练专业技能又有较高职业道德的优秀技工，培训和在职教育方面的业务主要集中在培训公司，培训范围几乎覆盖了职业教育的全部领域，并且这部分业务已经形成市场，成为鲁尔区的支柱产业之一。

总之，鲁尔区是一个典型的资源老化城市，而其能源实现成功的转型是和德国政府的正确的经济政策分不开的，正是其遵循循环经济的理论，采取了系统的、科学的经济政策和相关措施，才使鲁尔区焕发出生机，重新走上了城市的良性成长的道路，并对德国经济发展做出了重要贡献。

### （二）日本煤炭产业转型实践

日本矿产资源缺乏，人均资源占有量很低，所以日本对资源型产业非常重视。日本的资源型产业主要是煤炭产业，由于受石油危机的冲击，煤炭产量大幅度下降，煤矿数目急剧减少。为振兴产煤地域，日本政府采取了许多有效的措施，大体包括以下几条：

(1) 加强煤炭的政策调整，进行政策扶持。日本先后出台了七次煤炭政策。在寻求使煤炭在国民经济中的作用与负担达到平衡的经营多元化与新领域开拓的同时，阶段性地缩小国内煤炭生产。并制定了《产煤地域振兴临时措施法》，在对产煤地域的现状与存在的问题进行全面认识的基础上，指出振兴对策的具体方向和振兴目标。其产煤地域地方财政支援对策包括产煤地域振兴临时支付金、产煤地域活性化事业补助金、地方支付税的特例三种。临时支付金制度支援所在市町村的经济振兴；产煤地域活性化事业费补助金制度对煤矿所在市町村带来很大影响；地方支付税的特例包括普通支付税和特别支付税，普通支付税主要适用于市町村的失业对策费及就业创造费，占财政支出比例较大，特别支付税指地方支付过程中对产煤地域地方公共团体财政状况的特殊照顾。

(2) 在融资和税制上对培育引进替代产业进行支持。主要是通过引入企业实行长期低息的设备资金融资和长期运转资金融资。

(3) 加强产煤地域基础设施的建设。包括四个方面：道县特定公共事业有部门利率上调及利息补给；市町村特定公共事业有关国库补助率的上调；小水系用水开发费补助；地域振兴整顿公团的工业团地建造。

### （三）美国资源型城市转型实践

从转型的结果看，美国资源型城市产业转型可分为三种类型：(1) 比较成功地实现转型，已经成为综合性城市，如匹兹堡；(2) 正处于产业转型过程之中，如百年矿城比尤特 (Butte)；(3) 放弃产业转型，即在资源枯竭时放弃城市，大多数小型矿业城镇的命运都是如此。当然，对于规模很小的矿区，可以在资源枯竭时放弃，因为它们对经济和社会的影响很小，但是具有一定规模的矿区和已经发展为城市，并初具城市规模或已具有城市规模人口众多的资源产地，则必须考虑城市的转型问题，所以，对于美国的资源城市的研究，我们主要介绍成功实现转型的城市和正在转型的城市。

匹兹堡位于两条大河交汇之处，区位条件好，1870 年钢铁产量占美国的 40%，被称为钢都，发达的钢铁工业造就强大的工会力量，美国全国性工会组织劳联-产联的总部就在匹兹堡。第二次世界大战以后，匹兹堡钢铁业与制造业就业人数开始减少，但这并没有促使匹兹堡实现产业多元化，20 世纪 80 年代开始，匹兹堡的钢铁业与机械工业失去了竞争力，失业率一度超过 15%。经过 20 多年的痛苦转型，匹兹堡不但解决了钢铁业与制造业带来的环境问题，成为美国适宜居住的城市之一，而且已经成为服务业与计算机软件导向的城市，医药业、银行业、法律服务业、会计业、保险业、广告业发展迅速，这在很大程度上归功于当地的大学，匹兹堡大学培养了大量现代服务业人才，而卡耐基-梅隆大学培育了匹兹堡的计算机软件业。匹兹堡的服务业与计算机软件业基本都是新兴的，主要是由外地迁移过来的或由外地人创建的，对于其城市产业转型具有重要的作用，已成为其主导产业。

比尤特为坐落在蒙大拿州高原上的百年矿城，19 世纪70 年代，当地发现银矿和铜矿，20 世纪初期为美国西部最大城市之一，人口近 10 万人，拥有全球第四大矿业公司 Anaconda，经过百年开采，资源越来越贫瘠，1983 年主要矿山停止开采，仅剩下个别矿山还在开采。由于城市历史比较悠久，又有一所历史同样悠久的大学——1900 年创建的蒙大拿大学技术学院作为城市的支柱，经过经济衰退人口减少（2000 年城市人口3.4 万）之后经济开始多元化。除了旅游业，医疗健康服务业和能源产业外，该市积极发展高科技企业，争取高科技企业落户，1997 年 AsiMI 公司的加工厂落户比尤特，当地人还建立了一些新技术应用公司。Rhodell 镇位于西弗吉尼亚煤矿带的中部，20 世纪30 年代发现煤矿进行全面开发，20 世纪40 年代末，Rhodell 镇处于鼎盛时期，各类商店与娱乐服务设施齐全，20 世纪 50 年代开始，由于煤炭资源逐渐枯竭，开采难度加大，煤炭公司纷纷撤离，为之服务的人员与商业也随着撤离，城镇被放弃，最终成为无人居住的鬼城（ghost town）。

美国的资源型城市主要是煤铁矿区和石油产区，一般规模较小，只有几千人到几万人的规模，转型难度较小。对于资源型城市的转型，主要采取了长短期政策，短期政策如利用财政支持和社会福利保障而采取的“创可贴”式紧急援助，使经济危机比较平稳地过渡，长期政策是针对矿产开采业不稳定社会结构的循环本质而定的。美国政府在资源城市转型的措施大致有以下几条：

（1）建立预警系统。预警系统是指提前公布公司的计划，给公司、地方政策、工人及其家庭留出足够的时间来逐步有序地关闭工厂或是放弃一个矿区城市，这样可以避免工人直接听到消息时的惊慌失措，使之寻找替代就业机会。同时，建立紧急经济援助、再培训、搬迁及工作分享策略，这是短期性的考虑。紧急经济援助可持续半年到一年，帮助工人度过最初难关，直到找到新的工作；再培训可以提高工人在新兴产业中的就业机会；搬迁到其他地区以渡过暂时难关；工作分享可以降低不稳定性，减少社会不安定因素。

（2）建立社区赔偿基金和专项保险机制。由政府、公司、工会组织注入社区基金，作为危机时期的补救来源，同时建立一个社区委员会负责审查并发放资助。

(3) 经济基础多样化和地方购买。要保障一个地区长期发展和繁荣，扩张经济基础，实现经济基础多样化是唯一的选择。地方购买会产生附带扩散效应，扩大地方就业和服务功能，将经济乘数留在当地。

(4) 实施区域规划，建立结构联系。在北美有中心城市资源区的概念，即围绕中心城市登记体系，在一个相当规模的大型人口中心的外围依次是无人居住带、移动性城镇地带、长期通勤城镇地带。这三个地带构成中心城市资源区，在工地有最必需的建筑，中心城市是周末娱乐和购物的场所，应当集中力量建设好，这样中心城市资源区资源的枯竭只会导致就业结构的转移而不是经济上的不稳定或城镇的消失。

(5) 鼓励地方参与等措施。要充分调动社区内人的积极性，发挥其在社会经济发展中的重要作用，注意综合考虑环境和经济效益，促进污染地开发及再利用。

## （四）乌克兰的资源城市转型实践

顿涅茨克是乌克兰老工业基地——顿巴斯的中心城市，人口约110万。19世纪60年代，顿涅茨克在当地煤铁资源的基础上发展起现代煤炭业与钢铁业。苏联建立后一直为重工业基地，煤炭、冶金与机械工业发达。长期处于计划经济体制下，其主要企业呈高度专业化，企业的原料与产品则由政府计划进行调配，这样的企业缺乏战略规划与市场营销能力。顿涅茨克虽然是乌克兰主要产煤区，但煤炭资源开发较早，煤田地质条件多不好，开采成本高，无法与进口煤炭竞争，而乌克兰政府将煤炭作为战略物资，国有煤矿因获得政府补贴得以生存。其冶金与机械工业在20世纪50和60年代领先世界技术，70年代开始下滑。苏联解体后，由于失去传统（苏联）国内市场及整体技术落后，市场萎缩衰退严重，多数企业亏损，依赖政府补贴才能运转下去。1992年到1999年城市真实GDP下降三分之二，煤炭、钢铁和机械工业从业人员失业严重，2002年4月真实失业率约为20%～25%，煤矿区高达30%～40%，到20世纪90年代中期，当地经济几乎没有任何结构性改革，相关企业仍然为国有企业。尽管20世纪90年代，顿涅茨克设计并部分实施了多种经济发展战略，但由于具有强大政治与经济背景的利益集团的压力，政府试图维持原有的重工业，使得亏损严重且缺乏资本来进行技术改造的重工业通过政治力量从国家获得大量补贴得以维持。1998年，顿涅茨克建立自由经济区，所吸引的投资大多是对现有生产设施的现代化改造，其中的58.6%投向冶金、石油加工、化学工业、机器制造和建筑业，这样的投资结构无助于顿涅茨克实现产业与劳动市场的多元化。

### （五）瑙鲁的实践

瑙鲁是一个面积20.72平方公里的热带海岛，人口约1.2万，1900年，该岛发现大量高品位的磷酸盐矿藏，储量达1亿吨。瑙鲁虽然是一个国家，但国土小，人口少，与一般城镇规模差不多。1968年独立以后，开始大量开采并出口磷酸盐矿藏，1981年瑙鲁收入猛然蹿升，人均达1.75万美元，一夜之间跻身世界最富有国民中，实行住房、电灯、电话、医疗等免费服务。居民已无须靠捕鱼为生，稍费力气或使用脑力的工作几乎都不做。到了21世纪初，磷酸盐矿藏已经采尽，该国政府考虑到矿藏枯竭问题，将盈余的钱进行投资，但由于投资不理智和管理不善，使投资的价值由10亿美元暴跌至1.3亿美元。瑙鲁人原以捕鱼为生，而且该国曾以浪漫的热带天堂闻名，发展渔业与旅游业有得天独厚的资源。但该国从未重视接替资源和接续产业的发展，居民的主要副食——食用鱼还一直依靠进口，以至如今的瑙鲁已经矿竭国衰，政府只得靠拍卖固定资产艰难度日，岛上大片荒地随处可见，除去裸露废弃的矿坑再没有多少值钱的东西。

## 四、对国外资源城市转型政策与措施的分析

资源型城市不能自然地保持其稳定发展的客观事实已为世界各国所认识，特别是对于依托耗竭性和不可再生性资源的城市来说，资源的丰度从一开始就决定了企业的生产规模和服务年限，决定了城市以该种资源产业为主导功能时间的长短。伴随着资源产业的生命周期，城市必将面临转型和可持续发展的严峻考验。如苏联的巴库作为资源城市也是随着石油开采而迅速发展起来的，巴库在鼎盛时期仅仅建立了石油加工业，而没有发展不依赖石油的多元产业，所以，随着石油的开采，储量日益枯竭，产量迅速下降，随着石油开采业的不断衰退，完全依赖石油资源的石油加工业也开始萎缩，城市的发展速度大大减缓。委内瑞拉的玻利瓦尔油田也是一个例子，该油田坐落在马拉开波湖东岸，由于没有形成其他替代产业，所以，油田区基本上没有发育成城市，只是形成了一些为矿区服务的地方型商业中心。这样的例子还有乌克兰老工业基地顿涅

茨克、美国的被称为鬼城的 Rhodell 镇及目前经济萧条的热带岛国瑙鲁。当然，资源城市的转型还存在许多问题，如不具备产业多元化的有利自然环境、有利人文环境、城市历史短暂缺乏凝聚力、市场对资源需求与矿产品价格剧烈波动、资源型城市产业转型时机难以把握、资源型城市产业转型需要花费大量公共资金、需要政府政策持续支持等。正是基于此，一些发达国家特别注意政府对资源城市的政策引导和财力支持、技术支持，注重以科学的生产理论（如循环经济的理论、人口—资源—环境的可持续发展的理论）来进行产业优化和改造，注重以系统、科学的经济发展战略和产业政策来引导和促进资源城市的转型与成长。

（1）注意循环经济模式的推广，加强循环经济模式在产业的优化和改造中的应用。比如德国在鲁尔工业区的转型中特别注重循环经济模式的应用，加强了环保立法，重视环境建设，强化对煤矿区的环境治理和资源保护。为了杜绝矿山开采对生态环境的破坏，德国在完善法制的过程中，增加了多达 400 余条有关环保和资源保护的法律条款，迫使矿山企业改变过去的生产方式，进行更多的技术投入，改善生产工艺，使其符合环境保护的要求。为了改善环境，州政府成立了环境保护机构，统一规划治理环境，在鲁尔河上建立了完整的供水系统，在全区建立了烟囱自动报警系统，各工厂建立了回收有害气体及灰尘的装置。在鲁尔区，为了减少土地占用，绝大多数矿井的占地面积不到 1 平方公里；为了防止环境污染，每个矿井都建有矿山垃圾处理流水线，使大部分垃圾能被重新使用，同时对垃圾中的有害物质进行处理。将采区经过填充绿化和 15 年以上的沉降进行回填、植树造林、辟为农田牧场，投入了大量的资金进行“造地复田”“复垦绿地”或通过综合利用出产品、出效益。

（2）注意政府的主导作用和宏观政策扶持。资源城市的老化问题，首先是经济增长的衰退问题，其实质是市场失灵，所以，政府调节就很重要。各国政府普遍将振兴资源城市的经济放在第一位，采取了各种财政、金融、税收手段，对资源城市的经济进行扶持。如德国为了加强煤炭工业的国际竞争力，对其进行了金融扶持，为了调整产业结构，德国政府出面迁入了许多新型产业，如电气、汽车、服装等新兴工业，调整了鲁尔区的产业结构；而日本对其产煤地域地方财政支援对策包括产煤地域振兴临时支付金，产煤地域活性化事业补助金，地方支付税的特例三种；美国建立社区赔偿基金和专项保险机制，以提高资源城市的预防风险的能力。

（3）注重对资源产业的扶持和改造。资源产业是资源城市的主导产业，各国都对资源产业进行了不同程度的扶持和改造。比如，德国除了对煤炭产业的财政扶持外，还加大对煤炭产业的扶持力度，采取大集团战略，提高煤炭产业的集中度，提高其生产效率和经济竞争力，实行集约化经营；并加强其技术改造，使其技术处于世界前列。

(4) 加强产业结构调整，实施多元化产业战略。如，德国实施产业结构调整战略，进行产业结构优化，其调整战略主要是发展新兴工业，改造传统产业，创新导向地方经济政策，吸引公共研发机构和高科技企业落户，建立促进区域技术与创新转移转化的机构，促进技术导向新企业创立，帮助当地企业实施技术创新，促进产业结构多样化。在融资和税制上对培育引进替代产业进行支持。日本则通过引入企业实行长期低息的设备资金融资和长期运转资金融资进行资源城市的替代产业的培育。

(5) 注重技术进步与科技教育对资源城市经济增长和产业调整的关键性作用。资源城市的技术结构具有单一性，有的学者称为专业化形成锁定，而技术进步是产业结构调整和优化的关键，所以，各国普遍注意技术创新与技术教育，并以之来优化资源城市的产业结构。如在鲁尔区的转型上，德国重视技术培训工作，依托大学与科研机构，当地技术导向新企业，特别是环境技术，使得其电子数据处理与软件开发企业有大发展。美国的匹兹堡依靠匹兹堡大学、卡耐基-梅隆大学，不但培养了大量的科技人才，而且解决了匹兹堡钢铁业与制造业带来的环境问题，并使之成为服务业与计算机软件导向的城市。

(6) 注意加强资源城市的基础设施建设。资源城市由于存在功能性的缺陷，在其发展后期必然要受到影响，为了促进资源城市的经济增长并提供良好的人居环境，各国都注意了资源城市的基础设施建设，以完善城市的功能。

循环经济正处于发展阶段，即使循环经济发展起步较早的德国、日本，在资源城市的转型与产业调整时，对循环经济模式的应用也处于研究阶段，不可能对资源城市的产业实现深入的、一步到位的由线性生产技术向循环经济模式的转变。在当时的历史阶段，由于受资源城市经济增长压力、就业压力的影响，首要考虑的是经济增长问题和就业问题，即产业结构调整与优化问题，替代产业的培育问题，这是资源城市转型的重心，也是其转型政策的研究重点。循环经济模式是其产业转型和产业选择的基本要求，已体现于其所选择的产业中。各国研究资源城市转型问题时，其措施中不可能会有大篇幅的关于循环经济的政策建议、产业要求和相关的文件资料，更多的是宏观的政策引导、产业调整和财政支持等有利于产业调整、替代产业培育和城市基础设施建设的政策和措施。

## 第四节　我国资源城市的循环经济实践

### 一、我国资源城市循环经济实践状况

我国有相当一批资源城市，2002年，国家发改委有关机构统计表明，我国县级市以上的资源型城市约有118座；中国矿业协会统计则表明，我国目前已经形成了390多座以采矿为主的资源型城市，其中，20%处于成长期，68%处于成熟期，12%处于衰落期。全国约有400多座矿山已经或将要闭坑，约有50多座矿城资源处于衰减状态，面临着资源枯竭的威胁，如新疆克拉玛依、黑龙江大庆、河南平顶山、山东枣庄、山西大同、甘肃白银、四川攀枝花等城市；国家发展和改革委员会研究员肖金成、王青云也指出，我国资源型城市共118座，总人口1.54亿人，其中市区非农业人口3400万人，职工1250万人。事实上，20世纪中期建设的国有矿山，已有2/3已进入“老年期”，即440座矿山即将闭坑；390座矿城中有50座城市资源衰竭，300万下岗职工、1000万职工家属的生活受到影响；当然，由于分类标准有所差异，对于资源型城市的数量，不同的学者的结论也不尽相同。但基本上反映了一个结论，就是我国的资源城市为建立我国完整的工业体系以及在推进城市化进程、提供基础原材料等方面做出了重要贡献。但随着资源的逐渐枯竭，资源枯竭型城市经济滑坡、环境劣化，严重制约了城市的可持续发展，对国民经济的增长、社会的安定和实现小康社会的影响是较为明显的。所以，资源城市的问题已经成为中央政府和资源城市的政府不得不努力解决的一个重要课题。

党和国家的领导人对资源城市的问题及循环经济在资源城市的实践进行了多次指导。2005年3月11日，在中央人口资源环境工作座谈会上，中共中央总书记、国家主席胡锦涛指出，环境保护工作要加强环境监管，加快重点流域、重点区域的环境治理，加强农村环境保护和生态环境保护。积极建设节水型社会。温家宝则指出，要强化我国人口多、人均资源少和环境保护压力大的国情意识，强化经济效益、社会效益和环境效益相统一的效益意识，强化节约资源、保护生态和资源循环利用的可持续发展意识，进一步增强做好人口资源环境工作的责任感和紧迫感。在大连召开的东北地区资源型城市可持续发展座

谈会上，中共中央政治局委员、国务院副总理曾培炎强调，资源型城市要加大产业结构调整力度，要提高资源采收率，发展精深开采和精深加工，要挖掘资源潜力，拉长产业链条，要充分利用剩余资源和共伴生资源，加快发展接替产业。要大力推进清洁生产，狠抓节能、节材、节水工作。加快发展循环经济，积极开发煤矸石、矿井水、煤层气、瓦斯等的综合利用。加强采煤沉陷区治理，加大废弃土地整理复垦力度，实施好天然林保护工程。我国政府对资源城市采取了一系列的积极财政支持与优惠政策，以帮助其实现经济转型，而资源城市当地政府也积极地利用循环经济的模式和原则，对其相关产业进行改造，并加强了废弃物的资源化、减量化和资源使用的效率化的管理，所有这些对资源城市的成长起到了积极的作用。比如辽宁省的阜新市、山西省的阳泉市、山东的龙口市、河南省的焦作市等，都不同程度地在城市转型中遵循循环经济的范式并取得了一定的成就。

（一）阜新模式

阜新是一个典型的煤炭资源型城市，过去曾为全国输出煤炭 5.2 亿吨，由于资源的枯竭及不合理的生产方式，不注重资源—环境—经济的协调发展，城市成长陷入困境，人民收入大幅下降，经济增长减速，环境质量恶化。为此，2001 年 12 月，我国将其列作唯一的一个资源城市转型的试点。阜新市为了实现经济转型，改变其经济与城市状况，建立了“一新带三新、三新促转型”的理念，“一新”，即观念创新，他们将之作为推进阜新经济转型的首要前提，超常的创造力、拼搏力、启动力是其观念创新的集中体现。“三新”即体制、机制、科技创新，是实现观念创新的主要途径。经济转型的切入点是发展现代农业，将未来的主导替代产业定位为绿色农产品精深加工业，这是比较符合阜新的实际情况的。除了主导替代产业的选择外，阜新市比较重视循环经济在其城市经济转型中的实践，市政府要求必须把加强生态建设摆在经济转型的战略位置。改变对资源的掠夺式、粗放型开采，以减轻对生态环境的影响，要求千方百计拓宽资源利用领域，大力提高采矿率，通过应用先进技术加强伴生、共生资源的综合利用，减少资源浪费，提高经济效益，要利用矸石、尾矿等废弃物，化害为利，变废为宝，要求通过加强水资源建设、加快发展林业和加强城市环境治理，实现经济转型与生态建设、环境保护的有机结合。经过三年的努力，阜新市国民生产总值每年都以超过 20%的速度增长。其接续产业目前都已初具规模，且每个产业都有一些龙头企业，阜新经济保持着健康的发展势头。

（二）阳泉模式

阳泉是我国重要的煤炭能源基地，过去对我国国民经济的增长起到了重要的作用，由于计划经济时代经营城市理念的滞后和机械发展观的影响，也面临着资源城市共有的问题。然而，经过艰难的调整，阳泉这个资源型城市转型走上了轨道，产业结构达到了一定的优化，实现了梯次分明、合理的产业结构，替代产业得到了培育，并在 GDP 贡献中的比例逐步上升。城市成长步入了正常轨道，经济增长平稳，环境质量提高和城市功能扩大都取得了令人瞩目的成效。2004 年，全市规模以上工业企业销售收入 168 亿元，较上年增长 30%，实现利税 24 亿元，较上年增长 43%；财政总收入完成 27.4 亿元，比上年增长 34.3%。阳泉的经济转型首先注意对原有产业的改造，他们遵循循环经济的范式，按照“控制总量、规模生产、清洁加工”的思路，抓住国家加强大型煤炭基地建设和煤炭市场需求旺盛、价格上扬的良好机遇，根据本市地方煤矿的资源赋存、生产能力等情况，优化资源配置和提高煤炭产业集中度，以南庄、大阳泉等 11 个实力较强、市场占有份额较大、具有带动能力的地方骨干煤炭企业为核心，采取联合、联营、收购兼并、股份制和股权转让等形式，建成 11 个年产量 200 万吨至 400 万吨的紧密型或松散型煤炭集团，总生产能力达到年产 3000 万吨，使全市煤炭产业的集中度提高一倍以上，机械化水平大幅度提高，煤炭资源回收率提高 1/3 以上。通过对采掘企业的优化组合，改变原来有水快流的破坏性开采方式，做到细水长流。另一方面，不断延伸产品链条，原煤入洗比例成倍增长，洗精煤、型煤、配煤、焦炭、燃用煤气等煤炭系列加工长足发展，尽量做到榨干吃净，使生态环境得到较好保护，实现煤炭工业的可持续发展。这样，不仅实现了产业集中度的提高，也提高了其竞争力，同时，实现了资源的减量化、环境的无害化、生产的清洁化。2004 年，阳泉市对于其传统产业——耐火材料进行了技术革新，摒弃了原有的原材料消耗高、生产成本高、环境污染高、产值低的“三高一低”的简陋的“蒙古包”式窑炉生产方式，代之以煤气作为燃料的隧道窑，不仅提高了产品质量，而且大大减少了污染。当然，阳泉也制定了正确的产业政策，他们发挥阳泉市地处太原、石家庄两大城市经济圈交汇处的区位优势，立足建设“新型能源和新型材料工业基地”的战略定位，彻底改变老工业基地长期以来单纯依赖资源发展而导致结构单一、效益低下、包袱沉重、后劲不足的状况。明确提出：“调优主导产业，调强特色产业，调先高新技术产业，调大重点骨干企业”，坚持用高新技术改造传统产业与发展高新技术产业并重，加强能源原材料基地建设与发展下游终端产品并重的经济发展战略。利用煤炭、电力优势，发展碳素、甲醇、聚氯乙烯等化学工业；利用丰富的铝矾土资源和电力优势发展氧化铝、电解铝、铝型材；陶瓷工业以建筑陶瓷、电工陶瓷、日用陶瓷、卫生陶瓷为主；新型建材则以发展高标号水泥、特种水泥、铝塑管、UP—VC管材等为重点，初步形成了新的多元化的产业结构，以基础、高新技术产业为先导、新兴接替产业为主体的多元化支柱产业体系。

当然，阳泉市政府也注重进行以产权改革为核心的现代企业制度的建立，注意城市文化和融投资环境的改善，但总体来讲，循环经济的范式在阳泉城市的经济发展中起到了重要的作用，这种崭新的经济增长方式，对阳泉的经济增长、资源产业的可持续发展和城市环境质量的提高都会有深远的影响，具有重要的现实意义。

### （三）龙口模式

龙口市是山东一个以煤炭资源为特征的资源城市。龙口市的循环经济实践具体有以下几个方面：

首先，实行热电联产，搞好资源综合利用，用热电厂替代采暖锅炉，极大地减少了环境污染和资源浪费；其次，大力发展洁净煤技术，开展动力配煤。通过引进煤种，以配煤技术克服自己煤炭品种热量低、挥发份高、燃点低、含硫量低的产品缺陷，从而满足不同用户的需求，不仅节约了资源，而且极大地减少了污染物的排放，尤其是添加固硫剂和助燃剂的环保型动力配煤，能使$SO_2$的排放量减少40%～50%以上，即使低挥发份无烟煤的配入量达到40，在工业锅炉中仍能达到正常燃烧；第三，积极开展资源综合利用工作，加强对矿井水和生活污水的再利用，基本实现了矿井水和生活污水零排放，既美化了环境又节约了资源。并以部分矿井水作为电厂冷却用水，热生厂则利用循环冷却水建起了现代化养鱼场，加大了矿井水的利用率。以粉煤灰和炉渣制造空心砖，消除了粉煤灰露天堆积造成的扬尘污染，改善了大气环境质量，也减少了黏土制砖对耕地的侵蚀等。龙口市的主导产业是煤炭产业，所以，以煤炭产业作为重点实践循环经济，实际是把握住了问题的关键。

## 二、我国资源城市实践循环经济存在的问题

资源城市的循环经济并不只是在资源枯竭时和资源城市转型时才具有实践

意义。事实上，循环经济的发展模式是一种崭新的经济增长模式，它不仅适用于新兴的资源城市，也适用于成熟期的资源城市和枯竭期的资源城市，具有普遍的现实意义。从一定意义上讲，对新兴的资源城市和正处于成熟期的资源城市的意义更大，较早的实践循环经济，有利于资源城市的资源产业的可持续发展，也有利于延长资源产业的生命周期，使资源城市有充足的时间来进行接替产业的培育和产业结构的优化和调整。总体来讲，我国的资源城市的各级政府已经认识到了循环经济的价值，已经在行业管理和经济政策中体现出了循环经济的理念。但也存在着不足，主要表现在以下几个方面：

第一，一些资源城市政府在观念上没有得到真正的转变，没有认识到循环经济作为一种重要的经济增长模式对于经济发展具有的积极意义。

第二，绝大多数政府的法规、制度没有从立法的角度对循环经济的地位加以肯定，没有对相关产业的生产者、消费者在行为上进行循环经济法规法律的制约，使得循环经济的实践不具有法律基础。

第三，资源城市在进行产业结构的优化时，更关注的是产业对经济增长的贡献，而没有从绿色 GDP 的角度进行核算，没有对经济增长的模式与质量进行广泛的关注，没有将循环经济模式作为重点，没有将循环经济作为资源城市经济转型的主要内容，所以循环经济的起点低。

最后、资源城市对循环经济的推广，没有实现社会性，即没有从政府、生产者、消费者和一般社会公众的范围进行广泛的宣传，使得循环经济的落实存在局限性，不能真正的引起社会的关注，从而使得建立节约型社会、和谐社会存在一定的障碍。

### 三、我国资源城市实践循环经济的决策建议

我们认为，资源城市政府在实践循环经济模式时，要注意以下几点：

首先，资源城市的政府要从战略的高度充分认识到循环经济模式对资源型城市的重要现实意义，要改变传统的经济增长观念，要正确认识循环经济模式对资源城市的价值，要注意到循环经济的根本并不仅仅在于建立一个节约型社会，而在于它是一种崭新的经济增长模式，它通过资源的减量化技术，实现了资源使用效率的提高；通过废弃物的资源化，不仅减少了治理环境污染的费用，而且产生了新的可供经济发展所使用的资源。资源城市的政府要把循环经济模式的建立和推广作为一项经营城市的主要工作，作为产业调整和培育的前提条件，只有这样，才能保证真正实现资源城市的良性成长。

第二，不管是处于什么时期的资源城市，事实上都面临着资源开采业对环境的污染压力、资源开采业在资源枯竭时的产业接替问题及由此可能导致的经济增长问题与就业问题，所以，资源城市在产业结构的优化时，要遵循循环经济的模式，在工农业结构调整方面，要淘汰、关闭浪费资源、污染环境的落后工业，用清洁生产技术和高新技术改造和更新能耗高、污染重的传统产业，大力发展节能、降耗减污的技术产业，形成循环经济占主导的循环经济型企业。

第三，产业结构的演变规律是依着第一产业、第二产业、第三产业的顺序进行的，但并不意味着第一产业的比重越小，区域的产业结构就越合理，事实上，资源城市的产业结构的调整和优化要结合自身的资源条件，可以选择农业作为主导产业，可以发展附加值高的制造业作为主导产业，可以发展旅游业、服务业作为主导产业，这要根据资源城市本身的条件。比如阜新就选择现代农业作为替代产业。沈阳则将汽车业作为主导产业。但在发展农业的时候，也要遵循循环经济的模式，变传统的粗放型的生产模式为集约型的生产模式，要积极利用节水、节地和节约肥料的技术，发展生态农业，实现农业生产的生态化。发展旅游业、服务业的时候，也要遵循循环经济的原则，注意经济增长与环境的协调，而这是一般的资源城市政府所忽略的问题。

第四，要加强循环经济理论的教育，大力推广循环经济模式。循环经济模式真正要成为经济增长的主要模式，就要在整个资源城市实现循环经济的社会化，即使资源城市的各个层次、每一个社会成员都认识到循环经济模式的意义，这就需要广泛展开循环经济理论的教育与宣传，唯其如此，才能使资源城市的各级社会组织、每一个社会公众在其生产、经营和生活中自觉地遵循循环经济的三个原则，实现资源城市生产模式的转变和消费模式的转变，从而提高资源的利用效率、减少废弃物对环境的污染，加强废弃物的资源化。

第五，要建立创新型城市，大力发展循环经济的技术创新体系。发展循环经济，需以循环经济的技术体系为支撑，如果不能进行技术创新，发展并完善循环经济的基础技术，循环经济的模式只能是一种人类对资源、环境和经济增长三者关系认识的一个理论，是一种理性的先进的但不能对社会经济产生作用的发展观，所以资源城市要响应党中央的号召，大力倡导技术创新，发展循环经济的各种技术，如节能技术、清洁生产技术、废弃物资源化技术等，建立创新型社会。

总之，实现循环经济的模式，促进资源城市的经济增长与城市的良性成长，需要资源城市政府、各级组织、生产企业、消费者改变传统的生产、消费与生活观念与方式，为建设循环型社会共同努力；需要资源城市的政府对循环经济在资源城市经济发展中的作用有正确的认识，并在立法上、行政管理上、行业规范上下大力气，为循环经济的推广建立条件，只有资源城市的政府和全社会认识到循环经济模式的重要意义，并在实践中自觉地运用，资源城市才能真正解决其城市成长的危机，避免倒 S 规律，实现城市成长的良性化。

# 第十章　基于循环经济的资源城市成长战略

## 第一节　资源城市的成长与经济发展

资源城市能否实现良性成长，决定因素在于其是否制定并实施了科学的经营城市战略，或者说制定了科学的城市成长战略。战略决策（strategic decision）原是一个军事用语，指对战争或其他全局性的重大问题所做出的决定，也就是战争指导者的战略决心，是战争活动中主观指导最重要的表现，是一个较长时期内对军事行动所做的谋划，具有长期性、针对性、全局性、时效性、风险性和指导性等特点。后来，人们把这个概念沿用到经济、管理学科中去，其内涵有所扩展。

### 一、资源城市成长战略的特点和内容

资源城市作为一个中观的区域经济范畴，是国民经济的重要组成部分，其本身的成长和社会安定对于整个国民经济的发展都有极大的影响，资源城市能否实现经济的稳定增长，完全取决于资源城市本身的成长战略决策。资源城市的成长战略决策就是指资源城市在一个相对较长的时期内对其成长所做的谋划与规划。其内容一般包括确定战略目标、战略方向、战略方针、战略任务、战略步骤、方法和手段等。具体包括资源城市的成长战略、城市功能与城市规模的定位、成长发展路径的确定及城市的经济发展战略等，具有和军事战略相同的针对性、全局性、时效性、应变性、风险性特点。

### 二、资源城市经济发展战略在城市成长中的地位

经济发展战略是一个区域经济发展的总体目标，是某一区域根据其可供利

用的资源禀赋而对经济全局的方针、计划、安排和部署所做的总体设计，是一个区域经济发展模式的重要组成部分。而资源城市的经济发展战略是对其经济总体发展的设想、思路和谋划，是资源城市根据其本身的区位因素、资源禀赋条件等对其未来发展的目标、方向和总体思路进行的谋划。主要内容包括替代产业的选择、产业结构的调整、产业的发展战略、经济政策的制定等内容。资源城市的城市成长路径、城市功能定位固然在资源城市的成长战略中居有重要的位置，但其根本保证则在于资源城市的经济发展战略。从历史经验看来，一些资源城市之所以老化，出现就业危机、经济增长危机、环境危机，根本原因无不在于其成长战略决策的失误，而成长战略失误的关键则在于经济发展战略的失误。事实上，资源城市的环境危机、就业危机在一定程度上是经济增长危机的衍生物，是由经济增长危机引发的（当然，环境危机在相当程度上是由于发展观滞后而随经济增长导致的，但资源城市经济增长的减缓使得在发展观转变后，环境质量问题不能为资源城市所消化，所以，从这个意义上讲，环境危机也缘于经济增长危机）。国外资源城市转型的实践表明，只有制定了以科学的经济发展战略为主要内容的资源城市成长战略，资源城市才能实现良性成长，才能解决三大危机。可见，资源城市的经济发展战略重点对于其良性成长意义重大，具有前瞻性的指导作用。在具体的战略决策中，资源城市的政府和相关部门不可不慎。

以资源为依托的资源城市，其环境与经济问题的根源在于其丰富的资源和线性生产模式，如果资源城市能及早地认识到循环经济发展模式的意义，并在经济发展战略中正确地运用循环经济模式，则可以较好地解决其三大危机的。从理论和实践研究来看，循环经济的发展模式是资源城市最为先进的发展模式，所以，在当前，研究资源城市的成长战略问题，最终只能归结为以研究资源城市的循环经济模式在产业调整、产业优化和主导产业选择和实践循环经济的立法和政策制定的经济发展战略决策上，归结为资源城市的循环型社会的建设上。

## 三、资源城市经济发展战略的分类

### （一）从经济发展战略的层次上分类

资源城市的经济发展战略从层次上可以分为综合性经济发展战略、产业发展战略、企业的发展战略。综合性经济发展战略就是资源城市的总体战略，它是对资源城市整体的经济发展进行的谋划，具有全局性、系统性，包括资源城市经济发展的总体目标、战略思想、实现步骤、相关措施和政策指导等；产业发展战略是一个中观层次的经济战略，包括产业的结构调整的目标、产业优化的措施、主导产业的培育措施和目标、不同产业的发展水平与规模，产业发展的重点等，它要求资源城市的政府要根据其区域的资源与区位因素，进行优势劣势分析，制定出合乎其具体经济发展环境的科学的产业发展战略；企业是资源城市的微观经济主体，同时也是最具活力的经济细胞，如果企业的发展萧条，则资源城市的经济就处于停滞的状况，所以，企业的发展战略对于资源城市的成长也具有重要的意义，企业发展战略就是企业根据市场条件、资源条件和技术条件，所制定的符合企业长远利益的发展目标和战略方针。

（二）资源城市的经济发展战略模式

资源城市的经济发展模式可以分为进口替代战略、出口替代战略、初级产品出口战略和内需主导型发展战略模式四种。

(1) 初级产品出口战略。资源城市建设初期到以后的相当一段时期，其经济发展战略就是初级产品出口战略，即通过向区域外输出资源来发展经济。这是一种外向型的经济战略，由资源城市本身资源禀赋决定。而正是没有在适当的时候及时改变这种战略，致使资源城市的产业结构单一、经济基础不具有弹性，为其城市老化埋下了隐患。

(2) 进口替代战略。进口替代战略就是用资源城市生产的产品来替代区域外输入的产品。是一种内向型战略，具体分为消费品进口替代战略和生产资料的进口替代战略。所谓消费品进口替代战略就是资源城市自己生产消费品，以满足资源城市居民的需要，以取代该产品的进口；而生产资料的进口替代战略就是通过资源城市本身生产进行其他生产资料生产和消费品生产的生产资料，以取代从区域外进口。也有的学者分别称它们为下游产业进口替代和上游产业的进口替代。进口替代战略对于资源城市具有重要的意义，首先它可以使资源城市通过发展自己的产品而建立起一定规模的某产业的基础；其次，可以培育一定的技术人才；最后，它可以避免资源城市的资金外流。但也存在困难，一是发展该产业的技术困难和人才困难，二是资金制约。

(3)出口替代战略。即以发展出口产品为主的发展战略，可以分为初级出口替代战略和高级出口替代战略，其分类依据是加工深度的不同，初级出口替代战略即出口的产品为初级产品，而高级出口替代战略出口的产品为附加值高、技术含量高的高级产品。显然，高级出口替代战略比初级出口替代战略具有优势，资源城市应力争以高级出口替代战略为目标，发展起自己的富有高技术含量的产业，这样，不仅有利于提高产品的国际国内竞争力，也有利于改变资源城市的生产方式，实现劳动密集型、资源密集型的产业向技术密集型、资金密集型的产业的转移，使资源城市的经济竞争力和技术竞争力得到提升。

(4) 内需主导型发展战略。内需主导模式就是通过发展和开发资源城市内的消费需求，以促进其经济发展的战略模式。然而，内需主导模式对于成长期和成熟期的资源城市具有优势，因为其初级产品输出给资源城市积累了相当的资金，有开发消费的现实基础，有利于通过内需主导发展战略推动产业的高度化。而对于老化的资源城市则不具有现实性，它们经济增长步入困境，仍需要国家的各项优惠政策的支持。

### （三）从经济战略制定的思维方式上划分

从经济发展战略制定的思维逻辑上讲，可以分为常规的顺向思维方式经济战略和逆向思维的经济发展战略。所谓顺向，即指沿着基础条件—资源条件—项目选择—生产与市场—结构与发展目标的路径去制定经济发展战略，而逆向思维的经济发展战略的制定是沿着结构与发展目标—生产与市场—项目选择—资源条件—基础条件的顺序进行战略决策的，比如所谓的超循环经济发展战略就是在经济发展过程中，通过寻求和培育经济发展中某些部门或环节的突出优势，形成快速增长之势，以突破原有循环发展的轨道，带动整个经济跳跃式发展，最终使经济发展。

除上述三种分类，也可从增长速度、产业类型和经济体制来划分，如从经济增长速度上可以划分为高速增长型和非高速增长型；从产业的角度可以分为工业化主导型、资源开发型、传统农业型、第三产业开发型和综合开发型；从经济制度的角度可以分为政府集权控制、政府主导下的市场经济和自由放任的市场经济，当然，后者在实践中基本不存在。

## 第二节　资源城市经济发展战略决策基本程序及其内容

### 一、资源城市经济发展战略的组成

资源城市的经济发展战略是保证其城市良性成长的基础，具有长期性、全局性、根本性的特点。它通常包括三个基本组成部分：制定战略的实际依据和理论依据；提出在一定时期内拟实现的综合的、概况的总体目标和在某些方面比较具体的目标；提出实现战略目标的途径和手段。具体包括：经济发展的战略目标、战略重点、战略部署、战略措施等。

（1）资源城市的经济发展战略目标。经济战略目标是指一个较长的时期内，资源城市的经济发展所要达到的目标，它包括资源城市的经济总量的增长和经济结构的变化，资源城市人民生活水平的提高，包括与经济发展密切相关的社会发展，如发展教育、科学、文化事业、控制人口、保护环境等，是资源城市在一定时期内经济发展的出发点和归宿点，它决定资源城市经济发展的方向和主要任务。确定经济战略目标，是资源城市的政府制定其经济发展战略的首要环节。

（2）资源城市的经济发展战略重点。资源城市的战略重点是指为实现资源城市的经济发展战略目标而必须予以重点发展的关键部门和薄弱环节。

（3）经济发展战略部署。战略部署是为了实现战略目标而做出的分阶段的进度安排。

（4）经济发展战略措施。战略措施是指为了实现战略目标所采取的各种对策、办法和途径。

资源城市的经济发展战略各个组成部分是相互依存、相互支持的关系。制定经济发展战略的事实依据和理论基础是资源城市确立经济发展战略的目标的基础，不能正确地评价资源城市的经济发展现状，不能正确的运用相关的经济理论与方法，就不能得到科学、合理的资源城市的经济发展总目标及其目标体系，当然，对资源城市的经济发展就起不到指导的作用，反过来，实现经济发展战略的手段与措施，对于总目标的实现具有重要的意义，唯有切实可行的措施与政策，才能促进资源城市总目标的实现，从而保证资源城市的良性成长，而当前的经济战略目标的实现即为以后的经济发展战略的目标的确定和实现奠定了较好的基础。从经济发展的战略目标、战略重点、战略部署、战略措施的关系来看，它们是一个有机的整体，它们构成了经济发展战略的主要内容。其中，战略目标是经济发展战略的中心，它决定资源城市经济发展战略的其他内容，而战略重点、战略部署和战略措施，则是实现战略目标的手段和保证。

## 二、资源城市经济发展战略决策的原则

第一，要具有针对性和可行性。资源城市的经济战略是资源城市经济发展的政策建议，是总体规划，所以，要具有针对性，要针对一定时期内资源城市的具体的经济发展问题而提出的可行的政策建议，包括战略目标是可行的，战略措施和政策也是可行的。要把握重点，选准突破口，依靠自身优势，对所拥有的各类自然资源进行综合开发，使资源优势转化为产品优势，进而转化为经济优势，形成强有力的支柱产业，走上一条发展特色经济的道路。这就要求资源城市的政府在制定资源城市的经济发展战略时，要考虑到资源城市一定时期的现实情况，突出城市经济发展中的重点矛盾，同时，解决问题的政策与措施也要进行充分的论证，必须具有可行性。

第二，要具有系统性和全局性。这一点有两个层面的含义。一方面，资源城市毕竟是我国经济的组成部分，所以，在确定经济发展战略时，要从全国的角度来考虑分工与协作，考虑区域的功能定位，要根据“注重分工效益，减少分工成本”的原则来制定经济发展的目标；而另一方面，从资源城市的各个组成区域来讲，制定资源城市的经济发展战略必须从资源城市的整体经济发展来考虑，从资源城市这一层面讲，要具有系统性和全局性，也只有在全国的经济中进行准确的定位，同时，在资源城市本身的各个组成部分中有准确的分工与合作，资源城市的经济发展战略才会具有科学的指导意义，才能在资源城市的经济发展中起到指导作用。

第三，要具有效率性和效益性，即既要考虑到提高效率，也要关注经济计划效益。要把提高效率与效益放在基础性地位，使资源城市的各个组成部分通过市场竞争来提高其总体发展效率和效益，各个组成部分的比较优势和特殊功能都能得到科学、有效的发挥，形成体现因地制宜、分工合理、优势互补、共同发展的特色资源城市的经济特点。

第四，要注重资源城市的人口—资源—环境的协调发展，以科学的发展观来指导资源城市的经济发展，注意资源的消耗、人口的增长与环境质量的

关系。

最后、要注重循环经济的理念在资源城市的产业发展中的应用，在各个行业中大力发展和推广资源节约型、生产清洁型、废弃物资源化的技术，保证资源城市的经济增长的集约化、资源利用的可持续性和环境发展的人性化，使资源城市的资源和环境能够保证经济增长的可持续性，从而保证资源城市成长的良性化。

## 三、资源城市经济发展战略决策的主要程序

资源城市的经济发展战略决策的主要程序如下：

(1) 准备阶段。主要是研究经济发展战略制定的工作方案的设计、论证和确定，研究经济发展战略制定的技术路线、程序、主要内容、科研人员、研究重点和管理组成与经费预算等，同时，进行理论与研究方法的准备与调研。

(2) 资料收集与调研阶段。主要是根据所研究资源城市的客观经济基础，对其内外环境、经济发展状况、产业发展水平、城市竞争能力、城市科技竞争力、劳动力素质、融投资条件等资料进行收集、加工与分析，摸清资源城市的现状。

(3) 分析预测阶段。根据第二步的资料的收集与加工、分析的情况，结合资源城市目前的经济发展水平和相关经济理论，对资源城市的经济发展前景进行预测。

(4) 目标体系的设计。包括总目标的确定及相关子目标的确定，它是资源城市的各项经济工作的指导。

(5) 相关政策与措施制定。经济发展战略的目标确定后，就要对目标实现的措施与政策进行研究，从而通过可行、有效的措施来保证总目标和各级子目标的实现。所以，政策与措施的制定是落实资源城市经济发展战略的重要保证条件，只有制定出可行的、有效的政策与措施，才能保证经济发展战略目标的实现，所以，这一项工作具有重要的现实意义，如果没有配套的政策与措施，资源城市的经济发展战略就只能成为一个美好的方案，而不具有任何的现实指导意义。

最后，就是将上述研究成果予以文本化，成为有一定格式的标准文件，并通过专家的论证，论证通过，则可以作为指导资源城市经济实践的文件，反之，则要重新返回第一步，进行认真的调研与论证，直到制定出符合资源城市的基本经济状况和长远发展的科学的经济发展战略。

## 四、资源城市经济发展战略的主要内容

不管是处于成长期、成熟期，还是衰退期的资源城市，尽管其经济发展态势有所差别，外部条件也不尽相同，但其经济战略的主要内容和基本框架是一致的，主要由经济发展目标、经济发展战略和经济发展的保障体系三部分构成。

### （一）资源城市经济发展总目标与子目标体系

资源城市经济发展的总目标是一定时期经济发展战略总纲领，是其年度制定经济计划和经济发展速度的根据，总目标应包括以经济效益为主的目标和以社会公平为主的目标。其子目标体系包括资源城市的国民生产总值、工农业总产值、财政收入、人口、人均可支配收入、城市的基础设施水平等。子目标是依据总目标制定的，子目标的实现方能保证总目标的实现，而总目标又对子目标具有指导作用。

### （二）资源城市的经济发展战略

1. 资源城市的总体经济发展战略

总体发展战略包括产业结构优化和空间结构优化，主要包括以下内容：

（1）未来若干年（一般为十五年到二十年，这样有利于防止个别资源城市政府短期化行为）的产业结构优化和空间结构优化的方向和具体目标。

（2）未来十五年内的基本政策与发展方针。

（3）未来十五年的战略步骤。

（4）未来十五年的战略阶段及各阶段的战略重点。

（5）未来十五年的引资投资策略、人才发展策略。

2. 资源城市的产业经济发展战略

（1）未来十五年第一、第二及第三产业的战略目标。

（2）未来十五年各产业中的子产业定位。

（3）未来十五年第一、第二及第三产业中的重点子产业具体发展策略及运营模式。

（4）未来十五年各产业在发展可能遇到的风险，并制定风险防范措施。

3. 资源城市的空间经济发展战略

（1）未来十五年城镇经济、集镇经济和乡村经济的战略目标。

(2) 未来十五年城镇经济、集镇经济和乡村经济的经济定位。

(3) 未来十五年城镇经济、集镇经济和乡村经济有具体发展策略及运营模式。

(4) 分析未来十五年城镇经济、集镇经济和乡村经济发展可能遇到的风险，并制定风险防范措施。

### (三) 资源城市经济发展战略的保障体系

(1) 规范政府部门的职能，建立透明型、公共型政府，提高政府部门的工作效率，提高其对资源城市的经济发展的支持。

(2) 制定科学的宏观调控政策、产业倾斜及扶持政策，促进资源城市各个产业的发展。

(3) 建立技术创新体系，提高资源城市的城市创新能力与科技竞争力。

(4) 加强科技教育与宣传，提高城市的科技素质，提高劳动力的素质。

(5) 规范市场行为，建立有序竞争的市场秩序，使资源城市建立起富有活力、生机勃勃的市场体系，为其经济战略的实现建立良好的市场基础。

## 第三节 循环经济与资源城市经济发展

### 一、循环经济模式对资源城市的意义

前面我们已经讲过，循环经济是以减量化（Reduce)、再利用（Reuse）和资源化（Recycle）为三大原则，3R原则构成了循环经济的基本原则，尽管三者的重要性不一样，顺序也具有一定的意义，表示着一定的原则，即循环经济的根本目标是要求在经济过程中系统地避免和减少废物。首先，循环经济是建立在对经济过程进行了充分的资源削减的基础之上，即减量化的基础之上，减量化原则是循环经济的第一法则，循环经济首先要求减少经济源头的资源使用量和污染产生，其次才是对于源头不能削减的污染物和经过消费者使用的包装废物、旧货等加以回收利用，使它们回到经济循环中，而只有当避免产生和回收利用都不能实现时允许将废物进行无害化处置。这种经济增长模式是以生态理论和可持续发展理论为基础的，它有利于资源——环境和经济增长的协调

发展，有利于资源城市的良性成长。

首先，资源城市是以资源开采业为主导产业的，原有的计划经济下的“有水快流”的政策和当时历史阶段人们的机械发展观，片面地追求产值与产量，使得资源城市和一些矿业城市的生产方式表现为“三大”特征，即大量生产、大量输出和大量污染，这种生产模式缩短了资源的开采年限，使得资源产业的生命周期大大缩短，所以，不利于资源城市的资源开采业的可持续发展。而循环经济的减量化原则，则要求资源开采和使用的数量的减少，所以，不仅延长了资源城市开采业的生命周期，也从源头上减少了对环境的污染。

其次，线性生产技术和粗放的产业经营方式是不讲求经济效益、不讲求生产效率与资源开采效率，其结果是一方面导致了资源的大量浪费，减少了可供开采的资源的储备量，另一方面也加大了对资源城市环境的负荷，使资源城市的环境受到了极大的破坏，不仅造成了大量的地质灾害，破坏了资源城市的水系、植被，也严重污染了资源城市的空气，使得资源城市的人居条件大为下降。而循环经济模式的减量化和再利用本身就要求要提高资源的利用效率和开采效率，其清洁生产技术和环境无害技术，会使资源城市的环境得到充分的保护，所以，对于解决资源城市的环境危机是极为有力的举措。

最后，资源生产和消费附带有大量的废弃物和副产品，其随意排放和堆积，对资源城市的环境有着不可忽视的影响，如煤矸石、煤渣等对资源城市的环境影响很大，而资源化技术，则很好地解决了这一问题，煤矸石通过煅烧可以作为建筑材料，而煤渣可以用作生产水泥的原料，制作建筑用的各种规格的砖块，这样不仅减少了环境负荷，而且大大增加了资源城市的国民生产总值，对其经济增长的贡献很大。

可见，循环经济模式，对于资源城市来讲，不仅是解决资源开采业可持续发展的有效途径，也是解决资源城市的环境危机和经济增长危机的最佳模式，对于资源城市的良性成长具有积极的借鉴意义。所以，我们在制定资源城市的经济发展战略和战略规划中，要认真地考虑到这一先进生产循环模式对资源城市成长的积极意义，要积极采取各种政策和措施，促进资源城市循环型社会的建设，要在经济战略中充分体现这一先进的增长模式，只有这样，才能很好解决和预防资源城市的三大危机，才能实现资源城市的经济—环境—资源的协调发展。

## 二、基于循环经济的资源城市经济发展战略

我国是世界矿业大国，在现有的426座资源型矿区中，处于成长期的有84个，占19.7%；鼎盛期的291个，占68.3%；进入衰退期的51个，占12%，共有118座资源型城市（其中包括21座森工城市），随着资源开采的进行，越来越多的资源型城市面临资源枯竭、城市经济衰退问题及环境质量劣化问题，所以，在资源城市实践循环经济显然具有重要的意义。虽然发达国家在实践循环经济模式时采取的措施和对策不同，但其成功的经验则可以使我们在进行资源城市的循环经济实践时少走弯路，比如，德国在对鲁尔区的循环经济实践中，就采取建立区域规划和政策管理机构，全面制定煤矿区的区域整治和发展规划，以区域规划作为州和地方政府的主要管理手段之一，以行政管理来促进循环经济的发展；完善法制特别是环保立法，以加强对煤矿区的环境治理和资源保护；实施重组改造，加大扶持力度，以提高采矿业的效率和经济竞争力；实施战略调整，促进产业结构的优化和区域经济的可持续发展，针对能源消费结构的变化及煤炭资源萎缩给煤炭生产及矿区社会经济发展带来的影响，其调整战略的主要内容是发展新兴工业，改造传统产业，促进产业结构多样化。除此之外，还采取了许多强有力的财政与税收政策，以促进鲁尔区的循环经济的发展。从而使鲁尔区成为世界所有资源城市中转型的典范。

所以，认真学习国外的实践经验和做法，对于我国资源城市发挥后进优势，应用循环经济模式和建设循环型社会具有积极的借鉴意义。结合国外的实践经验及我国目前的循环经济的立法与实践状况，我们认为，我国的资源城市在制定经济发展战略时，应注意以下几点：

第一，在经济发展战略中首先要对循环经济的推广进行立法，要界定各部门实践和推广循环经济的职责，加快改革政府政绩考核机制，逐步建立绿色经济核算体系，要正确处理政府推动与市场机制的关系，制定有利于循环经济发展的经济制度，包括生态环境要素的定价和有偿使用制度、生产者责任延伸制度、消费者责任制度、政府责任制度和对循环经济企业的激励制度等。要详细地编制资源城市循环经济发展的长期规划和分阶段的目标规划，应当分别编制可再利用和再生利用的废弃物目录，要制定各行业的排污标准和收费标准，要规定各行业的废弃物回收的职责和相关管理制度等规范企业和社会公众行为的循环经济的制度和条例，以指导生产者再利用和再生利用以及消费者的消费行为；要明确有关部门发展循环经济的职责和权限，组织、协调各部门的工作，

使各部门按照各自的职责，促进循环经济的发展。通过详细的规范和条例，建立起资源城市循环经济发展的详尽的可操作性的立法依据和职责界定基准，使资源城市的循环经济做到有法可依，主体明确。

第二，产业结构优化战略是资源城市经济发展战略的主要内容，也是决定其经济增长的平稳性的重要因素，所以，资源城市政府要加强力量，对产业结构的优化方案进行详尽的论述。根据克拉克的观点，随着经济的发展，生产要素是从第一产业向第二、第三产业流动的，其动力在于追求较高的收益率。资源城市的主导产业——资源开采与加工业属于第二产业，而且是劳动密集型的高污染、低效益的产业，同时，由于资源的不可再生性，使这个产业具有有限的存在期限，因此，资源城市的政府要加强产业结构的调整，要利用循环经济的原则。首先尽量减小资源开采业在资源城市产业中的比重，要对环境污染严重，生产效率低的资源开采业进行管制，以提高资源的利用效率，彻底关闭煤矿、铁矿、炼钢厂等成本高、消耗大、污染重的企业。要注重发展创新能力，加快高新技术产业、汽车工业、机械工业、电机电器工业等附加值高的产业的培育和发展，要大力发展环境无害化的产业，大力发展信息业、制造业等技术含量高、污染程度小的产业。根据资源城市的条件和国内外市场的需求，有重点地选择比如核电、计算机、激光、电子、生物制药、环保机械和汽车制造等高新技术产业。要用高新技术改造传统产业，大力提高钢铁、机械、化工等产业的技术含量和高附加值，从而使资源城市形成以资源的消耗低、经济效益高、环境损害低的两低一高的高度化的产业结构。这是资源城市的经济发展战略的主体——产业结构优化的方向和趋势，只有当资源城市的产业结构沿着这一方向进行调整时，资源城市方可能保证具有可持续的经济增长动力。所以，资源城市的政府要加强产业结构的研究，以导向明确、富有效率的产业结构政策来引导资源城市的各个微观经济主体，实现产业结构的高度化。

第三，在产业发展战略中，要注意循环经济在选择与培育转型主导产业时的应用。资源城市的发展在很长时期内往往依附于资源型企业，从国外经验看，矿业经济产业链延伸过程中，资源型企业常起到重要作用，比如形成煤钢联合体，煤电联合体，石油化工联合体，而在工矿城市向综合性城市的转变过程中，资源型企业与这些联合体不但不能作为城市产业转型的主体，而且它们的存在及其专业化特点对城市形成了锁定效应，不利于经济多元化的形成，当资源枯竭，资源企业步入危机，陷入衰退期，于是相应的联合体也步入了末路，所以，从资源城市经济发展的可持续性讲，其在培育转型的主导产业时，要注意循环经济的应用，培育的主导产业应具有可持续性，应是具有低的资源消耗、高的附加值、低的环境污染且可循环的产业体系，只有这样，才能真正解决资源城市的成长问题。

第四，要在经济发展战略中突出创新政策，尤其要加强关于循环经济技术体系的创新研究，要加强循环经济技术的基础研究和应用研究，要突破制约循环经济发展的技术瓶颈，建立循环经济信息系统和技术咨询系统，这是建立循环型社会，解决资源城市环境危机的主要途径。资源城市的环境危机，主要源于资源城市资源开采的非清洁化，资源输出过程和消费环节的非清洁化（当然，和其他一些产业的生产和消费行为对环境的影响也有一定的关系）。如果资源城市的政府在其经济战略中能够加强对循环经济技术的创新和研发的支持，则有利于资源城市尽快尽早开发出具有实用价值的循环经济技术，如资源开采的清洁生产技术、资源输出的清洁技术、资源消费的清洁技术、资源消费的废弃物的资源化技术及资源开采副产品的循环利用技术等，这不仅提高了资源城市的环境质量，增加了资源城市的 GDP，而且促进了资源城市的科技力量的提高，有一举三得之利。

第五，发展循环经济，建立循环型社会，是资源城市解决三大危机，促进经济增长的最为可行的途径，为此，要求资源城市的政府在制定经济发展战略时，要注意各种政策对发展循环经济模式的支持，要制定完善的产业政策、财税政策、投资政策以及政绩考核制度，使节约资源的行为有利可图，将企业和个人节约资源的外部效益内部化，从而形成自觉节约资源和保护环境的机制，实现建立循环社会的全员性或社会化的氛围。为此，首先，要明确政府的责任，使各级政府能够对促进本地区的循环经济的发展起到积极的引导、宣传和支持的作用；其次，要加强对企业层面的支持，资源城市的政策要利用本城市的税收杠杆、财政支出对从事循环经济的产业加以优惠和扶持，要对运用清洁生产技术和无公害技术的企业进行土地、资金、技术和政策上的支持，可以考虑给开展循环经济的企业采取物价补贴、企业亏损补贴、财政贴息、税前还贷等形式给予财政补贴。购买支出方面，政府可通过实际的绿色购买行为促进循环经济的发展，进而影响消费者和企业的生产方向。对资源税收制度和资源价格要系统研究，促进资源使用效率的提高，使循环经济的技术在企业中得到推广和发展；最后，要加强循环经济理念在社会公众中的宣传，使一般公众能够认识到循环经济的三原则对建立文明、和谐社会的重要意义，从而在日常的行为上自觉地遵循循环经济的原则，为建立节约型社会做出努力。

第六，要加强对资源开采业的管制，通过关停并转、企业重组，提高其集中度和市场竞争能力，从而提高资源的开采效率。发展循环经济，要根据不同区域的特点采取不同的对策。比如日本资源贫乏，其循环经济主要从资源减量化入手；德国工业废弃物多，其循环经济则从环境保护入手，重点抓废弃资源的回收利用。资源城市的问题主要是资源开采过程与输出过程中污染问题及其伴生矿和废弃物污染问题，所以，资源城市应从源头上加强对资源开采的限制，要从资源的减量化和生产、运输的清洁化入手，通过节约资源提高资源利用率，从输入端减少废弃物排放量和生产过程对环境的污染。这就要求资源城市在其经济战略中对资源产业加以管理，对低效率、低回采率的资源开采企业进行关闭措施，对于小型的不符合规模经济的企业进行合并与重组，从而提高资源开采业的集中度，提高资源的开采效率，延长资源储备的可开采时间，使资源开采业能为资源城市的经济发展做出更为长久的贡献，同时，通过改革使之更符合循环经济的要求。

第七，要注意区域合作，建立区域的循环经济体系。循环经济的“循环”并不是“闭路循环”，循环是相对的，开放是绝对的，任何一个企业、行业甚至国家和区域都不可能实现物质闭路循环。资源城市发展循环经济需要加强和周边地区的合作。只有在发展好本市内部“小循环”的基础上，和外部的相关区域建立资源合理流动的经济循环，建立区域性再生资源交易、运输、处置网络和循环经济产业链，建立覆盖周边区域的再生资源信息平台和技术支撑平台，才能真正形成循环经济的规模效应。所以，在资源城市的经济发展战略中，尤其要注意对外合作、区域间的合作。任何一个区域在全国的经济格局中，必然具有一定的分工，不可能各项功能都具备，资源城市作为区域经济的一部分，也只有依据其现实条件，在全国的各个区域的分工中有一个合乎自己现实条件的功能定位，并通过和周边区域的合用，实现其经济的增长，所以，建立循环经济也必然要注意区域间的合作与分工，力争和周边区域建立循环经济的产业链和技术合作体系。

最后，要在经济发展战略中加强对科技与教育的支持。以科教兴市作为振兴资源城市和发展循环经济的战略重点。发展循环经济，建立循环型社会需要以科技和教育为后盾，所以，在资源城市的经济发展战略中要加强技术研发和循环经济知识的普及，要鼓励各级科研机构研究开发抑制产品变成废弃物的技术，以及对可循环资源进行适当循环和处置的技术。要加强对教育的投入和支持，大力培养和引进高新技术人才，使资源城市发展循环经济具有坚实的科技基础。

总之，资源城市发展循环经济，必然要上升到经济战略的层次，只有在制定其经济发展战略时，树立和落实以人为本、全面协调可持续的科学发展观，以提高资源生产率和减少废物排放为目标，加强生产领域循环经济试点和示范作用，加强生产、建设、流通、消费各个环节的循环经济试点和示范，以建立促进循环经济的技术发展和创新的机制和政策，以技术创新和制度创新为动力，强化节约资源和保护环境意识，加强法制建设，完善政策措施，发挥市场机制作用，引导企业和公众更广泛地参与到循环经济实践中，坚持推进产业结构优化和技术进步，深化改革与强化管理相结合，坚持以企业为主体，政府调控、市场引导、公众参与相结合，将循环经济发展的理念贯穿于产业发展、城乡建设、区域开发和工业基地改造等经济社会发展的各领域、各环节，才能形成促进循环经济发展的政策体系和社会氛围，建立和完善全社会的资源循环利用体系，从而逐步形成资源循环式利用、企业循环式生产、产业循环式组合、社会循环式消费的循环经济全面发展的新局面，才能真正解决资源城市的成长危机，使资源城市的成长呈现出稳健的趋势。

## 第四节　案例研究（以阳泉市为例）

阳泉市作为一个资源型城市，产业以原材料产业为主，产品以上游产品为主，呈现出产业相对集中、关联度较强的特点，发展循环经济具有得天独厚的优势和巨大的潜力。

### 一、阳泉市循环经济的发展状况

2005 年 7 月，阳泉市政府常务会议确定由阳泉市发改委牵头抓循环经济发展，市发改委会同有关部门，确定了从抓项目入手，以争取国家和省的资金补助为契机，以先进适用技术为支持，以配套政策为推动力的工作思路，积极推进阳泉市循环经济工作。通过深入基层调研和实地考察，初步建立了包括 42 个项目的循环经济项目库。同时，积极向国家和山西省申报项目、争取支持，经过阳泉市发改委的努力工作，阳泉市的阳泉铝业股份有限公司年产 5 万吨再生铝、平定胜圆粉末冶金有限公司利用三废尾渣、烟道灰、除尘灰生产镍合金钢坯和郊区西南舁沼气工程等3个项目已经通过山西省发改委组织的专家初审，列入山西省14个重点循环经济项目之中；平定胜圆粉末冶金有限公司镍合金钢坯项目、南煤集团煤矸石砖项目和南娄集团2×50MW煤矸石综合利用供热发电机组项目等3个项目已上报国家发改委。阳泉市发改委还组织向山西省发改委推荐上报了该市企业、园区、社区、城市四个层面的20个循环经济试点单位。

## 二、阳泉市实践循环经济的经济战略

主要围绕以下八个重点领域，抓好15个示范项目和2个示范园区的建设：

### （一）煤矸石的综合利用领域

主要项目有南煤集团利用煤矸石建设年产2.6亿块煤矸石砖项目、阳煤集团年产10万立方米免烧煤矸石系列建材项目；阳煤集团3×135MW、南煤集团2×135MW、南娄2×50MW、远盛2×50MW等煤矸石综合利用电厂。这些项目全部建成投产后，每年可消耗煤矸石550多万吨。

**重点项目：**

(1) 南煤集团2.6亿块煤矸石砖项目，总投资1.5亿元，可消耗煤矸石26万吨，一期工程年产1.3亿块煤矸石砖已于去年10月份建成投产。

(2) 阳煤集团一矿多种经营总公司年产10万立方米煤矸石系列建材项目，年可利用煤矸石13.8万吨。总投资1926万元，年可新增利税232万元。已完成项目可行性研究报告、环境质量评估大纲，2005年11月已开工。

### （二）矿井瓦斯气和焦炉煤气、炭黑尾气的利用领域

主要有阳煤集团27MW煤层气发电站项目、南煤集团8MW煤层气发电项目、煤运公司30MW瓦斯气热电联产电站项目、盂县晋玉物资公司2×6MW焦炉煤气发电项目，盂县沁水源煤炭加工有限公司3MW炭黑尾气发电项目。

清洁发展机制是《京都议定书》3个灵活交易机制的一部分，规定发达国家可以在发展中国家合作开发和实施温室气体减排项目，最后核准的二氧化碳减排量可以算作是发达国家的指标，用于抵消他们承诺的数额。阳泉市紧紧抓住山西省发改委向中国二十一世纪议程办公室申报清洁发展机制（CDM）项目的时机，积极上报了阳泉市阳煤集团27MW瓦斯发电站项目和盂县沁水源

公司 3MW 利用炭黑尾气发电项目。

**重点项目：**

(3) 阳煤集团 27MW 煤层气发电站项目，引进国外较先进的往复式瓦斯发电机组，总投资 2.58 亿元，已完成项目可行性研究报告、环评大纲，已经省批准立项，同时向国家申报 CDM（碳减排）项目。

(4) 盂县沁水源煤炭加工有限公司 3MW 炭黑尾气发电项目，利用工厂炭黑生产装置的尾气作为燃料，燃烧尾气产生的余热来发电和生产蒸汽，为工厂解决了自身用电和蒸汽，既减少了环境污染又节约能源。项目总投资 5500 万元，已经省批准立项，完成项目可行性研究报告书、环评大纲。

(5) 盂县晋玉物资公司 2×6MW 焦炉煤气发电项目，利用现有焦炉煤气建设 2×6MW 发电机组，项目总投资 3220 万元，利税 960 万元，已经由省经委批准立项。

### （三）生活污水和矿井废水处理后的中水回用领域

目前阳泉市已经建成和正在建设的污水处理厂共 4 个，其中：日处理 8 万吨的市污水处理厂已经建成投入试运行，已经和阳煤集团氧化铝、远盛电厂初步达成中水回用协议，盂县 2 万吨污水处理厂可向盛远球墨铸管、万汇钢铁公司提供中水，平定县 3 万吨污水处理厂将向南煤集团煤矸石电厂提供中水回用。

在矿井水利用方面，阳泉市发改委已经会同市煤炭局组织向省上报了全市“十一五”矿井水利用项目规划，包括阳煤集团、南煤集团、荫营、固庄、上社煤矿等 5 个煤矿，年处理能力共计 270 万吨。

**重点项目：**

(6) 市污水处理厂中水回用项目，管网 8.1km，建设 1 万 $m^3$ 蓄水池一个，5000$m^3$ 蓄水池一个，加压系统两座及其他配套电气设备。总投资为 2211 万元，建设规模为日产三级中水 4.8 万吨，工程建成后年可节水 1752 万吨，增收 1576 万元。

### （四）冶金行业废弃物的综合利用领域

主要有平定县胜圆粉末冶金有限公司利用不锈钢厂的三废尾渣、沉泥、烟道灰、除尘灰生产镍合金钢坯项目，平定巨鑫制件公司利用氧化铁皮加工还原铁粉生产粉末冶金压件项目。

**重点项目：**

（7）平定县胜圆粉末冶金有限公司利用三废尾渣、烟道灰、除尘灰生产镍合金钢坯项目，以三废尾渣、烟道灰、除尘灰为原材料，利用现代工艺通过隧道窑还原、焙烧、增碳、脱硫、脱氧，再经电弧炉冶炼成镍合金钢坯。可为我国不锈钢钢厂提供优质的原材料，该项目填补了我国一项空白。总投资为4831万元，建设规模为1万吨/年，可行研究报告已通过山西省发改委组织的专家评审，待批复。

### （五）化工行业废弃物的综合利用领域

主要有阳泉精诚化工有限公司废气和氨水回收生产碳酸氢铵项目、平定新元化工有限公司磷石膏综合利用项目、日月明经贸有限公司煤基洁净液体燃料多联产示范项目。

**重点项目：**

（8）阳泉精诚化工有限公司废气和氨水回收生产碳酸氢铵项目，利用三聚氰胺生产中产生的废氨水和氨基磺酸生产中产生的废气进行化学反应，生成碳酸氢铵。废气、废氨水综合利用，彻底解决由于生产工艺中废气、废氨水的排放所造成的环境污染问题。总投资为500万元，建设规模为2万吨/年，现已完成项目可行性研究报告。

（9）平定新元化工有限公司磷石膏综合利用项目，总投资1230万元，建设规模12万吨/年，项目建成投产后，年可实现收入850万元，实现利润200万元；每年可减少15亩的堆渣占地，并彻底解决了磷石膏对环境水系的污染。

（10）平定利达冶炼有限公司利用硫酸渣生产铁精矿粉项目，将磨细的硫酸渣经搅拌槽制成浓度为20%～30%的矿浆，送入硫酸渣分离提纯设备进行粗选和多次精选，选分出高含铁量和低含硫量的铁精矿粉，铁回收率在65%以上，水可循环利用，尾矿用于制造免烧砖。总投资为8000万元，建设规模为60万吨/年。

（11）日月明经贸有限公司煤基洁净液体燃料多联产示范项目，实行甲醇、冶金焦、焦油、蒸汽—电的联产，提高了行业的综合效益。项目总投资2.6亿元，项目建成投产后，年可实现销售收入6亿元，利税1.07亿元。目前项目已经山西省发改委批复立项，完成场地三通一平及部分设备订购。

（六）电厂的资源综合利用领域

包括热电联产、粉煤灰利用、脱硫改造的资源化项目。主要有远盛2×50MW、南娄2×50MW煤矸石电厂项目；平定娘子关晋鑫加气混凝土有限公司利用粉煤灰生产10万立方米蒸压加气混凝土砌块项目、南娄集团年产1.2亿块粉煤灰系列建材生产线、郊区义东沟年产4000万块粉煤灰烧结空心砖项目；阳光发电公司实施脱硫改造副产硫酸铵项目。

**重点项目：**

（12）南娄2×50MW煤矸石综合利用供热机组建设项目，具有利用煤矸石发电、向县城提供热源和利用矿井水处理后中水回用的特点，进一步提高资源综合利用效率，总投资5.3亿元，目前已完成投资2.7亿元。

（13）远盛公司2×50MW煤矸石综合利用供热机组建设项目，总投资5.4亿元，已经完成“三通一平”和部分设备的订购工作。

（七）农村沼气开发工程

平定、盂县和郊区通过实施“一池三改”，建设农村沼气工程，既解决了农村的取暖、做饭和用电需要，又改善了村容环境。

**重点项目：**

（14）阳泉市郊区西南舁沼气协会双千户沼气项目，总投资为1902万元，计划用三年时间在郊区发展沼气2000户，现已编制完成可行性研究报告上报省发改委，已建成200多户。

（八）再生资源的回收加工领域

相对于发达地区来说，阳泉市在这方面比较薄弱，具有很大的发展空间。主要项目有阳泉铝业股份有限公司利用回收废铝年产5万吨再生铝项目、盂县吉天利科技实业公司3万吨废旧电池、电瓶回收生产线项目。

**重点项目：**

（15）阳泉铝业股份有限公司年产5万吨再生铝项目，采用高效、节能并符合环保要求的双室反射炉和用于铝屑回收的多室焙炼炉以及精炼净化技术，对回收的废杂铝进行加工，生产再生铝。总投资22198万元，年可新增利税万元。现已编制完成项目可行性研究报告上报山西省发改委。

**试点园区 2 个：**

（1）南煤集团循环经济示范园区。利用煤矸石建设 2.6 亿块煤矸石砖、2×135MW 煤矸石综合利用电厂项目，建设2000 吨/日矿井水处理厂、8MW 煤层气发电项目，经过处理的中水可用于洗煤厂、砖厂除尘、厂区绿化浇水，煤层气发电机组的余热冬季用于供暖，夏季可制送冷气，还可用于加热职工澡堂洗澡水，能源得到了充分利用。

（2）白泉工业园杨家庄循环经济试验区。建设远盛2×50MW煤矸石综合利用供热机组，400 万平方米热电联供系统；2.5 万千伏安全封闭电石炉 4 座；日处理能力 1000 吨的污水处理系统；配套建设 40 万吨粉煤灰综合利用项目。以上项目总投资 7.3 亿元，项目完工后，每年消耗煤矸石 100 万吨，节约用水 5 万吨，利用粉煤灰 40 万吨，热电联供可节约原煤 6 万吨。经济效益和环境效益显著。

## 三、推进示范项目建设的主要配套措施

阳泉市要抓住国家大力支持发展循环经济的机遇，坚持“以企业为主体，政府推动、市场引导、公众参与相结合”的原则，充分发挥市场机制的调节作用，调动各方面的积极性，推动循环经济的发展。

（1）充分发挥政府部门的协调引导作用。循环经济是一项崭新的事业，发展循环经济，不是单纯的企业或个人行为，在构建循环经济产业链的过程中，也不是仅靠企业自身就能够解决上下游产品联系、价格协调、企业间的协作配套等关键问题的，这些都需要政府在其中发挥积极的调控和协调作用。

（2）组织召开银企洽谈会。积极向金融部门推荐循环经济项目，帮助企业拓宽融资渠道，争取银行的信贷资金支持。

（3）举办循环经济发展高层论坛。邀请国家科技部、山西省发改委和省委党校的专家，为阳泉市循环经济的发展、碳减排项目的包装申报提出指导意见，聘请唐山冶金研究院谢远巨教授等一批专家为阳泉市循环经济的发展提供技术后援。

（4）积极研究出台支持循环经济发展的配套政策措施。从税费减免、土地使用等方面对发展循环经济给予扶持，鼓励发展节能型、废弃物资源化产业及工业生产的副产品重复利用的产业的发展，鼓励节水型农业的发展，积极扶持各种高新产业的发展，提高阳泉市的科技实力和产品的科技含量。

（5）发挥各部门的联动作用。循环经济涉及面宽，非单一的部门可以推广

和倡导可实现之，所以，阳泉市政府采取召开部门联席会议、现场调研等灵活实用方式，定期研究发展循环经济需要解决的问题，及时向阳泉市政府及分管领导提出对策和建议，做到信息渠道畅通，从而使政府的决策和实际情况相吻合，提高了决策的科学性。对发展循环经济起到了积极的作用。

（注：本节资料由阳泉市发展与改革委员会巨建军及阳泉市发展与改革委员会环境与能源科提供。）

# 参考文献

[1] 刘培哲等.可持续发展理论与中国21世纪议程[M].北京:气象出版社,2001.

[2] 全球并购研究中心编.中国产业地图2004—2005[M].北京:人民邮电出版社,2004.

[3] 苏东水主编.产业经济学[M].北京:高等教育出版社,2002.

[4] 刘伟,杨云龙著.中国产业经济分析[M].北京:中国国际广播出版社,1987.

[5] 连玉明主编.中国城市年度报告(2005)[M].北京:中国时代经济出版社,2005.

[6] 张梓太,吴卫星编.环境与资源法学[M].北京:科学出版社,2002.7.

[7] [意]尼古拉·阿克塞拉著.郭庆旺,刘茜译.经济政策原理:价值与技术[M].北京:中国人民大学出版社,2011.

[8] 马克思,恩格斯.马克思恩格斯选集第1卷[M].北京:人民出版社,1972.

[9] [美]西奥多·W.舒尔茨著.吴珠华等译.论人力资本投资[M].北京:北京经济学院出版社,1992.

[10] 吴寒光.社会发展与社会指标[M].北京:中国社会出版社,1991.

[11] [美]阿列克斯·英格尔斯著.殷陆君译.人的现代化[M].成都:四川人民出版社,1985.

[12] [美]阿列克斯·英格尔斯,[美]戴卫·H.史密斯著.顾昕译.从传统人到现代人[M].北京:中国人民大学出版社,1992.

[13] 朱铁臻.论中国矿业城市的产业结构升级与优化[EB/OL].http://www.cctd.com.cn/.

[14] 谈文琦.全国产业结构对地区经济增长的实证分析[J].中国东西部合作研究,2004(1).

[15] 江小娟.世纪之交的工业结构升级[M].上海:上海远东出版社,1996.

[16] 刘伟.工业化进程中的产业结构研究[M].北京:中国人民大学出版社,1995.

[17] [美]W.W.罗斯托著.贺力平等译.从起飞进入持续增长的经济学[M].成都:四川人民出版社,1988.

[18] 陈忠暖,陈玉英,白庆斌等.区域主导产业选择的实证探析——建水主导产业选择案例[J].云南师范大学学报,2000(2).

[19] 叶素文,闫国庆.美中经济评论(USA-China Business Review)[J].浙江万里学院商学院学报,2005(1).

[20] 郭克莎.工业化新时期新兴主导产业的选择[J].中国工业经济,2003(2).

[21] 张宝兵.论西部地区主导产业的合理选择[J].重庆邮电学院学报.2005(2).

[22] 范金.可持续发展下的最优经济增长[M].北京:经济管理出版社,2002.

[23] 李兴华.煤炭价格决策系统模型研究[J].山东矿业学院学报,1997(9).

[24] 刘贯文，吴德春，董继斌主编. 中国煤炭价格[M]. 北京：中国计划出版社，1990.

[25] [奥]庞巴维克. 资本实证论[M]. 北京：商务印书馆，1997.

[26] 宋燕，丁文芬. 我国煤炭企业兼并重组中的规模经济研究[J]. 中国煤炭，2011，37(4).

[27] 纪成君. 中国煤炭产业组织研究[D]. 辽宁工程技术大学博士学位论文，2004.

[28] 陈东. 试论资源型城市可持续发展战略[EB/OL]. http://cnbie.net/commerce/forums/.

[29] 陈洁. 西部发展循环经济的对策研究[D]. 西南农业大学硕士学位论文，2004.

[30] 赵鹏. 发展循环经济的手段研究[D]. 天津大学硕士学位论文，2003.

[31] 王飞儿. 生态城市理论及其可持续发展研究[D]. 浙江大学博士学位论文，2004.

[32] 刘忠. 生态经济进程中企业面临的挑战与对策[D]. 北京理工大学硕士学位论文，2002.

[33] 初丽霞. 循环经济发展模式及其政策措施研究[D]. 山东师范大学硕士学位论文，2003.

[34] 周喜安. 紧紧抓住生物产业革命的重要战略机遇[EB/OL]. http://www.sina.com.cn.

[35] 顾幼瑾，胡峰，朱怀意等. 论资源型工矿城市产业结构调整的必要性[J]. 昆明理工大学学报，2001(4).

[36] 李红旭. 德国环境保护及其管理概况[J]. 新疆环境保护，1997(12).

[37] 朱国传. 论欠发达地区经济开发的障碍及其对策[J]. 淮阴师专学报，1997(4).

[38] 闵毅梅. 德国的循环经济法[J]. 环境导报，1997(3).

[39] 沈满洪. 可持续发展的基本模式[J]. 杭州科技(双月刊)，1998(1).

[40] 邹朝晖，周洪刚. 论技术创新对可持续发展的双重效应[J]. 科学管理研究，1998(4).

[41] 董锁成，张文中，方创琳. 资源、环境与经济作用机制和规律探讨[J]. 资源科学，1999(7).

[42] 杜玉萍. 论生态林业发展中的经济循环问题[J]. 林业经济. 1999.1.

[43] 王江. 环境保护立法的新理念：循环经济[J]. 政法论丛，2000，10(10).

[44] 陈兴鹏，薛冰，拓学森. 基于能值分析的西北地区循环经济研究[J]. 资源科学，2005(1).

[45] 王荣玉. 第三产业如何走循环经济之路[J]. 中国创业投资与高科技，2005(3).

[46] 陆燕春，张作云. 发展循环经济是振兴东北老工业基地的阳光之路[J]. 当代经济研究，2005(3).

[47] 常丽. 政府环境在老工业基地振兴中的作用——德国鲁尔区的实践与启示[J]. 科技和产业，2005(2).

[48] 李汝雄，王建基. 循环经济是实现可持续发展的必由之路[J]. 环境保护，2000(11).

[49] 罗敏，徐莉. 我国能源供需结构及价格变异性分析[J]. 煤炭经济研究，2002(3).

[50] Robert Lowe. A theoretical analysis of price elasticity of energy demand in multi-stage energy conversion systems[J]. Energy Policy，2003(11).

[51] 张文泉. 我国能源发展战略探讨[J]. 石油管理干部学院学报，2004(6).

[52] 张慧明. 中国能源的特点[A]. 中国控制与决策学术年会论文集[C]. 2004.

[53] 吴荣庆. 加入 WTO 对我国煤炭工业的影响[J]. 中国矿业，2003(12).

[54] 舒鹏. 煤炭行业可持续发展的探讨[J]. 宏观经济管理，2004(3).

[55] 黄盛初.世界煤炭前景和十大煤炭公司经营战略[J].中国煤炭工业年鉴,2003.
[56] [美]保罗·萨缪尔森,威廉·诺德豪斯著,萧琛等译.宏观经济学[M].北京:华夏出版社,1999.
[57] 陈洪安,江若尘,陈鸿春.煤炭价格改革的回顾与前瞻[J].武汉水利电力大学学报(社会科学版),2000(1).
[58] 崔毅.煤炭价格市场化进程回顾[EB/OL].http://business.sohu.com.
[59] 黎诣远主编.西方经济学[M].北京:高等教育出版社,1999.
[60] 胡予红,孙欣,张文波等.煤炭对环境的影响研究[J].中国能源,2004(1).
[61] 万会,沈镭.矿业城市发展的影响因素及可持续发展对策[J].资源科学,2005(1).
[62] 经来旺,刘晓君.我国煤炭工业可持续发展存在的问题和对策及科学技术的影响[J].中国矿业,2004(3).
[63] 濮津.煤炭环境成本初论[J].煤炭经济研究,2002(11).
[64] 张晓东,王蒲成,杨志刚.谈煤炭资源税适用税额的调整[J].山西财税,2004(3).
[65] 李菲.煤炭产销两旺凸显资源税功能弱化[J].经济研究参考,2004(51).
[66] 张米尔,邸国永.从我国煤炭产业看产业组织低效率问题[J].经济理论与经济管理,2002(1).
[67] 靳建平,刘秋玲.对煤炭企业税费现状的思考[J].中州煤炭,2001(5).
[68] 欧晓钢.论煤炭企业的合理税负[J].经济师,2004(10).
[69] 廖玉林.谈影响煤炭企业经济运行质量的症结及建议[J].煤炭经济研究,2003(12).
[70] 安喜臻,张宏利.浅析煤炭企业增值税税负重的成因及对策[J].煤炭经济研究,2002(2).
[71] 尹丽坤,马永延,曹海.如何减轻煤炭企业税费负担[J].黑龙江财会,2003(11).
[72] 李明.谈减轻煤炭企业税负的政策途径[J].煤炭企业管理,2003(2).
[73] 杨永乐,乐毅全,李日春.以人与自然为本构建可持续发展城市循环经济体系[J].研究与发展管理,2001(6).
[74] 卜欣欣.发展循环经济走出两难困境[J].中国发展,2002(2).
[75] 陈锐,牛文元.循环经济:21世纪的理想经济模式[J].中国发展,2002(2).
[76] 王永生,蔡永青.循环经济—我国矿产资源可持续发展的必由之路[A].2002年国土资源可持续发展高级论坛[C].
[77] 陈德敏.我国资源综合利用的技术政策和法制环境[J].中国资源综合利用,2002(7).
[78] 李兆前.发展循环经济是实现区域可持续发展的战略选择[J].中国人口资源与环境,2002(4).
[78] 马骥,曾凡秀.论发展循环经济的必然性[J].山西高等学校社会科学学报,2002(4).
[79] 李春明,吴淦国.东北矿业城市产业转型模式探析[J].资源·产业,2002(12).
[80] 石学让.大力发展循环经济促进矿区可持续发展[J].资源·产业,2003(12).
[81] 陈德敏,秦鹏.我国资源综合利用的技术政策和法制环境研究[J].科技进步与对策,2002(12).
[82] 季绍武,孙可伟.我国发展循环经济的应对措施[J].中国资源综合利用,2003(9).

[83] 张磊,陆气浩.发展循环经济——走新型化工业道路[J].污染防治技术,2003(9).
[84] 夏青,李仲学,梁钰.面向循环经济的矿业发展思路[J].中国地质矿产经济,2003(12).
[85] 田海潮,毛平宇.发展循环经济,建设渭南煤炭生态工业园[J].陕西环境,2003(10).
[86] 韩宝平,孙晓菲,白向玉等.循环经济理论的国内外实践[J].中国矿业大学学报(社会科学版),2003(1).
[87] 元炯亮.生态工业园区评价指标体系研究[J].环境保护,2003(3).
[88] 逯元堂,王金南,李云生.可持续发展指标体系在中国的研究与应用[J].环境保护,2003(11).
[89] 张思锋,周华.循环经济发展阶段与政府循环经济政策[J].西安交通大学学报(社会科学版),2004(9).
[90] 周英忠,王艳萍.我国矿业与循环经济[J].中国国土资源经济,2004(11).
[91] 陈柳钦.实现我国新型工业化的制约因素及其路径选择[J].重庆大学学报(社会科学版),2004(10).
[92] 邵建华.循环经济模式在德国煤矿区的成功运用——德国煤矿区的治理和产业结构调整对安徽的启示[J].华东经济管理,2004(6).
[93] 王永生.发展循环经济实现我国矿产资源可持续利用[J].中国矿业,2004(13).
[94] 冯静冬,李文军.依托循环经济理念建设生态工业城市[J].内蒙古科技与经济,2004(8).
[95] 丁同玉.发展循环经济的宏观措施之我见[J].经济师,2004(3).
[96] 齐建国.关于循环经济理论与政策的思考[J].经济纵横,2004(2).
[97] 范跃进.循环经济理论基础简论[J].山东理工大学学报,2005(2).
[98] 宋德勇,欧阳强.循环经济的本质与我国发展循环经济的路径选择[J].长沙民政职业技术学院学报,2005(3).
[99] 李晓庆.日本实施循环经济战略的实践及其借鉴意义[J].内蒙古科技与经济,2005(2).
[100] 王文军,李蜀庆.我国建立循环经济的体制问题初探[J].生产力研究,2005(2).
[101] 林积泉,王伯铎,马俊杰等.煤炭工业企业循环经济产业链设计与环境效益研究[J].环境保护,2005(4).
[102] 王守安.循环经济的经济学解释[J].当代经济研究,2005(4).
[103] 贾庆军.论发达国家循环经济法的构建及其对我国的启示[J].当代经济管理,2005(4).
[104] 原振雷.矿业开发的循环经济之路[J].河南国土资源,2005(2).
[105] 戴玉才,柳秀明.环境效率——发展循环经济路径之一[J].环境科学动态,2005(1).
[106] 郭雪梅.循环经济的理论与内涵[J].技术与市场,2005(3).
[107] 许刚,董雅文.德国循环经济的发展对江苏的启示和借鉴[J].科技与经济,2005(1).
[108] 鞠松涛,叶永恒,王宏伟等.资源型矿业城市的生态化转型研究[J].资源·产业,2005(12).
[109] 张连国,栾贻信.循环经济的哲学基础[J].东岳论丛,2005(3).
[110] 方莉华,张才国.循环经济概念的科学界定及其实质[J].华东经济管理,2005(3).
[111] 朱明峰,冯少茹,潘国林.资源型城市可持续发展与生态城市建设[J].合肥工业大学学

报(自然科学版),2005(2).

[112] 樊根耀,芮夕捷,吴磊.我国的循环经济及其制度创新[J].西安电子科技大学学报(社会科学版),2005(3).

[113] 刘景林,刘幸.振兴东北老工业基地的二、三、四[J].学习与探索,2005(1).

[114] 张凯.循环经济对环境库兹涅茨曲线影响分析[J].中国发展,2005(1).

[115] 朱红伟,刘园,齐宇等.循环经济中政府与市场的作用及其关系探讨[J].中国发展,2005(1).

[116] 王俊,梁正华.我国循环经济模式下的源定价理论及其实现[J].中国物价,2005(3).

[117] 黄海峰,徐明,陈超等.德国发展循环经济的经验及其对我国的启示[J].北京工业大学学报(社会科学版),2005(6).

[118] 牛桂敏.循环经济评价体系的构建[J].城市环境与城市生态,2005(4).

[119] 董艾辉.循环经济的哲学思考[J].长沙理工大学学报(社会科学版),2005(3).

[120] 陈青.黑龙江省发展农业循环经济的思路研究[J].农业系统科学与综合研究,2005(2).

[121] 单宝.解读循环经济[J].生产力研究,2005(3).

[122] 王蓉.起草《贵阳市建设循环经济城市条例》的基本考虑[J].法制与管理,2004(4).

[123] 朱德明.江苏省发展循环经济的基本框架和现实途径[J].现代经济探讨,2004(4).

[125] 陈洁,吴斌,赵元华.论循环经济的实质与实践体系[J].西南农业大学学报(社会科学版),2004(6).

[126] 叶太平.鉴发达国家经验切实推进"循环经济"[J].经济问题探索,2004(6).

[127] 梁鸣,沈耀良.循环经济理念的发展与实践[J].华中科技大学学报,2004(6).

[128] 石磊,陈吉宁,张天柱.循环经济型生态城市规划框架研究——以贵阳市为例[J].中国人口·资源与环境,2004(3).

[129] 张天柱.循环经济的概念框架[J].环境科学动态,2004(2).

[130] 李健,邱立成.循环经济发展的原则及运行模式研究[J].现代财经,2004(6).

[131] 黄英娜,张天柱,颜辉武.循环经济产生和发展的经济学基础[J].环境保护,2004(8).

[131] 陈立,唐勇.试论循环经济与现代政府的作用[J].首都经贸大学学报,2004(4).

[132] 梅桂友,李东平.循环济是缓解我国环境资源压力的基本模式[J].中国环保产业,2004(8).

[133] 彭建刚.面向循环经济范式的高新技术产业发展研究[J].科技与管理,2004(4).

[134] 段宁,邓华."上升式多峰论"与循环经济[J].世界有色金属,2004(10).

[135] 王虹,朱远程,崔风暴.从中国环境治理数据看创建循环经济的必要性[J].环境保护,2004(10).

[136] 张冬.面向循环经济的企业绩效评价指标体系研究[J].山西能源与节能,2004(9).

[137] 齐振宏,齐振彪.实现工业可持续发展的循环经济模式研究[J].现代经济探讨,2003(9).

[138] 冯久田,尹建中,初丽霞.循环经济理论及其在中国实践研究[J].中国人口·资源与环境,2003(13).

[139] 陈旭升,綦良群,舒喆醒.资源型城市产业转型的探讨[J].科技与管理,2005(1).

[140] 尹建华.资源型城市中资源型产业升级的政府与企业投资博弈研究[J].工业技术经济,2005(2).
[141] 刘家升.建立资源型城市补偿机制的几点思考[J].资源·产业,2005(2).
[142] 孙淼,丁四保.我国资源型城市衰退的体制原因分析[J].经济地理,2005(3).
[143] 吴奇修,陈晓红.资源型城市的转型与发展:一个文献综述[J].江汉论坛,2005(3).
[144] 万晓琼.我国资源型城市可持续发展的对策思考[J].中州学刊,2005(2).
[145] 孟辉,葛正美.资源型城市的产业结构调整和经济可持续发展——对阜新地区产业结构调整问题的探索[J].经济师,2005(5).
[146] 区桂恒.资源型城市经济转型问题研究[J].中共太原市委党校学报,2005(2).
[147] 侯振明,张晓峰.资源型城市经济转型中政府的作用与职责[J].管理世界,2005(2).
[147] 董亚宁,尤强,李庆明.煤炭资型城市的危机及战略决策[J].宏观经济管理,2005(2).
[148] 余际从,李凤.国外矿产资源型城市转型过程中可供借鉴的做法经验和教训[J].中国矿业,2005(2).
[149] 孙雅静.我国资源型城市转型路径分析[J].经济论坛,2004(8).
[150] 郭承龙,张承谦,郭慧.资源型城市产业结构特征的初步探讨[J].合肥工业大学学报(社会科学版),2004(4).
[151] 张国兴.资源型城市面临的问题及对策[J].河南社会科学,2004(3).
[152] 赵海.我国资源型城市产业转型研究[J].经济纵横,2004(5).
[153] 朱明峰,洪天求,贾志海等.我国资源型城市可持续发展的问题与策略初探[J].华东经济管理,2004(6).
[154] 常丽.政府环境在老工业基地振兴中的作用——德国鲁尔区的实践与启示[J].科技和产业,2005(2).
[155] 陆燕春,张作云.发展循环经济是振兴东北老工业基地的阳光之路[J].当代经济研究,2005(3).
[156] 郝家龙,翟纯红.资源城市老化与决策建议[J].城市开发,2003(4).
[156] 郝家龙.赵正华.资源城市的城市老化问题与产业决策建议[J].经济师,2003(6).
[157] 郝家龙,赵正华.煤炭企业宏观控制的经济学分析[J].经济师,2003(5).
[158] 郝家龙,宁云才.动态煤炭市场价格形成模型研究[J].当代经济,2005(8).
[159] 周德群,汤建影.中国矿业城市经济发展状况分析[J].中国工业经济,2004(3).